普通高等教育信息与电子技术类系列教材

单片机原理与应用技术

（第二版）

吴黎明　主编

王桂棠　洪添胜　副主编

杨振野　主审

科学出版社

北　京

内 容 简 介

本书以 MCS-51 为核心，比较全面、系统地阐述了单片机的原理及其应用技术。读者可从中掌握微型计算机的软硬件知识，完成单片机工程应用的基础训练，同时可结合工程实际需要去初步应用单片机开发技术，并提高微型计算机应用综合开发能力。其中以大量实际例子作为本书主要组成部分，既能提高读者对单片机的学习兴趣、从而快速入门，也能有效提高其设计能力和技巧。结合单片机技术的新发展，本书第二版最后一章增加 MCS-51 系列单片机 C8051F 芯片，有利于读者对单片机进一步熟悉并深入应用。

本书既可作为高校信息技术类专业学生学习单片机的教材，以及工程技术类专业学习微机原理的教材和参考书，还可作为工程技术人员学习 MCS-51 单片机和应用计算机技术的参考书。

图书在版编目(CIP)数据

单片机原理与应用技术/吴黎明主编. —2 版—北京：科学出版社，2011.11
（普通高等教育信息与电子技术类系列教材）（2024.1 重印）
ISBN 978-7-03-032324-8

Ⅰ. ①单… Ⅱ. ①吴… Ⅲ. ①单片微型计算机－高等学校－教材
Ⅳ. ①TP368.1

中国版本图书馆 CIP 数据核字（2011）第 184968 号

责任编辑：孙露露 / 责任校对：刘玉清
责任印制：吕春珉 / 封面设计：东方人华平面设计部

科学出版社 出版
北京东黄城根北街 16 号
邮政编码：100717
http://www.sciencep.com
天津翔远印刷有限公司 印刷
科学出版社发行 各地新华书店经销
*
2011 年 11 月第 二 版 开本：787×1092 1/16
2024 年 2 月第四次印刷 印张：22
字数：496 000

定价：66.00 元

（如有印装质量问题，我社负责调换〈翔远〉）
销售部电话 010-62134988 编辑部电话 010-62138978-2010

第二版前言

经过五年来的教学实践，根据《单片机原理与技术应用》课程内容的新发展和教学要求，我们对第一版教材内容进行了整理修订。通过综合比较和教学体会，本书保持第一版的大体结构，但对内容进行了较大的改动，对于当前单片机应用较少、较难或一般性技术说明的内容删除，合并成 10 章。特别对第 1、4、5、7 章大部分内容改写，第 10 章和第 12 章内容合并到了其他章节。考虑到实际应用的需要，在最后一章增加了新的内容，第二版共分为 11 章。

全书力求内容完整，结构清晰，说理透彻。第 1 章为计算机技术基础，介绍微机原理基础知识，同时增加第一版第 12 章介绍几种新型的单片机性能和结构原理的内容。第 2 章介绍了 MCS-51 单片机系统组成原理。第 3 章和第 4 章分别介绍了单片机的指令系统和程序设计，增加单片机 C 语言的开发设计。第 5 章至第 7 章剖析了单片机系统设计，介绍了单片机的并行、串行通信接口和定时中断系统、单片机应用系统扩展以及键盘显示的接口设计的原理和技术，其中第 5 章合并了第一版中的第 10 章。第 8 章介绍了测控系统常用元器件性能和硬件接口设计。第 9 章和第 10 章分别介绍了 A/D 和 D/A、单片机测控系统设计，并给出实际应用例子，其中第 10 章由第一版中的第 11 章调整而成。第 11 章结合单片机技术的新发展，介绍 MCS-51 系列单片机 C8051F 芯片及其应用，有利于读者对单片机进一步熟悉并深入应用。

在学时的分配上，可根据总学时的要求安排具体讲授的内容。前 7 章是本书的基本内容，后 4 章为扩展和深化。完成这些内容的教授需 32～48 个学时。本书最后一章为扩展内容，读者可根据掌握工程设计的具体要求，结合其他参考书进一步学习。

本书第二版由吴黎明教授担任主编并负责统稿，王桂棠教授、洪添胜教授担任副主编，杨振野教授担任主审。除了初版参加编写的老师外，广州大学伍冯洁、韶关学院林辉也参加第二版的编写工作。研究生曾文舟、陈刘、张贺云、李文杰、高世平和韩威等参加了本书编写的文字工作、习题和程序上机实验验证。

本书出版一直得到了科学出版社编辑的支持和帮助，得到学校、社会各位老师、同学及读者的指导和关心，借此再版之际表示由衷的谢意！对参考文献中的各位同行、谨表谢意。由于作者水平有限，书中难免存在错误和不足之处，恳请广大读者批评指正。如有任何问题，请联系编者（jkyjs@gdut.edu.cn）反馈信息。

第一版前言

随着计算机技术的迅速发展，单片微机的应用不断深入，各种新颖的单片机层出不穷，单片机技术的更新换代带来了新的技术革命。单片机以其高可靠性、高性能价格比，在工业控制系统、数据采集系统、智能化仪器仪表、现代通信设备、嵌入式系统以及测控系统等领域得到了广泛的应用。通过系统学习单片微机的原理，可以掌握微型计算机的软硬件知识，并完成计算机工程的基础训练，同时可以有效结合工程实际需要去初步应用单片机开发技术，进而深化、提高综合开发能力。为了解决人们在学习单片机中碰到的技术问题，我们总结了多年的教学和工程应用实践经验，编写了此书。

全书共分为 12 章。第 1 章介绍了单片机的发展趋势，讲述了计算机和单片机的基本原理。第 2 章介绍了单片机系统组成原理，对 MCS-51 系列的单片机的组成结构、复位电路设计以及存储器配置进行了详细叙述。第 3 章和第 4 章分别介绍了 MCS-51 单片机的指令系统和程序设计。第 5～7 章详细剖析了单片机系统设计技术，介绍了单片机的定时器/计数器与中断系统、单片机应用系统扩展以及键盘显示的接口设计的原理和技术。第 8 章介绍了测控系统常用元器件性能和硬件接口设计。第 9～11 章分别介绍了 A/D 和 D/A 接口、串行通信接口和单片机测控系统设计，给出实际应用例子，提供了详细的电路和程序代码。第 12 章介绍了 AVR、ARM 和凌阳等几种新型的单片机性能和结构原理。全书内容全面，结构清晰，说理透彻，既可作为高等院校信息与电子技术类专业单片机课程的教材，以及工程技术类专业微机原理课程的教材和参考书，还可作为工程技术人员学习 MCS-51 单片机和应用计算机技术的参考书。

本书由吴黎明教授担任主编，王桂棠副教授、洪添胜教授担任副主编，吴正光高级工程师担任主审。本书由广东工业大学信息工程学院和华南农业大学信息学院的从事单片机技术的相关老师共同编写。吴黎明、唐露新编写了第 1、2、5、12 章，邓耀华编写了第 3、4 章以及第 9 章的部分内容，王桂棠编写了第 6、7、10、11 章，洪添胜、吴黎明编写了第 8、9 章，参加编写和上机实验验证的还有汤秀春老师。全书由吴黎明统稿。研究生朱妙贤、伍冯洁、何仲凯、薛向东和李伟东为本书的编写做了大量文字工作和上机实验验证。习题和电路图由关建和、刘文豪、刘志远、郭中华和谢斌编制。

本书配有多媒体课件，可到 www.sciencep.com 下载。

由于作者水平有限，书中难免存在错误和不足之处，恳请广大读者批评指正。

目　录

第 1 章

计算机技术基础

1.1　计算机的发展与应用

1.1.1　计算机的发展状况

1946年，美国宾夕法尼亚大学研制出了世界上第一台可以用程序控制的计算机，被称为电子数字积分器与计算器（Electronic Numerical Integrator And Calculator，ENIAC）。这台计算机的字长为12位，主存储器只有17KB，运算速度为每秒5000次加法运算，共使用18 800个电子管，1500个继电器，占地面积为150m^2，重30t，耗电150kW，造价为100多万美元。今天看来，这台计算机既贵且重，运算速度低，字长不够长，而且耗电量多。但它正是今天大小不一、种类繁多的各种类型电子计算机的先驱，为计算机技术的发展奠定了基础。如果将ENIAC称为第一代电子计算机的话，至今已发展至第四代了。

第一代（1946～1958年），电子管数字计算机。

计算机的逻辑元件采用电子管，主存储器采用磁鼓、磁芯，外存储器已开始采用磁带，软件主要用机器语言编制，后期逐步发展了汇编语言，主要用于科学计算。

第二代（1958～1964年），晶体管数字计算机。

计算机的逻辑元件采用晶体管，主存储器采用磁芯，外存储器已开始使用磁盘；软件已开始有很大的发展，出现了各种高级语言及编译程序。此时，计算机速度明显提高，耗电量下降，寿命提高。计算机已发展至应用于各种事务处理，并开始用于工业控制。

第三代（1964～1971年），集成电路计算机。

计算机的逻辑元件采用小规模和中规模集成电路，即所谓的SSI和MSI；软件发展更快，已有分时操作系统，应用范围日益扩大。

第四代（1971年以后），大规模和超大规模集成电路计算机。

计算机的逻辑元件采用大规模集成电路（LSI），在一个硅片单元上可集成1000～20 000个晶体管的集成电路，而目前超大规模集成电路集成超过5000万个晶体管。

目前计算机技术发展迅速，概括来讲主要往两个方向发展，一是朝着大型、巨型化发展，二是向小型、微型化发展。

1. 大型、巨型计算机

为了适应现代科学技术发展的需要，要求计算机提高运算速度，加大主储容量，为此出现了大型和巨型计算机。如美国的克雷公司生产的Cray－1、Cray－2、Cray－3巨型计算机比较著名。我国的银河Ⅰ就是每秒10亿次并行巨型计算机。巨型计算机象征着一个国家的科技实力，目前只有少数几个国家有能力生产。大型机速度快，容量大，解决了过去无法计算的实时及复杂的数学问题，但设备庞大，价格昂贵。

2. 小型、微型计算机

小型、微型机的出现、普及和应用，适应航天、导弹技术及一般应用的体积小、造价低、高可靠性的要求。

微型计算机（Microcomputer）的心脏——中央处理器（CPU）集成在一小块芯片上，被称为微处理器 MPU（Micro Processing Unit），以区别大、中、小型计算机的 CPU。微型计算机除有 MPU 外，还有以大规模集成电路制成的主存储器和输入输出接口电路，三者之间采用总线结构联系起来。如果再配上相应的外围设备，如显示器（CRT 或 LCD）、键盘及打印机等，就成为了微型计算机系统（Microcomputer System）。目前，微型计算机功能已经很强大，比如“奔腾 4”（Pentium4）CPU 的集成度就很高，集成晶体管有几千万只，2 个或更多的内核协同工作，时钟频率高达 3000MHz。由于结构简单、通用性强、价格便宜，微型计算机已成为现代计算机领域中的一个极为重要的分支，发展突飞猛进，近年来其表现为嵌入式计算机系统，更是与应用对象合成一体。

1.1.2 当前计算机的应用概况

众所周知，计算机能够进行各类数值计算，还能控制机床自动加工复杂的零件，能使火箭准确地进入轨道，使导弹准确击中目标；可以代替人管理城市交通，实现航空和火车的调度；银行储蓄可以通存通兑；可以编辑稿件，自动排版；可以代替医生诊断疾病，自动开药方和假条；与计算机对弈，连优秀的棋手也会失败……现代科学的发展使计算机应用的领域已极其广泛，概括起来，可以归纳为以下几个主要方面。

1. 科学计算

计算机广泛地应用于科学技术方面的计算，这是计算机应用的一个基本方面，也是我们比较熟悉的。如人造卫星轨迹计算，导弹发射的各项参数的计算，房屋抗震强度的计算，24 小时的天气预报等，通常需要求解几十阶微分方程组，进行大型矩阵运算。

2. 数据处理

用计算机对数据及时地加以记录、整理和计算，加工成人们所要求的形式，称为数据处理。通常在生产组织、企业管理、市场预测、情报检索等方面，存在着大量的数据需要及时进行搜集、归纳、分类、整理、存储、检索、统计、分析、列表、绘图等。这类问题数据量大，而运算又比较简单，包含大量的逻辑运算与判断，其处理结果往往以表格或文件形式存储或输出。

3. 自动控制

自动控制也是计算机应用的一个重要方面。在生产过程中，采用计算机进行自动控制，可以大大提高产品的数量和质量，提高劳动生产率，改善人们的工作条件，减少原材料的消耗，降低生产成本。如航天飞行、火星探测、宇航空间站的发射、对接、测控，代替人类进行有害危险工序的现场操作、控制等。

4. 辅助设计和制造

计算机辅助设计（Computer Aided Design，CAD），是指用计算机辅助人们进行设计工作，如设计飞机、汽车、房屋、服装、集成电路等，使设计工作自动化。

由于 CAD 技术的迅速发展，应用范围不断扩大，又派生出许多新的技术分支，如计算机辅助制造（Computer Aided Manufacture，CAM）、计算机辅助教学（Computer Aided Instruction，CAI）等，这些技术的应用及发展提高了机械、电子等行业的设计水平和自动化水平。

5. 系统仿真

计算机仿真是指应用计算机来模仿实际的系统，是近年新兴的应用领域，有着广泛的应用前景。如大型电站仿真、航天飞机的仿真、火箭的仿真、汽车的仿真等。在计算机仿真系统上进行实验、研究，可以节约大量资金，并且实验安全。目前像飞机、汽车的驾驶培训，已经开始使用飞机、汽车驾驶仿真系统，学员可以在仿真系统上进行各种训练。

6. 智能模拟

智能模拟是用计算机软硬件系统模拟人类某些智能行为，如感知、思维、推理、学习、理解等理论和技术。它是在计算机科学、控制论、仿生学和心理学等基础上发展起来的边缘学科，也正是国内外争先研究的人工智能技术，它包括专家系统、模式（声、图、文）识别、问题求解、定理证明、机器翻译、自然语言理解等。

7. 计算机网络与信息高速公路

计算机网络是计算机技术和数字通信技术发展并相融合的产物，它把多个独立的计算机系统通过通信线路、专用电缆、微波卫星、光导纤维等各种通信介质进行数据、通信、资源共享（软件、硬件、数据库等），构成具有多种功能的网络系统。

信息高速公路（Information Highway）的含义是建设全国性甚至全世界的信息网络，可将研究机构、学校、办公室、图书馆、家庭等都连在一起，使每个人都能享受公共信息资源，现在互联网（Internet）广为普及，已成为人们工作、生活不可缺少的组成部分。

8. 无线传感网络与物联网

无线传感网络技术是以计算机为核心的具有交叉学科性质的军民两用战略高技术，可以广泛应用于国防军事、国家安全、环境科学、交通管理、灾害预测、医疗卫生、制造业、城市信息化建设等领域。无线传感器网络（WSNs）是由许许多多功能相同或不同的无线传感器节点组成，每一个传感器节点由数据采集模块（传感器、A/D 转换器）、数据处理和控制模块（微处理器、存储器）、通信模块（无线收发器）和供电模块（电池、DC/AC 能量转换器）等组成。微机械电子系统（MEMS）技术的发展促使传感器的微型化，微处理技术的发展促进了传感器的智能化，通过 MEMS 技术和射频（RF）通信技术的融合促进了无线传感器及其网络的诞生。从传统传感器（Dumb Sensor）到智能传感器（Smart Sensor）再到嵌入式 Web 传感器（Embedded Web Sensor）传感器的内涵不断丰富发展，正逐步实现微型化、智能化、信息化、网络化。

物联网（The Internet of Things）是新一代信息技术的重要组成部分，是“物物相连的互联网”。物联网的核心和基础仍然是互联网，是在互联网基础上的延伸和扩展的网络，网络用户端延伸和扩展到了任何物体与物体之间进行信息交换和通信。物联网是通过射频识别（RFID）、红外感应器、全球定位系统、激光扫描器等信息传感设备，按约定的协议，把任何物体与互联网相连接，实现对物体的智能化识别、定位、跟踪、监控和管理的一种网络。

1.2 单片机及应用概况

1.2.1 单片微型计算机概述

单片微型计算机简称单片机，它是把组成微型计算机的各部件：中央处理器、存储器、输入输出接口电路、定时器/计数器等，制作在一块集成电路芯片中，构成一个完整的微型计算机。1971 年，Intel 公司首次推出 4004 的 4 位单片微处理器。1974 年 12 月仙童（Fairchild）公司推出 8 位单片机 F8（需另加一块 3851 芯片），其后，Mostek 公司和仙童公司一起推出了与 F8 兼容的 3870 单片机系列。Intel 公司 1976 年推出 MCS－48 系列单片机。GI（General Instrument Crop）公司在 1977 年 10 月宣布了 PIC1650 单片机系列。1978 年，Rockwell 公司也推出了 R6500/1 系列（与 6502 兼容）。有些单片机都有 8 位 CPU，若干个并行 I/O，8 位定时器/计数器，容量有限的 RAM 和 ROM，以及简单中断处理功能。

Motorola 公司和 Zilog 公司的单片机问世较迟，但是产品性能较高，单片机内有串行 I/O，多级中断处理能力，片内的 RAM 和 ROM 容量较大，有些还带有 A/D 转换接口。Motorola 公司在 1978 年下半年宣布了与 6800 微处理机兼容的 6801 单片机。Zilog 公司在同年 10 月也推出了 Z80 单片机系列。Intel 公司在原 MCS－48 基础上，于 1980 年推出了高性能的 MCS－51 系列（包括 8031/8051/8751）。1982 年，Mostek 公司和 Intel 公司先后推出了 16 位单片机 MK68200（与 68000 微处理器兼容）和 MCS－96（8096、8098）系列。1987 年 Intel 公司推出了性能是 8096 单片机 2.5 倍的新型单片机 80296。

单片机的处理能力随着 CPU 运算器的位数增加而提高，单片机的 CPU 的位数已经从 4 位到 32 位，主要有以下几种。

1. 4 位单片机

主要产品型号有：

NEC 公司的 uPD75xx，TI 公司的 TMSl000 系列，Panasonic 公司的 MNl400 系列，NS 公司的 COP400，Rockwell 公司的 PPS/1 系列，SAMSUNG 公司的 KS56 和 KS57 系列，Fujitsu 公司的 MB88 系列。

其中，uPD75xx 与 COP400 在 4 位机中占有重要地位，年产量已达到数千万片。4

位单片机的特点是价格便宜，如 COP400 的价格仅为 8 位单片机 8048 和 6805 价格的一半，但是功能并不弱，只是 4 位 CPU，其片内的 ROM 有 2KB，RAM 为 128×4 位。

NEC 公司的 uPD75xx 片内的 ROM 可达 8KB，RAM 为 512×4 位，I/O 引脚为 58 根，甚至还有 6 位 A/D。近年来，4 位单片机的产量仍在增长，但所占比例逐年下降，单片机的主角已让给了 8 位单片机。4 位机增强了 I/O 的功能（特别是专用 I/O 功能），主要用于家用电器和电子玩具等方面。

2. 8 位单片机

8 位单片机产量占全部单片机产量的 60%以上，并逐年增长。1985 年的产量为 1.7 亿片，1986 年的产量为 2.1 亿片，1992 年达 7 亿片。8 位单片机不断涌现新的机型。

自 1985 年以来，各种高性能、大容量、多功能的新型 8 位单片机不断地推出，如 Intel 公司的 8x552、uPI－452（805l 的增强型），Motorola 公司的 MC68HC11（6801 增强型），Zilog 公司的 Super8 等，它们代表了单片机的发展方向。

3. 16 位单片机

16 位单片机的典型产品如 Intel 公司生产的 MCS－96 系列单片机，其集成度已达 120 000 管子/片，主频为 12MHz，片内 RAM 为 232B，ROM 为 8KB，中断处理为 8 级，而且片内带有多通道 10 位 A/D 转换器和高速输入/输出部件（HSI/HSO），具有很强的实时处理能力。

4. 32 位单片机

32 位单片机除了具有更高的集成度外，其主频已达 40MHz 以上，数据处理能力比 16 位单片机增加许多，性能比 8 位、16 位单片机更加优越。

20 世纪 80 年代以来，单片机的发展非常迅速。就通用单片机而言，世界上一些著名的计算机厂家已投放市场的产品就有 50 多个系列、400 多个品种。单片机的产品已占整个微机（包括一般的微处理器）产品的 80%以上，其中 8 位单片机的产量又占整个单片机产量的 60%以上，这说明 8 位单片机将在最近若干年仍是工业检测、控制应用的主角。

1.2.2 单片机的特点及其应用范围

单片机以其卓越的性能，在各个领域都得到了广泛的应用。单片机应用在检测、控制领域中，具有如下特点。

1）小巧灵活、成本低、易于产品化。它能方便地组装成各种智能式测控设备及各种智能仪器仪表。

2）可靠性好，适应温度范围宽。单片机芯片本身是按工业测控环境要求设计的，能适应各种恶劣的环境，这是其他机种无法比拟的。

3）易扩展，很容易构成各种规模的应用系统，控制功能强。单片机的逻辑控制功能很强，指令系统有各种控制功能指令。

4）与应用对象有机结合，实现一体化嵌入式系统，可以很方便地实现多机和分布式检测与控制。

由于单片机超小型化，结构紧凑，可靠性高，价格低廉，在国民经济中得到广泛应用。

工业：电机控制、工业机器人、过程控制、数字控制。

仪器仪表：智能仪器、医疗器械、色谱仪、示波器。

民用：智能家电、电子智能玩具、电子游戏机、录像机、光盘驱动。

电信：调制解调器、智能线路运行控制、移动电话、3G通信。

导航与控制：导弹控制、智能武器装置、航空航天导航系统。

数据处理：图形图像终端、彩色黑白复印机、磁带机、硬盘/光盘驱动器、打印机。

汽车：车载电子装置、点火控制、变速器控制、防滑刹车、排气控制。

由上所述可知，从家用电器、智能仪器仪表、工业控制直到火箭导航尖端技术领域，单片机都发挥着十分重要的作用。

1.2.3 单片机的发展

本书以 MCS－51 系列的单片机为中心，介绍其原理和应用，详细内容在各章中展开。由于 1980 年以来在 MCS－51 单片机迅速发展应用的同时，其他各种类型的单片机也得到了快速的开发应用，所以这里也对常用的其他几种单片机作简单介绍，可作为学习应用 MCS－51 单片机时的对比。

1. AVR 单片机

AVR 单片机是美国 ATMEL 公司 1997 年推出的全新配置精简指令集（RISC）单片机系列，ATMEL 公司生产高性能、低功耗、非易失性存储器和数字集成电路，其中最令人瞩目的是它的 E^2PROM 电可擦除技术、闪速存储器技术和高质量高可靠性技术。在 CMOS 器件生产领域中，ATMEL 的先进设计水平、优秀的生产工艺及封装技术用于单片机生产，使单片机也具有优秀的品质，在结构、性能和功能等方面都有明显的优势。ATMEL 公司的单片机具有高速度、高保密性、低功耗的特点，片内程序存储器采用 Flash 存储器，可反复编程修改上千次，便于新产品开发；程序高度保密，避免非法窃取；速度快，大多数指令仅用 1 个晶振周期，而 MCS－51 单片机单周期指令却需 12 个晶振周期；能采用 C 语言编程，从而能高效快速地开发出目标产品；CMOS 工艺生产，功耗低；有主电源 3V 以下的品种，进一步降低功耗，一般只需几 mA；还有多种低功耗方式，在掉电方式下，工作电流小于 1μA。AVR 单片机内部资源丰富，一般的应用系统只需此一块芯片即可实现智能化。

AVR 单片机已形成系列产品，其中 ATtiny，AT90 及 ATmega 分别对应低、中、高档产品。根据用户的不同需要，现已推出了 30 多种型号，引脚为 8～64 脚，内部配置也大不相同，但其基本结构和编程方法是一样的。

（1）主要特点

1）以 E^2PROM 电可擦除及 Flash 技术为主导。ATMEL 公司把其 E^2PROM 及 Flash 技术巧妙地用于形成特殊的集成电路，从而使一些芯片应用领域扩大， 其中闪速可编程逻辑器件 Flash PLD、Flash 存储器、AT90 系列 Flash 单片机、AVR 增强型单片机、智能 IC 卡等是最典型的产品。这些产品内部含有 Flash 存储器， 从而使它们在无交流电环境下的便携类产品中大有作为。含有 E^2PROM 及 Flash 存储器是 ATMEL 公司有关产品的明显特色之一。

在 ATMEL 公司的 Flash 产品中，一共有商业 C 档（0～＋70℃）、工业 I 档（－40～＋85℃）、汽车 A 档（－40～＋125℃）和军用 M 档（－55～＋125℃）四种档次的产品。

2）有多种封装形式和高的质量。ATMEL 公司有多种封装形式的集成电路，这些封装形式有：DIP、PLCC、PGA、PQFP、TQFP、SOIC、CBGA、μBGA 和客户专门定制等多种。

ATMEL 公司的封装是按军工标准进行的，其测试按军用标准 MIL－STD－883 进行。所有的军工产品在制造和开发过程中均以 MIL－M－38510 标准说明书为依据，并且追踪这个标准的最新版本。同时，ATMEL 公司将统计过程控制 SPC 用于军用 IC 的装配和测试中，从而优化质量和产品的稳定性。

3）高标准的质量检测。ATMEL 公司具有高质量、高水准的检测能力，可以对数字集成电路、模拟集成电路和军用集成电路进行质量检测。对军用集成电路产品而言，其工作性能符合军用标准的，在－55～＋125℃范围内工作十分正常，甚至在高达＋150℃（特殊挡）的条件下集成电路仍然实现正常的输出功能。ATMEL 公司的 Audo、Sentry 和 Teraclyne 测试器件符合统计过程控制 SPC 标准，并且依照美国国家标准局的测试标准执行。

（2）AT90 系列单片机

ATMEL 公司的 90 系列单片机是增强 RISC 内载 Flash 的单片机，通常简称为 AVR 单片机。90 系列单片机是基于新的精简指令 RISC 结构的。这种结构是在 20 世纪 90 年代开发出来的，综合了半导体集成技术和软件性能的新结构。

AVR 结构单片机的开发目的在于能采用高级语言编程——C 语言编程，从而能高效地开发出目标产品。为了对目标代码大小、性能及功耗的优化，AVR 单片机采用了大型快速存取寄存器文件和快速单周期指令。

快速存取 RISC 寄存器文件由 32 个通用工作寄存器组成。传统的基于累加器的结构需要大量的程序代码，以实现在累加器和存储器之间的数据传送。在 AVR 单片机中用 32 个通用工作寄存器代替累加器，从而避免传统的累加器和存储器之间的数据传送造成的瓶颈现象。

在 AVR 单片机中，在前一条指令执行的时候，就取出现行的指令，然后以一个周期执行指令。在其他的 CISC 以及类似的 RISC 结构中，外部振荡器的时钟被分频降低到传统的内部执行周期，这种分频最大达 12 倍。AVR 单片机是用一个时钟周期执行一条指令的，它是8位单片机中第一种真正的RISC单片机。

AVR 单片机具有良好的性价比，这个系列有引脚少的器件，也有含较大容量存储器且引脚较多的器件。由于 AVR 单片机是采用 Harvard 结构的，故它们的程序存储器（ROM）和数据存储器（RAM）是分开的。可直接访问 8MB 程序存储器和 8MB 数据存储器，寄存器文件被双向映射，并能被访问如同片内允许快速上下转换的那部分 SRAM 存储器。

AVR 单片机采用低功率、非挥发的 CMOS 工艺制造，通过 SPI 口和一般的编程器，可以对 AVR 单片机的 Flash 存储器进行编程。

AT90 系列单片机目前有 AT90S1200、AT90S2313、AT90S4414、AT90S8515、AT90S2323、AT90S2343、AT90SMEG403、AT90SMEG103、AT90S4434、AT90S8535 等多种型号，它们在功能和存储器容量等方面有一定的区别。但是，它们都是比 89 系列要强的单片机。表 1.1 为 ATMEL AVR—RISC 单片机 AT90 系列选型表。

表 1.1 AT90 系列选型表

AT90S 系列	1200	2313	4414	8515	2323	2343
Flash 编程	1KB （512・16）	2KB （1024・16）	4KB （2048・16）	8KB （4096・16）	2KB （1K・16）	2KB （1K・16）
SRAM 数据	0	128B	256/64KB 片外	512/64KB 片外	128B	128B
EEPROM 工作寄存器	64B	128B	256B	512B	128B	128B
工作寄存器	32B	32B	32B	32B	32B	32B

（3）AT91M 系列单片机简介

AT91M 是基于 ARM7TDMI 嵌入式微处理器的 16/32 位微处理器系列中的一个新成员。该微处理器用高密度的 16 位指令集实现了高效的 32 位 RISC 结构，且功耗很低。此外，内部的工作寄存器很多，使该器件非常适用于实时控制的应用。该器件使用 ATMEL 公司的高密度 CMOS 技术，通过在一个单片上集成了 ARM7TDMI 和大量的 ROM 程序区，以及片内 RAM 和广泛的外设功能，使得 AT91M 成为一个强有力的微控制器，为许多需要加强运算的嵌入式微控制器提供了高度的灵活性和高性价比。

AT91M 使用了基于先进微控制器总线结构（AMBA）的模块化设计方法，具有综合、快速、高性价比的特点。

表 1.2 为 AT91M 系列部分产品的 ROM 容量表。

表 1.2 AT91M 系列产品的 ROM 容量表

产　品	ROM 容量/KB	产　品	ROM 容量/KB
AT91M40200	无 ROM	AT91M41200	无 ROM
AT91M40203	32	AT91M41203	32
AT91M40205	64	AT91M41205	64
AT91M40207	128	AT91M41207	128

（4）AVR 单片机系统结构

ATMEL 公司的 AT90 系列嵌入式单片机是一种基于 AVR 增强性能、RISC 结构的、低功耗、CMOS 技术、8 位微控制器（Enhanced RISC Microcontrollers），通常简称为 AVR 单片机。目前有 AT90S1200、AT90S2313、AT90S4414、AT90S8515、AT90S2323、AT90S4434、AT90S8535、Atmega83－163、Atmega603/103、Atmega161、Attiny10/11/12/15/22/24/28 等多种型号。它们的基本结构都比较相近。下面以 AT90S8515 单片机的内部结构为主，简述 AVR 单片机系统结构。

90 系列单片机通过在单一时钟周期内执行功能强大的指令，具有每 MHz 可实现 1MIPS 的处理能力，这使得设计者可以优化功耗与速度之间的矛盾。

AVR 内核为 32 个通用工作寄存器与丰富指令集的组合。32 个寄存器全部直接地与运算逻辑单元（ALU）连接，这使得可以通过在一个时钟周期内执行一条指令来访问到两个独立的寄存器。代码效率比完成同样处理能力的常规 CISC 微控制器要快 10 倍。

90 系列单片机具有以下特征：1～128KB 可下载的 FLASH 存储器，64B～4KB E^2PROM，128B～4KB RAM，5～48 条通用的 I/O 线，32 个通用工作寄存器，带模拟比较器的定时器/计数器，可编程的异步 UART 串行口，内部及外部中断，带内部晶振的可编程看门狗定时器，一个为下载程序而设计的 SPI 串行接口，10 位 A/D 转换器，以及 2 个可通过软件选择的省电模式。闲置模式停止 CPU 的工作，而 SRAM、定时器/计数器、片内振荡器（RTC）、SPI 口及中断系统继续工作。电源检测功能（BOD），掉电模式保留寄存器的内容，但冻结晶振，终止芯片的其他功能，直至下一次外部中断或硬件复位。

该器件的制造运用了 ATMEL 公司的高密度非易失存储器技术。芯片内可下载的 Flash 存储器可以通过 SPI 串行接口或通过通用的非易失存储器编程器对程序存储器进行系统内的重新编程。通过在单一芯片内将一个增强性能的 RISC 8 位 CPU 与可下载的 Flash 结合，使得 ATMEL 的 90 系列单片机成为一种适合于许多要求、具有高度灵活性和低成本的嵌入式控制应用的高效微控制器。

90 系列单片机 AVR 的全套编程和系统开发工具包括：C 编译器，BASCOM－AVR，宏汇编器程序调试器/程序仿真器，系统在线仿真器和 SL－AVR 开发下载实验器。

图 1.1 为 90 系列 AT90S8515 单片机内部结构的方框图。

AT90S4414/AT90S8515 引脚相同，仅 FLASH、SRAM 和 E^2PROM 相差一倍。AT90S4414/AT90S8515 引脚与 MCS－51 系列单片机 8X51/8X52 的引脚兼容，仅复位电平不同，AVR 低电平复位，MCS－51 高电平复位。因此，可方便用 AVR 单片机替代 MCS－51 单片机硬件电路。AT90S4414/AT90S8515 引脚说明如下：

1）V_{cc}：供电引脚。

2）GND：电源地。

3）A 口（PA7～PA0）：8 位双向 I/O 口，每一引脚内部都有上拉电阻。A 输出缓冲器可以吸收 20mA 的电流，因而能直接驱动 LED 显示器。当 A 口被用于输入且内部上拉被触发时，如果外部被拉低，则会输出电流。当使用外部 SRAM 时，A 口作为复用地址/数据和输入/输出口。

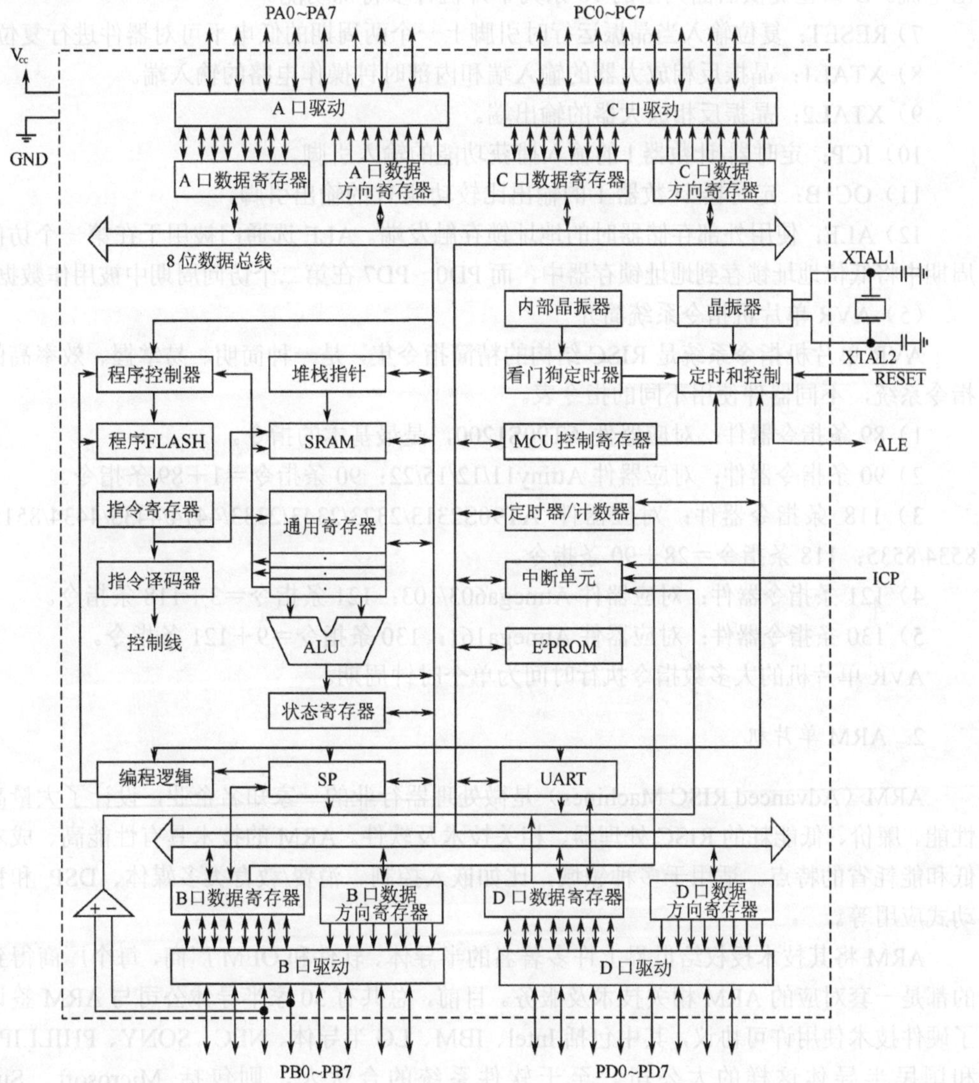

图 1.1 AT90S8515 单片机方框图

4）B 口（PB7～PB0）：8 位双向 I/O 口，每一引脚内部都有上拉电阻。B 口的输出缓冲器可以吸收 20mA 的电流，当 B 口被用于输入且内部上拉被触发时，如果外部被拉低，则会输出电流。B 口也提供后面列出的 90 系列单片机许多特殊功能。

5）C 口（PC7～PC0）：8 位双向 I/O 口，每一引脚内部都有上拉电阻。C 口的输出缓冲器可以吸收 20mA 的电流，当 C 口被用于输入且内部上拉被触发时，如果外部被拉低，则会输出电流。当使用外部 SRAM 时，C 口作为地址输出。

6）D 口（PD7～PD0）：带有内部拉高的 8 位双向 I/O 口。D 口的输出缓存器可以吸收 20mA 的电流。当 D 口被用于输入且内部上拉被触发时，如果外部被拉低，则会输出电流。D 口也提供后面列出的 90 系列单片机许多特殊功能。

7）RESET：复位输入当晶振运行时引脚上一个两周期的低电平可对器件进行复位。

8）XTAL1：晶振反相放大器的输入端和内部时钟操作电路的输入端。

9）XTAL2：晶振反相放大器的输出端。

10）ICP：定时器/计数器 1 的输入捕获功能的输入引脚。

11）OC1B：定时器/计数器 1 的输出比较功能 B 的输出引脚。

12）ALE：使用外部存储器时的地址锁存触发端。ALE 选通门被用于在第一个访问周期中将低位地址锁存到地址锁存器中，而 PD0～PD7 在第二个访问周期中被用作数据。

（5）AVR 单片机指令系统简介

AVR 单片机指令系统是 RISC 结构的精简指令集，是一种简明、易掌握、效率高的指令系统，不同器件使用不同的指令表。

1）89 条指令器件：对应器件 AT90S1200，是最基本的指令。

2）90 条指令器件：对应器件 Attiny11/12/15/22；90 条指令＝1＋89 条指令。

3）118 条指令器件：对应器件 AT90S2313/2323/2343/2333/4414/4433/4434/8515/8534/8535；118 条指令＝28＋90 条指令。

4）121 条指令器件：对应器件 Atmega603/103；121 条指令＝3＋118 条指令。

5）130 条指令器件：对应器件 Atmega161；130 条指令＝9＋121 条指令。

AVR 单片机的大多数指令执行时间为单个时钟周期。

2. ARM 单片机

ARM（Advanced RISC Machines）是微处理器行业的一家知名企业，设计了大量高性能、廉价、低能耗的 RISC 处理器、相关技术及软件。ARM 的技术具有性能高、成本低和能耗省的特点。适用于多种领域，比如嵌入控制、消费/教育类多媒体、DSP 和移动式应用等。

ARM 将其技术授权给世界上许多著名的半导体、软件和 OEM 厂商，每个厂商得到的都是一套对应的 ARM 相关技术及服务。目前，总共有 30 家半导体公司与 ARM 签订了硬件技术使用许可协议，其中包括 Intel、IBM、LG 半导体、NEC、SONY、PHILLIPS 和国民半导体这样的大公司。至于软件系统的合伙人，则包括 Microsoft、Sun Microsystems 和 MRI 等一系列知名公司。ARM 架构是面向低预算市场设计的第一款 RISC 微处理器。

（1）ARM 主要特点

ARM 提供一系列内核、体系扩展、微处理器和系统芯片方案。由于所有产品均采用一个通用的软件体系，所以理论上相同的软件可在所有产品中运行。典型的产品包括：

1）CPU 内核。

ARM7：小型、快速、低能耗、集成式 RISC 内核，用于移动通信。

ARM7TDMI（Thumb）：这是公司授权用户最多的一项产品，将 ARM7 指令集同

Thumb 扩展组合在一起，以减少内存容量和系统成本。同时，它还利用嵌入式 ICE 调试技术来简化系统设计，并用一个 DSP 增强扩展来改进性能。该产品的典型用途是数字蜂窝电话和硬盘驱动器。

ARM9TDMI：采用 5 阶段管道化 ARM9 内核，同时配备 Thumb 扩展、调试和 Harvard 总线。在生产工艺相同的情况下，性能可达 ARM7TDMI 的两倍之多，常用于连网和顶置盒。

2）体系扩展。Thumb：以 16 位系统成本，提供 32 位 RISC 性能，特别注意的是它所需的内存容量非常小。

3）嵌入式 ICE 调试。由于集成了类似于 ICE 的 CPU 内核调试技术，所以原型设计和系统芯片的调试得到了极大的简化。

4）微处理器。ARM710 系列，包括 ARM710、ARM710T、ARM720T 和 ARM740T：低价、低能耗、封装式常规系统微型处理器，配有高速缓存（Cache）、内存管理、写缓冲和 JTAG，广泛应用于手持式计算、数据通信和消费类多媒体。

ARM940T、920T 系列：低价、低能耗、高性能系统微处理器，配有 Cache、内存管理和写缓冲。应用于高级引擎管理、保安系统、顶置盒、便携计算机和高档打印机。

StrongARM：性能很高、同时满足常规应用需要的一种微处理器技术，与 DEC 联合研制，后来授权给 Intel。SA110 处理器、SA1100 PDA 系统芯片和 SA1500 多媒体处理器芯片均采用了这一技术。

ARM7500 和 ARM7500FE：高度集成的单芯片 RISC 计算机，基于一个缓存式 ARM7 32 位内核，拥有内存和 I/O 控制器、3 个 DMA 通道、片上视频控制器和调色板以及立体声端口;ARM7500FE 则增加了一个浮点运算单元以及对 EDO DRAM 的支持。特别适合电视顶置盒和网络计算机（NC）。

Windows CE 可支持多种嵌入式处理器，而基于 Windows CE 的 Pocket PC 则只支持 ARM 一种。微软在对 SH3、MIPS、ARM 等嵌入式处理器做了评估后认为，ARM 是一种性价比较好的选择。由于目前 ARM 在手持设备市场占有 90%以上的份额，支持 ARM 可有效地缩短应用程序开发与测试的时间，也降低了研发费用。由于 ARM 开放其处理器授权，因此，用户在市场上可以在多家整机厂商中进行选择，从而保证市场的合理竞争。

（2）ARM 芯片 CL－PS7111 简介

1）电平 2.7V/3.3V 相对应 CPU 工作频率 13MHz/18MHz，13MHz 位节电模式，性能相当于 33MHz Intel 486 PC。

2）ARM710A 内核：ARM7 CPU、8KB 内部缓存（cache）、MMU 带有 64 入口 TLB（Transition Look－aside Buffer）。

3）DRAM 控制器：支持 16 位和 32 位 DRAM。

4）ROM/SRAM/Flash Memory 控制：可译码 4，5 或 6 个独立的 256M 存储空间段；每个存储段支持 8 位，16 位和 32 位操作，并支持分页模式；可编程 ROM/SRAM/Flash Memory。

5）支持两个低功耗 CL－PS6700 PC 卡（PCMCIA）控制器。

6）2KB 片内 SRAM 用于程序快速执行；片内 Boot ROM（128B）。

7）两个同步串行接口：支持 SPI，或 Microwire2 兼容；音频解码器。

8）27 位通用接口 GPIO：3 个 8 位和 1 个 3 位 GPIO port；支持键盘阵列扫描。

9）两个异步串口 UART：支持高达 115.2K 波特率；内有两个接收发送（TX， RX）16B 的 FIFO 缓冲；支持 MODEM 控制信号。

10）DC－TO－DC 转换器接口：提供两个 96kHz 时钟输出，通过编程 duty ratio（1/16～15/16）操作。

11）LCD 控制器：直接信号扫描板接口，单色 LCD；面板的大小可编程从 16～1024 个像素，16 个像素为一个单位；视频帧大小可编程到 128KB；每个像素点的位数可编程 1，2，4 位。

12）计时器和实时时钟：两个 16 位计时器和一个 32 位实时时钟（RTC）。

（3）ARM 软件开发、调试工具及调试方法

1）ARM Project Manager（APM）include ARM Debuger：这个工具由 ARM 提供，主要是开发程序，编程调试 ARM 芯片，有相当不错的开发环境和远端调试功能，支持汇编语言和 C 语言。它带有一个 ARM 自己的嵌入式操作系统 ARM Angel，用户可在上面开发自己的嵌入式软件，不过这个操作系统不是实施多任务的。

2）通过计算机串口与处理器 UART 相连，设置计算机的超级终端，通过超级终端察看硬件情况（寄存器设置，数据等）和程序运行情况，当然程序中要加入向 UART 送出数据的指令，并常用蜂鸣器提示。这种调试方法是用于底层调试硬件，找出硬件存在的问题。

3）VxWorks 在 Shell 不能正常运行前，也是采取这种方法来调试程序，不过一般不是硬件问题，而是 BSP 中存在的问题，需要根据硬件，修改 BSP。

需要说明的是：一般在没有硬件仿真器的情况下采用上述方法。最简便直观的办法还是采用仿真器，用于底层硬件的程序调试。

3. 凌阳单片机

凌阳单片机是由台湾凌阳科技股份有限公司生产的系列产品。凌阳公司从事 IC 电路设计和生产，目前主要产品包括：液晶 IC、微控制器 IC、多媒体 IC、语音 IC、音乐 IC 及各种专用 IC，用作高品质和高附加值的消费性集成电路芯片。

（1）凌阳单片机的种类和用途

凌阳单片机目前主要有 8 位机和 16 位机两个系列。其中，8 位机根据不同用途分别带有 LCD 驱动或带有单通道、双通道或多通道发声功能，因而可适合制作各种款式的计算器、数据库、游戏机及各种档次的电子琴以及高级电子玩具等，也可用于嵌入式计算机系统，适用于开发消费性产品。另外以 μ'nSP™ CPU 为内核的 16 位单片机，是适用面更广的通用型单片机。它以 μ'nSP™ 为内核，集成不同规模的 ROM、RAM、ADC 和 PWM（DAC）、并行/串行接口等片内资源，如图 1.2 所示。

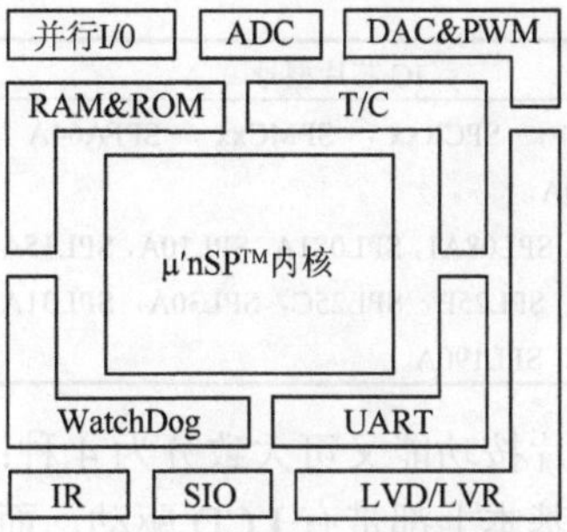

图 1.2 μ'nSP™ 的模块结构

图中以μ'nSP™ CPU为内核，其他功能模块根据应用需要为可选结构。这就使得以μ'nSP™ 为核心组成的单片机系统可大可小，某些功能模块在系统组成时可有可无。借助这种积木式结构，可针对不同的对象、不同的应用领域，形成不同的系列，以适应不同的应用场合。而用这种方法设计的每一种派生产品无疑会具有更强的功能和更低的成本。这是凌阳16位单片机基于SOC的结构特点。

目前凌阳8位单片机已有SPL系列、SPC系列、SPF系列以及其他系列共50多种不同IC芯片型号的产品。以μ'nSP™ 为内核的16位单片机也有SPCExxx系列、SPT660x系列、SPMC903系列共7～8种IC型号的产品。这些产品既顺应了单片机技术发展的趋势、市场的需求，集成度高、功能全、低功耗、低电压、可靠性高且易于开发。特别是凌阳16位单片机提供的某些特殊指令，为其应用添加了DSP功能，且其指令结构提供了对高级语言的支持，使其在众多的16位单片机中独具特色。

（2）凌阳8位单片机

凌阳8位单片机按CPU内核不同可分为两大族：一族以6502CPU作为其内核，主要有65N02系列、65R02系列以及65S02系列；另一族以凌阳CPU为其内核，主要有CPUl2系列和CPU8系列。表1.3列出了凌阳8位单片机系列中CPU内核、IC芯片型号及其主要用途。

表 1.3 凌阳的8位单片机系列

CPU 内核类型	IC 芯片型号	用 途
65N02（6502）全套指令	SPL61A， SPL130A， SPL191A， SPLB10A，SPDC256A，SPDC512A，SPDC512B，SPDC1000A，SPDC1000B	计算机、数据库、游戏机和嵌入式计算机系统等
65R02（6502 减指令系统＋部分扩展指令）	SPF02A，SPL02C，SPL02D，SPL03B，SPL03C，SPL05A，SPL05B，SPL06A，SPL06B，SPL128A，SPLB20A，SPLB20A1，SPLB21A，SPLB22A，SPLB23A，SPLB24A，SPLB25A，SPLB26A，SPLG01A	电子琴计算器、数据库、游戏机和嵌入式计算机系统等
65S02（6502 减指令系统）	SPF06A1，SPF18A1，SPF20A，SPF30A1，SPF30B，SPL02A	各种档次的电子琴、玩具、计算器、数据库和游戏机等

续表

CPU 内核类型	IC 芯片型号	用　途
凌阳 CPU12，CPU8（6502 减指令系统＋部分扩展指令）	SPCxxx， SPCRxx， SPMCxx， SPFA64A，SPFA120A，SPL08A，SPL08A1，SPL081A，SPL10A，SPL15A，SPL15B，SPL25B，SPL25C，SPL30A，SPL31A，SPL60A，SPL190A	电子琴、电子玩具、计算器、数据库、游戏机和嵌入式计算机系统等

从使用的角度讲，表中芯片按功能又可大致分为 4 种：SPL 系列、SPC 系列、SPF 系列以及其他系列。SPL 系列基本上都带有 LCD 驱动，而某些 SPL 系列还带有发声功能，可用来制作各种款式的计算器、数据库及游戏机等；SPC 系列则是带有双声道发声功能的单片机，可用来制作各种高级电子玩具或电子宠物等；SPF 系列是带有多通道（4 通道、8 通道等）发声功能的单片机，可用来研制各种档次的电子琴类产品。

由于凌阳 8 位单片机具有体积小、功耗低、性能好、可靠性高且易于开发等特点，还可用来研制开发具有特殊功能的各种嵌入式计算机系统。

（3）凌阳 16 位单片机

单片机的应用已逐渐地由单纯的控制扩展到控制处理、数据处理以及数字信号处理等，凌阳 16 位单片机顺应了这种发展需求，其内核围绕μ'nSP™ 所形成的 16 位系列单片机，具有主要技术特性：

1）较宽的电源电压范围：2 6～5.5 V。

2）较宽的系统时钟频率范围：0.375～24.576MHz。

3）16 位数据总线提高了工作速度。

4）大容量的 ROM 及静态 RAM。

5）红外通信接口。

6）RS－232 通用异步全双工串行接口。

7）10 位 A/D 及 D/A。

8）内置式带自动增益控制的扩音机输入通道。

9）32 768 Hz 的实时时钟。

10）低电压复位/低电压监测系统。

另外，凌阳16位单片机的一些系列还嵌入了LCD控制/驱动和双音多频发生器功能。表 1.4 列出了 16 位单片机的主要系列、芯片型号及其各自的主要用途。

表 1.4　凌阳 16 位单片机一览表

系 列 类 型	IC 型号	主 要 用 途
SPCExxx	SPCE500A，SPCE060，SPCE061	发声和语声识别
SPT660x	SPT6601，SPT6602	通信领域中带 LCD 驱动的来电识别
SPMC903	处于研发阶段	一般控制领域及教学实验

表 1.4 中的 SPCExxx 系列具有全双工异步通信的串行接口，可实现多机通信，方便地组成分布式控制系统；红外收发通信接口可用于近距离的双机通信或制作红外遥控装

置；A/D、D/A 转换接口可方便地用于各种数据的采集、处理和控制输出；若把 A/D、D/A 转换接口与 μ'nSP™ 中的 DSP 运算功能配合使用，就可方便地实现语音识别功能，从而使其可应用于语音识别领域。

表 1.4 中的 SPT660x 系列所嵌入的双音频（DTMF）发生器可实现电话拨号功能；内置的 LCD 控制器/驱动器能实现最多 224 点（8COM*28SEG）的显示；同时还内置了具有 4～8 级自动增益的 ADC 通道及可用于播放乐曲/语音的 DAC 通道，若与 DSP 运算功能配合使用，就可方便地实现来电辨识和语音拨号功能。

表中的 SPMC903 系列是一种带多路 A/D 转换且其 ROM 为闪存的微控制器，与 EPROM 写入器配合使用，适合于产品的研制、开发或教学实验等。凌阳 16 位单片机的主要特点如下：

（1）集成度高，易于扩展

以 μ'nSP™ 为内核，内部采用总线结构，把各功能部件模块化地集成在一个芯片里，有效地减少了各功能部件之间的连线，提高了集成度，增强了芯片的可靠性和抗干扰能力。此单片机属于非总线型单片机，省去了片外的地址、数据及控制并行总线，而外部封装引脚可明显减少，使芯片成本下降。它既可通过 I/O 端口与外设器件通信，也可采用串行扩展方式。目前，由于串行传输速度的不断提高，用串行口扩展外围器件，特别在 SOC 中，已得到了较多的应用。

采用 CMOS 制造工艺，有较好的低功耗和功耗管理功能，它提供了软件激发的弱振方式、空闲方式和掉电方式三种低功耗工作方式，大大降低了芯片功耗。另外，单片机工作电压范围大，可在低电压供电时正常工作，并可用电池供电，从而可大幅度地减少器件的功耗。低功耗是一切电子应用系统所追求的目标，特别是在野外作业、便携式仪器仪表的开发等方面具有特殊的意义。

（2）较强的中断处理能力

凌阳 16 位单片机中断系统可支持三种类型的中断：异常中断、事件中断和软件中断。中断系统共有 10 个中断向量，可响应 14 个中断源的中断请求，由于对外界突发事件具有快速反应能力，使其适合用于实时控制领域。

（3）高效的指令系统

凌阳 16 位单片机的指令系统以字为单位，从而格式紧凑、灵活，执行时间迅速，并提供了对高级语言和数字信号处理运算能力的良好支持，从而可有效缩短基于凌阳单片机的各种产品的研发周期。

同时，凌阳 16 位单片机片内还集成了大容量的 ROM、静态 RAM；全双工异步通信的串行接口、红外收发通信接口；A/D、D/A 转换接口和多功能的 I/O 口。其指令系统提供的具有较高运算速度的 16 位 X16 位的乘法运算和内积运算指令。这就使凌阳 16 位单片机可方便地用于复杂的数字信号处理，却又比常用的 DSP 芯片便宜，因而具有较高的性能价格比。另外，在 SPCE061 及 SPCE060 单片机中还采用了 Flash ROM 技术，有 32KB FLASH ROM 单元。FLASH ROM 的使用使得基于 SOC 的单片机技术得到进一步发展，极大地改善了单片机应用系统的结构模式、开发与测试手段以及运行条件。

（4）μ'nSP™ 单片机简介

SPCE 系列单片机是以 μ'nSP™ 的 16 位内核的第一个产品，应用最为典型。目前推出的包括 SPCE 仿真器芯片、SPCE060、SPCE061 和 SPCE500A。

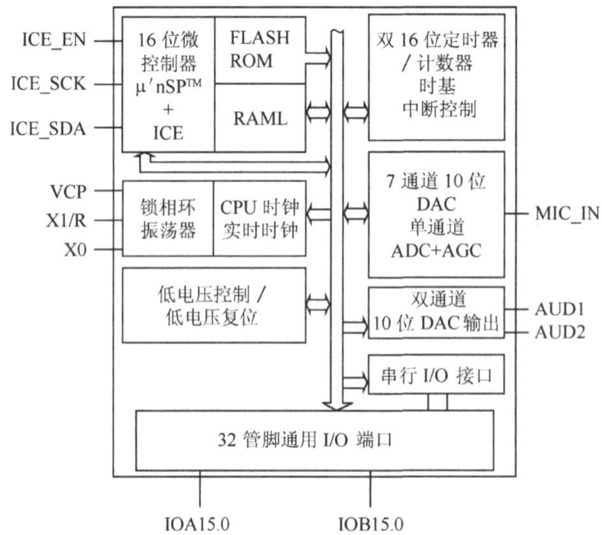

图 1.3　SPCE 系列总体结构框图

SPCE 系列单片机的结构框图如图 1.3 所示，包含以下主要部件：

1）内置 2KB 字的静态 RAM。

2）内置 ROM 或闪存 ROM：零页中 32 KB 的快速 ROM 和非零页中 256 KB 的常速 ROM（对于 μ'nSP™ 单片机而言，最大 ROM 空间为 4MB，这是由其 16 位地址线和 6 位代码/数据段的总线结构所决定的）。

3）32 位可编程并行 I/O 接口。

4）通用异步全双工串行接口 UART，具有 RS－232 标准的发送/接收波形。

5）串行设备接口：可与串行设备进行数据传输。

6）单或 8 通道 10 位模/数转换 ADC，并在一个通道内置有自动增益控制的扩音器。

7）双通道 10 位数/模转换 DAC 方式的音频输出，每个通道的输出能力为 3mA。

8）两个 16 位可编程定时器/计数器，可自动预置计数初值。

9）两个数字式采样/比较端口。

10）内置 32768 Hz 实时时钟。

11）锁相环晶体振荡器或 RC 振荡器，为系统提供 20.480MHz/24.576MHz 的时钟信号。

SPCE 系列单片机的主要技术特性如下：

1）工作电压范围：2.6～5.5V。

2）系统工作频率范围：0.375～49.152 MHz。

3）具有红外通信功能：可对红外信号进行接收或发送。

4）14 个中断源来自系统时钟、定时器/计数器、时间基准发生器、外部时钟源输入、触键唤醒以及通用异步串行接口等。

5）掉电方式下的系统运行可将功耗降至 5V 电源电压下的 2μA。

6）具有运行/睡眠方式下的看门狗维护功能。

7）具有低电压复位/低电压监测功能。

μ'nSP™ 单片机的其他系列包括：用于带 LCD 显示的来电辨识或语音拨号的 SPT660 系列，用于一般用途并可进行教学实验的 SPMC903 系列。它们的结构和技术特性与 SPCE 系列略有不同，其应用与结构可参考相关的技术手册。

1.3 计算机中的数码的表示

计算机是一个自动化的信息加工工具，其指令与被处理的数据都是采用二进制数字系统。和我们日常生活中所用的十进制数的表示方法不同，计算机采用二进制数对数值、字母、符号等进行编码表示和处理，构成二进制数的运算系统，并便于电路实现。本节介绍计算机采用的数制及码制的有关概念。

1.3.1 常用数制

1. 十进制数

人们最常用的数是十进制数，十进制数的特点如下：

1）数值部分用 0，1，2，3，4，5，6，7，8，9 这 10 个不同的数码来表示。

2）十进制数中的 10，称为基数，采用“逢十进一”的原则。

3）每个位数的位值，或称“权”，均是基数 10 的某次幂。例如 689.52 这个十进制数，小数点左边第一位是个位，表示 9×10^0，小数点左边第二位是十位，表示 8×10^1 等，整个数可以写成：

$$689.52=6\times10^2+8\times10^1+9\times10^0+5\times10^{-1}+2\times10^{-2}$$

上面的写法叫做“按权展开”，每一位表示的数值不仅取决于该位的数码本身，还取决于所在位的位值——权。我们把按进位的原则进行计数的方法，称为进位计数制。“位权”和“基数”是进位计数制中的两个要素。

2. 二进制数

在计算机内部，一切信息，包括数值、字符、指令等的存放、处理和传送均采用二进制数的形式。二进制数的特点如下：

1）只有 0 和 1 两个数码。

2）基数为 2，采用“逢二进一”的原则。

3）各位上的权均是 2 的某次幂。例如 1101.11 可写成按权展开式：

$$(1101.11)_2 = 1\times2^3 + 1\times2^2 + 0\times2^1 + 1\times2^0 + 1\times2^{-1} + 1\times2^{-2} = (13.75)_{10}$$

在二进制数的运算过程中，除了“逢二进一、借一当二”，采用 0、1 计数之外，其他运算规律与十进制运算相同。

3. 十六进制数

十六进制数的特点如下：

1）十六进制数中可能出现的数码为 0，1，2，…，9，A，B，C，D，E，F 共 16 个。

2）基数为 16，采用“逢十六进一”的原则。

3）每一位上的权均是 16 的某次幂。例如：

$$(3AB.11)_{16} = 3\times16^2 + A\times16^1 + B\times16^0 + 1\times16^{-1} + 1\times16^{-2} = (939.066406)_{10}$$

在十六进制数的运算过程中，除了“逢十六进一、借一当十六”，采用 0 到 F 计数之外，运算规律与十进制运算相同。

十六进制数和二进制数有简单的对应关系，人们把 1 位十六进制数用 4 位二进制数来表示。

1.3.2 数值的表示方法

1. 真值与机器数

一个数在机器（即计算机）中的表示形式称为机器数。机器数有如下几个特点：

1）机器数可以是只用正数，也就是无符号数。实际上，以前大家所接触的二进制数就是只有正数。如 8 位二进制数 10001000 就相当于十进制数 136，而二进制数 01001000 相当于十进制数 72。在这种情况下，所有的二进制数位都代表一定的数值，或者说都有一定的“权”。

2）机器数所能表示的数的范围受机器字长的限制。在计算机中，作为数据传送、存储和运算基本单位的一组二进制字符称为一个字（Word），一个字中的二进制字符的数目称为字长（Word Length）。计算机的字长确定以后，机器数所表示的数值范围大小也就一定了。如对于 8 位字长的计算机来说，机器数的范围为（00000000）～（11111111），即对应于十进制数 0～255。而如果字长是 16 位的机器，可以表示正数的最大值将扩大到相当于十进制数 65535。

为了扩大机器数表示的范围，有时可以用两个字甚至多个字表示一个数，例如对于 8 位机来说，若用两个字来表示一个正数，其数值范围就可以扩大到 65535。但应注意，这种多字表示方法是在计算机应用中的一种处理方式。

3）机器数可以用符号位来表示数的正负。如果机器数要表示正数和负数，则应将数的最高位作为符号位来表示数的正负：最高位为 0 表示正数，最高位为 1 表示负数。这样的机器数也叫带符号数。

例如＋105 的 8 位机器数应该是 01101001。而－105 的 8 位机器数则是 11101001。带符号数由于要用最高位来表示数的正负，使得可以表示的数的范围有所变化：8 位带符号正数的最大值是 01111111，相当于十进制数的 127。

带符号数也可以用两个或多个字来表示一个数，此时，不论数的大小，符号位仍定为整个机器数的最高位。

4）机器数所表示的数值称为机器数的真值。机器数的真值可以用二进制数表示，也可以用十进制数表示，但根据一般的习惯，常用十进制数表示。例如机器数 10110110 的真值为－54。

2. 数的定点和浮点表示方法

机器数用来表示带小数点的数通常有两种表示方法：定点表示法和浮点表示法。在定点表示法中，小数点在数中的位置是固定不变的。对于任意一个二进制数 N 总可以表示为纯整数（或纯小数）和一个 2 的整数次幂的乘积：$N=2^P \times S$。其中 S 称为 N 的尾数，P 称为 N 的阶码，2 称为阶码的底。通常定点表示法中 P 的值是固定的，而在浮点表示法中，P 的值是在一定的范围内可变的。

阶码和尾数都可以是正数，也可以是负数，从而可以表示正的小数或者负的小数。一般为了扩大数的表示范围，在机器中都采用浮点表示法。这时阶码和尾数要分别表示，并且各自都有自己的符号位，如图 1.4 所示。

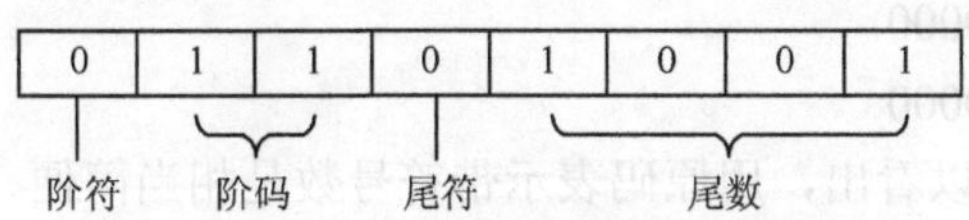

图 1.4　浮点数在机器中的表示

为了尽可能精确地表示数，要对尾数进行规格化，就是使尾数都是小数点后第一位为 1 的纯小数，然后再来确定阶码的值。

假定用 4 个字节来表示一个浮点数：其中阶码和阶符为一个字节，尾数和尾符为 3 个字节。当然，阶符和尾符各占 1 位。现在要用这个浮点数来表示十进制数 256.8125：

256.8125 直接表示为二进制数结果是 100000000.1101（注意十进制整数和小数分别转换为二进制数）。

尾数规格化的结果是 0.1000000001101。

$0.1000000001101 \times 2^9$（实际是乘 2^{1001}）才得 100000000.1101。由此可以确定阶码值应该是 9，即二进制数 1001。

所以，256.8125 表示为 4B 浮点数是 00001001 01000000 00110100 00000000。

那么，25.68125 表示为 4B 浮点数应该等于什么？

3. 原码、反码、补码

机器数有原码、反码、补码三种表示方法，分述如下：

（1）原码

定义：在二进制数的原码表示法中，正负数的符号位放在数值部分前面。正数的符号为“0”表示其后的数值是正数；负数的符号为“1”表示其后的数值是负数。数值部分仍用原二进制的数码表示。数的原码记作[±x]原。

【例 1.1】 设$+x_1=+0010101$，$-x_2=-0010101$，试写出它们的原码表示形式。

解：（1）[+x]原=0 0010101 B

数值不变

用 0 表示正

（2）[−x]原 =1 0010101 B

数值不变

用 1 表示负

【例 1.2】 写出+13、−13、+127、−127、+0、−0 的原码。（用 8 位二进制数表示，下同）

解：[+13]原=00001101

[−13]原=10001101

[+127]原=01111111

[−127]原=11111111

[+0]原=00000000

[−0]原=10000000

由上面两个例子可以看出，用原码表示带符号数是相当简便、直观，适于做乘法、除法或同符号数相加。但在不同符号的数作加、减法时就变得复杂了。例如在进行加法运算时，机器首先要判断两数的符号是否相同，若相同则做加法，若不同则做减法。在做减法时还要判断两数绝对值的大小，以便于大者减去小者，然后再根据绝对值大的数做决定差值的符号。计算机做的工作就显得复杂、麻烦了。

因此，人们在实践中引入了反码和补码的概念，解决了上述困难，使运算简化。

（2）反码

定义：一个二进制数若是正数，则其反码与原码相同；若为负数则除符号位外其余各位都取“反”便得到其反码。即对负数而言除符号位仍保持“1”外，其余各位码中凡是“1”都换成“0”，凡是“0”都换成“1”，便得其反码。数的反码记作[±x]反。

【例 1.3】 求+13、−13 的反码。

解：[+13]反 =[+13]原 =00001101 B

[−13]原=1 0001101 B

↓↓↓↓↓↓↓↓

[−13]反=1 1110010 B

数值按位取反

符号位不变

即[−13]反 =11110010 B

【例 1.4】 求$[+0]_{反}$、$[-0]_{反}$ 及$\{[-0]_{反}\}_{反}$。

解：$[+0]_{反}=[+0]_{原}=00000000$ B

$[-0]_{原}=10000000$ B 符号位不变，数值位保留。

$[-0]_{反}=11111111$ B 符号不变，数值按位取反。

$\{[-0]_{反}\}_{反}=10000000$ B

可见，$\{[-0]_{反}\}_{反}=[-0]_{原}$也就是 0 的反码的反码等于原码。这个结论可以推广为：

$\{[-x]_{反}\}_{反}=[-x]_{原}$

（3）补码

定义：一个二进制数若为正数，则其补码与原码相同；若为负数则其补码为反码“+1”。也就是先求得负数原码的反码，再在反码的最低位加 1。数的补码记作$[\pm x]_{补}$。

【例 1.5】 求+13、−13、+127、−127 的补码。

解：一般采用先由原码求反码，再由反码求补码办法。

（1）$[+13]_{补}=[+13]_{原}=00001101$

（2）$[-13]_{原}=10001101$

$[-13]_{反}=11110010$ 符号位不变，数值按位取反加 1。

$[-13]_{补}=11110011$

（3）$[+127]_{补}=[+127]_{原}=01111111$

$[-127]_{原}=11111111$

$[-127]_{反}=10000000$ 符号位不变，数值按位取反加 1。

$[-127]_{补}=10000001$

【例 1.6】 求$[-3]_{补}$及（$[-3]_{补}$）$_{补}$。

解：（1）$[-3]_{原}=10000011$ （1）

$[-3]_{反}=11111100$

$[-3]_{补}=11111101$

（2）设$-x=[-3]_{补}=11111101$

则$[-x]_{原}=11111101$

$[-x]_{反}=10000010$

$[-x]_{补}=10000011$

即$[-x]_{补}=$（$[-3]_{补}$）$_{补}=10000011$ （2）

比较式（1）和式（2）可知，$\{[-3]_{补}\}_{补}=[-3]_{原}$。即其补码的补码等于原码。推广之亦有

$$\{[-x]_{补}\}_{补}=[-x]_{原}$$

1.3.3 常用编码

计算机中要用二进制代码来表示各种字符和符号。另外，有时也希望计算机能用二进制的方式直接进行十进制的运算，常用的是 BCD 码。

1. BCD码及十进制调整

BCD码就是用二进制代码表示的十进制数，也称为BCD数。它是采用二进制代码0000～1001来代表十进制数0～9。准确地说，这种代码应该称为8-4-2-1BCD码，但一般直接称为BCD码。

若是两位十进制数则要用两个相应的 BCD 码的组合来表示。如十进制数 39 写成BCD数为00111001。十进制数的位数越多，所用的BCD码也越多。

当希望计算机直接用十进制数的规律进行运算时，应将操作数用 BCD 码来存储和运算。例如4＋3就应是0100＋0011＝0111。但是4＋8直接按二进制加法的运算结果为0100＋1000＝1100，但从BCD数的运算来说应为00010010，亦即对应十进制数12。因此，在这种情况下就要对二进制运算结果（1100）进行调整，使之符合十进制数的运算和进位规律。这种调整称为十进制调整。调整的情况有两种：

1）若两个BCD数相加结果大于1001（十进制数9），则应作加0110（即加6）调整。

2）若两个 BCD 数相加结果在本位上并不大于 1001，但却产生了进位；相当于十进制运算结果大于等于16，则也要作加0110（加6）调整。

如上面提到的4＋8，直接运算结果为0100＋1000＝1100，结果大于1001，要作加6调整：

$$1100+0110=00010010$$

相应于十进制数12，结果正确。

若是两个 BCD 数相减，则也要进行十进制调整，其规律是：当相减时若低 4 位向高4位有借位，在低4位就要作减0110（减6）调整。

2. ASCII码

在计算机系统中除了数字0～9之外，还经常用到其他字符，如字母a～z，各种标点符号，以及其他控制符号，如空格、换行等。ASCII码是美国制订于1963年的标准，全称为“美国信息交换标准代码”，即American Standard Code for Information Interchange，简称为ASCII码。后来，国际标准化组织ISO和国际电报电话咨询委员会CCITT以它为基础制订了相应的国际标准。这种编码在数据传输中广泛应用，微型计算机的字符编码也采用。

ASCII码是一种7位代码，共有128个字符和控制符。在计算机存储器中，一般使用时用一个字节表示ASCII码，即8位，这时最高位用0，或者最高位可用于奇偶校验。也可以将最高位固定为1，构成扩展的ASCII码，表示一些图形符号，但扩展的ASCII码没有形成统一的标准。

表1.5 ASCII码字符表

$b_7b_6b_5$ / $b_4b_3b_2b_1$	000（0）	001（1）	010（2）	011（3）	100（4）	101（5）	110（6）	111（7）
0000（0）	NUL	DLE	SP	0	@	P	’	p
0001（1）	SOH	DC1	!	1	A	Q	a	q

续表

$b_7b_6b_5$ / $b_4b_3b_2b_1$	000 (0)	001 (1)	010 (2)	011 (3)	100 (4)	101 (5)	110 (6)	111 (7)
0010（2）	STX	DC2	"	2	B	R	b	r
0011（3）	ETX	DC3	#	3	C	S	c	s
0100（4）	EOT	DC4	$	4	D	T	d	t
0101（5）	ENQ	ANK	%	5	E	U	e	u
0110（6）	ACK	SYN	&	6	F	V	f	v
0111（7）	BEL	ETB	'	7	G	W	g	w
1000（8）	BS	CAN	（	8	H	X	h	x
1001（9）	HT	EM	）	9	I	Y	i	y
1010（A）	LF	SUB	*	:	J	Z	j	z
1011（B）	VT	FSC	+	;	K	[	k	{
1100（C）	FF	FS	,	<	L	\	l	|
1101（D）	CR	GS	—	=	M	]	m	}
1110（E）	SO	RS	.	>	N	^	n	～
1111（F）	SI	US	/	?	O	-	o	DEL

128 个 ASCII 代码中，前 33 个和最后一个代码都是控制字符，共 34 个，其余 94 个是各种字符和符号. ASCII 码表见表 1.5，在表中最高一位未列出，一般表示时都以 0 来代替而暂不考虑其奇偶校验位或其他的功能，表中第一行的二进制数 000～111 对应括号内的内容为十六进制数 0～7，表中第一列的二进制数 0000～1111 对应括号内的内容为十六进制数 0～F。

如数字 0～9 的 ASCII 码为 00110000～00111001，对应十六进制数 30H～39H。字母 A～Z 的 ASCII 码用十六进制数表示为 41H～5AH。字母 a～z 的 ASCII 码为 61H～7AH 等。

常用的控制符如回车键的 ASCII 码是 0DH（表中用 CR 表示），换行键的 ASCII 码是 0AH（表中用 LF 表示）。

我国于 1980 年制订了“信息处理交换用的 7 位编码字符集”，即国家标准 GB 1988—80。除了用人民币符号¥代替美元符号外（ASCII 代码为 24H），其余代码与所表示的内容都和 ASCII 码相同。在使用中有时可能出现在键盘上输入的$符号，在打印机上显示变成了¥符号。其原因就在于两者的编码相同。

1.4 单片机的组成结构及指令执行过程

1.4.1 单片机结构

常用的单片机以 MCS－51 系列单片机为例，它的组成框图如图 1.5 所示。

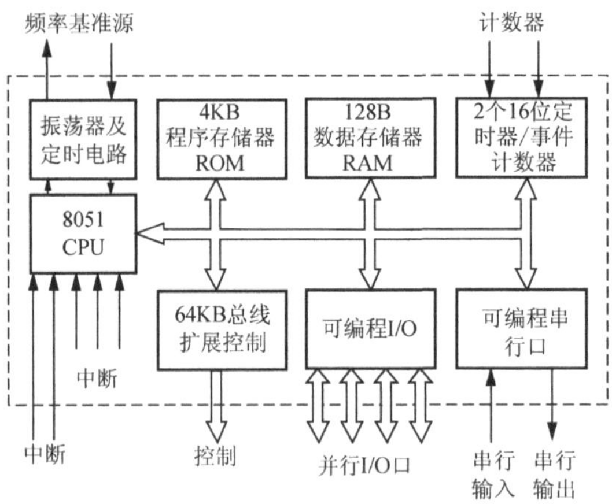

图 1.5　单片机组成框图

单片机的微处理器（CPU）由运算器和控制器两个部分组成，还有包括相关的寄存器。

1. 运算器

运算器由运算部件——算术逻辑单元（Arithmetic & Logical Unit，ALU）、累加器和寄存器等几部分组成。ALU 的作用是把传来的数据进行算术或逻辑运算，输入来源为两个 8 位数据，分别来自累加器和数据寄存器。ALU 能完成对这两个数据进行加、减、与、或、比较大小等操作，最后将结果存入累加器。例如，两个数 6 和 7 相加，在相加之前，操作数 6 放在累加器中，7 放在数据寄存器中，当执行加法指令时，ALU 即把两个数相加并把结果 13 存入累加器，取代累加器原来的内容 6。

运算器有两个功能：

1）执行各种算术运算。

2）执行各种逻辑运算，并进行逻辑测试，如零值测试或两个值的比较。

运算器所执行全部操作都是由控制器发出的控制信号来指挥的，并且，一个算术操作产生一个运算结果，一个逻辑操作产生一个判决。

2. 控制器

控制器由程序计数器、指令寄存器、指令译码器、时序发生器和操作控制器等组成，是发布命令的“决策机构”，即协调和指挥整个微机系统的操作。其主要功能有：

1）从内存中取出一条指令，并指出下一条指令在内存中的位置。

2）对指令进行译码和测试，并产生相应的操作控制信号，以便于执行规定的动作。

3）指挥并控制 CPU、内存和输入输出设备之间数据流动的方向。

微处理器内通过内部总线把 ALU、计数器、寄存器和控制部分互联，并通过外部总线与外部的存储器、输入/输出接口电路联接。外部总线又称为系统总线，分为数据总线 DB、地址总线 AB 和控制总线 CB。通过输入输出接口电路，实现与各种外围设备连接。

3. 主要寄存器

（1）累加器 A

累加器 A 是微处理器中使用最频繁的寄存器。在算术和逻辑运算时它有双功能：运算前，用于保存一个操作数；运算后，用于保存所得的和、差或逻辑运算结果。

（2）数据寄存器 DR

数据寄存器通过数据总线向存储器和输入/输出设备送（写）或取（读）数据的暂存单元。它可以保存一条正在译码的指令，也可以保存正在送往存储器中存储的一个数据字节等。

（3）指令寄存器 IR 和指令译码器 ID

指令包括操作码和操作数。

指令寄存器是用来保存当前正在执行的一条指令。当执行一条指令时，先把它从内存中取到数据寄存器中，然后再传送到指令寄存器。当系统执行给定的指令时，必须对操作码进行译码，以确定所要求的操作，指令译码器就是负责这项工作的。其中，指令寄存器中操作码字段的输出就是指令译码器的输入。

（4）程序计数器 PC

PC 用于确定下一条指令的地址，以保证程序能够连续地执行下去，因此通常又被称为指令地址计数器。在程序开始执行前必须将程序的第一条指令的内存单元地址（即程序的首地址）送入 PC，使它总是指向下一条要执行指令的地址。

（5）地址寄存器 AR

地址寄存器用于保存当前 CPU 所要访问的内存单元或 I/O 设备的地址。由于内存与 CPU 之间存在着速度上的差异，所以必须使用地址寄存器来保持地址信息，直到内存读/写操作完成为止。

显然，当 CPU 向存储器存数据、CPU 从内存取数据和 CPU 从内存读出指令时，都要用到地址寄存器和数据寄存器。同样，如果把外围设备的地址作为内存地址单元来看的话，那么当 CPU 和外围设备交换信息时，也需要用到地址寄存器和数据寄存器。

1.4.2 微机指令执行过程

1. 指令

任何计算机都有它的指令系统。指令是指由单片机芯片的设计者规定的一组数字编码，不可以由单片机的开发者更改。指令由操作码、操作数组成。

操作码是指令的功能部分，操作数是指说明参与操作的数据或数据所存放的地址。

2. 指令执行过程

计算机采取“存储程序”的工作方式，即事先把程序加载到计算机的存储器中，当启动运行后，计算机便自动进行工作。

计算机执行程序是一条指令一条指令执行的。执行一条指令的过程可分为两个阶段，如图 1.6 所示。

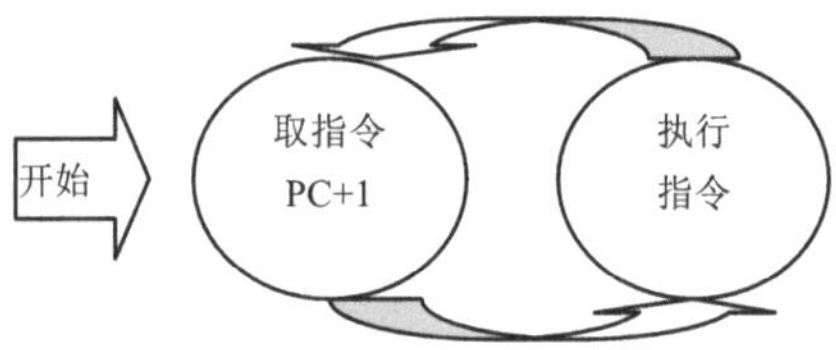

图 1.6　取指令、执行指令序列

在计算机中程序第一条指令的第一个字节是操作码。运行时 CPU 首先进入取指阶段，从存储器中取出指令并通过 CPU 译码后，转入执指阶段，即执行指令指定的操作。

取指阶段是由一系列相同的操作组成的，因此，取指阶段的时间总是相同的。而执行指令的阶段是由不同的事件顺序组成的，它取决于被执行指令的类型。程序的执行过程是由不断的“取指—执指”循环组成，直至程序结束。

习　题　一

1. 什么是二进制？为什么在数字系统、计算机系统中采用二进制？
2. 将下列各数按权展开为多项式：

（1）110110B　　（2）5678.32D　　（3）1FB7H

3. 把下列十进制数转化为二进制、十六进制和 8421 BCD 码：

（1）135.625　　（2）548.75

（3）376.125　　（4）254.25

4. 什么是原码、反码和补码？微型计算机中的数为什么常用补码表示？
5. 写出下列十进制数原码、反码和补码（用 8 位二进制表示）：

（1）＋65　　（2）＋115

（3）－65　　（4）－115

6. 计算下列两组 BCD 码加、减法的结果：

（1）00111000BCD ＋ 01010100BCD

（2）10010101BCD － 00100111BCD

7. “您好”汉语拼音为 ninhao 的 ASCII 码：

6EH 69H 6EH 68H 61H 6FH

“Good morning!”的 ASCII 码：

47H 6FH 6FH 64H 20H 6DH 6FH 72H 6EH 69H 6EH 67H 21H

（注意空格的 ASCII 码为 20H，感叹号的 ASCII 码为 21H）

试写出你名字的汉语拼音的 ASCII 码。（用十六进制表示）。

8. 计算下列两组二进制数内部式子的逻辑“与”，“或”及“异或”的结果：

（1）10100101 和 00001111　　（2）10011101 和 10100101

9. 什么是单片机？它与一般微型计算机在结构上有何区别？

10. 新型8位单片机主要在哪些方面有所发展？给应用系统带来什么好处？

11. AVR单片机配置的RISC使其具有哪些特点？它相比于MCS－51单片机有哪些优势？

12. 试简述ARM系列单片机的调试工具以及调试方法，它们各有什么特点？

13. 试简述凌阳16位单片机的特点。以为内核的16位单片机相比于凌阳的8位单片机有何优势？

14. 简单阐述一下指令在单片机中的整个执行过程，需要经过哪几个阶段？

第 2 章

单片机组成原理

2.1　MCS-51单片机结构

2.1.1　MCS-51单片机的组成

MCS-51单片机在一块芯片中集成了CPU、RAM、ROM、定时器/计数器和I/O等一台计算机所需的基本功能部件。其内部包含下列几个部件：

1）8位CPU，片内振荡器。

2）4KB ROM，128B RAM。

3）21个特殊功能寄存器。

4）32根可编程I/O口线。

5）可寻址各64KB的外部程序存储器、外部数据存储器。

6）2个16位的定时器/计数器。

7）中断结构：具有5个中断源，2个优先级。

8）一个可编程全双工串行口。

9）有位寻址功能，适用于布尔处理的位处理机。

MCS-51单片机包括8031、8051、8751等型号，它们的引脚及指令系统相互兼容，主要是在内部结构和应用上有区别。为叙述方便，今后如不作说明，则常用8051代表。

图2.1为8051单片机内部组成方框图。各功能部件由内部总线连接在一起。图中4KB的ROM存储器部分用EPROM替换就成为了8751；而去掉ROM部分就成为8031的结构图。

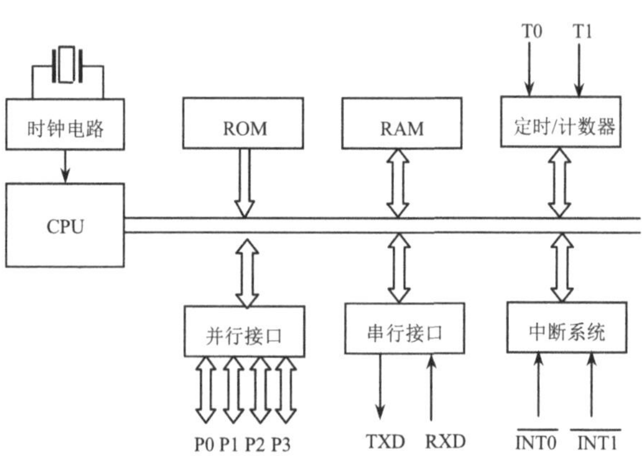

图2.1　8051单片机内部组成方框图

2.1.2　MCS-51单片机的结构

图2.2为8051单片机的内部总体结构框图。从结构图上看，8051内部结构归纳如下：

- 8051 芯片按功能结构
  - CPU
    - 控制器
      - 程序计数器 PC
      - 指令寄存器
      - 指令译码器
      - 数据指针寄存器 DPTR
    - 运算器
      - 算术逻辑运算部件 ALU
      - 累加器 ACC
      - 程序状态寄存器 PSW
  - 存储器
    - 数据存储器 RAM
    - 程序存储器 ROM
  - 可编程 I/O 接口：P0、P1、P2、P3 共四个 8 位口
  - 定时器/计数器：2 个 16 位定时器 T0、T1
  - 一个全双串行口
  - 5 个中断源

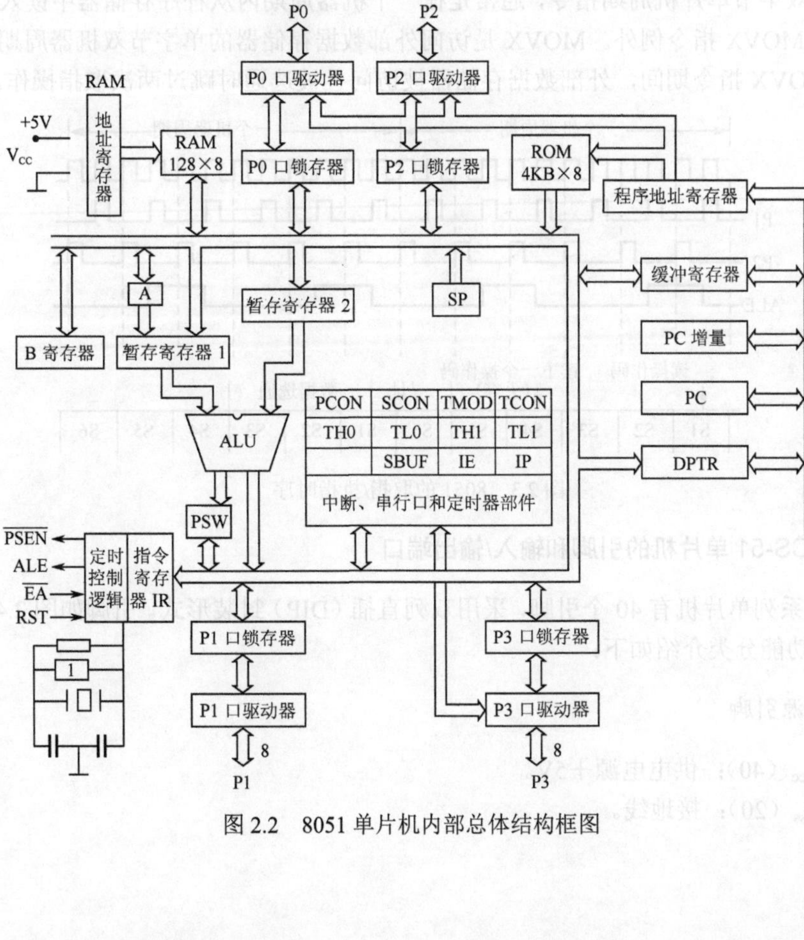

图 2.2　8051 单片机内部总体结构框图

2.1.3 MCS-51 时序

计算机执行一条指令的时间称为指令周期，MCS-51 单片机典型的指令周期为一个机器周期。一个机器周期由 6 个状态（12 个振荡周期）组成，每个状态又分成两个时相 P1 和 P2。所以，一个机器周期可以依次表示为 S1P1，S1P2，…，S6P1，S6P2。通常算术逻辑操作在 P1 进行，而内部寄存器传送在 P2 时进行。

图 2.3 给出了 8051 单片机的取指和执行指令的定时关系。这些内部时钟信号不能从外部观察到，所以用 XTAL2 振荡号作参考。从图中可看到，低 8 位地址的锁存信号 ALE 在每个机器周中两次有效：一次在 S1P2 与 S2P1 期间，另一次在 S4P2 与 S5P1 期间。

对于单周期指令，当操作码被送入指令指令寄存器时，便从 S1P2 开始执行指令。如果是双字节单机器周期指令，则在同一机器周期的 S4 期间读入第二个字节。若是单字节单周期指令，则在 S4 期间仍进行读，但所读的这个字节操作码被忽略，程序计数器也不加 1。在 S6P2 结束时完成指令操作。图 2.3 中给出了单字节单机器周期和双字节单机器周期指令的时序。

8051 指令大部分在一个机器周期内执行完。乘（MUL）和除（DIV）指令是仅有的需要两个以上机器周期的指令，占用 4 个机器周期。

对于双字节单片机周期指令，通常是在一个机器周期内从程序存储器中读入两个字节，唯有 MOVX 指令例外。MOVX 是访问外部数据存储器的单字节双机器周期指令。在执行 MOVX 指令期间，外部数据存储器被访问且被选通时跳过两次取指操作。

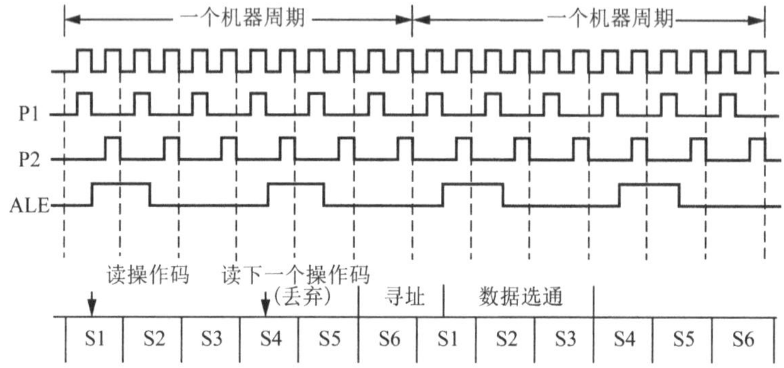

图 2.3 8051 的取指/执指时序

2.1.4 MCS-51 单片机的引脚和输入/输出端口

8051 系列单片机有 40 个引脚，采用双列直插（DIP）封装形式。引脚如图 2.4 所示，各引脚按功能分类介绍如下：

1. 电源引脚

1）V_{cc}（40）：供电电源＋5V。

2）V_{ss}（20）：接地线。

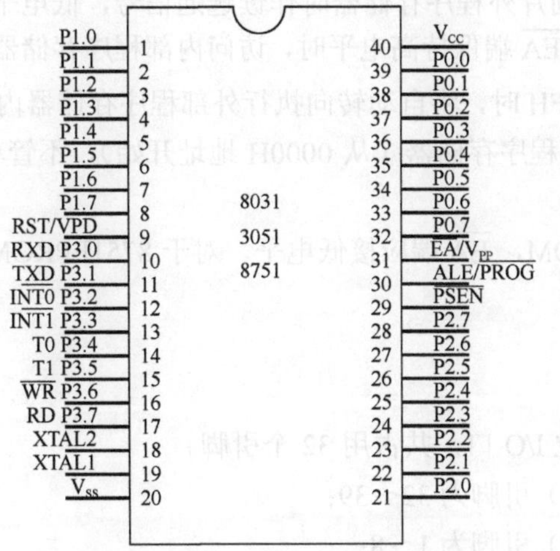

图 2.4 MCS-51 单片机引脚图

2. 时钟振荡器引脚

时钟振荡器引脚为 XTAL1（18）和 XTAL2（19）。当利用内部时钟电路时，XTAL1 与 XTAL2 之间接一晶体振荡器。XTAL1 为内部放大电路输入端，XTAL2 为输出端。连接如图 2.5（a）所示，可使用石英晶振或陶瓷谐振器。

当外接时钟信号时，对于 HMOS 型单片机，XTAL1 接地，XTAL2 接外部输入时钟脉冲。而对于 CHMOS 型单片机 XTAL1 为驱动端，XTAL2 为悬浮，由外部时钟信号源驱动器件，驱动 XTAL1 时，如图 2.5（b）所示。

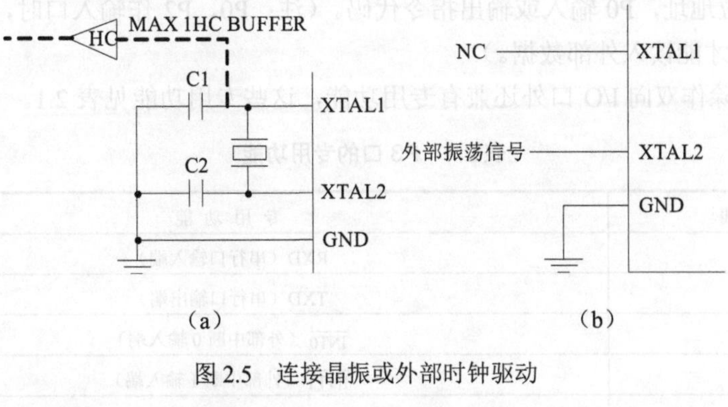

图 2.5 连接晶振或外部时钟驱动

3. 控制信号引脚

RST/VDP（9）：按复位电路可实现复位；接＋5V 备用电源，当电源 V_{cc} 掉电时内部 RAM 的数据不丢失。

ALE/$\overline{\text{PROG}}$（30）：当访问外部存储器时，ALE 作为低位地址锁存允许控制；对于 8751 的片内 EPROM 编程，PROG 用于输入编程脉冲。

$\overline{PSEN}$（29）：访问片外程序存储器时作读选通信号，低电平有效。

$\overline{EA}/V_{PP}$（31）：当$\overline{EA}$端保持高电平时，访问内部程序存储器（4KB），但当 PC（程序计数器）值超过 0FFFH 时，将自动转向执行外部程序存储器内的程序。当$\overline{EA}$保持低电平时，则只访问外部程序存储器（从 0000H 地址开始），不管单片机内部是否有程序存储器。

由于 8031 内无 ROM，$\overline{EA}$端应接低电平。对于 8751EPROM 型单片机，此引脚用于施加编程电源 V_{pp}。

4. I/O 口引脚

8051 共有 4 个 8 位 I/O 口，共占用 32 个引脚。

P0 口（P0.0～P0.7）引脚为 32～39；

P1 口（P1.0～P1.7）引脚为 1～8；

P2 口（P2.0～P2.7）引脚为 21～28；

P3 口（P3.0～P3.7）引脚为 10～17；

这四个口的主要功能如下：

1）P0 口是一个 8 位不带内部上拉电阻的漏极开路型准双向 I/O 口，因此该口输出时需外接上拉电阻；而 P1、P2 和 P3 口是 8 位的带内部上拉电阻的准双向口，都可作一般双向 I/O 口使用。

2）在访问片外 ROM 时，P0 口分时兼作数据总线和低 8 位地址线；P2 口作高位地址线。

3）内部带程序存储器的芯片，在 EPROM 编程和程序验证时，P0 输入低 8 位地址，P2 输入高 8 位地址，P0 输入或输出指令代码。（注：P0、P2 作输入口时，必须要使每位先置“1”，才能读入外部数据。）

4）P3 口除作双向 I/O 口外还兼有专用功能，这些专用功能见表 2.1。

表 2.1　P3 口的专用功能

P3 口线	专 用 功 能
P3.0	RXD（串行口输入端）
P3.1	TXD（串行口输出端）
P3.2	$\overline{INT0}$（外部中断 0 输入端）
P3.3	$\overline{INT1}$（外部中断 1 输入端）
P3.4	T0（定时器 0 外部输入端）
P3.5	T1（定时器 1 部输入端）
P3.6	$\overline{WR}$（片外数据存储器写控制）
P3.7	$\overline{RD}$（片外数据存储器读控制）

2.2 单片机复位电路设计

2.2.1 单片机复位原理

复位是单片机的初始化操作，其作用是使 CPU 中的各个部件都处于一个确定的初始状态，并从这个状态开始工作。

当 8051 的 ALE 及 $\overline{PSEN}$ 两脚输出高电平，RST 引脚高电平时，单片机复位。

2.2.2 复位电路

8051 单片机的复位电路有上电复位和手动按钮复位两种形式，RST/VPD 端的高电平直接由上电瞬间产生高电平则为上电复位；若通过按钮产生高电平复位信号称为手动按钮复位。

图 2.6 为兼有上电复位与按钮复位的电路。图中，上电瞬间 RST 端的电位与 V_{cc} 相同，随着电容充电电流的减小，＋5V 立即加到了 RST/VPD 端，该高电平使 8051 复位。

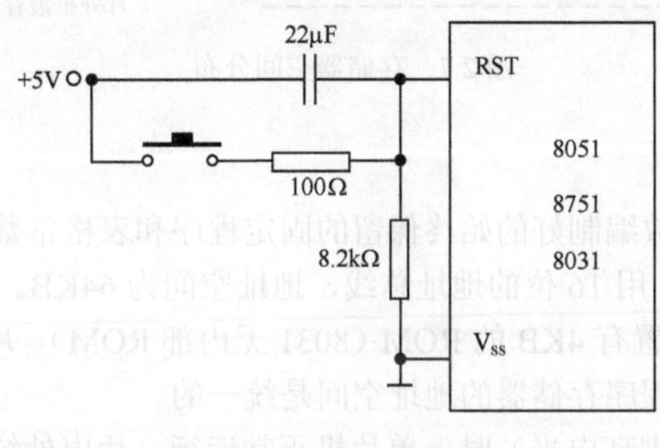

图 2.6 上电及按钮复位电路

若运行过程中，需要程序从头开始执行，这只需按图 2.6 中的按钮即可。按下按钮则直接把＋5V 加到了 RST/VPD 端从而复位，这称为手动复位。

在实际应用系统中，有些外围芯片也需要复位，如果这些复位端的复位电平要求与单片机的要求一致，则可以与之相连。

8051 复位后，4 个并行接口 P0～P3 全为高电平，其他寄存器全部清零，只有 SBUF 寄存器状态不确定。

2.3 MCS-51 存储器配置

一般的微型计算机都采用程序与数据共用一组存储器形式，而 MCS-51 单片机将程序与数据分别放在两组存储器内，一组称为程序存储器，另一组称为数据存储器。

单片机的应用特点是为某个特定对象服务，它的程序设计调试成功后，一般是固定不变的，因而程序（包括常数表）可以一次性地永久放到单片机内。这样不仅省去了每次开机后的程序重新装入步骤，还可以有效地防止因掉电和其它干扰而引起的程序丢失的错误。

MCS-51 片内集成有一定容量的程序存储器（8031/80C31/8032 除外）和数据存储器，并能够扩展较大外部存储器的能力。

物理上，MCS-51 有 4 个存储器空间：片内程序存储器、片外程序存储器，片内数据存储器、片外数据存储器。其结构如图 2.7 所示。

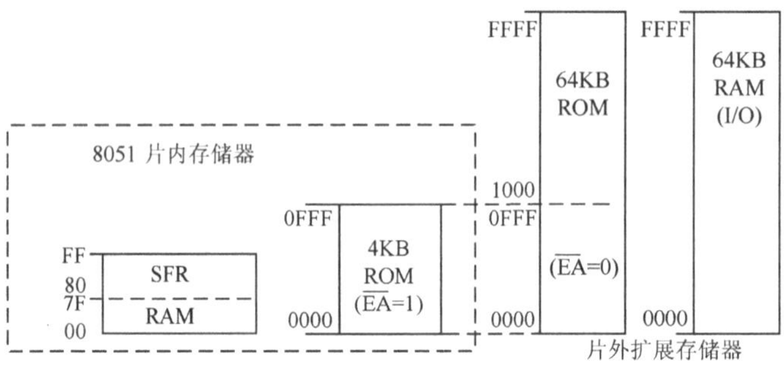

图 2.7　存储器空间分布

2.3.1　程序存储器

程序存储器用来存放编制好的始终保留的固定程序和表格常数。程序存储器以程序计数器 PC 作地址指针，用 16 位的地址总线，地址空间为 64KB。

8051 单片机内部设置有 4KB 的 ROM（8031 无内部 ROM），片外可以扩展到 64KB 的程序存储区，而整个程序存储器的地址空间是统一的。

当引脚 $\overline{EA}$ =1（引脚高电平）时，单片机正常运行，片内外统一编址。片内 ROM 地址范围由 0000H～0FFFH 共 4KB；片外 ROM 地址从 1000H～FFFFH，内外共 64KB。当程序计数器 PC≤0FFFH 时执行片内程序，当 PC≥0FFFH 时，会自动转向片外程序。

当引脚 $\overline{EA}$ =0（引脚低电平）时，只能执行片外 ROM 的程序。因此，片外 ROM 地址从 0000H～FFFFH 共 64KB。8031 单片机无内部程序存储器，故地址从 0000H～FFFFH 都是外部程序存储器空间，其 $\overline{EA}$ 脚始终接低电平，使系统只从外部程序存储器中取指。

在使用 ROM 时，下面 6 个地址单元具有特殊专用功能：

1）0000H 单元是程序起始单元。系统复位后，PC＝0000H，程序从 0000H 单元开始执行。

2）0003H 单元是外部中断 0 入口地址。

3）000BH 单元是定时器 T0 溢出中断入口地址。

4）0013H 单元是外部中断 1 入口地址。

5）001BH 单元是定时器 T1 溢出中断入口地址。

6）0023H 单元是串行口中断入口地址。

这里只是简单指出这些地址的特殊性，具体使用方法将在中断部分详细介绍。

2.3.2 内部数据存储器

（数据存储器用以存放数据或中间运行结果，其在物理上和逻辑上都分为二个）地址空间：一个内部和一个外部数据存储器空间。访问内部数据存储器，用 MOV 指令，访问外部数据存储器用 MOVX 指令。

8051 单片机内部设置有 256 字节的 RAM，其中有 128 字节的内部 RAM 数据存储器和 128 字节的专用（特殊功能）寄存器。128 字节的内部 RAM 数据存储器可分为 3 部分：通用工作寄存器区、位寻址区、用户数据缓冲区。而在 128 字节专用寄存器寻址空间上又离散地分布着 19 个特殊功能寄存器。片内 RAM 的地址分配如图 2.8 所示。

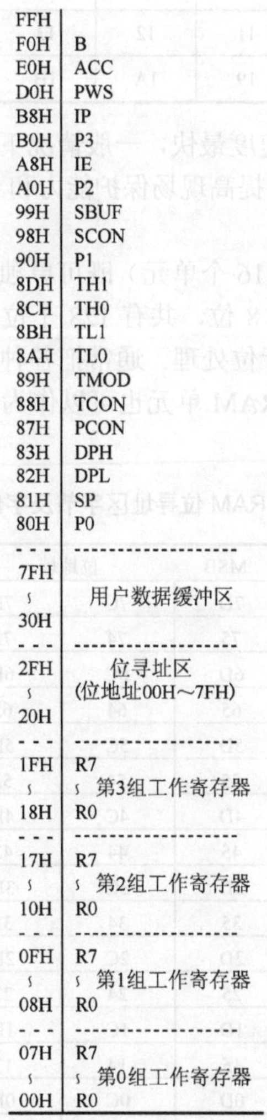

图 2.8 片内 RAM 地址分配

内部 RAM 数据存储器：

内部 RAM 共有 128 字节单元，地址由 00H 到 7FH。

（1）通用工作寄存器区（00～1FH 单元）

工作寄存器一共四组（0、1、2、3 组），每组 8 个寄存器（R0～R7），所以共 32 个寄存器。由于每组寄存器区 8 个寄存器都记为 R0～R7，因此每次只能选择一个寄存器区工作。寄存器工作区的选择是通过状态标志寄存器 PSW 的第 3、4 位也即 RS1、RS0 进行的，如表 2.2 所示。

表 2.2 工作寄存器地址及组号分布

组号	RS1	RS0	R0	R1	R2	R3	R4	R5	R6	R7
0	0	0	00	01	02	03	04	05	06	07
1	0	1	08	09	0A	0B	0C	0D	0E	0F
2	1	0	10	11	12	13	14	15	16	17
3	1	1	18	19	1A	1B	1C	1D	1E	1F

对寄存器操作最灵活且响应速度最快，一般情况下总是首先选择应用寄存器，因此有效地设置 4 个寄存器工作区可以提高现场保护能力和 CPU 实时响应的速度。

（2）位寻址区（20H～2FH）

内部数据存储器 20H～2FH（16 个单元）既可单独按位寻址，进行位操作，也可以按字节寻址。这 16 个字节每字节 8 位，共有 128 个位地址。位寻址区的每一位都可以视作软件触发器，由程序直接进行位处理。通常把各种程序状态标志、位控制变量设在位寻址区内。同样，位寻址区的 RAM 单元也可以作为一般的数据缓冲器使用。字节及字位地址对应关系如表 2.3 所示。

表 2.3 RAM 位寻址区字节及字位地址

字节地址			MSB		位地址		LSB	
2FH	7F	7E	7D	7C	7B	7A	79	78
2EH	77	76	75	74	73	72	71	70
2DH	6F	6E	6D	6C	6B	6A	69	68
2CH	67	66	65	64	63	62	61	60
2BH	5F	5E	5D	5C	5B	5A	59	58
2AH	57	56	55	54	53	52	51	50
29H	4F	4E	4D	4C	4B	4A	49	48
28H	47	46	45	44	43	42	41	40
27H	3F	3E	3D	3C	3B	3A	39	38
26H	37	36	35	34	33	32	31	30
25H	2F	2E	2D	2C	2B	2A	29	28
24H	27	26	25	24	23	22	21	20
23H	1F	1E	1D	1C	1B	1A	19	18
22H	17	16	15	14	13	12	11	10
21H	0F	0E	0D	0C	0B	0A	09	08
20H	07	06	05	04	03	02	01	00

注意：位寻址和字节寻址通过指令中使用的累加器类型来识别。例如：

MOV A，21H 表示把字节地址 21H 单元的内容送 A 累加器，故此指令为字节操作指令。

MOV C，21H 表示位地址 21H 中的状态送入位累加器 C 中（C 实际上是进位标志位，这里也用作位累加器）。由表可以查出，位地址 21H 是字节地址 24H 单元中的第 1 位（D1）。

（3）用户数据缓冲区（一般缓冲存储区）

内部 RAM 块中的 30H～7FH 构成一般缓冲存储区。

2.3.3 特殊功能寄存器

8051 内部的锁存器、定时器、串行口数据缓冲器以及各种控制寄存器和状态寄存器都是以专用功能寄存器（SFR）的形式出现的，并分布在内部数据存储器内，地址空间范围为 80H～FFH，如表 2.4 所示。

表 2.4 专用寄存器在 RAM 的地址分布

直接字节地址	（MSB）							（LSB）	寄存器符号
F0H	F7	F6	F5	F4	F3	F2	F1	F0	B
E0H	E7	E6	E5	E4	E3	E2	E1	E0	ACC
	CY	AC	F0	RS1	RS0	0V		P	
D0H	D7	D6	D5	D4	D3	D2	D1	D0	PSW
	TF2	EXF2	RCLK	TCLK	EX	EN2	TR2C/T2	CP/RL2	
C8H	CF	CE	CD	CC	CB	CA	C9	C8	T2CON
			PT2	PS	PT1	PX1	PT0	PX0	
B8H			BD	BC	BB	BA	B9	B8	IP
B0H	B7	B6	B5	B4	B3	B2	B1	B0	P3
	EA		ET2	ES	ET1	EX1	ET0	EX0	
A8H	AF		AD	AC	AB	AA	A9	A8	IE
A0H	A7	A6	A5	A4	A3	A2	A1	A0	P2
	SM0	SM1	SM2	REN	TB8	RB8	TI	RI	
98H	9F	9E	9D	9C	9B	9A	99	98	SCON
90H	97	96	95	94	93	92	91	90	P1
	TF1	TR1	TF0	TR0	IE1	IT1	IE0	IT0	
88H	8F	8E	8D	8C	8B	8A	89	88	TCON
80H	87	86	85	84	83	82	81	80	P0

主要专用寄存器功能如下：

ACC——累加器，是进行算术和逻辑运算、存放数据和结果，工作最频繁的寄存器。大部分单操作数指令的操作数取自累加器，很多双操作数指令的一个操作数取自累加器。指令系统中用A作为累加器的助记符。

B——8位寄存器，主要用于乘除法指令。乘法指令的两个操作数分别取自A和B，其结果存放在AB寄存器对中；除法指令中，被除数取自A，除数取自B，商存放于A，余数存放于B。其他指令中，B可作为RAM的一个单元来使用。

PC——程序计数器，是一个16位寄存器，用于存放将要执行的指令地址。

PSW——程序状态字寄存器，存放程序运行状态的信息，以便查询和判断。此寄存器各位的含义参见图2.9。CY为进位位，可用PSW.7表示；AC为半进位位，可用PSW.6；表示；F0为用户使用，可用PSW.5表示；RS1和RS0为寄存器选择标志；OV为溢出位；P为奇偶校验位；其中PSW.1未用。通过指令可对除了PSW.1和P位外读写，其中CY、AC、OV位通过算术运算指令影响其数值（位状态），P则由累加器的数值决定并自动形成可读出，但不能直接改写。

PSW位地址	D7H	D6H	D5H	D4H	D3H	D2H	D1H	D0H
字节地址D0H	CY	AC	F0	RS1	RS0	OV	…	P

图2.9 PSW程序状态寄存器

DPTR——数据指针寄存器，是16位地址指针，可以拆成高8位（DPH）和低8位（DPL）两个寄存器。DPTR常作间址寄存器，既做外部数据存储器的地址指针，也兼做程序存储器的地址指针。

SP——堆栈地址指针，SP用于存放堆栈顶地址。在一个实际的程序中，往往需要一个后进先出的RAM区，用于存放需保存的程序断点和数据，以保存CPU的现场，这种后进先出的缓冲区称为堆栈。系统复位时，SP=07H，存入数据时，SP先加1，再压入数据，所以堆栈的最小地址为08H。MCS-51的堆栈原则上可以设在内部RAM（08H～7FH）的任意区域内，但考虑到工作寄存器和位寻址区使用频繁，一般设在30～7FH的范围内。

P0～P3——I/O口寄存器。

TMOD——定时计数器方式寄存器。

TCON——定时计数器控制和中断标志寄存器。

TH0、TL0——定时器T0初始值寄存器，TH0为高8位，TL0为低8位。

TH1、TL1——定时器T1初始值寄存器，TH1为高8位，TL1为低8位。

IP——中断优先级控制寄存器。

IE——中断允许寄存器。

SBUF——串行口数据缓冲寄存器。它实际上是由两个独立的寄存器组成，一个是发送缓冲器，另一个是接收缓冲器。

PCON——在HMOS型的8051单片机中，PCON最高位控制串行口波特率（在

CHMOSD 型单片机上是电源控制）。

另外，定时器/计数器、中断及串行口专用寄存器将在后面有专门的章节介绍。

习 题 二

1．MSC-51 单片机的结构上的有哪些特点？

2．MSC-51 单片机内部有哪些主要的逻辑部件？

3．MSC-51 单片机程序存储器和数据存储器各有什么功用？其内部 RAM 区功能结构如何分配？

4．内部数据存储器哪个区域既可单独按位寻址，进行位操作，也可以按字节寻址？

5．当 8051 复位时，P0～P3 四个并行接口输出什么电平？其内部寄存器内容会否产生变化？

6．试简述什么是堆栈？8051 的堆栈可设在什么区域？当系统复位时，堆栈 SP 等于多少？

7．8051 程序存储器空间有多大？是否可扩张？片外能扩张多少空间？地址空间是否统一？

8．在内部 RAM 中有几组工作寄存器，如何选用程序状态字 PSW 的相关控制位来使用寄存器？

9．在内部 RAM 中，位寻址区域的字节地址范围是多少？按位地址计算有哪些，范围多大？SFR 中位寻址区域的字节地址是哪些？对应的位地址又有什么特点？

10．程序状态字 PSW 的作用是什么？常用标志有哪些位？作用是什么？

11．8051 系列单片机复位以后从什么地址开始取指令执行？为什么？

第3章 单片机指令系统

3.1 MCS-51 指令简介

3.1.1 MCS-51 系列单片机指令系统分类

计算机的许多功能都是由程序实现，而程序是由指令编写而成，所以熟悉并掌握单片机的指令是非常重要的。为了便于学习，常把指令分成许多类型。51 系列单片机共有 111 条指令，这些指令的集合称为指令系统。常用的分类方式有以下几种。

按寻址方式分为以下 7 种：

1）立即寻址。

2）直接寻址。

3）寄存器寻址。

4）寄存器间接寻址。

5）相对寻址。

6）变址寻址。

7）位寻址。

按功能分为以下 4 种：

1）数据传送指令。

2）算术、逻辑运算指令。

3）控制转移类指令。

4）位操作指令（布尔指令）。

若按字节又可分为单字节指令、双字节指令和三字节指令。

3.1.2 指令格式

MCS-51 单片机采用汇编语言指令，一条汇编语言的语句最多包括 4 部分：标号、操作码、操作数和注释。其结构为

标号：操作码　操作数；注释

1）标号位于语句的开始，由字母和数字组成，它代表该语句的地址。标号必须由字母打头，冒号结束。字母和数字的总数不应超过一定数量，一般标号不能为助记符。标号不是语句必要的组成部分。

2）操作码在标号之后，是指令的助记符，表示语句的性质，是语句的核心。没有标号时，它作为语句的开始。

3）操作数在操作码之后，二者用空格分开。操作数既可以是数据，也可以是地址，且必须满足寻址方式的规定。有多个操作数时，操作数之间用“，”分开。

指令中的常数可以是十进制、十六进制或二进制，具体格式如下：

二进制常数以 B 结尾，如：10100011B；

十六进制常数以 H 结尾，如：65H、0F1H；

十进制常数以 D（可以省略）结尾，如：65D 或 65；

字符串常数用‘’表示，如‘A’表示A的ASCII码。

4）注释在语句的最后，以“；”开始，是说明语句的功能和性质的文字。例如，

START：MOV A，＃30H　；A←30H

START 为标号，它以“：”结束，表示该指令的地址；MOV 为用助记符表示的操作码，表示指令的功能为数据传送；A 和#30H 操作数；A←30H 则为注释，它以“；”开始，说明这条语句的功能。

说明：

1）指令格式中带方括号项不是每条指令必有，可有可无，称为可选项。

2）标号项不是每条指令都有，根据程序要求而设置。

3.1.3　指令中常用符号说明

下一节将根据指令的功能特性分类介绍。在介绍指令之前，先说明指令中一些常用的符号：

Rn——当前寄存器区的8个工作寄存器R0～R7（n＝0～7）。

Ri——当前寄存器区可作地址寄存器的2个工作寄存器R0和R1（i＝0，1）。

direct——8位内部数据存储器单元的地址及特殊功能寄存器的地址。

#data——表示8位常数（立即数）。

#datal6——表示16位常数。

add16——表示16位地址。

addrll——表示11位地址。

rel——8位带符号的地址偏移量。

bit——表示位地址。

@——间接寻址寄存器或基址寄存器的前缀。

（ ）——表示括号中单元的内容。

（（ ））——表示间接寻址的内容。

3.2　指 令 系 统

3.2.1　数据传送指令

数据传送指令包括数据的传送、交换、堆栈数据的压入与弹出，是最基本、使用率最高的一类指令。助记符有 MOV、MOVX、MOVC、XCH、XCHD、SWAP、PUSH、POP 共8种。

1. MOV 类指令及其功能（16条）

这类指令的功能是从源操作数到目的操作数的数据传送。

```
MOV  A, Rn             ; Rn→A，寄存器Rn的内容送到累加器A
MOV  A, direct         ;（direct）→A，直接地址中的内容送A
MOV  A, @Ri            ;（Ri）→A，Ri间址的内容送A
MOV  A, #data          ; data→A，立即数送A
MOV  Rn, A             ; A→Rn，累加器A中的内容送寄存器Rn
MOV  Rn, direct        ;（direct）→Rn；直接地址中的内容送Rn
MOV  Rn, #data         ; data→Rn；立即数送Rn
MOV  direct, A         ; A→（direct），A中的内容送入直接地址中
MOV  direct, Rn        ; Rn→（direct），寄存器内容送入直接地址中
MOV  direct, direct    ;（direct） →（direct），源操作数直接地址的内容送入
                       ; 目的操作数的直接地址中
MOV  direct, @Ri       ;（Ri）→（direct），Ri间址内容送入直接地址中
MOV  direct, #data     ; data→（direct），立即数送入直接地址中
MOV  @Ri, A            ; A→（Ri），A中内容送到Ri间址单元中
MOV  @Ri, direct       ;（direct）→（Ri），直接地址中内容送入Ri间址单元中
MOV  @Ri, #data        ; data→（Ri），立即数送入Ri间址单元中
MOV  DPTR, #data16     ; data16→DPTR，16位常数送入数据指针DPTR中，高8
                       ; 位送入DPH，低8位送入DPH，低8位送入DPL中
```

从上述指令可以看出目的操作数有 A 累加器、Rn 寄存器、直接地址 direct 及间接地址@Ri，源操作数除此之外还多一种立即数 data。

【例 3.1】 R0 中有常数 30H，而 30H 地址中有常数 50H。

MOV A，R0；A＝30H，R0 不变

MOV A，@R0；A＝50H，而不是 30H，这条指令的功能是把 R0 中内容为地址的单元的数送入 A，R0 中是 30H 也就是把 30H 地址中的内容 50H 送入 A

【例 3.2】 若（40H）＝20H，（50H）＝30H，

MOV 40H, 50H；（50H）→（40H）　（40H）＝30H，50H 地址中内容仍为 30H

【例 3.3】 若 A＝40H，R0＝30H，

```
MOV @R0, A        ; A→（R0），（30H）＝40H，A与R0皆不变，
                    即A＝40H，R0＝30H
```

该指令功能是把 A 中内容送入 R0 间址单元即 R0 中内容为地址的单元。

【例 3.4】 MOV DPTR, #2040H　　; 2040H→DPTR，DPH＝20H，DPL＝40H

DPTR 是片外 RAM 地址指针，只有这一条指令是传送 16 位数据。

2. MOVC 类指令及其功能（2 条）

```
MOVC A, @A+PC          ; PC+1→PC，（A+PC） →A
MOVC A, @A+DPTR        ;（A+DPTR） →A
```

功能：该类属于查表指令，利用这两条指令可以很方便地查找放在程序存储器中数据表格的内容。

【例 3.5】 程序如下。

```
1000H   MOV A, #10H        ; 10H→A
1002H   MOVC A, @A+PC      ; PC+1→PC, PC=1003H, (A+PC) =
                             (10H+1003H) →A
 ⋮
1010H   02H
1011H   04H
1012H   06H
1013H   08H
```

程序执行结果：A＝08H。

用 MOVC A, @A+PC 指令需注意两点：

1）指令中的 PC 是执行完本条指令后的 PC 值，即 PC 等于本条指令地址加 1。

2）A 是修正值，它等于查表指令和欲查数据间隔字节数。A 的范围是 0～255，一次该指令只能查找本指令后的 256B 范围内的表格，故称为近程查表。

【例 3.6】 程序如下。

```
1000H   MOV A, #01H         ; 01H→A
1002H   MOV DPTR, #6000H    ; 6000H→DPTR
1005H   MOVC A,@A+DPTR      ; (A+DPTR) = (01H+6000H) = (6001H) →A
          ⋮
6001H   0AH
6002H   0BH
6003H   0CH
6004H   0DH
```

程序执行结果：A＝0AH，查到了地址为 6001H 单元中的数据。

用 MOVC A, @A+DPTR 指令查表的特点是：A, DPTR 都可以改变，因此可在 64KB 范围内查表，故称为远程查表。这条指令更方便。

3. MOVX 类指令及其功能（4 条）

```
MOVX A, @DPTR         ; (DPTR) →A, DPTR 间址单元内容送 A
MOVX @DPTR, A         ; A→ (DPTR), A 中内容送入 DPTR 间址单元
MOVX A, @Ri           ; (Ri) →A, Ri 间址单元内容送 A
MOVX @Ri, A           ; A→ (Ri), A 中内容送 Ri 间址单元
```

MOVX 类指令功能：这 4 条指令专门用来与外部数据存储区传送数据。CPU 与外

部 RAM 传送数据时只能用间接寻址方式。

【例 3.7】 把外部数据存储单元 2000H 中的数据送到 4000H 单元中，设 2000H 中有数据 30H。

```
MOV DPTR, #2000H        ；2000H→DPTR, DPTR=2000H
MOVX A, @DPTR           ；(DPTR)→A 即 (2000)→A, A=30H
MOV DPTR, #4000H        ；4000H→DPTR, DPTR=4000H
MOVX @DPTR, A           ；A→(DPTR) 即 A→(4000H), (4000H)=30H
```

【例 3.8】 把内部 RAM50H 单元数据送到片外 20H 单元，设 50H 中单元存有数据 10H。

```
MOV A,50H               ；(50H) 各条指令执行结果 A, A=10H
MOV R0,#20H             ；20H→R0, R0=20H
MOVX @R0, A             ；A→(R0) 即 A→(20H) 则 20H=10H
```

注意：与外部 RAM 传送数据时，地址小于 256B 用 Ri 间址，大于 256B 时用 DPTR 间址。

4. 交换指令及其功能

```
XCH A, Rn               ；Rn↔A, Rn 与 A 内容交换
XCH A,direct            ；(direct)↔A, 直接地址内容与 A 内容交换
XCH A, @Ri              ；(Ri)↔A, Ri 间址内容与 A 内容交换
XCHD A, @Ri             ；(Ri.3～Ri.0)↔A.3～A.0,Ri 间址内容低 4
                          位与 A 中低 4 位内容交换
    SWAP  A             ；A.3～A.0↔A.7～A.4, A 中高 4 位与低 4 位
                          交换
```

【例 3.9】 若 R0=30H, A=F0H, (30H)=46H。

```
XCH A, R0               ；结果：A=30H, R0=F0H, R0 与 A 内容交换
XCH A, @R0              ；结果：A=46H, (30H)=F0H, R0 中不变,
                        ；实际上是 (R0)↔A 即 (30H)↔A
XCHD A, @R0             ；结果：A=F6H, (30) H=40H
                        ；A 与 (30H) 中低 4 位交换，高 4 位不变
SWAP A                  ；结果：A=0FH, 高低 4 位互换
```

5. 堆栈操作指令及其功能（2 条）

PUSH、POP 属堆栈操作指令，其功能是把直接地址中的内容压入堆栈保存，或从堆栈中取出（弹出）数据到直接地址中。

```
PUSH    direct          ；SP+1→SP, (direct)→(SP)
```

```
                         ；直接地址内容压入堆栈顶
POP  direct              ；（SP）→（direct），SP-1→SP
                         ；堆栈栈顶内容弹出到直接地址
```

注意：堆栈是用户自己设定的内部 RAM 中的一块专用存储区，使用堆栈时一定先设堆栈指针。堆栈遵循后进先出的原则安排数据。压入数据时 SP 先加 1，再压入；弹出时，先弹出数据，SP 再减 1。

【例 3.10】 设堆栈指针为 30H，为保护现场把 A 和 B 中的内容压入堆栈保护，然后根据需要再把两者弹出。设 A 中为 30H，B 中为 01H。

```
MOV   SP, #30H       ；30H→SP，SP＝30H 设堆栈指针为 30H
PUSH     ACC         ；SP+1→SP＝31H，A→（SP）即 A→（31H），（31H）＝30H
PUSH     B           ；SP+1→SP＝32H，B→（SP）即 B→（32H），（32H）＝01H
POP   B              ；SP→B 即（32H）→B，B＝01H，SP-1→SP＝31H
POP  ACC             ；SP→A 即（31H）→A，A＝30H，SP-1→SP＝30H
```

从此例可以看出压入、弹出过程中 SP 的变化规律。

3.2.2 算术运算指令

算术运算指令的主要功能是实现算术加、减、乘、除等运算。

1. ADD 类指令是不带进位的加法运算指令（4 条）

```
ADD A,Rn             ；A+Rn→A，A 与 Rn 寄存器内容相加，结果送到 A 中
ADD A,direct         ；（direct）+A→A，A 与直接地址内容相加，和送 A
ADD A, @Ri           ；（Ri）+A→A，A 与 Ri 间址内容相加，和送 A
ADD A, #data         ；data+A→A，A 与立即数相加，和送 A
```

注意：ADD 类指令相加结果均在 A 中，相加后源操作数不变。若 A 中最高位有进位，Cy 置 1；若半加位有进位，AC 置 1。A 的结果还影响奇偶标志位 P。

【例 3.11】 A＝30H, R0＝10H。

```
ADD A,R0         ；结果：A＝40H，R0＝10H，标志位 P=1,Cy=0,OV=0,AC=0
```

2. ADDC 类指令是带进位的加法运算指令（4 条）

```
ADDC A, Rn           ；A+Rn+CY→A，A 与 Rn 内容、进位状态相加，和送
                      到 A 中
ADDC A, direct       ；（direct）+CY+A→A，A 与直接地址中内容、进位状态
                      相加，和送 A
ADDC A, @Ri          ；（Ri）+CY+A→A，A 与 Ri 间址单元中内容、进位状态
                      相加，和送 A
ADDC A, #data        ；data+CY+A→A，A 与立即数、进位状态相加，和送 A
```

与 ADD 类指令的区别是，ADDC 指令相加时连同进位标志 CY 内容一起相加，主要用于多字节加法中的高位字节的相加，而最低位字节相加用 ADD 指令。进位位 CY 加到字节的最低位。

【例 3.12】 编写计算 1234H+0FE7H 的程序，将结果存入内部 RAM 的 41H 和 40H 单元，40H 存低 8 位，41H 存高 8 位。

```
MOV A, #34H          ；被加数低 8 位数 34H 送 A
ADD A, #0E7H         ；加数低 8 位数 E7H 与之相加，A=1BH,CY=1
MOV 40H, A           ；A→40H 即 34H+E7H 结果存入 40H 中（40H=1BH）
MOV A, #12H          ；被加数高 8 位数 12H 送 A
ADDC A, #0FH         ；加数高 8 位 0FH 和 CY 与 A 相加，A=22H
MOV 41H, A           ；高 8 位与进位位之和存入 41H 中（41H）=22H
                     ；总和为 221BH，总结果在 41H，40H 单元中
```

3. SUBB 类指令（4 条）

SUBB 类指令是带借位减法指令，其功能是将 A 中被减数减去源操作数指出的内容，再减去借位标志 CY（原进位标志）状态，差值在 A 中。

```
SUBB A, Rn           ；A-Rn-CY→A，A 减寄存器 Rn 内容及进位标志
SUBB A, direct       ；A-（direct）-CY→A，A 减直接地址内容和进位标志
SUBB A, Ri           ；A-（Ri）-CY→A，   A 减 Ri 间址单元内容和进位位标志
SUBB A, #data        ；A-data-CY→A，  A 减立即数和进位标志
```

说明：

1）多字节减法时，低位相减有借位则把 CY 置 1，否则 CY 为 0。

2）MCS-51 系列指令中没有不带借位的减法指令，所以在单字节或低位字节减法时用 SUBB 类指令前要先将 CY 清 0。

3）减去一个数实际上是加上这个数的相反数（负数），减法运算常常用补码相加方式。

4. MUL（乘）和 DIV（除）指令

乘法指令只有一条：

```
MUL  AB              ；A×B→B 和 A，结果 16 位，高 8 位存入 B，低 8 位在 A 中
```

若乘积大于 FFH 则将溢出标志 OV 置 1。

除法指令也只有一条：

```
DIV  AB              ；  A÷B 商→A，余数→B
```

注意：当除数为 0 时结果不确定，则溢出将 OV 置 1。

5. INC（加 1）和 DEC（减 1）类指令

加 1 类指令共 5 条，其功能是将操作数内容加 1。

```
INC A               ; A+1→A, A加1
INC  Rn             ; Rn+1→Rn, Rn中内容加1
INC  direct         ; (direct) +1→ (direct),直接地址中内容加1
INC @Ri             ; (Ri) +1→ (Ri), Ri间址中的内容加1
INC  DPTR           ; DPTR+1→DPTR, 数据指针加1
```

【例 3.13】 判断 INC R0 和 INC @R0 两条指令结果，比较两者的区别。设 R0＝30H，（30H）＝00H。

```
INC  R0             ; R0+1＝30H+1→R0, 结果R0＝31H
INC  @R0            ; (R0) +1＝ (30H) +1→ (R0), 结果 (30H) ＝01H,R0中内
                      容不变，仍为30H
```

减 1 类指令共 4 条，其功能是将操作数指定单元内容减 1。

```
DEC  A              ; A-1→A, A中内容减1
DEC  Rn             ; Rn-1→Rn, Rn中内容减1
DEC  direct         ; (direct) -1→ (direct),直接地址中内容减1
DEC  @Ri            ; (Ri) -1→ (Ri), Ri间址中的内容减1
```

操作过程与加 1 指令类似，这里不再举例。

6. 十进制加法调整指令（1 条）

```
DA   A
```

功能：在加法指令后，把 A 中二进制码自动调整成 BCD 码。

【例 3.14】

```
MOV  A, #05H        ; 05H→A
ADD  A, #08H        ; 05H+08H→A＝0DH
DA   A              ; 结果调整A＝13H,即是13的BCD码
```

注意：DA　A 指令只能跟在 ADD 或 ADDC 加法指令后，不适用于减法。

3.2.3 逻辑运算指令

1. ANL 类指令（6 条）

ANL 类是逻辑与指令，其功能是将源操作数的内容和目的操作数的内容按位相“与”，结果存入目的操作数指定单元中，源操作数不变。

```
ANL A, Rn                    ; A∩Rn→A
ANL A, direct                ; A∩（direct）→A
ANL A, @Ri                   ; A∩（Ri）→A
ANL A, #data                 ; A∩data→A
ANL direct, A                ; （direct）∩A→（direct）
ANL direct, #data            ; （direct）∩data→（direct）
```

【例 3.15】 设 A＝F6H,（30H）＝0FH。
执行

```
ANL A, 30H                   ; A∩（30H）→A
```

操作过程如下：

```
      11110110      （F6H）
∩     00001111      （0FH）      注意：按位相“与”。
  ----------------------------
      00000110      （06H）
```

结果：A＝06H，30H 地址内容不变，即（30H）＝0FH。
若执行

```
ANL 30H，A                   ;（30H）∩ A→（30H）
```

操作同上，结果放在 30H 地址中，A 中内容不变，即（30H）＝06H, A＝F6H。

2. ORL 类指令（6 条）

ORL 类指令是逻辑或指令，其功能是将源操作数内容和目的操作数内容按位逻辑“或”，结果存入目的操作数指定单元中，源操作数不变。

```
ORL A, Rn                    ; A∪Rn→A
ORL A,direct                 ; A∪（direct）→A
ORL A, @Ri                   ; A∪（Ri）→A
ORL A, #data                 ; A∪data→A
ORL direct, A                ; （direct）∪A→（direct）
ORL direct, #data            ; （direct）∪data→（direct）
```

“或”运算和“与”运算过程类似，这里不再举例。

3. XRL 类指令（6 条）

XRL 类是异或指令，其功能是将两个操作数指定内容按位“异或”，结果存于目的操作数指定单元中。“异或”原则是相同为“0”，相异为“1”。

```
XRL A, Rn                    ; A⊕Rn→A
XRL A, direct                ; A⊕（direct）→A
XRL A, @Ri                   ; A⊕（Ri）→A
```

```
XRL A, #data              ; A⊕data→A
XRL direct, A             ; (direct) ⊕A → (direct)
XRL direct, #data         ; (direct) ⊕data→ (direct)
```

【例 3.16】 (50H) =05H。

执行

```
XRL 50H, #06H             ; (50H) ⊕06H→ (50H)
```

操作如下：

```
    00000101   (05H)
⊕  00000110   (06H)
———————————————————
    00000011   (03H)
```

结果：(50H) =03H。

4. 循环移位指令（4 条）

循环移位指令的功能是将累加器 A 中的内容循环位移或者和进位位一起移位。

```
RL  A   ; A 中内容循环左移，执行本指令一次左移一位
```

操作如下：

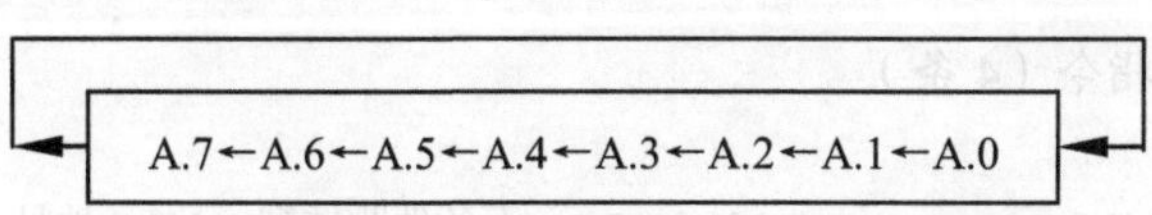


```
RR  A   ; A 中内容循环右移，每执行指令一次右移一位
```

操作如下：

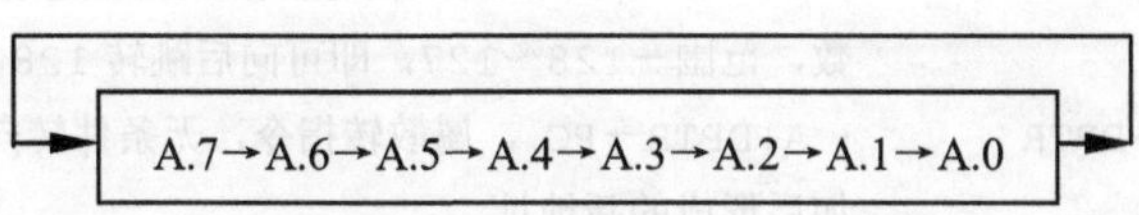


```
RLC  A  ; A 与 CY 内容一起循环左移一位
```

操作如下：

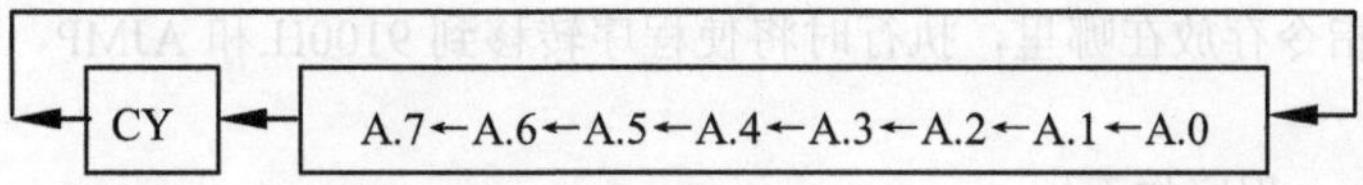


```
RRC  A  ; A 与 CY 内容一起循环右移一位
```

操作如下：

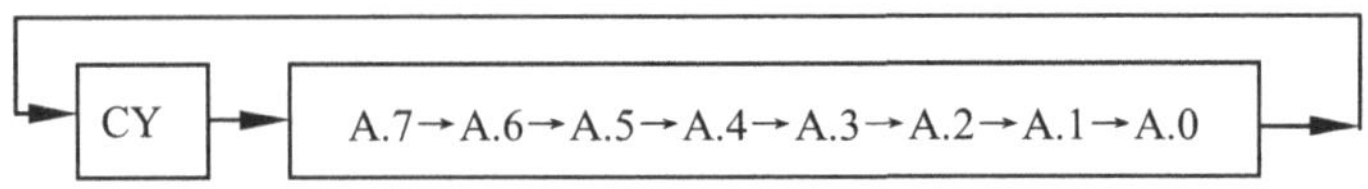

【例 3.17】 A＝01H，CY＝1。

若执行一次 RRC A 后，结果为：A＝10000000B CY＝1

若执行一次 RLC A 后，结果为：A＝00000011B CY＝0

5. 取反、清 0 指令

```
CPL  A              ；累加器内容按位取反。如果 1 就变 0，如果 0 就变 1
CLR  A              ；累加器 A 清 0
```

3.2.4 控制转移类指令

计算机在运行过程中，有时因为操作的需要，程序不能按顺序逐条执行指令，需要改变程序运行方向，即将程序跳转到某个指定的地址再顺序执行下去。

控制转移类指令的功能就是根据要求修改程序计数器 PC 的内容，以改变程序运行的方向，实现转移。

控制转移类指令可分为无条件转移、条件转移、绝对转移、相对转移和调用、返回指令。下面我们将分类介绍。

1. 无条件转移指令（4 条）

```
LJMP   add16        ；add16→PC，无条件跳转到 add16 地址，可在 64KB 范围内
                    转移，称为长转移指令
AJMP   add11        ；add11→PC，无条件转向 add11 地址，在 2KB 范围内转移
SJMP   rel          ；PC＋2＋rel→PC，相对转移，rel 是偏移量，8 位有符号
                    数，范围－128～127，即可向后跳转 128，向前可跳转 127
JMP    @A+DPTR      ；A+DPTR→PC ，属散转指令，无条件转向 A 与 DPTR 内容相
                    加后形成的新地址
```

【例 3.18】 执行指令

```
LJMP   9100H
```

不管这条指令存放在哪里，执行时将使程序转移到 9100H,和 AJMP、SJMP 指令是有差别的。

【例 3.19】 程序如下。

```
2000H  MOV    R0 , #10H       ；10H→PC
2002H  SJMP  03H              ；PC+2+rel＝2002H+2+03H＝2007H→PC
   ⋮
```

```
2006H    …
2007H    …
```

从说明中可见，执行 SJMP 03H 指令后，马上跳转到2007H地址执行程序。

2. 条件转移指令（8条）

条件转移指令是根据某种特定条件转移的指令。条件满足时转移，条件不满足时则顺序执行下面的指令。

```
JZ   rel              ; A=0 转向 PC+2+rel→PC，A≠0 顺序执行
JNZ  rel              ; A≠0 转向 PC+2+rel→PC ，A=0 顺序执行
CJNE  A, direct, rel; A≠（direct）转向 PC+3+rel→PC 且当 A>（direct），
                        CY=0
                      ; 当 A<（direct），CY=1
                      ; 否则 A=（direct），PC+3→PC 即顺序执行
CJNE  A,#data,rel     ; A≠data P 转向 PC+3+rel→PC 且当 A >data，CY=0
                      ; 当 A <data，CY=1，
                      ; A=data，PC+3→PC 顺序执行
CJNE  Rn, #data, rel; Rn≠data 转向 PC+3+rel→PC
                      ; 且当 Rn>data，CY=0，当 Rn<data，CY=1
                      ; Rn=data，PC+3→PC 顺序执行
CJNE  @Ri,#data, rel;（Ri）≠data，PC+3+rel→PC
                      ; 且当（Ri）>data ，CY=0，当（Ri）<data，CY=1
                      ;（Ri）=data，  PC+3→PC 顺序执行
DJNZ  Rn, rel         ; Rn－1→Rn ，Rn ≠0 转向 PC+2+rel→PC
                      ; Rn=0，PC+2→PC 顺序执行
DJNZ direct, rel      ;（direct）－1→（direct），（direct） ≠0 转向
                      PC+2+rel→PC
                      ;（direct）=0 ，PC+2→PC 顺序执行
```

注意：

1）CJNE 类指令借用进位标志 CY 作为比较结果的标志位。从指令中可知，目的操作数内容小于原操作数内容 CY 置 1，反之 CY 清 0，该类指令多用于分支程序。

2）DJNZ 指令执行时 Rn 或 direct 先减 1，然后再判断 Rn 或 direct 内容是否等于 0。不为 0 则转，为 0 顺序执行。DJNZ 用在循环程序中，控制循环次数很方便。

3）JZ 和 JNZ 的操作数只有一个，是对 A 的内容的进行判断的指令。

【例 3.20】 以下程序的循环次数是多少，最后（R0）等于多少？

```
      MOV  R0 , #0
LL:   ⋮
      DJNZ  R0 , LL
```

分析：由于 DJNZ 是减 1 再判断大小的，因为 R0＝0，所以第一次执行 DJNZ　R0，LL 后，R0＝FFH＝255，则程序要执行的次数为 256 次，R0 最后的值为 0。

解：程序要循环的次数为 256 次，最后 R0＝0。

3. 调用、返回、空操作指令

在程序设计中，常常要把具有一定功能的公用程序编制成子程序。当主程序转至子程序时用调用指令，而在子程序的最后安排一条返回指令，使执行完子程序后再返回到主程序。

```
LCALL    addr16            ；调用入口地址为 addr16 的子程序
```

这是一条长调指令，可调用 64KB 范围内的子程序，因此，可放在程序的任何位置。指令的执行过程分两步：第一步把断点（当前执行指令的下一条指令地址）压入堆栈。第二步将调用的子程序的入口地址装入 PC。即 addr16（16 位地址）→PC，转向执行子程序。

```
ACALL    addr11           ；子程序入口地址为 addr11 的子程序
```

这是一条短调指令，只能实现 2KB 范围内的子程序的调用。其指令执行过程与 LCALL 指令一样。但是需要注意的是：ACALL 中 addr11 只占用 PC 的 PC.0～PC.10 位。

```
RET                      ；放在子程序最后，使程序准确返回到主程序断点处
```

执行过程为：（SP）→PC.8～PC.15 断点地址高字节送入 PC，SP-1→SP，（SP）→PC.0～PC.7 断点低字节送入 PC，这时 PC 中为主程序断点地址，程序准确返回到调用指令的下一条。

【例 3.21】　设 SP＝62H，（62H）＝07H，（61H）＝30H，执行指令 RET。

结果：SP＝60H，（PC）＝0730H，CPU 从 0730H 开始执行程序。

```
RETI                       ；中断返回指令
```

该指令用于中断服务程序，使中断程序结束后准确返回到主程序断点处，执行过程同 RET，它还能清除优先级状态。

```
NOP                       ；空操作
```

执行该指令时，CPU 只进行取指令、译码，而不进行任何操作，故称为空操作。常用于产生一个机器周期延时。

3.2.5　位操作指令

MCS-51 单片机的特色之一是具有很强的位处理功能。位操作指令又称为布尔指令，其功能是对内部 RAM 中可进行位操作的区域进行位操作。

在进行位操作时，位累加器 C 即进位标志 CY，位地址是片内 RAM 字节地址 20H～

2FH 单元中连续的 128 个位（位地址 00H～7FH）和部分功能寄存器。凡 SFR 中字符等地址能被 8 整除的特殊功能寄存器都具有可寻址的位地址，其中 ACC（位地址 E0H～E7H），B（位地址 F0H～F7H）和片内 RAM 中 128 个位都可作软件标志或存储位变量。

1. 位数据传送类指令（2 条）

```
MOV   C , bit            ;（bit） →C，寻址位的状态送入C
MOV   bit , C            ；C→（bit），C的状态送入位地址中
```

2. 位修正指令（6 条）

```
CLR  C                   ；0→C， 清0累加器
CLR  bit                 ；0→（bit）；清0寻址位
CPL  C                   ；/C→C，取反
CPL  bit                 ；（/bit） →（bit），寻址位取反
SETB   C                 ；1→C，C置1
SETB   bit               ；1→ （bit），寻址位置1
```

3. 位逻辑运算指令（4 条）

```
ANL  C , bit             ；C∩（bit） →C，寻址位和C“与”，结果放在C
ANL  C , /bit            ；C∩（/bit） →C，寻址位的非和C“与”，结果放在C
ORL  C , bit             ；C∪（bit） →C，寻址位和C“或”，结果放在C
ORL  C , /bit            ；C∪（bit） →C，寻址位和C的非“或”，结果放在C
```

4. 位条件转移指令（5 条）

```
JC   rel                 ；C=1 转向 PC+2+rel→PC
                           C=0 顺序执行 PC+2→PC
JNC  rel                 ；C=0 转向 PC+2+rel→PC
                           C=1 顺序执行 PC+2→PC
JB   bit , rel           ；（bit） =1 转向 PC+3+rel→PC
                           （bit） =0 顺序执行 PC+3→PC
JNB  bit , rel           ；（bit） =0 转向 PC+3+rel→PC
                           （bit） =1 顺序执行 PC+3→PC
JBC  bit , rel           ；（bit） =1 转向 PC+3+rel→PC；同时 0→（bit）
                           （bit） =0 顺序执行 PC+3→PC
```

注意：JBC 与 JB 的指令区别，前者转移后并把寻址位清 0，后者只转移不清 0 寻址位。

【例 3.22】 设 P1 为输入口，P3.0 作输出口，执行下列指令：

```
MOV   C , P1.0          ;（P1.0） →C
ANL   C , P1.1          ;（C） ∩ （P1.1） →C
ANL   C , /P1.2         ;（C） ∩ （/P1.2） →C
MOV   P3.0 , C          ; C→P3.0
```

结果是：

P3.0＝（P1.0）∩（P1.1）∩（/P1.2）。

【例 3.23】 用位操作指令编程计算逻辑方程

P1.5=ACC.0 ∩ （B.0∪P1.2） ∪P1.3

解：
```
MOV  C , B.0        ; B.0→C
ORL  C , P1.2       ; C∪P1.2→C      即 B.0+P1.2→C
ANL  C , ACC.0      ; C∩ACC.0→C     即 ACC.0∩（B.0∪P1.2）→C
ORL  C , P1.3       ; C∪P1.3→C      即 ACC.0∩（B.0∪P1.2）∪P1.3→C
MOV  P1.5 , C       ; C→P1.5
```

习 题 三

1. 51 系列的指令系统有哪几种寻址方式？按功能分配有哪几种指令？按字节可分为哪几种指令？

2. 在汇编语言程序中，一条汇编指令行可以由哪几个部分组成？写出它的格式，其中标号的含义是什么？一般如何取标号名？

3. 请分别举例说明伪指令 ORG、DB、DW、BIT、EQU、END 的功能。

4. 请写出下列功能对应的数据传送指令：

（1）（R0）→A；

（2）（78H）→R0；

（3）（（R0））→A；

（4）8000H→DPTR；

（5）（A）→栈；

（6）（A）0~3↔（R）0~3。

5. 设内部 RAM 中 59H 单元的内容为 50H，写出当执行下列程序段后寄存器 A、R0 和内部 RAM 中 50H、51H 单元的内容为何值。

```
MOV     A, 59H
MOV     R0, A
MOV     A, #00H
MOV     @R0, A
MOV     A, #25H
```

```
MOV     51H, A
MOV     52H, #70H
```

6. 已知（A）=83H，（R0）=17H，（17H）=34H。请写出执行完下列程序段后 A 的内容。

```
ANL     A,  #17H
ORL     17H, A
XRL     A, @R0
CPL     A
```

7. 使用位操作指令实现下列逻辑操作，要求不得改变未涉及位的内容。

（1）使 ACC.0 置 1；

（2）清除累加器高 4 位；

（3）清除 ACC.3，ACC.4，ACC.5，ACC.6。

8. 试编写程序，将内部 RAM 的 20H，21H，22H 三个连续单元的内容依次存入 2FH，2EH，和 2DH 中。

9. 编写两个 16 位数的减法：6F5DH-13B4H，结果存入内部 RAM 的 30H、31H 单元，30H 存差的低 8 位。

10. 两个 4 位 BCD 码相加，被加数和加数分别存于 50H、51H、52H、53H 单元中（次序为千位、百位在低地址中，十位、个位在高地址中），和数存放在 54H、55H 和 56H 中（56H 用来存放最高位的进位），试编写加法程序。

11. 设指令 SJMP rel 中的 rel=7EH，并假设该指令存放在 2114H 和 2115H 单元中。当该条指令执行后，程序将跳转到何地址？

12. 已知 SP=25H，PC=2345H，（24H）=12H，（25H）=34H，（26H）=56H。问此时执行“RET”指令以后，SP=？PC=？

13. 简述转移指令 AJMP addr11，SJMP rel，LJMP addr16 及 JMP @A+DPTR 的应用场合。

14. 试分析下列程序段，当程序执行后，位地址 00H，01H 中的内容为何值？P1 口的 8 条 I/0 线为何状态？

```
    CLR   C
    MOV   A,#66H
    JC    LOOP1
    CPL   C
    SETB  01H
LOOP1:    ORL   C,ACC.0
    JB    ACC.2,LOOP2
    CLR   00H
LOOP2:    MOV   P1,A
    ⋮
```

第 4 章

单片机开发程序设计

4.1　计算机开发语言特点

计算机软件可以分为系统软件和用户软件两部分。通用微型计算机的系统软件中的操作系统是由计算机制造厂商提供的。与通用微机不同的是，单片机通常没有操作系统那样的系统软件，所有应用程序均由用户设计完成。程序设计就成为单片机应用不可缺少的内容。目前单片机的汇编语言被广泛采用，许多开发系统同样提供了如C语言这样的高级语言，我们最好都能够熟练掌握，充分发挥汇编语言和高级语言各自的长处，有效开发所需的应用程序。

4.1.1　单片机开发程序设计过程

计算机能识别的是用二进制表示的指令，常称为代码指令或机器码。机器码虽然能被计算机直接识别，但不便于书写、阅读、记忆和编写。为了解决这一问题，人们用方便对应的英文字母来代替机器码，这些英文字母称为助记符。汇编语言是用助记符来表示指令的一种计算机语言。它由汇编语句组成，这些语句在书写上有一定的要求，这就是汇编语句的结构。

程序是指令的有序集合。一个好的程序不仅应完成规定的功能，而且还应该占内存最少、执行时间最短。一般情况下，程序设计过程可分为以下几个步骤。

1. 分析问题，确定算法或解题思路

实际问题是多种多样的，不可能有统一的模式，必须具体问题具体分析。对于同一个问题，也存在多种不同的解决方案，应通过认真比较从中挑选最佳方案。

2. 画流程图

流程图又称程序框图，可以直观地表示出程序的执行过程或解题步骤和方法。同时，它给出程序的结构，体现整体与部分之间的关系，将复杂的程序分成若干简单的部分，给编程工作带来方便。流程图还充分地表达了程序的设计思路，将问题与程序联系起来，便于我们阅读、理解程序，查找错误。画流程图是程序设计的一种简单、易行、有效的方法。

3. 编写程序

根据流程图中各部分的功能，写出具体程序，再由流程图给出的各部分之间的关系整理出全部程序。

4. 调试和修改

具体的程序必须装入程序存储器试运行，如果运行的结果不能满足要求，就检查程序或流程图并作必要的修改，通过反复修改运行，完成程序设计。

4.1.2 伪指令和宏指令

1. 伪指令

所谓伪指令是指由汇编程序提供的，在汇编时起作用，在执行时不起作用的一类指令。其特点是没有对应的机器码。伪指令提供了像规定程序地址、建立数据表格一类的功能，为汇编语言程序的编写提供了方便。

（1）定位伪指令

格式：

```
ORG n
```

n 为十进制或十六进制常数，代表地址。该伪指令规定了后面指令的地址，例如：

```
ORG   0100H
AJMP  PRG1
```

AJMP 为双字节指令,其首字节放在 0100H 单元，第二字节放在 0101H 单元。

（2）汇编结束伪指令

格式：

```
END
```

当汇编程序遇到该指令后，结束汇编过程，其后的指令将不加处理。

（3）定义字节伪指令

格式：

```
DB X1，X2，…，Xn
```

其中 Xi 为 8 位数据或 ASCII 码。例如：

```
ORG 1000H
DB   01H，02H
```

则　（1000H）＝01H

　　（1001H）＝02H

指令

```
ORG  1100H
DB   '01'
```

则　（1100H）＝30H，是 0 的 ASCII 码。

　　（1101H）＝31H，是 1 的 ASCII 码。

（4）定义双字节伪指令

格式：

```
DW X1，X2，…，Xn
```

其中 Xi 为双字节数据。例如：

```
ORG   2000H
DW    2546H, 0178H
```

则　　（2000H）＝25H

（2001H）＝46H

（2002H）＝01H

（2003H）＝78H

（5）数据赋值伪指令

格式：

```
x  EQU  n
```

x 为用户定义的标号，如果 n 为工作寄存器或特殊功能寄存器，则为单字节数。如果 n 为常数，则可以是单字节数，也可以是双字节数。该伪指令将 n 的值赋给标号 x。

x 作为单字节操作数，可用于指令中，包括立即数和直接地址 direct；x 作为指令中的双字节操作数，则可作为转移指令中的目的地址。

（6）位数据赋值伪指令

格式：

```
y  BIT  b
```

y 为用户定义的标号，b 为 1 位二进制常数，0 或 1。

该伪指令将 b 的值赋给标号 y。y 可作为指令中的二进制操作数。

需要注意的是，不同的汇编程序提供的伪指令可能不同，使用时要参考相应的说明。

2. 宏指令

宏指令实际是汇编语言程序中的一种特殊的伪指令，包括宏定义、宏调用和宏展开。但是与一般特殊的伪指令不同的是宏指令通过 MACRO 定义后，宏指令在编程时可与其他指令一样使用，称为宏调用。相当于在编程时代替一组指令和伪指令以及替换宏指令中形式参数，汇编语言实际编译执行是这些被宏指令定义的一组指令，称为宏展开。

宏指令定义格式：

```
宏指令名  MACRO 形式参数
          ……
          代码段
          ……
          ENDM
```

如果使用了“形式参数”，在引用宏指令时它们被给出的一些名字或数值（实际参数）所替换。使用形式参数给宏指令带来了很大的灵活性。

宏调用格式：

```
[ 宏指令名 ] [实际参数]
```

实际参数项将对应替换宏指令中形式参数。如果形式参数为标号时，则在宏调用中，实参也应为标号，且要求实参是唯一的。如果宏定义中有自己的标号，则在宏调用时，汇编程序自动地把标号变成唯一的实参。

4.2 简单程序设计

简单程序又称顺序程序。计算机是按指令在存储器中存放的先后次序来顺序执行程序的。

【例 4.1】 求多项式 $y=a^2-b$。

解：设 a 存放在 R2 中，b 在 R3 中，结果存入 R6 和 R7 中。流程图如图 4.1 所示。

程序为：

```
MOV     A,  R2          ; A←a
MOV     B,  A
MUL     AB
CLR     C
SUBB    A,  R3
MOV     R7, A           ; R7←结果的低 8 位
MOV     A,  B
SUBB    A,  #00H        ; 高八位减进位位
MOV     R6, A
END
```

【例 4.2】 单字节十六进制数转换为 BCD 码。

解：单字节十六进制数在 0～255 之间，将其除 100 后，商即百位数，余数除以 10，商为十位数，余数即个位数。设单字节数在累加器 A 中，转换结果的百位数放在 R3 中，十位、个位则放在 A 中。流程图如图 4.2 所示。该程序写成子程序形式。程序如下：

```
HBCD:  MOV     B，#100     ; 分离出百位数
       DIV     AB
       MOV     R3，A       ; R3←立即数
       MOV     A，#10      ; 分离十位和个位数
       XCH     A，B
       DIV     AB
       SWAP    A
       ADD     A,  B
       RET
```

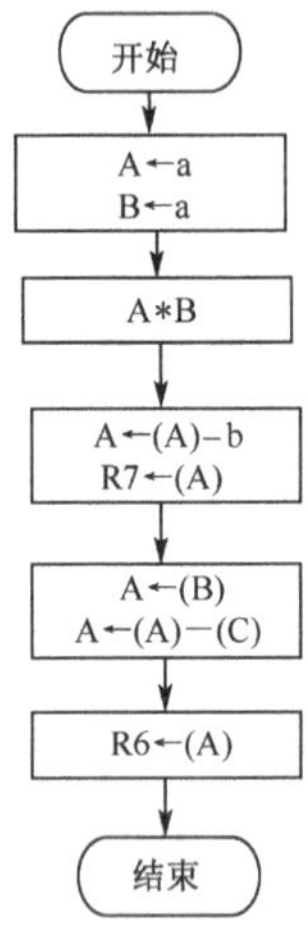

图 4.1　例 4.1 流程图

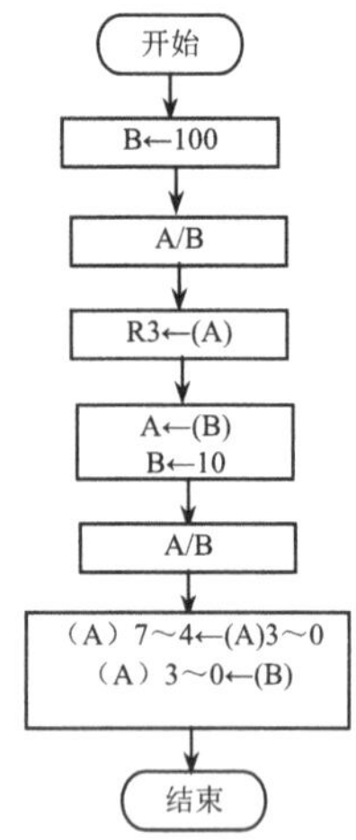

图 4.2　例 4.2 流程图

【例 4.3】　无符号双字节乘法。

解： 设乘数和被乘数分别放在 R2、R3 和 R6、R7 中，计算结果放入 R4、R5、R6、R7 中。双字节无符号数的乘法可以采用重复加法的方法进行。MCS-51 单片机有乘法指令，采用乘法指令的程序流程图如图 4.3 所示，图中标识“H”表示高 8 位，“L”表示低 8 位。

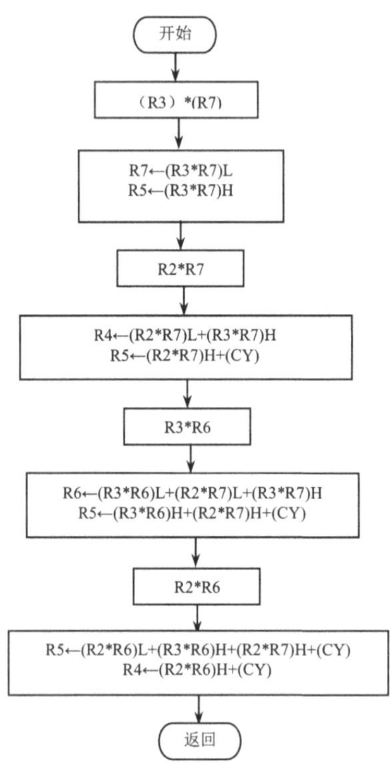

图 4.3　例 4.3 流程图

```
                              (R2          R3)
                          ×   (R6          R7)
                          ---------------------------------
                              (R3*R7)H    (R3*R7)L
              (R2*R7)H    (R2*R7)L
              (R3*R6)H    (R3*R6)L
+   (R2*R6)H  (R2*R6)L
-----------------------------------------------------------
    R4            R5           R6           R7
```

程序为:

```
MUL:    MOV     A,  R3
        MOV     B,  R7
        MUL     AB
        XCH     A,  R7
        MOV     R5, B
        MOV     B,  R2
        MUL     AB
        ADD     A,  R5
        MOV     R4, A
        CLR     A
        ADDC    A,  B
        MOV     R5, A
        MOV     A,  R6
        MOV     B,  R3
        MUL     AB
        ADD     A,  R4
        XCH     A,  R6
        XCH     A,  B
        ADDC    A,  R5
        MOV     R5, A
        MOV     F0, C
        MOV     A,  R2
        MUL     AB
        ADD     A,  R5
        MOV     R5, A
        CLR     A
        MOV     ACC.0,  C
        MOV     C,  F0
        ADDC    A,  B
        MOV     R4, A
        RET
```

此程序的特点是除使用用户标志外，相关单元只使用了标志位。在程序中多次使用字节交换指令，中间运算结果只使用 R2～R7 寄存器，使改变内容的单元尽量少。

该方法很容易推广到多字节无符号数的乘法运算中。

4.3 分支程序设计

在许多情况下，需要根据不同的条件转向不同的处理程序，这种结构的程序称为分支程序。采用条件转移指令、比较转移指令和位转移指令可以实现程序的分支。

【例 4.4】 求单字节有符号二进制数的补码。

解：正数补码是其本身，负数的补码是其反码加 1。因此，程序首先判断被转换数符号，负数进行转换，正数即为补码。

设二进制数放在累加器 A 中，其补码放回到 A 中。其程序流程图如图 4.4 所示。

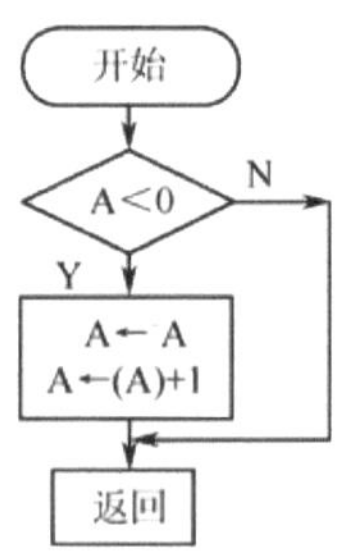

图 4.4 例 4.4 流程图

程序为：

```
CMPT:  JNB     ACC.7, NCH  ;（A）＞0,不需要转换
       CPL     A           ;（A）求反＋1 得补数
       INC     A
       SETB    ACC.7       ; 恢复负数符号
NCH:   RET
```

【例 4.5】 求符号函数。

$$Y=\begin{cases}1, & X>0;\\ 0, & X=0;\\ -1, & X<0。\end{cases}$$

解：X 存放在 30H 单元，Y 存放在 31H 单元中。流程图如图 4.5 所示。

程序为：

```
START:   MOV      A, 30H
         JZ       LL          ; A=0，转至 LL
```

```
NZ:     JB      ACC.7, MM
        MOV     A, #01H
        AJMP    LL
MM:     MOV     A, #81H        ; 如果补码#0FFH
LL:     MOV     31H,    A
        END
```

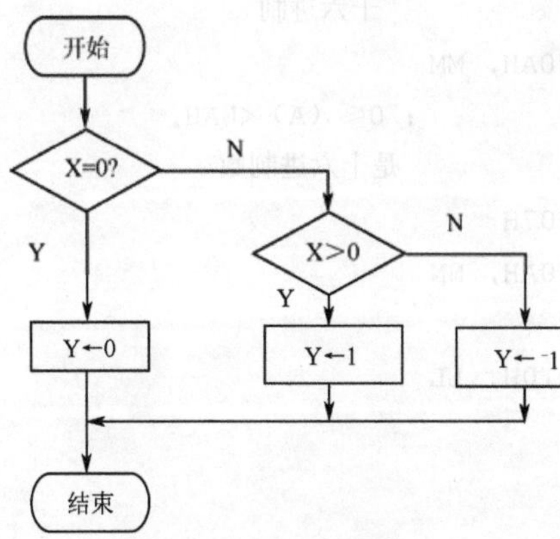

图4.5 例4.5流程图

【例4.6】 将ASCII码转换为十六进制数。如果不是十六进制数，用户标志位置1。

解：由ASCII码表可知，30H～39H为0～9的ASCII码，41H～46H为A～F的ASCII码，即是将ASCII码减30H或37H就可以获得对应的十六进制数。

设ASCII码放在累加器A中，转换结果放回A。程序流程图如图4.6所示。

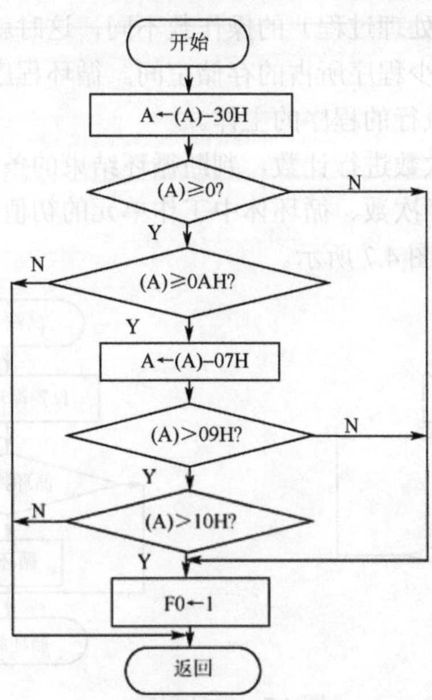

图4.6 例4.6流程图

程序为：

```
START: CLR      C
       MOV      F0, C          ；出错标志
       SUBB     A, #30H
       JC       NASC           ；(A) <0,不是
                                 十六进制
       CJNE     A, #0AH, MM
MM:    JC       ASC            ；0≤ (A) <0AH,
                                是十六进制数
       SUBB     A, #07H
       CJNE     A, #0AH, NN
NN:    JC       NASC
       CJNE     A, #10H, LL
LL:    JC       ASC
NASC:  SETB     F0
ASC:   RET
```

4.4 循环程序设计

循环程序是指一段反复执行的程序。在许多问题中，需多次执行一段完全相同的程序，只是参加运算（或其他处理过程）的操作数不同，这时就可以采用循环程序结构。循环程序可以缩短程序，减少程序所占的存储空间。循环程序一般包括下面几个部分。

1）循环体：需要多次执行的程序的主体。

2）循环控制：对循环次数进行计数，判断循环结束的条件。

3）循环初值：包括循环次数、循环体中工作单元的初值等。

循环程序的一般结构如图 4.7 所示。

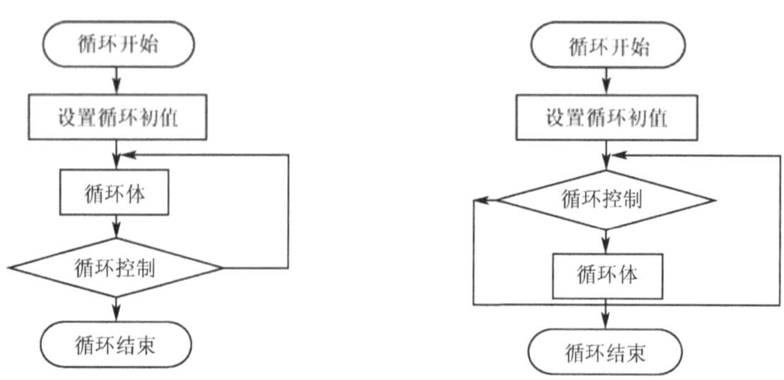

图 4.7 循环程序

在循环程序中还可能包含着循环程序，这种现象称为循环嵌套。具有循环嵌套的程序称为多重循环程序。

【例 4.7】 将内部数据存储器 30H～7FH 单元的内容传送到外部数据存储器以 1000H 开始的连续单元中去。

解：30H～7FH 共计 80 个单元，需传送 80 次数据。将 R7 作为循环计数寄存器，流程图如图 4.8 所示。

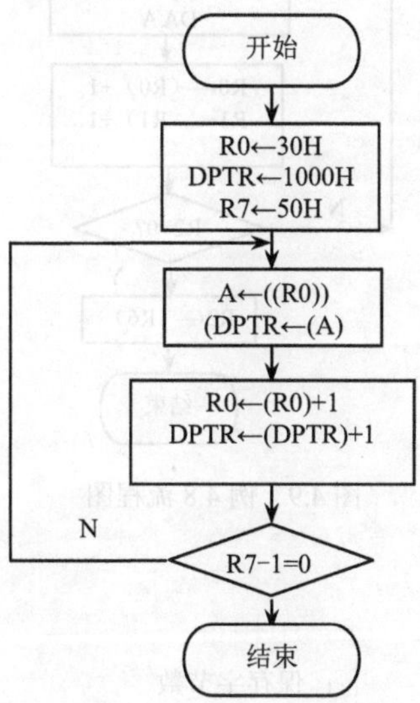

图 4.8 例 4.7 流程图

程序为：

```
        MOV     R0, #30H
        MOV     DPTR, #1000H
        MOV     R7, #50H
LOP:    MOV     A, @RO
        MOVX    @DPTR, A
        INC     R0          ; 指向下一指针
        INC     DPTR
        DJNZ    R7, LOP     ; 未完继续
        END
```

【例 4.8】 多字节 BCD 码加法。

解：设 R7 存放着 BCD 码的字节数（一个字节中存 2 位 BCD 码），R0 为被加数和结果的低位地址寄存器，R1 为加数的低位地址寄存器，CY 保存最高字节的进位位，流程图如图 4.9 所示。

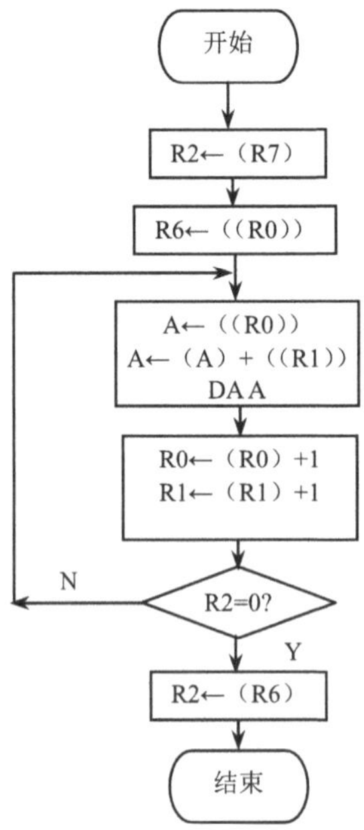

图 4.9　例 4.8 流程图

程序为：

```
MADD:  MOV     A, R7
       MOV     R2, A        ; 保存字节数
       MOV     A, R0        ; 保存结果的地址指针
       MOV     R6, A
       CLR     C
LOOP:  MOV     A, @R0
       ADDC    A, @R1
       DA      A
       MOV     @R0,   A
       INC     R0
       INC     R1
       DJNZ    R2, LOOP
       MOV     A, R6        ; 恢复地址
       MOV     R0, A
       RET
```

【例 4.9】　内部数据存储器中连续存放着若干 8 位二进制数据，其中一个数的值为 X，试求出该数的地址。

解：设 R0 为数据区的首地址寄存器，R7 存放数据的个数，R6 存放 X 的地址。

将数据存储器中的内容取出，分别与 X 相比较，若相等，当前 R0 中的值即为所求的地址。程序的循环的次数是不确定的，一旦找到 X，循环立即结束。

程序的流程图如图 4.10 所示。

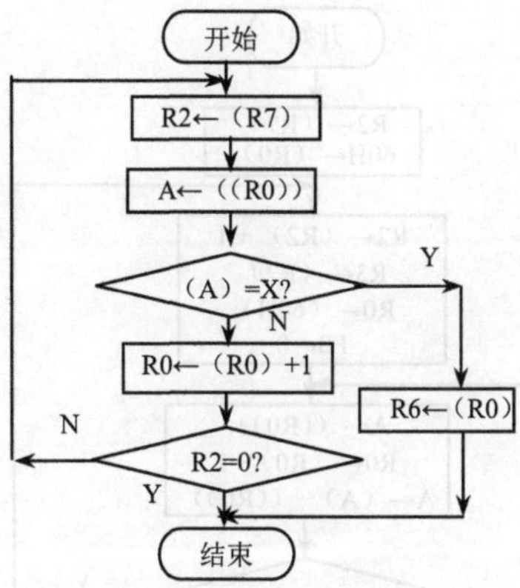

图 4.10 例 4.9 流程图

程序为：

```
START: MOV     A, R7     ；保存立即数
       MOV     R2, A
LOOP:  MOV     A, @R0
       CJNE    A, #X, LL
       SJMJP   OUTL
LL:    INC     R0
       DJNZ    R2, LOOP
       SJMP    MM
OUTL:  MOV     A, R0
       MOV     R6, A
MM:    RET
```

【例 4.10】 排序程序，是将连续存放的若干数据重新排列，本例要求把内部数据存储器的数据由小到大排列。

解：将两个相邻的数据相比较，如果前数大于后数，两个数的位置互换，否则位置不变。所有数据比较完后、找出最大的数，并存在最后一个单元中。第二次比较在剩余的数据中进行，找到剩余数据中最大的数。以此类推，即可完成数据的排序。设数据的个数为 n，第一次需比较的次数为 n－1，第二次需 n－2 次等。在理论上．需要进行 n－1 次循环比较才能完成排序过程。事实上，有可能提前完成排序过程。如果在某次循环比较过程中没有发生位置互换，说明数据的排序已完成。为此在程序中设置一个数据换位标志位，当其发生变化时，排序即告完成。

设 R0 为数据区的首地址寄存器，R7 为字节数。

程序流程图如图 4.11 所示。

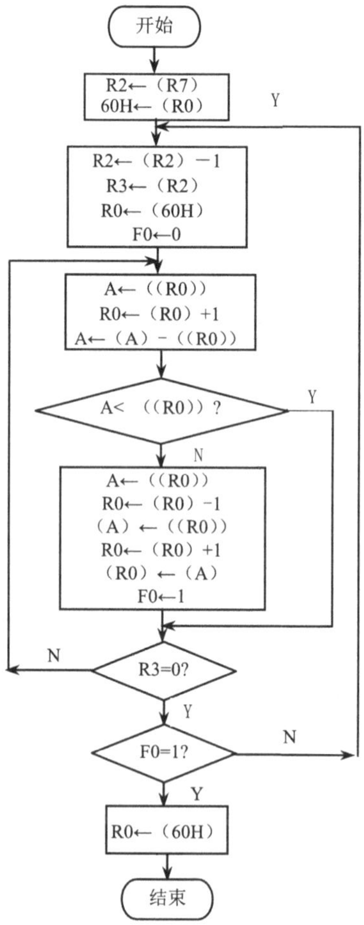

图 4.11　例 4.10 流程图

程序为：

```
SS:    MOV     A, R7
       MOV     R2, A           ; 保存字节数
       MOV     60H,R0          ; 保存地址指针
NN:    DEC     R2
       MOV     A,  R2
       MOV     R3, A           ; 初始化循环次数
       MOV     R0, 60H         ; 恢复地址指针
L1:    CLR     F0
       MOV     A,  @R0         ; 取前数
       INC     R0
       CLR     C
       SUBB    A,  @R0         ; 减后数
```

```
        JC      MM
        MOV     A,  @R0          ；位置互换
        DEC     R0
        XCH     A,  @R0
        INC     R0
        MOV     @R0,A
        SETB    F0
MM:     DJNZ    R3, L1
        JB      F0, NN           ；排序未完转 NN
        MOV     R0, 60H          ；恢复地址指针
        RET
```

本程序实际是一个双重循环程序，内循环的循环次数是变化的，外层循环没有采用循环指令，是一个循环次数不定的循环。

【例 4.11】 试编写延时程序。

解：计算机反复执行一段程序以达到延时的目的称为软件延时。通过控制执行指令的数量可以延时不同的时间。要实现较长时间的延时，一般需采用多重循环。下面是延时 50ms 的延时程序，设单片机的晶振为 12MHz。

```
DEL:    MOV     R7, #200
DEL1:   MOV     R6, #125
DEL2:   DJNZ    R6, DEL2
        DJNZ    R7, DEL1
        RET
```

该程序的延时时间实际为（(125×2＋1）×200＋1）×0.001＝50.2ms。

4.5 查表程序和散转程序设计

在单片机应用系统中，查表程序使用频繁。利用它能避免进行复杂的运算或转换过程，所以其被广泛应用于显示、打印字符的转换以及数据补偿、计算、转换等程序中。

查表就是根据自变量 x 的值，在表中查找 y，使 y=f（x）。x 和 y 可以是各种类型的数据。表的结构也是多种多样的。表格可以放在程序存储器中，也可以存放在数据存储器中。一般情况下，对自变量 x 是有变化规律的数据，可以根据这一规律形成地址，对应的 y 则存放于该地址单元中；对 x 是没有变化规律的数据，在表中存放 x 及其对应的 y 值。前者形成的表格是有序的，后者形成的表格可以是无序的。

【例 4.12】 将 1 位十六进制数转换为 ASCII 码。

解：在前面的例子中，我们介绍了将 ASCII 码转换为十六进数的程序，本例是其逆变换。这里采用查表的方法完成十六进制数到 ASCII 码的转换。

建立一个表格，首先确定表格的首地址，在相对于表首的地址单元中存放 ASCII 码。设十六进制存放在 R0 中，转换结果存放在 R1 中。

主要程序如下：

```
        ORG     0300H
        MOV     A, R0
        ANL     A, #0FH         ；屏蔽高位
        MOV     DPTR, #TAB
        MOVC    A,@A+DPTR
        MOV     R1,A
        ORG     0380H
TAB:    DB      '01234567'
        DB      '89ABCDEF'
        END
```

【例 4.13】 在一个单片机测温装置中，已知电压和温度之间是非线性关系。在校正过程中，电压值取连续的 10 位二进制数，测量这些电压值对应温度最多可达 1024 个。用这些校正数据建立一个表格。以电压为相对地址，这样就可以根据测得的不同电压值求出被测温度。

解：设电压测量值 X 放在 R2、R3 中（10 位二进制数占两个字节），求出的温度仍放 R2、R3 中（也是双字节数）。与 X 值的对应的温度放在地址为 2X 加表格的首地址的单元中。

程序如下：

```
        MOV     DPTR, #TAB
        MOV     A, R3
        CLR     C
        RLC     A               ; X*2
        MOV     R3, A
        XCH     A, R2
        RLC     A
        XCH     A, R2
        ADD     A, DPL          ; 加表首地址
        MOV     DPL,    A
        MOV     A, DPH
        ADDC    A, R2
        MOV     DPH,    A
        CLR     A
        INC     DPTR
        MOVC    A, @A+DPTR
        MOV     R3, A
```

```
        RET
TAB:    DW
        ⋮
```

【例 4.14】 通过一个键盘输入一组命令，完成不同的功能。

解：设从键盘输入的命令字符为 A、D、E、L、M、X、Z 7 种，当键入不同的命令字符时转向不同的处理程序，对应的处理程序的入口标号为 XA、XD、XE、XL、XM、XX、XZ。由于输入的字符之间很难找到什么规律，建立表格时将字符和其对应的处理程序的地址一同存入。查表时先查找字符，其后就是处理程序的入口地址。表格以 0 为结束标志。

入口条件为命令字符放在 A 中。程序如下：

```
LTB:   MOV    DPTR, #TAB
       MOV    B, A
LOOP:  CLR    A
       MOVC   A, @A+DPTR
       JZ     LEND
       INC    DPTR
       CJNE   A, B, LNF
       CLR    A
       MOVC   A, @A+DPTR        ；取出入口地址第一个字节
       MOV    B, A
       INC    DPTR
       CLR    A
       MOVC   A, @A+DPTR
       MOV    DPL, A
       MOV    DPH, B
       CLR    A
       JMP    @A+DPTR           ；转向相应处理程序
LNF:   INC    DPTR
       INC    DPTR              ；继续查
       SJMP   LOOP
LEND:  （查不到处理程序）
TAB:   DB     'A'
       DW     XA
       DB     'D'
       DW     XD
       DB     'E'
       DW     XE
       DB     'L'
```

```
        DW      XL
        DB      'M'
        DW      XM
        DB      'X'
        DW      XX
        DB      'Z'
        DW      XZ
        DB      0                    ；表格结束标志
```

散转程序是一种并行多分支程序，它根据系统的某种输入或运算结果，分别转向各个处理程序。与分支程序不同的是，散转程序多采用指令：JMP @A+DPTR，根据输入或运算结果，确定 A 或 DPTR 的内容，直接跳转到相应的分支程序中去。而分支程序一般是采用条件转移指令或比较转移指令实现程序的跳转。散转程序的基本结构如图 4.12 所示。这里，先给出一个散转程序的具体例子，然后再介绍几种常见的散转程序的实现方法。

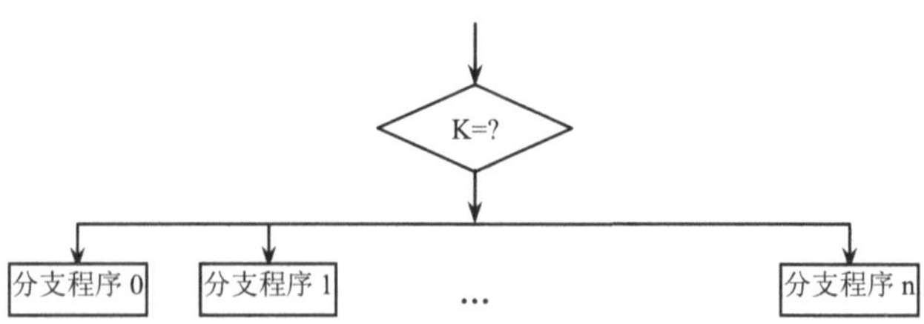

图 4.12　散转程序

【例 4.15】　单片机四则运算系统。

解：在单片机系统中设置+、−、×、÷四个运算命令键，它们的键号分别为 0、1、2、3。当其中一个键按下时，进行相应的运算。操作数由 P1 口和 P3 口输入，结果再由 P1 口和 P3 口输出。具体如下：P1 口输入被加数、被减数、被乘数和被除数，输出结果的低 8 位或商；P3 口输入加数、减数、乘数和除数，输出进位（借位）、结果的高 8 位以及余数。键号放入 A 中。

程序为：

```
FOUR:  MOV        P1, #0FH
       MOV        P3, #0FH
       MOV        DPTR, #TRJ4
       RL         A                    ；键号*2
       JMP        @DPTR
TBJ4:  AJMP       PRG0
       AJMP       PRG1
       AJMP       PRG2
       AJMP       PRG3
```

```
PROG0: MOV         A, P1
       ADD         A, P3
       MOV         P1, A
       CLR         A
       ADDC        A, #0                        ；进位位放入A
       MOV         P3, A
       RET
PROG1: MOV         A, P1
       CLR         C
       SUBB        A, P3
       MOV         P1, A
       CLR         A
       RLC         A                            ；借位位放入A
       MOV         P3, A
       RET
PROG2: MOV         A, P1
       MOV         B, P3
       MUL         AB
       MOV         P1, A
       MOV         P3, B
       RET
PROG3: MOV         A, P1
       MOV         B, P3
       DIV         AB
       MOV         P1, A
       MOV         P3, B
       RET
```

这个例子中，由于 AJMP rel 只占二个字节，因此，键号需先乘 2，与 DPTR 中的内容形成正确的目的地址。由于 A 中的内容乘 2 后不能大于 255，所以本例中最多可扩展到 128 个分支程序。另外，由于散转过程采用了 AJMP rel 指令，故分支程序必须设置在 2K 范围的地址空间内。对于分支较多（大于 128 个）或分支程序较长的情况，本例就不适用了。下面的例子可以使分支程序的数量大大增加，并且分支程序可以放在 64K 程序存储器的任意位置。

【例 4.16】 根据（R3R2）的内容转向不同的处理程序。

解：

程序如下：

```
JMPN:  MOV    DPTR,  #TABN
       MOV    A, R3
```

```
        MOV     B, #3
        MUL     AB
        ADD     A, DPH
        MOV     DPH,    A
        MOV     A, R2
        MOV     B, #3
        MUL     AB
        XCH     A, B
        ADD     A, DPH
        XCH     A, B
        JMP     @A+DPTR
TABN:   LJMP    PRG0
        LJMP    PRG1
        ⋮
        LJMP    PRGN
```

下面的例子是利用查表的方法来实现程序散转的。

【例 4.17】 根据 R2 的内容转向不同的处理程序。

解:

程序如下：

```
JMPN:   MOV     DPTR, #TAB
        MOV     A, R2
        MOV     B, #2
        MUL     AB
        ADD     A, DPL
        MOV     DPL,    A
        MOV     A, B
        ADDC    A, DPH
        MOV     DPH,    A
        CLR     A
        MOVC    A, @A+DPTR
        MOV     R7, A
        CLR     A
        INC     DPTR
        MOVC    A, @A+DPTR
        MOV     DPH, A
        MOV     DPL,    R7
        CLR     A
        JMP     @A+DPTR
```

```
TABN:   DW      PRG0
        DW      PRG1
                ⋮
        DW      PRGN
```

该散转程序最多可以实现256个分支。

4.6 子程序设计

在程序设计过程中，经常遇到在程序的不同位置需使用完全相同的一段程序的情况。为了避免多次出现同一段程序，节省程序存储器空间，可将这段程序写成独立的程序段，在任何需要的地方都可调用这段程序，运行完这段程序后再返回原程序继续运行，这样的独立程序段就称为子程序，而调用子程序的程序称为主程序。子程序的引入大大简化了程序结构，增加了程序的可读性，避免了重复性工作，缩短了整个程序。子程序还增强了程序的可移植性。一些常用的运算程序写成子程序形式，可以随时引用、参考。

调用子程序过程由调用指令完成，MCS-51单片机有两条调用指令：ACALL addr11和LCALL addrl6。指令中的地址为子程序的入口地址，在汇编语言中通常用标号来代表。在执行这两条指令时，单片机将当前的PC值压入堆栈。子程序的最后是返回指令RET，这条指令将堆栈的内容传入PC中，保证程序返回调用的地方继续运行。

在子程序运行时，可能要改变一些寄存器或数据存储器的内容。有时这些内容是主程序正确运行所必不可少的。因此，在子程序调用时，先将这些内容保存起来，子程序返回前再恢复原来的内容、这一过程称为保护现场。保护现场通常由堆栈来完成。需要保护现场时，则在子程序开始时安排压栈指令，将需要保护的内容压入堆栈，在子程序的最后设置出栈指令，将这些内存弹出堆栈，送回原来的单元。

在子程序调用时，还有一个需要注意的问题，即参数传送问题。在子程序调用时，主程序应先把有关参数放到某些约定的位置，子程序运行时，可以从约定位置得到这些参数。同样，子程序结束前也应把运算结果送到约定位置，返回主程序后，主程序从约定位置上获得这些结果。参数传递可以采用工作寄存器或累加器A、地址寄存器和堆栈等来完成。

在子程序执行过程中调用其他子程序，这种现象称为子程序嵌套。MCS-51单片机允许多重嵌套。

子程序的结构与一般程序没有什么差别，最重要的标志是在其最后有一条返回指令。另外，在需要保护现场时，子程序的开始和结束都有入栈和出栈指令。前面的例子中，很多都写成了子程序的形式。以下例子主要是说明子程序的调用过程和参数传递的方法。

【例4.18】 单字节有符号数的加、减法程序。

解：该程序的功能为（R2）±（R3）→R7，R2和R3中为有符号数的原码，R7中存放计算结果的原码。运算结果溢出时 OV 置位。

程序如下：

```
SUB1:  MOV     A, R3
       CPL     ACC.7               ；符号位取反
       MOV     R3, A
ADD1:  MOV     A, R3
       ACALL   CMPT                ；加数或减数求补
       MOV     R3, A
       MOV     A, R2
       ACALL   CMPT                ；被加数或被减数求补
       MOV     R7, A
OVER:  RET
```

SUBl 为减法程序入口，ADDl 为加法程序入口。CMPT 为单字节有符号数求补码程序，参见 4.3 节例 4.4。本例中，参数传递是通过累加器 A 完成的。主程序将被转换的数送到 A 中，子程序将 A 中的有符号数求补后，存于 A 中。主程序可从 A 中得到运算结果。

【例 4.19】 4 位 BCD 码的减法程序。

解：由于 BCD 码调整指令在减法指令后面是不起作用的，因此不能用直接采用 BCD 码调整指令来完成 BCD 码的减法运算。本例是 BCD 码减法运算的一种方法。

设被减数放在 50H 和 5lH 单元中，减数放在 60H 和 61H 中，差放入 40H 和 41H 中。

```
；主程序
       MOV     R1, #50H
       MOV     R0, #60H
       CLR     C
       ACALL   BSUB
       MOV     40H,    A
       ACALL   BUSB
       MOV     41H,    A
       ⋮
；子程序
BSUB:  MOV     A, #9AH
       SUBB    A, @R0
       ADD     A, @R1
       DA      A
       INC     R0
       INC     R1
       CPL     C
       RET
```

在这个例子中，主程序通过地址寄存器 R0 和 R1 将参加运算的 BCD 码的地址传递给子程序，子程序则通过累加器将差传递给主程序。

4.7 单片机 C51 语言设计

1. C 语言的特点

1）语言简洁、紧凑，使用方便、灵活。
2）运算符丰富。
3）数据结构丰富。具有现代化语言的各种数据结构。
4）可进行结构化程序设计。
5）可以直接对计算机硬件进行操作。
6）生成的目标代码质量高，程序执行效率高。
7）可移植性好。

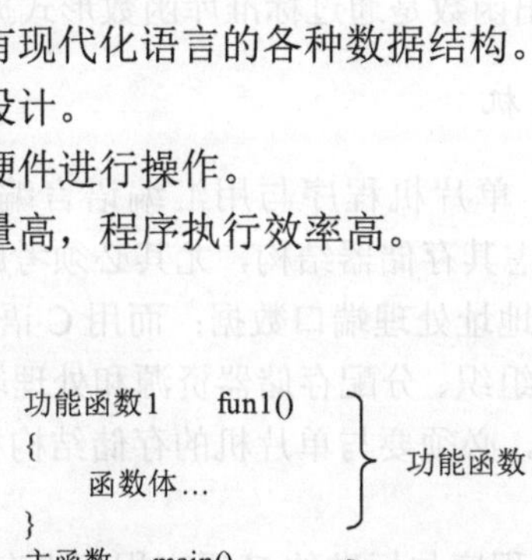

图 4.13 C 程序结构图

2. C 语言的程序结构变量声明

C 语言程序结构一般如下：

```
预处理命令    include<>
函数说明      long  fun1 () ;
              float  fun2 () ;
              int  x,y;
              float z;
```

其中，函数往往由“函数定义”和“函数体”两个部分组成。函数定义部分包括有函数类型、函数名、形式参数说明等，函数名后面必须跟一个圆括号 ()，形式参数在 () 内定义。函数体由一对花括号“{}”组成，在“{}”的内容就是函数体。如果一个函数内有多个花括号，则最外层的一对“{}”为函数体的内容。函数体内包含若干语句，一般由两部分组成：声明语句和执行语句。声明语句用于对函数中用到的变量进行定义。也可能对函数体中调用的函数进行声明。执行语句由若干语句组成，用来完成一定功能。当然也有的函数体仅有一对“{}”，其中内部既没有声明语句，也没有执行语句。这种函数称为空函数。

C 语言程序在书写时格式十分自由，一条语句可以写成一行，也可以写成几行；还可以一行内写多条语句；但每条语句后面必须以分号“;”作为结束符。C 语言程序对大小写字母比较敏感，在程序中，同一个字母的大小写系统会作不同的处理。在程序中可以用“/*………*/”或“//”对 C 程序中的任何部分作注释，以增加程序的可读性。

C 语言本身没有输入/输出语句。输入和输出是通过输入/输出函数 scanf（）和 printf（）来实现的。输入/输出函数是通过标准库函数形式提供给用户的。

3. C 语言与 MCS-51 单片机

用 C 语言编写 MCS-51 单片机程序与用汇编语言编写不同：用汇编语言编写 MCS–51 单片机程序必须要考虑其存储器结构，尤其必须考虑其片内数据存储器与特殊功能寄存器的使用以及按实际地址处理端口数据；而用 C 语言编写的单片机应用程序，则不用像汇编语言那样须具体组织、分配存储器资源和处理端口数据。但在 C 语言编程中，对数据类型与变量的定义，必须要与单片机的存储结构相关联，否则编译器不能正确地映射定位。

用 C 语言编写单片机应用程序与标准的 C 语言程序也有相应的区别：C 语言编写单片机应用程序时，需根据单片机存储结构及内部资源定义相应的数据类型和变量，而标准的 C 语言程序不需要考虑这些问题；C51 包含的数据类型、变量存储模式、输入/输出处理、函数等方面与标准的 C 语言有一定的区别。其他的语法规则、程序结构及程序设计方法等与标准的 C 语言程序设计相同。

现在支持 MCS-51 系列单片机的 C 语言编译器有很多种，如 American Automation、Auocet、BSO/TASKING、DUNFIELD SHAREWARE、KEIL/Franklin 等。各种编译器的基本情况相同，但具体处理时有一定的区别，其中 KEIL/Franklin 以它的代码紧凑和使用方便等特点优于其他编译器，现在使用特别广泛。

4. C51 程序结构

C51 的语法规定、程序结构及程序设计方法都与标准的 C 语言程序设计相同，但 C51 程序与标准的 C 程序在以下几个方面不一样。

1）C51 中定义的库函数和标准 C 语言定义的库函数不同。标准的 C 语言定义的库函数是按通用微型计算机来定义的，而 C51 中的库函数是按 MCS-51 单片机相应情况来定义的。

2）C51 中的数据类型与标准 C 的数据类型也有一定的区别，在 C51 中还增加了几种针对 MCS-51 单片机特有的数据类型。

3）C51 变量的存储模式与标准 C 中变量的存储模式不一样，C51 中变量的存储模式是与 MCS-51 单片机的存储器紧密相关。

4）C51 与标准 C 的输入/输出处理不一样，C51 中的输入/输出是通过 MCS-51 串行口来完成的，输入/输出指令执行前必须要对串行口进行初始化。

5）C51 与标准 C 在函数使用方面也有一定的区别，C51 中有专门的中断函数。

5. C51 的数据类型

C51 的数据类型分为基本数据类型和组合数据类型，情况与标准 C 中的数据类型基本相同，但其中 char 型与 short 型相同，float 型与 double 型相同。另外，C51 中还有专门针对于 MCS-51 单片机的特殊功能寄存器型和位类型，其详细类型如表 4.1 所示。

表 4.1 C 基本类型及范围

基本数据类型	长 度	取 值 范 围
unsigned char	1 字节	0～255
signed char	1 字节	－128～＋127
unsigned int	2 字节	0～65535
signed int	2 字节	－32768～＋32767
unsigned long	4 字节	0～4294967295
signed long	4 字节	－2147483648～＋2147483647
float	4 字节	±1.175494E-38～±3.402823E+38
bit	1 位	0 或 1
Sbit	1 位	0 或 1
sfr	1 字节	0～255
sfr16	2 字节	0～65535

（1）char 字符型

char 字符型有 signed char 和 unsigned char 之分，默认为 signed char。它们的长度均为一个字节，用于存放一个单字节的数据。对于 signed char，它用于定义带符号字节数据，其字节的最高位为符号位，“0”表示正数，“1”表示负数，补码表示，所能表示的数值范围是－128～＋127；对于 unsigned char，它用于定义无符号字节数据或字符，可以存放一个字节的无符号数，其取值范围为 0～255。unsigned char 可以用来存放无符号数，也可以存放西文字符，一个西文字符占一个字节，在计算机内部用 ASCII 码存放。

（2）int 整型

int 整型分 signed int 和 unsigned int。默认为 signed int。它们的长度均为两个字节，用于存放一个双字节数据。对于 signed int，用于存放两字节带符号数，补码表示，数的范围为－32768～＋32767。对于 unsigned int，用于存放两字节无符号数，数的范围为 0～65535。

（3）long 长整型

long 长整型分 signed long 和 unsigned long。默认为 signed long。它们的长度均为四个字节，用于存放一个四字节数据。对于 signed long，用于存放四字节带符号数，补码表示，数的范畴为－2147483648～＋2147483647；对于 unsigned long，用于存放四字节无符号数，数的范围为 0～4294967295。

（4）float 浮点型

float 型数据的长度为四个字节，格式符合 IEEE-754 标准的单精度浮点型数据，包含指数和尾数两部分，最高位为符号位，“1”表示负数，“0”表示正数，其次的 8 位为阶码，最后的 23 位为尾数的有效数位，由于尾数的整数部分隐含为“1”，所以尾数的精度为 24 位。

（5）* 指针型

指针型本身就是一个变量，在这个变量中存放的指向另一个数据的地址。这个指针变量要占用一定的内存单元，对不同的处理器其长度不一样，在 C51 中它的长度一般为 1～3 个字节。

（6）特殊功能寄存器型

这是 C51 扩充的数据类型，用于访问 MCS-51 单片机中的特殊功能寄存器数据，它分 sfr 和 sfr16 两种类型，其中 sfr 为字节型特殊功能寄存器类型，占一个内存单元，利用它可以访问 MCS-51 内部的所有特殊功能寄存器。

sfr16 为双字节型特殊功能寄存器类型，占用两个字节单元，利用它可以访问 MCS-51 内部的所有两个字节的特殊功能寄存器。

在 C51 中对特殊功能寄存器的访问必须先用 sfr 或 sfr16 进行声明。

（7）位类型

这也是 C51 中扩充的数据类型，用于访问 MCS-51 单片机中的可寻址的位单元。在 C51 中，支持两种位类型：bit 型和 sbit 型。它们在内存中都只占一个二进制位，其值可以是“1”或“0”。其中：

用 bit 定义的位变量在 C51 编译器编译时，在不同的时候位地址是可以变化的；用 sbit 定义的位变量必须与 MCS-51 单片机的一个可以寻址的位单元或可位寻址的字节单元中的某一位联系在一起，在 C51 编译器编译时，其对应的位地址是不可变化的。

在 C51 语言程序中，有可能会出现在运算中数据类型不一致的情况。C51 允许任何标准数据类型的隐式转换，隐式转换的优先级顺序如下：

```
bit→char→int→long→float
signed→unsigned
```

也就是说，当 char 型与 int 型进行运算时，先自动对 char 型扩展为 int 型，然后与 int 型进行运算，运算结果为 int 型。C51 除了支持隐式类型转换外，还可以通过强制类型转换符“()”对数据类型进行人为的强制转换。

C51 编译器除了能支持以上这些基本数据类型之外，还能支持一些复杂的组合型数据类型，如数组类型、指针类型、结构类型、联合类型等这些复杂的数据类型。

4.8 单片机C语言程序优化

对程序进行优化，通常是指优化程序代码或程序执行速度。优化代码和优化速度实际上是一个矛盾的统一，一般是优化了代码的尺寸，就会带来执行时间的增加，如果优化了程序的执行速度，通常会带来代码增加的副作用，很难鱼与熊掌兼得，只能在设计时掌握一个平衡点。

4.8.1 程序结构的优化

1. 程序的书写结构

C语言书写格式虽然不会影响生成的代码质量，但是在实际编写程序时还是应该遵循一定的书写规则，一个书写清晰、明了的程序，有利于以后的维护。在书写程序时，特别是对于while、for、do…while、if…else、switch…case等语句或这些语句嵌套组合，应采用“缩格”的书写形式。

2. 标识符

程序中使用的用户标识符除要遵循标识符的命名规则以外，一般不要用代数符号（如a、b、x1、y1）作为变量名，应选取具有相关含义的英文单词（或缩写）或汉语拼音作为标识符，以增加程序的可读性，如：count、number1、red、work等。

3. 程序结构

C语言是一种高级程序设计语言，提供了十分完备的规范化流程控制结构。因此在采用 C 语言设计单片机应用系统程序时，首先要注意尽可能采用结构化的程序设计方法，这样可使整个应用系统程序结构清晰，便于调试和维护。对于一个较大的应用程序，通常将整个程序按功能分成若干个模块，不同模块完成不同的功能。各个模块可以分别编写，甚至还可以由不同的程序员编写，一般单个模块完成的功能较为简单，设计和调试也相对容易一些。在C语言中，一个函数就可以认为是一个模块。所谓程序模块化，不仅是要将整个程序划分成若干个功能模块，更重要的是，还应该注意保持各个模块之间变量的相对独立性，即保持模块的独立性，尽量少使用全局变量等。对于一些常用的功能模块，还可以封装为一个应用程序库，以便需要时可以直接调用。但是在使用模块化时，如果将模块分成太细太小，又会导致程序的执行效率变低（进入和退出一个函数时保护和恢复寄存器占用了一些时间）。

4. 定义常数

在程序化设计过程中，对于经常使用的一些常数，如果将它直接写到程序中去，一旦常数的数值发生变化，就必须逐个找出程序中所有的常数，并逐一进行修改，这样必然会降低程序的可维护性。因此，应尽量采用预处理命令方式来定义常数，而且这样还可以避免输入错误。

5. 减少判断语句

能够使用条件编译（ifdef）的地方就使用条件编译而不使用 if 语句，有利于减少编译生成的代码的长度。

6. 表达式

对于一个表达式中各种运算执行的优先顺序不太明确或容易混淆的地方，应当采用圆括号明确指定它们的优先顺序。一个表达式通常不能写得太复杂，如果表达式太复杂，时间久了以后，自己也不容易看得懂，不利于以后的维护。

7. 函数

对于程序中的函数，在使用之前，应对函数的类型进行说明，对函数类型的说明必须保证它与原来定义的函数类型一致，对于没有参数和没有返回值类型的函数应加上“void”说明。如果需要缩短代码的长度，可以将程序中一些公共的程序段定义为函数，在 Keil-C 中的高级别优化就是这样的。如果需要缩短程序的执行时间，在程序调试结束后，将部分函数用宏定义来代替。注意，应该在程序调试结束后再定义宏，因为大多数编译系统在宏展开之后才会报错，这样会增加排错的难度。

8. 尽量少用全局变量，多用局部变量

因为全局变量是放在数据存储器中，定义一个全局变量，MCU 就少一个可以利用的数据存储器空间，如果定义了太多的全局变量，会导致编译器无足够的内存可以分配。而局部变量大多定位于 MCU 内部的寄存器中，在绝大多数 MCU 中，使用寄存器操作速度比数据存储器快，指令也更多更灵活，有利于生成质量更高的代码，而且局部变量所的占用的寄存器和数据存储器在不同的模块中可以重复利用。

9. 设定合适的编译程序选项

许多编译程序有几种不同的优化选项，在使用前应理解各优化选项的含义，然后选用最合适的一种优化方式。通常情况下一旦选用最高级优化，编译程序会近乎病态地追求代码优化，可能会影响程序的正确性，导致程序运行出错。因此应熟悉所使用的编译器，应知道哪些参数在优化时会受到影响，哪些参数不会受到影响。

在 ICCAVR 中，有“Default”和“Enable Code Compression”两个优化选项。

在 CodeVisionAVR 中，“tiny”和“small”两种内存模式。

在 IAR 中，共有 7 种不同的内存模式选项。

在 GCCAVR 中优化选项更多，一不小心更容易选到不恰当的选项。

4.8.2 代码的优化

1. 选择合适的算法和数据结构

应该熟悉算法语言，知道各种算法的优缺点，具体资料请参见相应的参考资料，有很多计算机书籍上都有介绍。将比较慢的顺序查找法用较快的二分查找或乱序查找法代替，插入排序或冒泡排序法用快速排序、合并排序或根排序代替，都可以大大提高程序执行的效率。选择一种合适的数据结构也很重要，比如你在一堆随机存放的数中使用了大量的插入和删除指令，那使用链表就要快得多。

数组与指针具有十分密切的关系，一般来说，指针比较灵活简洁，而数组则比较直观，容易理解。对于大部分的编译器，使用指针比使用数组生成的代码更短，执行效率更高。但是在Keil中则相反，使用数组比使用的指针生成的代码更短。

2. 使用尽量小的数据类型

能够使用字符型（char）定义的变量，就不要使用整型（int）变量来定义；能够使用整型变量定义的变量就不要用长整型（long int），能不使用浮点型（float）变量就不要使用浮点型变量。当然，在定义变量后不要超过变量的作用范围，如果超过变量的范围赋值，C编译器并不报错，但程序运行结果却错了，而且这样的错误很难发现。

在ICCAVR中，可以在Options中设定使用printf参数，尽量使用基本型参数（%c、%d、%x、%X、%u和%s说明格式符），少用长整型参数（%ld、%lu、%lx和%lX格式说明符），至于浮点型的参数（%f）则尽量不要使用，其他C编译器也一样。在其他条件不变的情况下，使用%f参数，会使生成的代码的数量增加很多，执行速度降低。

3. 使用自加、自减指令

通常使用自加、自减指令和复合赋值表达式（如a－＝1及a＋＝1等）都能够生成高质量的程序代码，编译器通常都能够生成inc和dec之类的指令，而使用a＝a＋1或a＝a－1之类的指令，有很多C编译器都会生成二到三个字节的指令。在AVR单片适用的ICCAVR、GCCAVR、IAR等C编译器以上几种书写方式生成的代码是一样的，也能够生成高质量的inc和dec之类的的代码。

4. 减少运算的强度

可以使用运算量小但功能相同的表达式替换原来复杂的表达式，如下：

（1）求余运算

```
a=a%8;
```

可以改为

```
a=a&7;
```

位操作只需一个指令周期即可完成，而大部分的C编译器的“%”运算均是调用子程序来完成，代码长、执行速度慢。通常，只要求是求 2n 方的余数，均可使用位操作的方法来代替。

（2）平方运算

在有内置硬件乘法器的 51 系列单片机中，乘法运算比求平方运算快得多，因为浮点数的求平方是通过调用子程序来实现的，在自带硬件乘法器的 AVR 单片机中，如 ATMega163 中，乘法运算只需 2 个时钟周期就可以完成。即使是在没有内置硬件乘法器的单片机中，乘法运算的子程序也比求平方运算的子程序的代码要短，执行速度要快。如

```
a=pow（a，2.0）；
```

可以改为

```
a=a*a;
```

如果是求 3 次方，如

```
a=pow（a，3.0）；
```

可更改为

```
a=a*a*a;
```

则效率的改善更明显。

（3）用移位实现乘除法运算

```
a=a*4;
b=b/4;
```

可以改为

```
a=a<<2;
b=b>>2;
```

通常如果需要乘以或除以 2n，都可以用移位的方法代替。在 ICCAVR 中，如果乘以 2n，都可以生成左移的代码，而乘以其他的整数或除以任何数，均调用乘除法子程序。用移位的方法得到的代码比调用乘除法子程序生成的代码效率要高。实际上，只要是乘以或除以一个整数，均可以用移位的方法得到结果，如

```
a=a*9
```

可以改为

```
a=（a<<3）+a
```

5. 循环

（1）循环语句

对于一些不需要循环变量参加运算的任务可以把它们放到循环外面，这里的任务包

括表达式、函数的调用、指针运算、数组访问等，应该将没有必要执行多次的操作全部集合在一起，放到一个 init 的初始化程序中进行。

（2）延时函数

通常使用的延时函数均采用自加的形式：

```
void delay (void)
{
unsigned int i;
for (i=0;i<1000;i++)
;
}
```

将其改为自减延时函数：

```
void delay (void)
{
unsigned int i;
for (i=1000;--i;)
;
}
```

两个函数的延时效果相似，但几乎所有的 C 编译对后一种函数生成的代码均比前一种代码少 1～3 个字节，因为几乎所有的 MCU 均有为 0 转移的指令，采用后一种方式能够生成这类指令。

在使用 while 循环时也一样，使用自减指令控制循环会比使用自加指令控制循环生成的代码要少 1～3 个字母。

但是在循环中有通过循环变量“i”读写数组的指令时，使用预减循环时有可能使数组超界，要引起注意。

（3）while 循环和 do…while 循环

用 while 循环时有以下两种循环形式：

```
unsigned int i;
i=0;
while (i<1000)
{
i++;
//用户程序
}
```

或

```
unsigned int i;
i=1000;
```

```
do
i--;
//用户程序
while (i>0);
```

在这两种循环中，使用 do…while 循环编译后生成的代码的长度短于 while 循环。

6. 查表

在程序中一般不进行非常复杂的运算，如浮点数的乘除及开方等，以及一些复杂的数学模型的插补运算，对这些既消耗时间又消费资源的运算，应尽量使用查表的方式，并且将数据表置于程序存储区。如果直接生成所需的表比较困难，也尽量在启动时先计算，然后在数据存储器中生成所需的表，最后在程序运行中直接查表就可以了，这样就减少了程序执行过程中重复计算的工作量。

7. 其他

比如使用在线汇编及将字符串和一些常量保存在程序存储器中，均有利于优化。

习　题　四

1．从内部存储器 20H 单元开始，有 30 个数据。试编一个程序，把其中的正数、负数分别送 51H 和 71H 开始的存储单元，并分别记下正数、负数的个数送 50H 和 70H 单元。

2．以 BUF1 为起始地址的外存储区中，存放有 16 个单字节无符号二进制数，试编写一程序，求其平均值并送 BUF2 单元。

3．在 DATA1 单元中有一个带符号 8 位二进制数 X。编一程序，按以下关系计算 Y 值，送 DATA2 单元。

$$Y=\begin{cases} X+5, & X>0, \\ X, & X=0, \\ X-5, & X<0。\end{cases}$$

4．试编写延时 2ms 的程序。

5．用查表程序求 0～8 之间整数的立方。

6．编写有 6 个命令键的散转程序。

a）键号为 0、1、2、3、4、5；

b）6 个键 A、B、C、D、1、2 的 ASCII 码放在累加器 A 中。

7．试用 C 语言编一程序求出从 1 到 100 各数累加之和。（提示：用循环语句）

8．试用 C 语言的方式对 4.3 题进行编程。（提示：用 if 语句）

9．试用 C 语言的方式对 4.4 题进行编程。

第 5 章

中断系统和 I/O 接口电路

5.1　单片机接口的特点

5.1.1　输入/输出传送方式

单片机的运行与其他微机系统一样，CPU 不断与外部输入/输出设备交换信息，CPU 与外设交换信息通常采用如下几种方式。

1. 无条件传送方式

这种数据传送方式有点类似于 CPU 和存储器之间的数据传送，即 CPU 总是认为外设在任何时刻都是处于“准备好”的状态，因此，采用这种传送方式不需要交换状态信息，只需在程序中加入访问外设的指令，数据传送便可以实现。

2. 查询传送方式

查询传送方式可以解决 CPU 与外部设备不匹配的问题。查询传送方式也称条件传送。在这种传送方式中，不论是输入还是输出，都是以计算机为主动的一方。为了保证数据传送的正确性，计算机在传送数据之前，要首先查询外部设备是否处于准备好的状态。对于输入操作，需要知道外设是否已把要输入的数据准备好了，对于输出操作，则要知道外设是否把上一次计算机输出的数据处理完毕。只有通过查询，确信外设确实已处于“准备好”的状态，计算机才能发出访问的指令，实现数据的交换。

图 5.1 为查询方式的一般流程图。可见，查询方式的过程为：查询—等待—数据传送。待到下一次数据传送时则重复以上过程。这种方法的优点是通用性好；缺点是需要有一个等待过程，并由于外设工作速度比 CPU 慢得多，故该等待过程较长。又由于等待过程 CPU 不能进行其他操作，所以效率比较低。提高 CPU 效率的一个有效途径是采用中断方式。

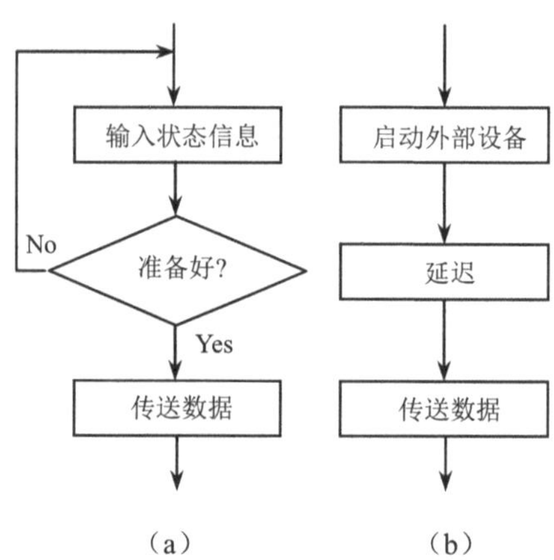

图 5.1　查询方式流程图

3. 直接存储器存取（DMA）方式

DMA（Directory Memory Access）方式是 CPU 让出数据总线（悬浮状态），使外部设备和存储器之间直接传送（不通过 CPU）数据的方式。下面两种情况时可考虑使用 DMA 方式：

1）外设和存储器直接有大量的数据需要传送，如磁盘驱动器中的大量数据快速传送到微机系统的 RAM 中。

2）外部设备的工作速度很快的情况。

4. 中断传送方式

中断是指微处理器 CPU 正在处理某件事时，外部又发生了另一事件（如一个电平的变化，一个脉冲沿的发生，或定时器计数溢出等）请求 CPU 快速处理，于是，计算机暂时中断当前的工作程序，转入处理所发生事件的程序；中断服务处理完后，再回到原来被中断的地方，继续原来程序，这样的过程称为中断。该过程如图 5.2 所示。实现这种功能的部件称为中断系统，产生中断的请求源称为中断源。

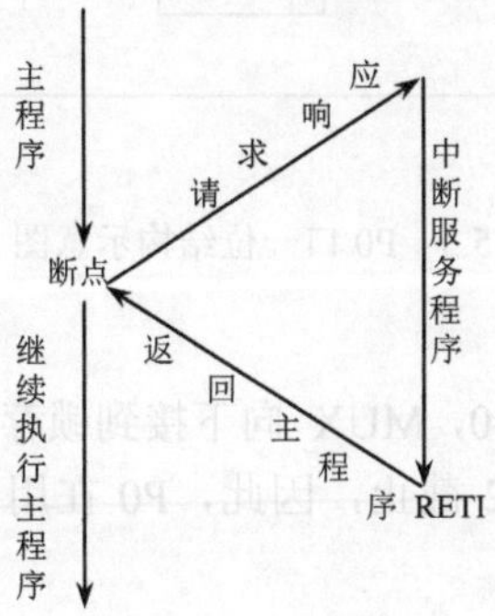

图 5.2 中断过程

中断传送方式是一种非常重要的数据输入/输出方式，通常的中断源有以下几种。

1）外部输入/输出设备，如 A/D、打印机等。

2）数据通信设备，如双机或多机通信。

3）定时时钟。

4）故障源，如掉电保护请求等。

5）为调试程序而设置的中断。

5.1.2 8051 的并行口使用

8051 型单片机的并行 I/O 口共有 4 个 8 位双向通道，分别记作 P0~P3，共有 32 个引脚通道口线。每一个 I/O 的每一位均由特定的锁存器（称特殊功能寄存器 SFR）、输出驱动器和输入缓冲器等组成。各端口除可进行字节的输入/输出外，每个位口线还可单独用作输入/输出，因此，使用起来非常方便。

1. P0 口的结构和功能

P0 口是一个三态双向 I/O 口，它有两种不同的功能，用于不同的工作环境。在不需要进行外部 ROM、RAM 等扩展时，作为通用的 I/O 口使用。在需要进行外部 ROM、RAM 等扩展时，采用分时复用的方式，通过地址锁存器后作为地址总线的低 8 位和 8 位数据总线。P0 口的输出级具有驱动 8 个 LSTTL 负载的能力。

（1）结构

P0 口有 8 条端口线，命名为 P0.7～P0.0，其中 P0.0 为低位，P0.7 为高位。每条线的结构组成如图 5.3 所示。它由一个输出锁存器、转换开关 MUX、两个三态缓冲器、与门和非门、输出驱动电路和输出控制电路等组成。

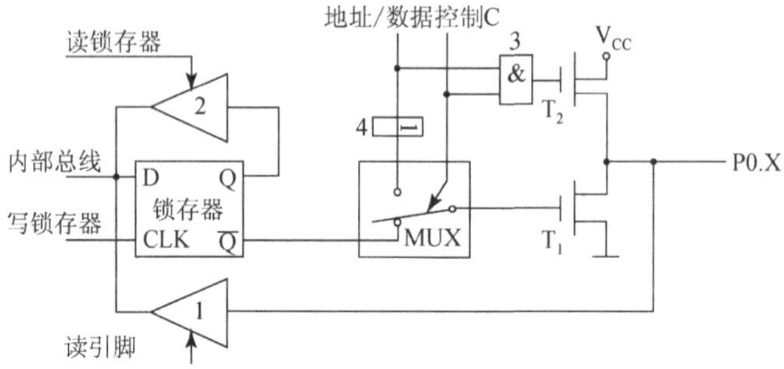

图 5.3　P0 口一位结构示意图

（2）通用 I/O 口

单片机内硬件自动将控制 C=0，MUX 向下接到锁存器的反向输出端，与门输出 0，使输出驱动器的上拉场效应管 T2 截止，因此，P0 在用作通用输出口时必须外接上拉电阻。

1）输出口。CPU 在执行输出指令时（如 MOV P0，A），内部数据总线的数据在“写锁存器”信号的作用下由 D 端进入锁存器，反向输出送到 T1，再经 T1 反向输出到外引脚 P0.X 端。

2）输入口。用作输入口时，必须先把锁存器写入 1，目的是为了使 T1 截止以使引脚处于悬浮状态，作为高阻抗输入；否则，在作为输入方式之前曾向锁存器输出过“0”，则 T1 导通就会使引脚电位钳位到“0”，使高电平无法读入。CPU 在执行“MOV”类输入指令时（如 MOV A，P0），单片机内部产生“读引脚”操作信号，经缓冲器输入到内部总线。

MOV P0，#0FFH

MOV A，P0

3）“读—修改—写”类指令的端口输出。如 CPL P0.0 指令执行时，单片机内部产生“读锁存器”操作信号，使锁存器 Q 端的数据送到内部总线，在对该位取反后，结果又送回 P0.0 的端口锁存器并从引脚输出。之所以是“读锁存器”而不是“读引脚”，是因为这样可以避免因引脚外部电路的原因而使引脚的状态发生改变而造成的误读。如外部接一个驱动晶体管的情况。

（3）地址/数据总线

CPU在执行读片外ROM、读/写片外RAM或I/O口指令时，单片机内硬件自动将控制C=1，MUX开关接到非门的输出端，地址信息经T1、T2输出。

1）P0口分时输出低8位地址、输出数据 CPU在执行输出指令时，低8位地址信息和数据信息分时地出现在地址数据总线上。若地址数据总线的状态为1，则场效应管T2导通、T1截止，引脚状态为1；若地址/数据总线的状态为0，则场效应管T2截止、T1导通，引脚状态为0。可见P0.X引脚的状态正好与地址/数据线的信息相同。

2）P0口分时输出低8位地址、输入数据 CPU在执行输入指令时，首先低8位地址信息出现在地址/数据总线上，P0.X引脚的状态与地址/数据总线的地址信息相同。然后，CPU自动使模拟转换开关MUX拨向锁存器，并向P0口写入0FFH，同时“读引脚”信号有效，数据经缓冲器读入内部数据总线。因此，可以认为P0口作为地址/数据总线使用时是一个真正的双向口。

2. P2口的结构与功能

P2口是一个准双向口，它有两种使用功能：一种是在不需要进行外部ROM、RAM等扩展时，作通用的I/O口使用，其功能和原理与P0口第一功能相同，只是作为输出口时不需外接上拉电阻；另一种是当系统进行外部ROM、RAM等扩展时，P2口作系统扩展的地址总线口使用，输出高8位的地址A15～A7，与P0口第二功能输出的低8位地址相配合，共同访问外部程序或数据存储器（64 KB），但它只确定地址并不能像P0口那样还可以传送存储器的读写数据。P2口能带3～4个TTL负载。

（1）结构

P2口有8条端口线，命名为P2.7～P2.0，每条线的结构如图5.4所示。它由一个输出锁存器、转换开关MUX、两个三态缓冲器、一个非门、输出驱动电路和输出控制电路等组成。输出驱动电路设有上拉电阻。

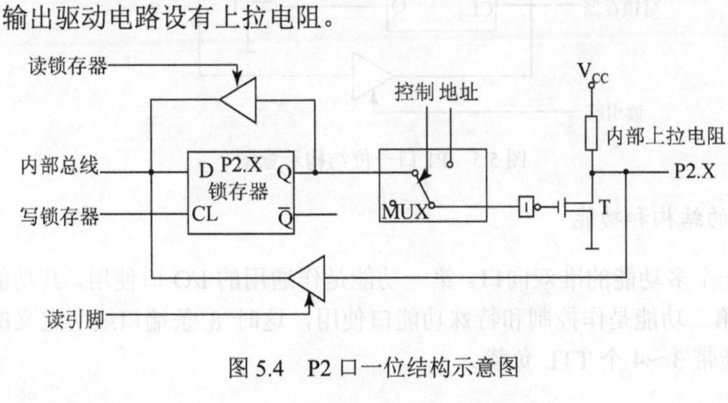

图5.4 P2口一位结构示意图

（2）通用I/O口

当不需要在单片机芯片外部扩展程序存储器，只需扩展256 BYTE的片外RAM时，访问片外RAM就可以利用“MOVX A，@Ri”，“MOVX @Ri，A”类指令来实现。这时只用到了地址线的低 8 位，P2 口不受该类指令的影响，仍可以作为通用 I/O 口使用。

1）输出口。CPU 在执行输出指令时（如 MOV P2，A），内部数据总线的数据在“写锁存器”信号的作用下由 D 端进入锁存器，输出经非门反相送到驱动管 T，再经驱动管 T 反相输出。

2）输入口与 P0 口相同。

3）“读—修改—写”类指令的端口输出与 P0 口相同。

（3）地址总线

CPU 在执行读片外 ROM、读/写片外 RAM 或 I/O 口指令时，单片机内硬件自动将控制 C=1，MUX 开关接到地址线，地址信息经非门和驱动管 T 输出。

3. P1 口的结构和功能

P1 口也是一个准双向口，只作通用的 I/O 口使用，其功能与 P0 口的第一功能相同。作输出口使用时，由于其内部有上拉电阻，所以不需外接上拉电阻；作输入口使用时，必须先向锁存器写入“1”，使场效应管 T 截止，然后才能读取数据。P1 口能带 3～4 个 TTL 负载。

（1）结构

P1 口有 8 条端口线，命名为 P1.7～P1.0，每条线的结构组成如图 5.5 所示。它由一个输出锁存器、两个三态缓冲器和输出驱动电路等组成。输出驱动电路设有上拉电阻。

（2）功能

与 P0 口用作通用 I/O 口时一样。

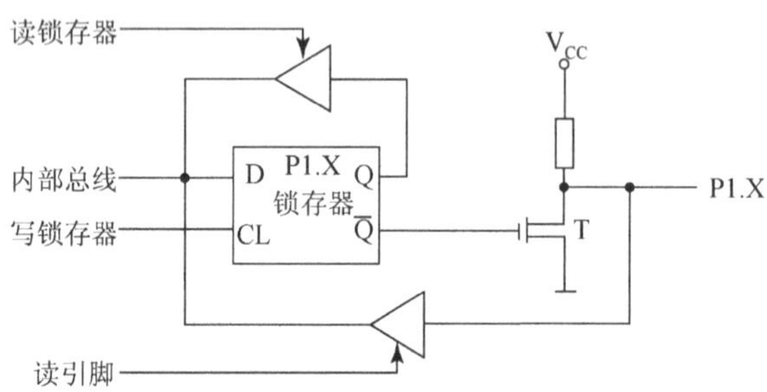

图 5.5　P1 口一位结构示意图

4. P3 口的结构和功能

P3 口是一个多功能的准双向口。第一功能是作通用的 I/O 口使用，其功能和原理与 P1 口相同。第二功能是作控制和特殊功能口使用，这时 8 条端口线所定义的功能各不相同。P3 口能带 3～4 个 TTL 负载。

（1）结构

P3 口有 8 条端口线，命名为 P3.7～P3.0，每条线的结构如图 5.6 所示。它由一个输出锁存器、两个三态缓冲器、一个与非门和输出驱动电路等组成。输出驱动电路设有上拉电阻。

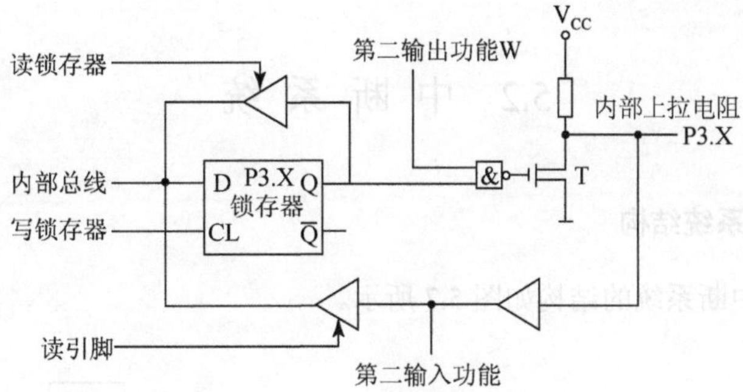

图 5.6　P3 口一位结构示意图

（2）通用 I/O 口

当 CPU 对 P3 口进行字节或位寻址（多数应用场合是把几条端口线设为第二功能，另外几条端口线设为第一功能，这时宜采用位寻址方式）时，单片机内部的硬件自动将第二功能输出线的 W=1。这时，对应的端口线为通用 I/O 口方式。作为输出时，锁存器的状态（Q 端）与输出引脚的状态相同。作为输入时，也要先向端口锁存器写入 1，使引脚处于高阻输入状态。输入的数据在“读引脚”信号的作用下，进入内部数据总线。

（3）第二功能使用

当 P3 口处于第二功能时，单片机内部硬件自动将端口锁存器的 Q 端置 1。

这时，P3 口各引脚的定义如下。

1）P3.0：RXD（串行口输入）；

2）P3.1：TXD（串行口输出）；

3）P3.2：INT0（外部中断 0 输入）；

4）P3.3：INT1（外部中断 1 输入）；

5）P3.4：T0（定时/计数器 0 的外部输入）；

6）P3.5：T1（定时/计数器 1 的外部输入）；

7）P3.6：WR（片外数据存储器“写选通控制”输出）；

8）P3.7：RD（片外数据存储器“读选通控制”输出）；

9）P3 口相应的端口线处于第二功能，应满足的条件是：

① 串行 I/O 口处于运行状态（RXD，TXD）。

② 外部中断已经打开（INT0、INT1）。

③ 定时/计数器处于外部计数状态（T0、T1）。

④ 执行读/写外部 RAM 的指令（RD、WR）。

作为输出功能的口线（如 P3.1），由于该位的锁存器已自动置 1，与非门对第二功能输出是畅通的。作为输入功能的口线（如 P3.0），由于该位的锁存器和第二功能输出线均为 1，使 T 截止，该引脚处于高阻输入状态。信号经输入缓冲器进入单片机的第二功能输入线。在应用中，如不设定 P3 口各位的第二功能，则 P3 口线自动处于第一功能状态。

5.2 中断系统

5.2.1 8051 中断系统结构

8051 单片机中断系统的结构如图 5.7 所示。

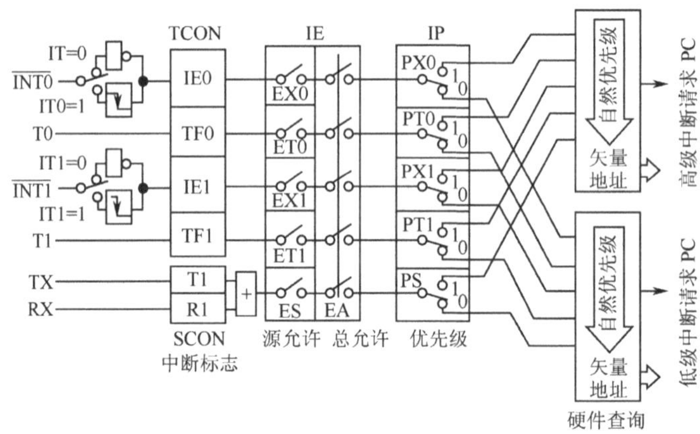

图 5.7　中断系统结构

由于 CPU 的速度要比外设的速度快得多，在 CPU 与外设交换信息的时候，若采用查询方式则 CPU 要浪费很多的时间等待外设。中断就是为了解决这个矛盾而提出来的，中断能实现下面功能。

1. 同步工作

计算机有了中断功能后就可以使 CPU 和外设同步工作。CPU 启动外设工作后，就继续执行主程序。而外设把数据装备好后，发出中断请求，请求 CPU 暂时停止当前工作，转去执行中断程序。中断处理完成后，CPU 恢复执行主程序，外设也继续工作。这样 CPU 就可指挥多个外设同时工作，大大提高了 CPU 的利用率，也提高了输入/输出速度。

2. 实时处理

在实时控制中，现场采集到的各种数据可在任一时刻发出中断请求，要求 CPU 处理。若中断是开放的，则 CPU 就可以马上对数据进行处理。

3. 故障处理

若计算机在运行过程中出现了事先预料不到的情况或故障时（如掉电、存储出错、溢出等），可以利用中断系统自行处理，而不必停机。

从图 5.7 可见，8051 有 5 个中断源（8052 有 6 个），4 个用于中断控制的特殊功能寄存器 IE、IP、TCON（用 6 位）和 SCON（用 2 位），可提供两个优先级，实现二级中断嵌套。

8051 的 5 个中断源及其对应的中断入口地址（矢量地址）如表 5.1。

表 5.1　8051 中断源及入口地址

中　断　源	入 口 地 址
外部中断 0	0003H
T0 中断	000BH
外部中断 1	0013H
T1 中断	001BH
串行口中断	0023H

5.2.2　8051 中断控制寄存器

8051 中断系统有以下四个特殊功能寄存器：

1）定时器控制寄存器 TCON（用 6 位）。

2）串行口控制寄存器 SCON（用 2 位）。

3）中断允许寄存器 IE。

4）中断优先级寄存器 IP。

其中 TCON 和 SCON 只有一部分用于中断控制，通过对以上各特殊功能寄存器的置位或复位等操作，可实现各种中断控制。

1. 中断请求标志

（1）TCON 的中断标志位

TCON 为定时器/计数器 T0、T1 的控制寄存器，同时也锁存了 T0、T1 的溢出中断源和外部中断请求源，与中断有关的位如下：

TCON	8FH		8DH		8BH	8AH	89H	88H
（88H）	TF1		TF0		IE1	IT1	IE0	IT0

1）IT0：外部中断 0 触发方式控制位。

当 IT0＝0，外部中断控制为电平触发方式。在这种方式下，CPU 在每个机器周期的 S5P2 期间采样外部中断 0 引脚（P3.2）的输入电平。若采到低电平，则认为有中断请求，随即置位 IE0。若采到高电平，则认为无中断请求或中断请求已撤除，随即对 IE0 清 0。

当 IT0＝1，外部中断 0 控制为边沿触发方式。CPU 在每个机器周期的 S5P2 期间采样外部中断 0 引脚的输入电平。若相继两次采样，一个周期采样为高电平，接着的下一个周期采样为低电平，则置 IE0＝1，表示外部中断 0 正在向 CPU 请求中断，直到该中断被 CPU 响应时，IE0 由硬件自动清 0。

2）IE0：外部中断 0 的中断请求标志。若 IE0＝1，则外部中断 0 向 CPU 请求中断。

3）IT1：外部中断 1 触发方式控制位，功能与 IT0 类似。

4）IEl：外部中断 1 的中断请求标志，功能与 IE0 类似。

5）TF0：T0 溢出中断标志，在启动 T0 计数后，T0 从初值开始加 1 计数。当计满溢出时，由硬件使 TF0 置 1，向 CPU 请求中断。CPU 响应 TF0 中断后，由硬件对清 0。TF0 也可由软件清 0（查询方式）。

6）TF1：T1 溢出中断标志，功能与 TF0 类似。

当 MCS-5l 系统复位后，TCON 各位均清 0。

（2）SCON 中的中断标志位

SCON 为串行口控制寄存器，其低 2 位 TI 和 RI 为锁存串行口的接收中断和发送中断标志。其格式如下：

SCON							99H	98H
（98H）							TI	RI

1）TI：串行口发送中断标志。串行口将一个数据写入发送缓冲器 SBUF 时，就启动发送。每发送完一帧串行数据时，由硬件使 TI 置 1。TI＝1 表示串行口发送正在向 CPU 请求中断。但 CPU 响应中断时，不会对 TI 清 0，必须由软件清 0。

2）RI：串行口接收中断标志。若串行口接收器允许接收时，每接完一个串行帧，由硬件使 RI 置 1。RI＝1 表示串行口接收器正在向 CPU 请求中断。同样，CPU 响应中断时不会对 RI 清 0，必须由软件清 0。

2. 中断允许控制

8051 对中断源的开放或屏蔽是通过中断允许寄存器 IE 控制的。IE 的格式如下：

IE	AFH			ACH	ABH	AAH	A9H	A8H
（A8H）	EA			ES	ET1	EX1	ET0	EX0

1）EA：中断允许总控制位。EA＝0，CPU 禁止（屏蔽）所有中断请求；EA＝1，CPU 开放中断，但对各中断源的中断请求是否允许，还要取决于各个中断源的中断允许控制位的状态。

2）ES：串行口中断允许位。ES＝l，允许串行口中断；ES＝0，禁止串行口中断。

3）ETl：T1 的溢出中断允许位。ETl＝1，允许 T1 中断；ET1＝0，禁止 TI 中断。

4）EXl：外部中断 1 中断允许位。EX1＝1，允许外部中断 1 中断；EXl＝0，禁止外部中断 1 中断。

5）ET0：T0 的溢出中断允许位。其含义与 ET1 的类似。

6）EX0：外部中断 0 中断允许位。其含义与 EX0 的类似。

MCS-51 单片机系统复位后，IE 中各位均被清 0，即禁止所有中断。

【例 5.1】 假设允许外部中断 0 中断，禁止其他中断。试设置 IE 的相应值。

解：1）用字节操作指令

```
MOV   IE ,  #81H
```

2）用位操作指令

```
SETB   EA
SETB   EX0
```

3. 中断优先级控制器 IP

8051 单片机有两个中断优先级，对于每一个中断请求源可编程为高优先级中断或低优先级中断，可实现二级中断嵌套。另外，8051 片内还有一个优先级寄存器 IP，只要用程序改变其内容，就可对各中断源的中断级别进行设置。其格式如下：

IP				BCH	BBH	BAH	B9H	B8H
（B8H）				PS	PT1	PX1	PT0	PX0

1）PS：串行口中断优先级控制位。

2）PTl：T1 中断优先控制位。

3）PXl：外部中断 1 中断优先级控制位。

4）PT0：T0 中断优先级控制位。

5）PX0：外部中断 0 中断优先级控制位。

若某位的控制位为 1，则相应的中断源就规定为高级中断；反之，若某位的控制位为 0，则相应的中断源就规定为低级中断。

若同时收到几个同一优先级的中断请求时，相应哪一个中断源优先取决于内部硬件查询顺序。其优先顺序如下：

中断源	同级内的中断优先级
外部中断 0	最高
定时器/计数器 0 溢出中断	↓
外部中断 1	↓
定时器/计数器 1 溢出中断	↓
串行中断	最低

【例 5.2】 设 8051 的 T1 中断为高优先级，试设置 IP 相应值。

解：1）用字节操作指令：

```
MOV    IP ,  #08H      或  MOV  0B8H ,  #08H
```

2）用位操作指令：

```
SETB   PT1
CLR    PT0
CLR    PX0
CLR    PX1
CLR    PS
```

5.2.3 中断响应条件及响应过程

1. 中断响应条件

中断源发出中断请求后，要得到 CPU 的响应是有条件的。基本条件有以下几点。

1）首先是中断源要发出中断请求，即把中断标志寄存器 TCON、SCON 相应的位置 1。

2）中断允许 EA＝1，CPU 允许响应中断申请。

3）IE 寄存器中断允许位置“1”，允许该中断源发出中断申请。

4）没有更高一级中断响应。

例如，定时器 T0 溢出时发出中断请求，把 TCON 中的溢出标志位 TF0 置 1。此时，若无更高级中断被响应，而且 EA＝1、ET0=1（EA、ET0 在 T0 的初始化时已设置好）。这时满足了 CPU 响应 T0 的条件，则立即响应中断，通过中断入口地址 000BH 转去执行 T0 中断服务程序。

注意：正在执行一条指令的过程中，不能响应中断；另外，在执行 RETI 或写入 IE 或 IP 之后，不能马上响应中断请求，至少在执行一条其他指令之后才会响应。

2. 响应过程

当中断条件满足后，CPU 响应中断。这时，硬件自动产生长调 LCALL 指令。此指令把主程序断点地址压入堆栈保护，然后将对应的中断入口地址值装入程序计数器 PC，使程序转入该中断入口地址，以执行中断服务程序。中断服务程序最后都必须有一条 RETI 指令。RETI 是中断返回指令，当执行 RETI 时把程序断点弹出并送往 PC，这样程序又返回到主程序断点处，继续执行主程序。

5.2.4 中断程序设计思想

中断系统是硬件构成的，必须由相应的软件配合才能正确使用。设计中断程序需要弄清以下几个方面的问题。

1. 中断程序设计的任务

每一个中断程序设计需要考虑许多问题，基本任务有以下几条：

1）设置中断允许控制寄存器 IE，允许相应中断源中断。

2）设置中断优先级寄存器IP，选择、分配所使用中断源的优先级。

3）若是外部中断源，还要设置中断请求方式IT0或IT1，决定采用边沿触发方式还是电平触发方式。

4）编写中断服务程序，处理中断请求。

前三条一般放在初始化主程序中。

例如，假设允许外部中断1中断，并设定它为最高级中断，其他中断源为低级中断，采取边沿触发方式。在主程序中可使用如下指令：

```
SETB   EA
SETB   EX1
SETB   PX1
SETB   IT1
```

2. 中断入口地址

中断入口地址和中断源是一一对应关系。8051系列有5个中断对应5个入口地址。

中断服务程序必须从相应入口地址开始存放。当中断响应时由硬件生成的长调指令先把断点压入堆栈保存，然后把上述相应入口地址装入 PC。中断服务程序从入口地址开始执行，直到返回指令RETI为止。

3. 采用中断时主程序结构

由于各个中断入口地址是固定的，而程序又必须从主程序起始地址0000H执行，所以在0000H起始地址的几个字节中，要用无条件转移指令，跳转到主程序。另外，各中断入口地址只差8个字节。中断服务程序稍长就超过了8字节，这样中断程序就占用了其他的中断入口地址，影响了其他中断源的中断。因此，一般在中断进入后，利用一条无条件转移指令，把中断服务程序调转到远离其他中断入口的适当地址。常用程序结构如下：

```
    ORG    0000H           ；程序起始地址
    LJMP   MAIN            ；跳转到主程序入口地址
    ORG    [中断入口地址]
    LJMP   INT             ；跳转到中断服务程序
MAIN:  [主程序]

INT:  [中断服务程序]
```

注意：多个ORG地址必须由小到大排列。

4. 中断服务程序基本结构

中断服务程序一般的结构如图 5.8 所示。

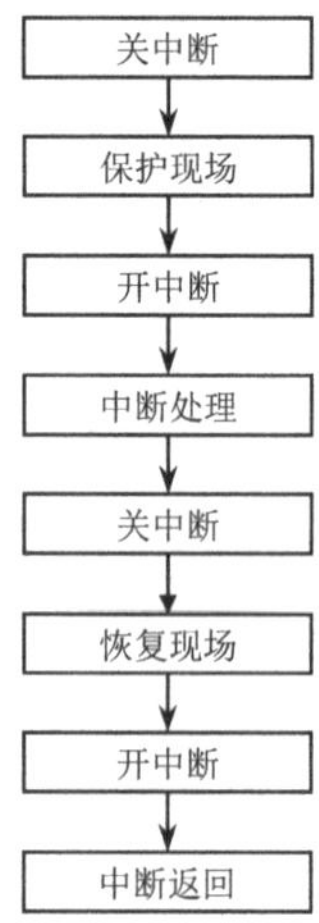

图 5.8　中断响应过程

注意：

1）保护现场和恢复现场前关中断，是为了防止此时有更高一级的中断，破坏现场。

2）保护现场和恢复现场后开中断，是为了下一次中断作准备，也为了允许有更高一级的中断进入。

5.2.5　中断应用程序设计举例

【例 5.3】　使用定时器 T0 定时，每隔 10s 使与 P1.0 口连接的发光二极管闪烁 10 次。设 P1.0 高电平亮，反之灯灭。

分析：中断源 T0，入口地址为 000BH。当 T0 溢出时 TF0 为“1”，发出中断申请，条件满足 CPU 响应，进入中断处理程序。

主程序是要进行中断设置和定时器初始化，中断服务程序中安排灯闪烁。其程序框图见图 5.9 和图 5.10。

程序如下：

```
；主程序
        ORG   0000H           ；程序起始地址
        LJMP  MAIN            ；主程序入口地址
        ORG   000BH           ；T0 中断入口地址
        LJMP  INT             ；中断入口地址
        ORG    0100H
MAIN:   MOV  R0， #200        ；10s 循环次数
        MOV  TMOD， #01H      ；T0 定时方式 1
        MOV  TH0， #3CH
```

```
        MOV  TL0,  #0B0H         ; 装 50ms 初始值
        MOV  R1,  #10            ; 闪烁次数
        SETB EA                  ; 开总中断
        SETB ET0                 ; 开 T0 中断
        SETB TR0                 ; 启动 T0
LP:     SJMP LP                  ; 等待中断
; 中断子程序
INT:    MOV  TH0,  #3CH
        MOV  TL0,    #0B0H       ; 重新装 50ms 的初值
        DJNZ R0,   DD            ; R0 不等于 0，不到 10s，灯不亮，返回
DDL:    SETB  P1.0               ; R0 等于 0，到 10s，灯闪烁
        LCALL DELAY ┐
        CLR   P1.0  ├            ; 灯闪烁
        LCALL DELAY ┘
        DJNZ  R1,   DDL          ; R0 不等于 0，不到 10 次继续闪，够了返回
DD:     RETI
DELAY:  MOV   R5，#0FFH          ; 延时子程序
LL2:    MOV    R6,   #0FFH
LL1:    NOP
        DJNZ  R6,   LL1
        DJNZ  R5,   LL2
        RET
```

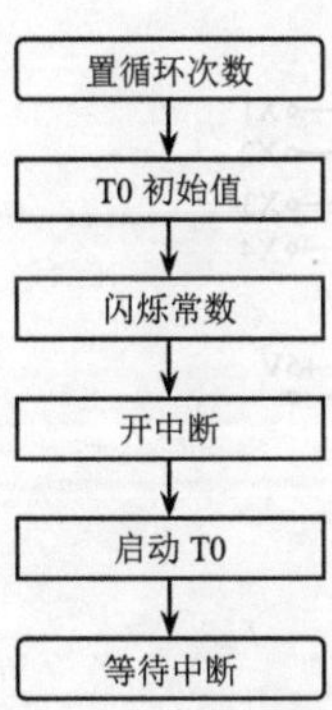

图 5.9　主程序框图

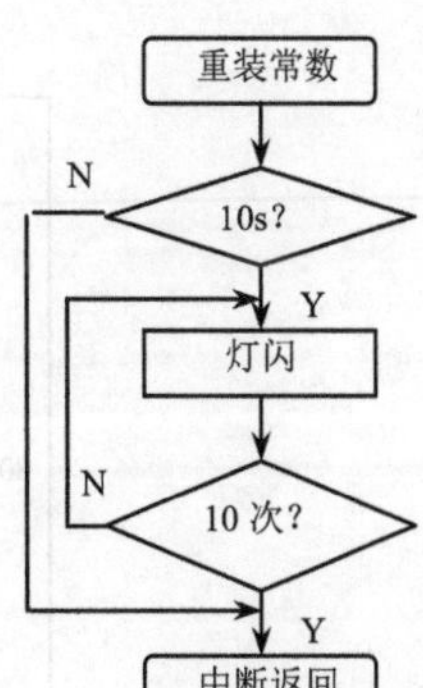

图 5.10　中断程序框图

【例 5.4】 图 5.11 为多个故障显示电路，当系统无故障时，4 个故障源输入端 X1~X4 全为低电平，显示灯全灭，当某部分出现故障，其对应的输入由低电平变为高电平，从而引起 8051 单片机中断，中断服务程序的任务是判定故障源，并用对应的发光二极管 LED1~LED4 进行显示。

程序如下：

```
        ORG  0000H               ; 主程序入口
        SJMP MAIN
```

```
        ORG  0003H              ; 外部中断 INT0 中断程序入口地址
        SJMP INT
MAIN:   ORL  P1, #0FFH          ; 灯全灭，准备读入
        SETB IT0                ; 选择边沿方式
        SETB EX0                ; 允许外部中断 0 中断
        SETB EA                 ; CPU 开总中断
LL:     AJMP LL                 ; 等待中断
INT:    JNB  P1.3, L1           ; 若 X1 没有故障则转继续查
        CLR  P1.4               ; 若 X1 有故障，则 LED1 亮
        LCALL DELAY             ; 调用延时子程序
L1:     JNB  P1.2, L2           ; 若 X2 没有故障则转继续查
        CLR  P1.5               ; 若 X2 有故障，则 LED2 亮
        LCALL DELAY
L2:     JNB  P1.1, L3           ; 若 X3 没有故障则转继续查
        CLR  P1.6               ; 若 X3 有故障，则 LED3 亮
        LCALL DELAY
L3:     JNB  P1.0, L4           ; 若 X4 没有故障则转继续查
        CLR  P1.7               ; 若 X4 有故障，则 LED4 亮
        LCALL DELAY
L4:     RETI
DELAY:  …                       ; 延时子程序，同上例
```

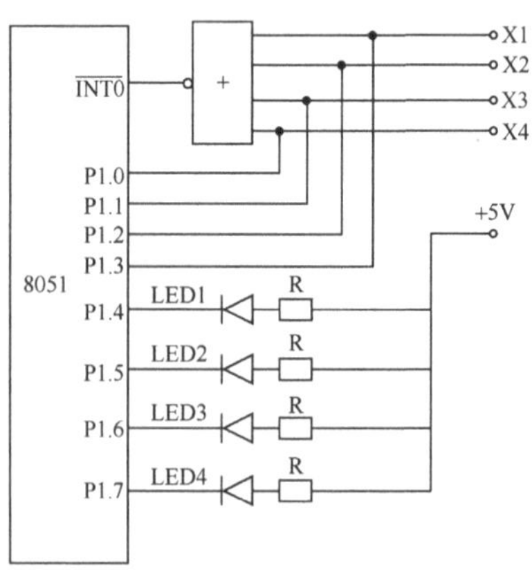

图 5.11　利用中断对多个故障进行显示

5.3　定时器/计数器

MCS-51 单片机内部有两个 16 位可编程的定时器/计数器，即定时器 T0（由 TH0 和 TL0 组成）和定时器 T1（由 TH1 和 TL1 组成），它们既可用作定时器定时，又可用作

计数器记录外部脉冲个数，其工作方式、定时时间、启动、停止等均用指令设定。

5.3.1 定时器/计数器的结构

1. 定时器/计数器的工作原理

定时器/计数器T0和T1的工作方式通过8位寄存器TMOD设定，T0和T1的启动、停止由8位寄存器TCON控制。工作前需先装入初值，利用传送指令将初值装入加1计数器TH0和TL0或TH1和TL1，高位数装入TH0或TH1，低位数装入TL0或TL1。当发出启动命令后，加1计数器开始加1计数，加到满值（各位全1）后，再加1就会产生溢出，系统将初值寄存器清0。由于初值寄存器同时是计数器单元，如果需要继续计数或定时，则需要重新赋计数初值。

2. 定时器的方式寄存器TMOD

特殊功能寄存器TMOD为定时器的方式控制寄存器。TMOD是用来设定定时器的工作方式，其格式如下：

TMOD	D7	D6	D5	D4	D3	D2	D1	D0
（98H）	GATE	$C/\overline{T}$	M1	M0	GATE	$C/\overline{T}$	M1	M0
	定时器T1				定时器T0			

寄存器TMOD各位功能如下：

（1）GATE控制定时器的两种启动方式

当GATE=0时，只要TR0或TR1置1，定时器启动。

当GATE=1时，除TR0或TR1置1外，还必须等待外部脉冲输入端$\overline{INT0}$（P3.2）或$\overline{INT1}$（P3.3）高电平到，定时器才能启动。若外部输入低电平则定时器关闭，这样可实现由外部控制定时器的启动、停止，故该位被称为门控位。定时器1类同。

（2）定时/计数方式选择位

当该位为0时，T0或T1为定时方式；当该位为1时，T0或T1为计数方式。

（3）方式选择位M1、M0

M1、M0两位可组合成4种状态，控制4种工作方式。每种方式的功能如表5.2。

表5.2 M1、M0控制的工作方式

M1	M0	工作方式	说明
0	0	0	13位计数器
0	1	1	16位计数器
1	0	2	可再装入8位计数器
1	1	3	T0分为两个8位计数器，T1停止计数

3. 控制及标志寄存器 TCON

特殊功能寄存器 TCON 控制定时器的启动、停止、溢出、中断等。有些位是控制设置，有些是标志位，各位都有对应地址。其格式如下：

TCON	8FH	8EH	8DH	8CH	8BH	8AH	89H	88H
（88H）	TF1	TR1	TF0	TR0	IE1	IT1	IE0	IT0

各位功能如下：

1）TFl：定时器 1 溢出标志，T1 溢出时由硬件置 1，并申请中断，CPU 响应中断后，又由硬件清 0。TF1 也可由软件清 0。

2）TF0：定时器 0 溢出标志，功能与 TFl 相同。

3）TRl：定时器 1 运行控制位，可由软件置 1 或清 0 来启动或停止 T1。

4）TR0：定时器 0 运行控制位，功能与 TRl 相同。

5）IE1：外部中断 l 请求标志。

6）IE0：外部中断 0 请求标志。

7）IT1：外部中断 1 触发方式选择位。

8）IT0：外部中断 0 触发方式选择位。

TCON 中各位均是 1 有效，如利用程序把 TR1 或 TR0 置 1 则启动定时器，否则定时器处于关闭状态。当 T1 或 T0 溢出时，由硬件把 TF1 或 TF0 置 1，作为溢出标志。TCON 中的低 4 位 IE1、IE0、IT1、IT0 用于中断工作方式，这方面内容在讲述中断的章节中再详细讨论。当整机复位后，TCON 中的各位均为 0。

5.3.2 工作方式

MCS-51 片内的定时器/计数器可以通过对 TMOD 寄存器中的控制位 $C/\overline{T}$ 的设置来选择定时或计数方式，通过对 M1、M0 的设置来选择 4 种工作方式，下面以 T0 为例说明。

1. 方式 0

当 M1、M0 设置为 00 时，定时器选定为方式 0 工作。T0 在工作方式 0 的逻辑结构如图 5.12 所示。在这种工作方式下，16 位的计数器（TH0 和 TL0）只用了 13 位，构成 13 位定时器/计数器。TL0 的高 3 位未用，当 TL0 的低 5 位计满时，向 TH0 进位。而 TH0 溢出后对中断标志位 TF0 置 1，并申请中断，同时把计数器清零。

当 GATE＝0 时，INT0 被封锁，且仅由 TR0 便可控制 T0 的开启和关闭，即只要 TCON 中的 TR0 为 1，TL0 及 TH0 组成的 13 位计数器就可以开始计数。

当 GATE＝1 时，T0 的开启与关闭取决于 $\overline{INT0}$ 和 TR0 相与的结果，即只有当 $\overline{INT0}$ ＝ 1 和 TR0＝1 时，T0 才开始工作。这可以用来测量在 $\overline{INT0}$ 端出现的脉冲宽度。

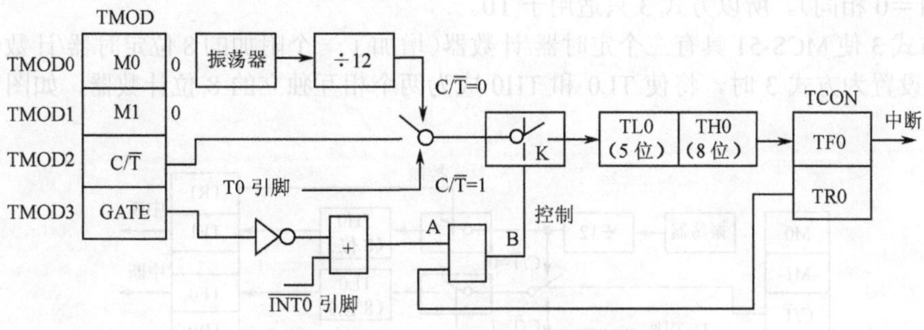

图 5.12　T0 在工作方式 0 中的逻辑结构

2. *方式 1*

方式 1 和方式 0 的工作方式相同，唯一的差别时 TH0 和 TL0 组成一个 16 位计数器，如图 5.13 所示。

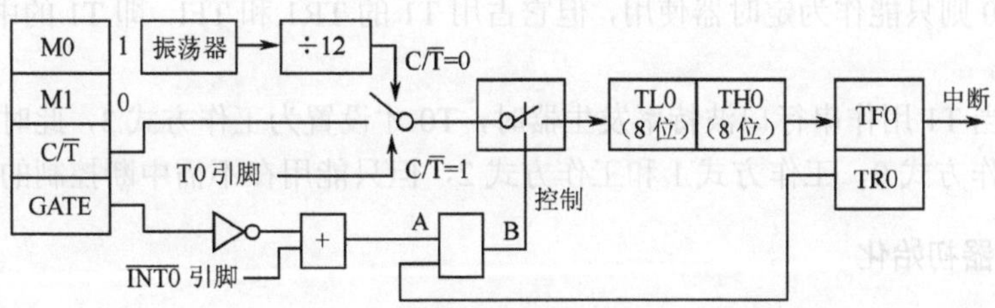

图 5.13　T0 在工作方式 1 中的逻辑结构

3. *方式 2*

T0 在工作方式 2 的逻辑结构图如图 5.14 所示。定时器/计数器构成一个能自动重复置初值的 8 位计数器。在工作方式 0、1 中，每次计满溢出后，计数值变为 0，故还得重新装入初值。而工作方式 2 可在计数器计满溢出时自动装入初值，实际是把 16 位的计数器拆成两个 8 位，TL0 用作 8 位计数器，TH0 用来保存初值。每当 TL0 计满溢出时，可自动将 TH0 的值装入 TL0 中。方式 2 还用作串行口波特率发生器。

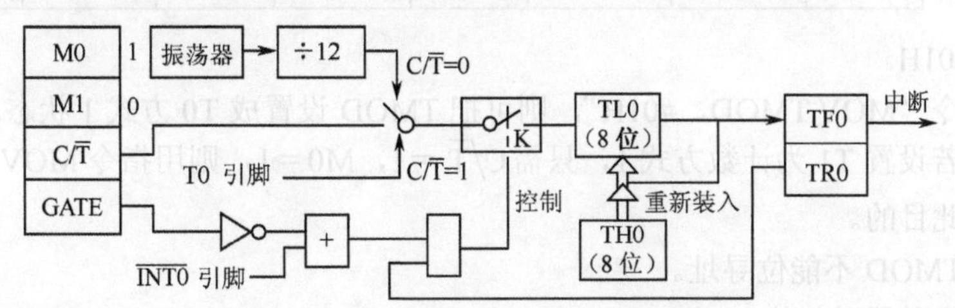

图 5.14　T0 在工作方式 2 中的逻辑结构

4. *方式 3*

方式 3 对定时器 T0 和 T1 是不相同的。若 T1 设置为方式 3，则停止工作（其效果与 TR1＝0 相同)。所以方式 3 只适用于 T0。

方式 3 使 MCS-51 具有三个定时器/计数器(增加了一个附加的 8 位定时器/计数器)。当 T0 设置为方式 3 时，将使 TL0 和 TH0 成为两个相互独立的 8 位计数器，如图 5.15 所示。

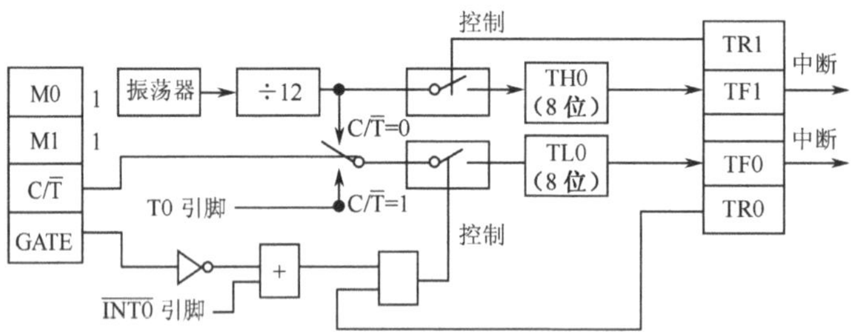

图 5.15　T0 在工作方式 3 中的逻辑结构

其中，TL0 使用原 T0 的各控制位、引脚和中断源；$C/\overline{T}$、GATE、TR0、$\overline{INT0}$ 和 TF0；而 TH0 则只能作为定时器使用，但它占用 T1 的 TR1 和 TFl，即 T1 的中断标志和运行控制位。

通常，当 T1 用作串行口波特率发生器时，T0 才设置为工作方式 3，此时，T1 虽仍可定义为工作方式 0、工作方式 1 和工作方式 2，但只能用在不需中断控制的场合。

5.3.3　定时器初始化

使用定时器时，必须先利用指令对其进行正确设置，这种设置过程称为初始化。

1. *初始化主要内容*

(1) 选择工作方式

通过对方式寄存器 TMOD 进行设置，选择工作方式。

例如，欲设置 T0 为定时方式 1，TMOD 状态应置为：

	GATE	$C/\overline{T}$	M1	M0	GATE	$C/\overline{T}$	M1	M0
TMOD	0	0	0	0	0	0	0	1

其状态字为 01H。

利用指令“MOV TMOD，#01H”，则可把 TMOD 设置成 T0 方式 1 状态。

同样，若设置 T1 为计数方式 1，只需 $C/\overline{T}$＝1，M0＝1，则用指令 MOV TMOD，＃50H 可达此目的。

注意：TMOD 不能位寻址。

(2) 给定时器赋初值

赋初值即把初始常数装入 TH0、TL0 或 TH1、TL1。

【例 5.5】　T0 初值 3CB0H，T1 初值 00FFH。

利用字节传送指令装入初值：

```
MOV TH0，#3CH
MOV TL0，#0B0H
MOV TH1，#00H
MOV TL1，#0FFH
```

（3）根据需要设置中断控制字

对中断允许寄存器 IE 和优先级寄存器 IP 的设置，在中断系统一节中详细介绍。

（4）启动定时器

【例 5.6】

```
SETB TR0                ；启动 T0
SETB TR1                ；启动 T1
```

设定时器 T1 为方式 1，初值 3CB0H，若未用中断，初始化程序如下：

```
MOV    TMOD，  #10H
MOV    TH1，   #3CH
MOV    TL1，   #0B0H
SETB   TR1
```

2. *定时器初值设定方法*

定时时间和定时器工作方式、初值及时钟周期均有关系，欲设定准确时间，必须会计算定时器初值。

即使同样的时间，工作方式不同，初值则不同；时钟频率不同，即使工作方式相同，初值也不同。一般设定初值分几步考虑。

（1）根据时间长短，选择工作方式

因为工作方式不同，溢出一次计数最大值不同。设用 M 表示最大计数值，则各种方式计数最大值如下：

方式 0，$M=2^{13}=8192$。

方式 1，$M=2^{16}=65536$。

方式 2，$M=2^{8}=256$。

方式 3，$M=2^{8}=256$。

原则上，若定时时间长，则选用 16 位或 13 位计数器，即方式 0 或方式 1。若时间短，则选 8 位计数器，即方式 2 和方式 3，如果需要自动装入初值，则只能选择方式 2。

（2）定时初值计算

设初值为 X，最大计数值为 M。初值 X 与机器周期 T_M、定时时间 T 的关系如下：

$$(M-X)T_M=T$$

其中，$T_M=12$ 个时钟周期$=12/f_{osc}$，$X=M-T/T_M$。

由以上可以看出，计数次数为（M－X），初值越大，达到满值所需计数次数越小，若时钟频率一定，定时越短。而且时钟频率越大，时钟周期越短，机器周期越小，计数器加 1 一次时间越短。

因为

$$T_M=12/f_{osc}$$

所以，当 $f_{osc}=6MHz$ 时

$$T_M=2\mu s$$

当 $f_{osc}=12MHz$ 时

$$T_M=1\mu s$$

【例 5.7】 设采用定时器 T1，方式 1，定时 50ms，计算定时初值。已知晶振频率 $f_{osc}=12MHz$。

解： $f_{osc}=12MHz$，$T_M=1\mu s$。

因为定时方式 1 时

$$M=2^{16}=65536$$

所以

$$\begin{aligned}X&=M-T/T_M\\&=65536-50000/1\\&=15536=3CB0H\end{aligned}$$

这样只要把定时器 T1 装入初值 3CB0H，定时器计满溢出一次的时间就是 50ms。若需要继续定时，应再装入初值。溢出信号使 TCON 寄存器中的溢出标志位 TF1 置 1，称硬件置位。

5.3.4 应用程序设计

【例 5.8】 编写用定时器延时 50ms 的子程序。

```
        MOV TMOD,  #01H         ; T0 为方式 1，送方式字
        MOV TH0,  #3CH          ; 送初值高字节
        MOV TL0,  #0B0H         ; 送初值低字节
        SETB    TR0             ; 启动 T0
LP:     JBC   TF0  LP1          ; 判断溢出标志 TF0 是否等于 1，是就转 LP1
        SJMP  LP                ; 继续查询 50ms 到否
LP1:    MOV TH0,  #3CH          ; 重新赋初值
        MOV TL0,  #0B0H
        SJMP    LP              ; 返回 LP，继续查询下一次
```

5.4 串行 I/O 接口及通信

5.4.1 串行通信基础知识

1. 数据通信

计算机与外界的信息交换称为通信。通信方式有两种，即并行通信和串行通信。

并行通信是指数据的各位同时进行传送（发送或接收）的通信方式。其优点是传送速度快；缺点是并行数据位决定于传输线的根数，成本高，只适于近距离传送信息。

串行通信指数据是一位一位按顺序传送的通信方式。它的突出特点是仅需一到两根传输线，故在长距离传送数据时比较经济；其缺点是传送速度较慢。

2. 串行通信的传送方向

串行通信中，其数据传送方向通常有三种：一种是单工配置，即只允许某机的通信接口只能发送或接收；另一种是半双工配置，可以传送或接收数据，但同一时刻只能有一个站发送；第三种传送方式全双工配置，允许两机的发送和接收可以同时进行。

3. 异步通信和同步通信

串行通信的两种基本通信方式，即异步通信和同步通信。

（1）异步通信

在异步通信中，数据或字符是分为一帧一帧地传送。下面是一种11位的帧格式：

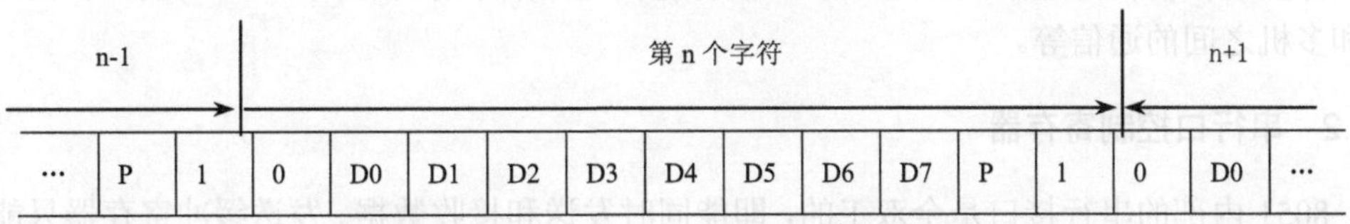

在帧格式中，一个字符由四个部分组成：起始位、数据位、奇偶校验位和停止位。首先是一个起始位“0”，然后是5～8位数据（规定低位在前，高位在后），接下来是奇偶校验位（可省略），最后是一个停止位“1”。起始位“0”信号用来通知接收设备一个待接收的字符开始到来。线路上在不传送字符期间应保持为“1”。接收端不断检测线路的状态，若连续为“1”以后又测到一个“0”，表示将发来一个新字符，应马上准备接收。

起始位后面是数据位，根据预先约定可以是5位（D0～D4）、6位、7位或8位（D0～D7）。在字符中也可以规定不同的奇偶校验位，故奇偶校验位（D8）也可省去。在通信中也可用这一位是“0”或“1”来确定这一帧中的字符所代表的信息是地址或数据。

停止位用来表征字符的结束，为高电位“1”，但长度可以是1位、1.5位或2位。

接收端收到停止位后，知道上一字符已传送完毕，同时，也为接收下一个字符做好准备。由于异步通信每传送一帧有固定格式，通信双方只需按约定的帧格式来发送和接收数据，所以，硬件结构比同步通信方式简单。此外，它还能利用校验位检测错误，所以，这种通信方式应用较广泛。

（2）同步通信

同步通信中，在数据开始传送前用同步字符来指示（通常约为1～2个），并由时钟来实现发送端和接收端同步，即检测到规定的同步字符后，下面就连续按顺序传送数据，直到通信告一段落。同步传送时，字符与字符之间没有间隙，也不用起始位和停止位，仅在数据块开始时用同步字符SYNC来指示，同步传送格式如下：

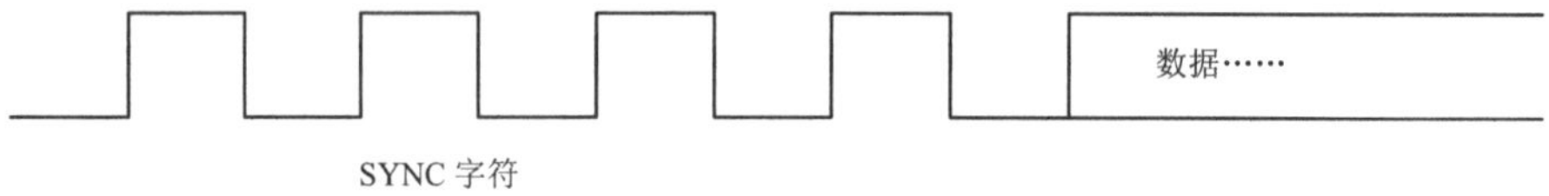

因为同步通信数据块传送时去掉了字符开始和结束的标志，所以其传送速度比异步通信要快，但这种方式对硬件结构要求较高。

4. 波特率

波特率（Baud Rate），即数据传送速率，表示每秒钟传送二进制代码的位数，单位是波特，即位/秒。假如数据传送的速率每秒为 120 个字符，每个字符包含 10 个代码位（1 个起始位、8 个数据位、1 个停止位），这时，传送的波特率为

10×120 位/秒＝1200 波特

每一位代码的传送时间 Td 为波特率的倒数：

Td＝0.833（ms）

异步通信的传送速率在 50～19200 波特之间，常用于计算机到 CRT 终端，以及双机和多机之间的通信等。

5.4.2 串行口控制寄存器

8051 内部的串行接口是全双工的，即能同时发送和接收数据。发送缓冲寄存器只能写入不能读出；接收缓冲寄存器只能读出不能写入。串行口的两个数据缓冲寄存器通过特殊功能寄存器 SBUF 来访问。写入 SBUF 的数据存储在发送缓冲器，用于发送；从 SBUF 读出的数据来自接收缓冲器。两个缓冲器共用一个地址：99H（即 SBUF 的地址）。

1. 串行口控制寄存器 SCON

SCON 用于确定串行通信的工作方式选择，接收和发送控制以及串行口的状态标志。其格式及功能如下：

SCON	9FH	9EH	9DH	9CH	9BH	9AH	99H	98H
（98H）	SM0	SM1	SM2	REN	TB8	RB8	TI	RI

1）SM0，SM1：串行口操作方式选择位。两个选择位对应于四种状态，设置串行口的四种工作方式。

2）SM2：在方式 2 和方式 3 中，用于主—从式多机通信的控制位，若 SM2＝1，则允许接收到的第 9 位数据（RB8）为 0，接收中断标志 RI 不会被激活。在方式 1 中，若 SM2＝1，则只有接收到有效停止位时，中断标志 RI 才置 1。在工作方式为 0 时，SM2 应为 0。

3）REN：允许接收控制位，用软件置 1 或清 0，REN＝1 时允许接收；REN＝0 时禁止接收。

4）TB8：在方式 2 和方式 3 中为准备发送的第 9 位数据位，根据需要可用软件置 1

或清0。它可作为数据的奇偶校验位，或在多机通信中作为地址帧或数据帧的标志。

5）RB8：在方式2和方式3中为接收到的第9位数据，既可以作为约定好的奇偶校验位，也可以作为多机通信时的地址帧或数据帧标志。在工作方式1中，若SM2=0，则RB8是接收到的停止位。工作方式0不使用RB8。

6）TI：发送中断标志位。在工作方式0中发送完8位数据后由硬件置1。在其他工作方式中，在发送停止的开始时由硬件置1。该位在任何方式中都必须用软件清0。

7）RI：接收中断标志位。在工作方式0中接收完8位数据时由硬件置1。在其他工作方式中，在接收到停止位的中间时刻由硬件置1。在RI=1时申请中断，要求CPU取走数据。但在方式1中，SM2=1时若未接收到有效的停止位，则不会对RI置位。该位在任何工作方式中都必须由软件清0。在系统复位时，SCON中的所有位都被清0。

2. *电源控制寄存器* PCON

PCON是为了在CHMOS的MCS-51单片机上实现电源控制而设置的，其中只有SMOD与串行口工作有关。它的格式和功能如下：

PCON	D7	D6	D5	D4	D3	D2	D1	D0
（87H）	SMOD	—	—	—	GF1	GF0	PD	IDL

SMOD称为波特率选择位。在工作方式1、2和3时，若SMOD=1，则波特率提高一倍；若SMOD=0，则波特率不加倍。整机复位时，SMOD=0。

5.4.3 波特率的设计

在串行通信中，收发双方对发送或接收的数据速率要有约定，通过软件对8051串行口编程设定4种工作方式。其中，方式0和方式2的波特率是固定的，而方式1和方式3的波特率是可变的，由定时器T1的溢出率决定。

串行口的四种工作方式对应着三种波特率。由于输入的移位时钟的来源不同，所以各种方式的波特率计算公式也不同。

1. *方式*0

方式0时，移位时钟脉冲由S6（即第6个状态周期，第12个节拍）给出，即每个机器周期产生一个移位时钟，发送或接收一位数据。所以，波特率为振荡频率的1/12，并不受PCON寄存器中SMOD的影响，即

方式0的波特率$=f_{osc}/12$

2. *方式*2

方式2波特率取决于PCON中SMOD位的值，当SMOD=0时，波特率为f_{osc}的1/64；若SMOD=1，则波特率为f_{osc}的1/32，即

方式2的波特率$=2^{SMOD}\cdot T_1/64$

3. 方式 1 和方式 3 的波特率

这两种方式的波特率可变。方式 1 和方式 3 的移位时钟脉冲由定时器 T1 的溢出率决定，故波特率由定时器 T1 的溢出率与 SMOD 值同时决定，即

$$波特率=2^{SMOD}\cdot T1/32\ 溢出率$$

其中，T1 的溢出率取决于 T1 的工作方式和初值。T1 常设置为定时方式，方式 2（自动装入初值），即 TLl 作 8 位计数器，THl 存放备用初值。

如果计数初值为 x，则每过“256－x”个机器周期，定时器 T1 就会产生一次溢出。为了避免因溢出而引起中断，此时应禁止 T1 中断。

这时，溢出率为 f_{osc}/（12（256－x））

$$波特率=2^{SMOD}\cdot/32\times f_{osc}/（12（256-x））$$

则定时器 T1 在方式 2 的初值为 x，从表达式可见，这种方式波特率随 f_{osc}、SMOD 及初值 x 而变化，三者任何一个变化都会引起波特率的改变。为了方便，波特率可查表 5.3。

【例 5.9】 已知 805l 单片机时钟振荡频率为 11.0592MHz，选用定时器 T1 工作方式 2 作波特率发生器，波特率为 2400 波特，求初值 x。

解：设波特率控制位 SMOD=0，则有

$$x=256-\frac{11.059\times10^6\times(0+1)}{384\times2400}=244=F4H$$

所以，（THl）=（TLl）=F4H。

表 5.3　定时器 T1 产生的常用波特率

波　特　率	f_{osc}/MHz	SMOD	定时器 T1		
			$C/\overline{T}$	模式	初值
方式 0：　1MHz	12	×	×	×	×
方式 2：　375KHz	12	1	×	×	×
方式 1、3：62.5KHz	12	1	0	2	FFH
19.2KHz	11.059	1	0	2	FDH
9.6KHz	11.059	0	0	2	FDH
4.8KHz	11.059	0	0	2	FAH
2.4KHz	11.059	0	0	2	F4H
1.2KHz	11.059	0	0	2	E8H
137.5KHz	11.059	0	0	2	1DH
110Hz	6	0	0	2	72H
110Hz	6	0	0	1	FEEBH

5.4.4　串行口工作方式

串行口的操作方式由 SM0、SM1 定义，编码和功能如表 5.4 所示。

1. 方式 0

表 5.4 串行口工作方式

SM1 SM0	工作方式	说明	波特率
0 0	0	同步移位寄存器	$f_{osc}/12$
0 1	1	10 位异步收发	可变
1 0	2	11 位异步收发	$f_{osc}/32$ 或 $f_{osc}/64$
1 1	3	11 位异步收发	可变

方式 0 为同步移位寄存器输入/输出方式，常用于扩展 I/O 口，串行数据通过 RXD（P3.0）端输入或输出。而同步移位时钟由 TXD（P3.1）端送出，作为外接器件的同步时钟信号。例如：

通过 74LSl64 可扩展并行输出口，通过 74LSl65 可扩展输入口。扩展电路如图 5.16 所示。在这种方式下，收发的数据为 8 位，低位在前，无起始位、奇偶位和停止位。波特率为晶体振荡频率的 1/12。若晶振频率为 12MHz，则波特率为 1Mb/s。

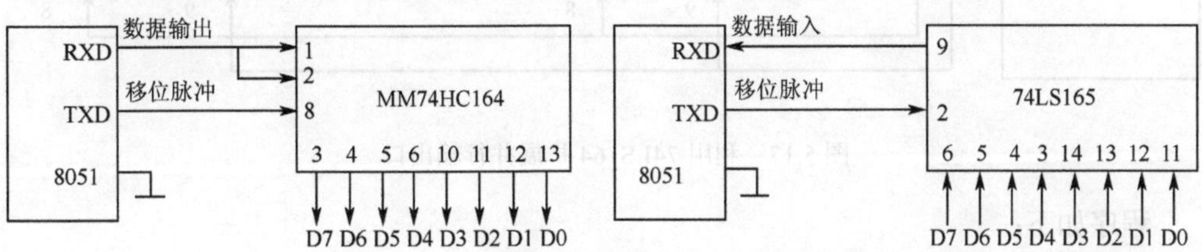

图 5.16 利用 74LS164 或 74LS165 扩展

2. 方式 1

方式 1 用于串行发送或接收数据，为 10 位通用异步接口。TXD 用于发送数据，RXD 用于接收数据，收发一帧数据的格式为：1 位起始位、8 位数据位和 1 位停止位，共 10 位，其波特率为 2^{SMOD}•T1/32 溢出率。其中，SMOD 取 0 或 1，T1 的溢出率取决于计数速率和定时器的初值。计数速率与 TMOD 中 C/T 的状态有关。当 C/T=0 时，计数速率=$f_{osc}/12$；当 C/T=1 时，计数速率取决于外部输入信号的频率。

3. 方式 2

此时串行口以每帧 11 位异步通信格式收发数据。收发一帧数据的格式为位起始位、8 位数据位、1 位可编程位和 1 位停止位。

$$波特率=2^{SMOD}\cdot f_{osc}/64$$

4. 方式 3

和方式 2 的工作状况完全一样，只是波特率单一，为 2^{SMOD}•T1/32 溢出率。

5.4.5 串行口应用举例

1. 用 74LSl64 扩展并行输出口

图 5.17 是利用两片 74LSl64 扩展两个 8 位并行输出口的实用电路。74LS164 是 8 位串入并出移位寄存器，由于其无输出控制端，故在串行输入过程中，输出端会不断地变化，所以，一般应在 74LSl64 和输出装置之间加接输出控制门，以保证串行输入结束后再输出数据。下面的程序将内部 RAM 区中 20H 和 21H 单元的内容经串行口由 74LSl64 并行送出。

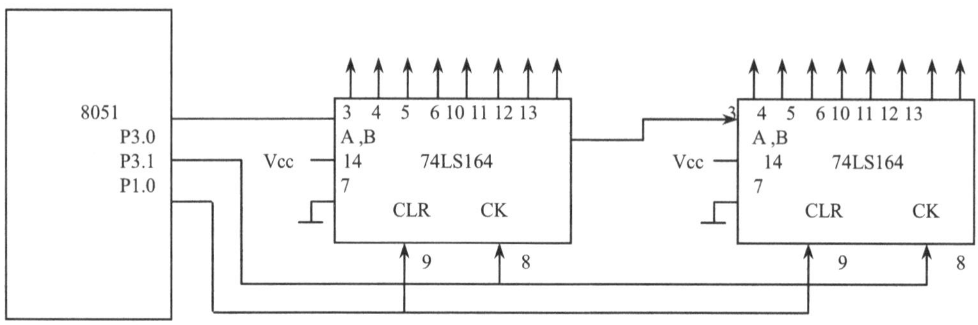

图 5.17 利用 74LS164 扩展并行输出口

程序如下：

```
START:    MOV  R6，#02H          ；置发送字节数
          MOV  R0，#20H          ；设置片内 RAM 指针
          MOV  SCON，  #00H      ；设置串行口方式 0
SEND:     MOV  A，@R0
          MOV  SBUF，A           ；启动串行口发送
WAIT:     JNB  TI，WAIT          ；末发送完一帧，等待
          CLR  TI                ；清发送中断标志
          INC  R0                ；取下一个数
          DJNZ R6，SEND          ；判是否发送完
```

2. 两片 MCS-51 的串行通信

【例 5.10】 设计一程序，实现两片 MCS-51 串行通信，将 8051（1）片内 RAM 的 50H～5FH 中的数据串行发送到 8051（2）中，并储于 8051（2）片内 RAM40H～4FH 单元中。

假设两单片机晶振均为 11.0592MHz，并是按图 5.18 连接。

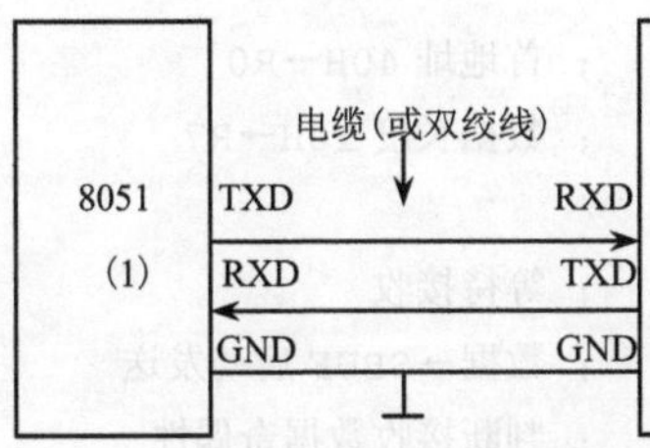

图 5.18 点对点通信连接

根据题目要求，选择串行口方式 3 通信，接收/发送 11 位信息位（0），中间 8 位数据位，数据位后为奇偶校验位，最后 1 位为停止位（1）。

奇偶校验的过程是这样实现的：在发送端，TB8 作奇偶校验位。在数据写入缓冲发送器之前，先将数据的奇偶位写入 TB8，作为第 9 位数据传送，这个奇偶性数据传送到接收一方 RB8 位上。在接收一方，接收到一个字符（8 位二进制信息与奇偶校验位）后，从 SBUF 转移到 A 中时，状态标志寄存器会产生已接收到数据的奇偶值，将此奇偶值与 RB8 中的奇偶值相比较，两者应该相符，否则接收字符有错。发现错误要通知对方重发。

如果选择波特率为 9600bps、且选择 T1 方式 2 定时，则发送与接收程序如下：

（1）单片机发送程序

```
TTTT:  MOV   TMOD，#20H          ；定时器 1 方式 2
       MOV   TL1，#0FDH
       MOV   TH1， #0FDH         ；置定时器初值，选定 9600bps
       MOV   SCON，＃0C0H        ；选择通信方式 3
       SETB  TR1                 ；启动定时器 1
       MOV   R0，#50H            ；首地址 50H→R0
       MOV   R7，#10H            ；数据长度 10H→R7
LOOP:  MOV   A，@R0              ；取数据→A
       MOV   C，PSW.0
       MOV   TB8，C              ；P→TB8
       MOV   SUBF，A             ；数据→SBUF 启动发送
       JBC   TI，CONT            ；判断发送中断标志
       SJMP  WAIT
CONT:  INC   R0
       DJNZ  R7，LOOP
```

（2）单片机接收程序

```
RRRR:  MOV   TMOD，#20H      ；定时器 1 方式 2
       MOV   TL1，#0FDH
       MOV   TH1， #0FDH     ；置定时器初值，选定 9600bps
       MOV   SCON，＃0C0H    ；选择通信方式 3，允许接收（REN=1）
       SETB  TR1             ；启动定时器 1
```

```
        MOV   R0， #40H        ；首地址 40H→R0
        MOV   R7，#10H         ；数据长度 10H→R7
LOOP:   JBC   RI，RECE
        SJMP  LOOP             ；等待接收
RECE:   MOV   A，SUBF          ；数据→SBUF 启动发送
        JB    PSW.0，ONEE      ；判断接收数据奇偶性
        JB    RB8，ERRR        ；判断发送瑞奇偶性
        SJMP  RIGT
ONEE:   JNB   RB8，ERRR
RIGT:   MOV   @R0，A           ；接收正确
        INC   R0
        DJNZ  R7，LOOP
ERRR:     ⋮                    ；接收错误
          ⋮
```

5.4.6 PC 机与 8051 双机通信技术

利用 PC 机配置的异步通信适配器，可以很方便与 8051 的数据通信。

1. 通信接口设计

PC 机与 8051 单片机最简单的连接方式是零调制三线型。这是进行全双工通信所必须的最少数目的线路。

鉴于 8051 单片机输入、输出电平为 TTL 电平，而 PC 机配置的是 RS-232C 标准串行接口，二者的电器规范不一致，因此要完成 PC 机与单片机的数据通信，必须进行电平转换。图 5.19 所示为 PC 机与 8051 单片机的接口线路图。

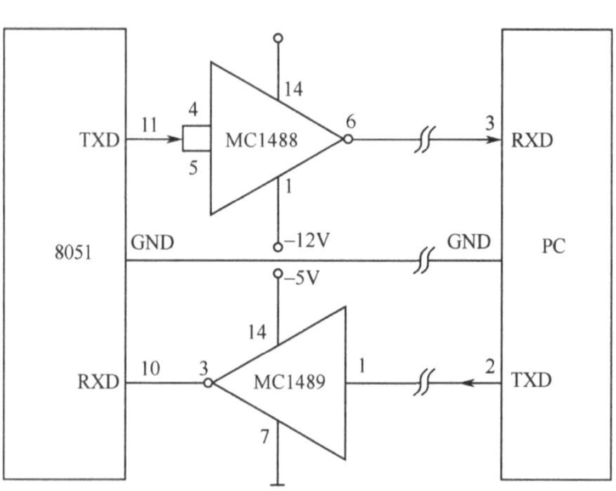

图 5.19　PC 机与单片机串行通信接口线路图

图中的MC1488将TTL电平转换为RS-232C电平，供电电压为±12V；MC1489则是把RS-232C标准电平转换为TTL电平，供电电压为＋5V。

在图5.19所示的通信接口电路中，由于使用1488、1489芯片实现电平转换，需要±12V电源，这对于不具备±12V电源的单片机系统是比较麻烦的。图5.20则给出了一种简单、经济的接口电路，省去了±12V电源和MC1488、MC1489电平转换芯片。

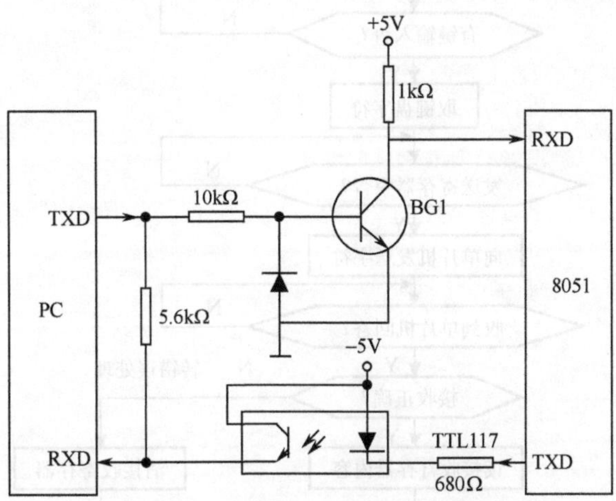

图5.20 PC机与8031通信接口电路

当PC机向8051发送数据时，TXD端信号经过三极管BG1转换电路送到8051的串行输入RXD端；当PC机从8051接收数据时，首先让PC机TXD端总是输出一个逻辑“1”电平（通常为－12V左右），这样当8051的TXD为TTL“1”时，光电耦合管TTL117截止，PC机的RXD=−12V，即RS232C的逻辑“1”，这样就实现了TTL电平到RS-232C电平的相互转换。要注意的是，因为接口电路中PC机的TXD和RXD相连，数据在发送的同时也被接收，所以当PC机由发送数据转为接收数据时，必须假读一次，将接收缓冲器读空或者用软件复位线路状态寄存器D0位。

由于使用RS-232标准，进行数据通信时传输距离有限（在码元畸变不超过4%时最大传输距离仅为50英尺），因此若要实现远距离数据通信，接口电路应设计成RS-422或20mA电流环形式，并可根据实际需要加上光隔离增强抗干扰能力。

2. PC机通信软件设计

作为示例，列举一个实用的通信测试软件。其功能是：PC机将键盘的输入发送给单片机，单片机接收到PC机发来的数据后，回送同一数据给PC机，并在屏幕上显示出来。只要屏幕上所显示的字符与所键入的字符相同，即可表明PC机与单片机间通信正常。双方约定：

1）波特率：2400波特。

2）信息格式：8个数据位，一个停止位。

3）传送方式：PC 机采用查询方式收发数据，51 机采用中断方式接收信息。

PC 机通信软件采用 C 语言编写，在 Turbo C 环境下运行，程序流程框图见图 5.21。

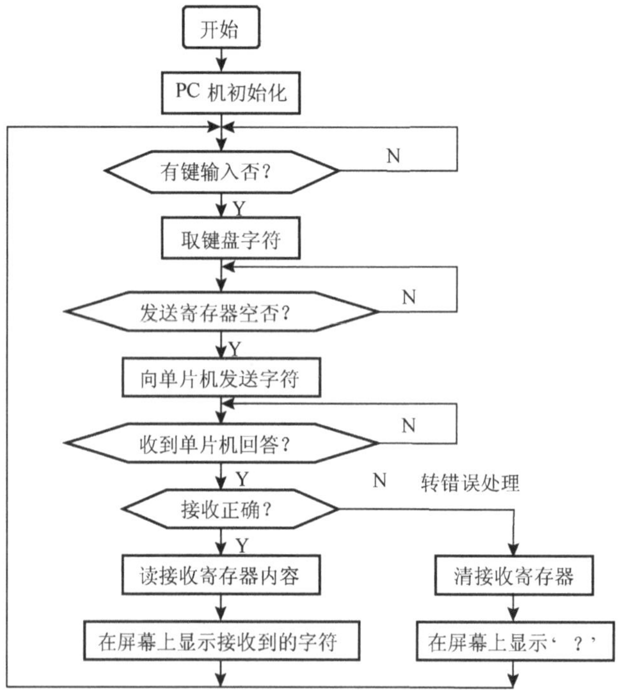

图 5.21　PC 机通信程序框图

程序清单如下：

```
#include <stdio.h>
#include <dos.h>
#include <conio.h>

void InitCOM () ;            //串口初始化
void OpenPort () ;           //打开串口
void ClosePort () ;          //关闭串口，释放串口资源

void InitCOM ()              //串口初始化函数
{
outportb (0x3fb, 0x80) ;     //通信线路控制寄存器第七 DLAB=1
                             //为下面设置波特率做准备
outportb (0x3f8, 0x30) ;     //设置波特率为 2400bps
                             //设置波特率因子的低八位
outportb (0x3f9, 0x00) ;     //设置波特率因子的高 8 位
```

```
outportb (0x3fb, 0x03) ;     //设置奇偶校验位，中止位，数据位
                             //8 数据位，1 停止位，无校验
outportb (0x3fc, 0x03) ;     //设置 MODEM 控制信号
}

void OpenPort ()             //打开串口
{
unsigned char ucTemp;
InitCOM () ;                 //串口初始化
disable () ;                 //关中断
inportb (0x3f8) ;
inportb (0x3fe) ;
inportb (0x3fb) ;
inportb (0x3fa) ;
outportb (0x3fc, 0x0b) ;
outportb (0x3f9, 0x01) ;
ucTemp=inportb (0x21) &0xef;
outportb (0x21, ucTemp) ;
}

void ClosePort ()                                  //关闭串口，释放串口资源
{
disable () ;                                       //关中断
outportb (0x3f9, 0x00) ;                           //关闭中断允许寄存器
outportb (0x3fc, 0x00) ;                           //关闭 modem 控制寄存器
outportb (0x21, inportb (0x21) &0x10) ;
}

unsigned char read_char (void)                     //读串口的字符函数
{
unsigned char unch;
unch=inportb (0x3f8) ;
return  (unch) ;
}
void send_char (unsigned char unch)                //发送字符函数
{
while (((inportb (0x3f8+5)) & 0x40) ==0) ;         //检测发送设备是否准备就绪
outportb (0x3f8, unch) ;                           //发送串口数据
}
```

```
//下面为主函数
void main ( )
{
unsigned char unChar1, unChar2;
unsigned char c1, c2;
short bExit_Flag=0;          //设置退出标志
OpenPort( );                 //打开串口，并初始化串口
fprintf (stdout, "\n\n Ready to reveive data\npress [esc] to quit...\n\n");

do
{
unChar1=getch( );            //获得输入的键盘字符
printf ("the input word is %c.\n", unChar1);
switch (unChar1)
{case 0x1B:
bExit_Flag=1;
break;
}

if (!bExit_Flag)             //如果输入的字符不是esc则发送字符
send_char (unChar1) ;        //发送字符程序
                             //当输入的字符不是ESC时，等待数据。
while (((inportb (0x3fd)) &0x01) ==0&& (!bExit_Flag)) ;
unChar2=read_char () ;       //从串口读接收到的字符程序

if (unChar1==unChar2)        //发送的数据与读取的数据相同。在屏幕上显示字符。
fprintf(stdout,"The send word is the reveive word,show it:%c\n",unChar1);
else if (unChar1==0x1b)      //输入的字符为ESC，退出。
printf ("esc:quit.\n") ;
else
printf ("error:The word we received is not we send.\n") ;
}while (!bExit_Flag) ;
ClosePort () ;               //关闭串口
}
```

3. MCS-51 单片机通信软件

MCS-51 单片机通过中断方式接收 PC 机发送过来的字符，并回送给主机。程序约定：

1）波特率设置：T1 在方式 2 工作，计数常数 F3H，SMOD=1，波特率为 2400 波特。
2）串行口初始化：方式 1，允许接收。
3）中断服务程序入口：0023H。

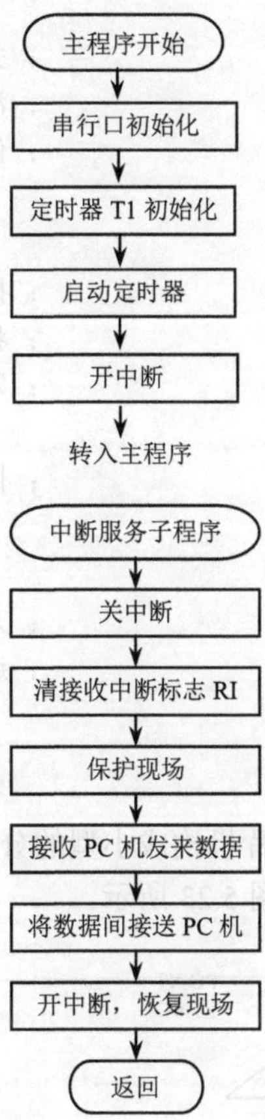

图 5.22 8051 单片机通信框图

程序流程框图如图 5.22 所示。程序清单如下：

```
          ORG     0000H
          LJMP    INITOUT                 ; 转到初始化程序
          ORG     0023H
          LJMP    SERVE                   ; 串行口中断服务程序入口
          ORG     0050H
INITOUT:  MOV     TMOD,   #20H            ; 定时器 T1 初始化
          MOV     TH1,    #0F3H
          MOV     TL1,    #0F3H
          MOV     SCON,   #50H            ; 串行口初始化
          MOV     PCON,   #80H            ; SMOD=1
          SETB    TR1                     ; 启动定时器 T1
```

```
            SETB    EA              ; 开中断
            SETB    ES              ; 允许串行口中断
            LIMP    Main            ; 转主程序，本例略
             ⋮
SERVE:      CLR     EA              ; 关中断
            CLR     RI              ; 清接收中断标志
            PUSH       DPH          ; 保护现场
            PUSH       DPL
            PUSH       ACC
Receive:    MOV     A，SBUF         ; 接收 PC 机发来的数据
Sendback:   MOV     SBUF，A         ; 将数据回送给 PC 机
Wait:       JNB    TI，Wait         ; 发送器不空则循环等待
            CLR     TI
Return:     POP    ACC              ; 恢复现场
            POP     DPL
            POP     DPH
            SETB     EA             ; 开中断
            RETI                    ; 返回
```

5.4.7 多机通信技术

将一台 PC 机和若干台 8051 单片机构成小型的分散控制或测量系统，是目前微计算机应用的一大趋势，其逻辑组成如图 5.23 所示。

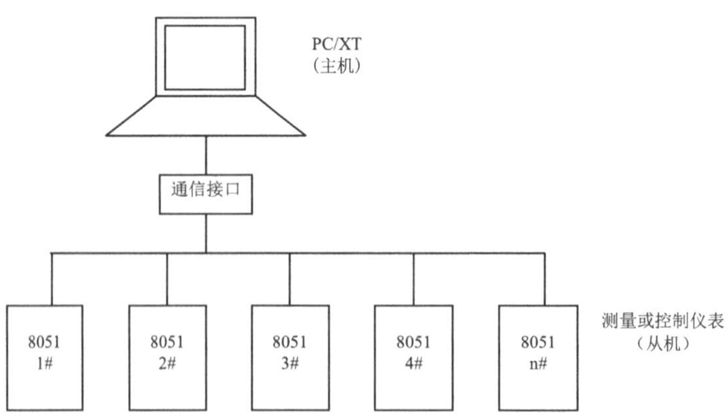

图 5.23 PC 机与单片机构成多机系统

在这样的系统中，以 8051 芯片为核心的智能式测量和控制仪表（从机）既能独立地完成数据处理和控制任务，又可将数据传送给 PC 机（主机）。PC 机将这些数据进行处理，或显示，或打印，同时将各种控制命令传送给各个子机，以实现集中管理和最优控制。显然，要组成一个这样的分散控制或测量系统，首先要解决的是 PC 机与各单片机之间的数据通信问题。

1. 多机通信原理

8051系列单片机的全双工串行I/O接口支持4种串行通信工作方式。其中方式2和方式3是专为MCS-51单片机的多机通信而设置的。在方式2和方式3中，用户通过使用多机通信控制位SM2，可以方便地实现主机—从机的一对一通信。

PC机的串行通信接口是以8250为核心部件组成的。虽然8250本身并不具备8051系列单片机的多机道通讯功能，但通过软件的办法，可使得8250满足单片机多机通信的要求。

方法是：8250可发送11位数据帧，这11位数据帧由1位起始位，8位数据位，1位奇偶校验位和1位停止位组成，其格式如下：

起始位	D0	D1	D2	D3	D4	D5	D6	D7	奇偶位	停止位

而8051单片机多机通信的典型数据帧格式如下：

起始位	D0	D1	D2	D3	D4	D5	D6	D7	TB8	停止位

其中TB8是可编程位，通过使其为0或为1而将数据帧和地址帧区别开来。

比较上面二种数据格式可知：它们的数据位长度相同，不同的仅在于奇偶校验位和TB8，如果我们通过软件的方法可以编程8250的奇偶校验位，使得在发送地址时为“1”，发送数据时为“0”，则8250的奇偶校验位完全模拟了单片机多机通信的TB8位，对于这一点是不难办到的，只要给8250的通信线控制寄存器写入特定的控制字即可。例如，若要求8250发送帧的奇偶校验位为“1”，只需执行

```
MOV    DX,  3FBH
MOV    AL,  2BH
OUT    DX,  AL
```

这3条语句，此时的帧格式如下：

起始位	D0	D1	D2	D3	D4	D5	D6	D7	1	停止位

若要求8250的奇偶校验位为“0”，只需执行

```
MOV    DX,  3FBH
MOV    AL,  3BH
OUT    DX,  AL
```

这3条语句，此时的帧格式如下：

起始位	D0	D1	D2	D3	D4	D5	D6	D7	0	停止位

显然，前者可作为多机通信中的地址帧，后者可作为数据帧。

2. 通信接口设计

PC机内配置的异步通信接口，使该机有能力与其他具有RS-232C串行通信接口的计算机或设备进行通信。8051系列单片机本身具有一个全双工的串行口，因此只需配备

一些驱动、隔离电路就可组成一个简单可行的通信接口。

以 4 台 8051 单片机与 PC 机通信为例，其接口电路如图 5.24 所示。通信采用主从方式，由 PC 机确定与哪个单片机进行通信。图中 MCl488 为发送驱动电平转换电路，MCl489 为接收端电平转换电路，从 PC 机通信适配器板引出的发送线（TXD），通过 MC1489 与单片机接收端（RXD）相连。由于 MC1488 输出端不能连在一起，故 4 台单片机通过 MC1488 引出的发送线应经二极管隔离后才能并接在 PC 机的接收端(RXD)上。

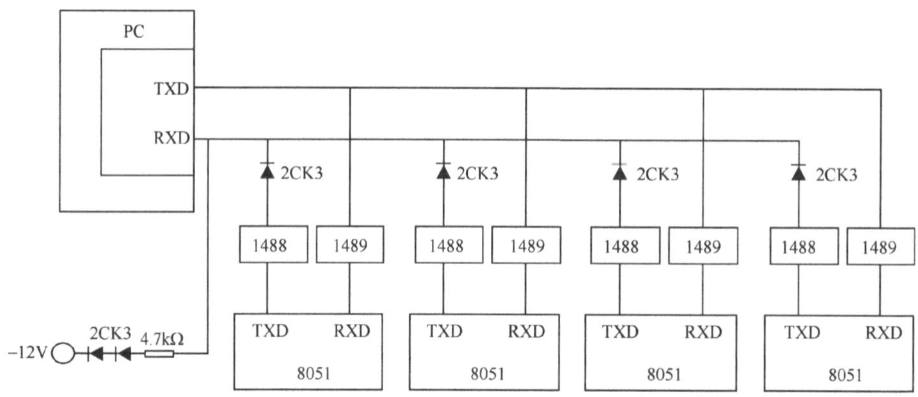

图 5.24　通信接口

3. 通信软件设计

（1）PC 机通信软件

PC 机采用 8086 / 8088 汇编语言编制通信软件。程序约定：

1）波特率设置：9600 波特。

2）数据传输格式：1 个起始位，8 个数据位．1 个可编程位（奇偶位）、1 个停止位。

3）校验方式：由于奇偶校验位被用作发送地址码或数据的特征位，故数据通信的校核采用累加和校验方法。

4）数据传送方式： PC 机采用查询方式发送和接收数据。

程序框图如图 5.25。下面给出 PC 机采用查询方式的程序清单如下：

```
COMUNI:     MOV     DX， 3FBH          ；设置波特率（8250 初始化）
            MOV     AL， 80H
            OUT     DX， AL
            MOV     DX， 3F8H
            MOV     AL， 0CH
            OUT     DX， AL
            MOV     DX， 3F9H
            MOV     AL， 0
            OUT     DX， AL
            MOV     DX， 3FBH
```

```
        MOV     AL,  2BH          ; 设置8位数据位，1位停止位
        OUT     DX,  AL
        MOV     DX,  3FCH         ; 奇偶位为“1”
        MOV     AL,  03H
        OUT     DX,  AL           ; 状态寄存器初始化
        MOV     DX,  3F9H
        MOV     AL,  0
        OUT     DX,  AL           ; 禁止中断
        MOV     AX,  0
        MOV     BX,  00FFH        ; 设置传送字节数
        MOV     SI,  SOURCE       ; 设置发送数据指针
        MOV     DI,  DEST         ; 设置接收数据指针
        MOV     DX,  3FDH
LEEP:   MOV     CX,  2801H        ; 延时常数
LEEP1:  IN      AL,  DX
        TEST    AL,  20H
        JZ      LEEP1
        MOV     DX,  3F8H
        MOV     AL,  NUMBER       ; 发送地址码
        OUT     DX,  AL
LEEP2:  LOOP    LEEP2             ; 延时
        MOV     DX,  3FDH
LEEP3:  IN      AL,  DX
        TEST    AL,  01H
        JZ      LEEP              ; 没收到回答信号重发
        TEST    AL,  1EH
        JNZ     ERROR
        MOV     DX,  3F8H
        IN      AL,  DX           ; 接收回答信号
        JNZ     ERROR
        MOV     DX,  3FBH
        MOV     AL,  3BH          ; 奇偶位为“0”
        OUT     DX,  AL
START:  MOV     DX,  3FDH
        MOV     CX,  2801H
SEND:   IN      AL,  DX
        TEST    AL,  20H
        JZ      SEND
        MOV     DX,  3F8H
```

```
        MOV   AL, [SI]            ; 发送数据
        OUT   DX, AL
        ADD   AL, AH              ; 累加和
        MOV   AH, AL
RECV:   LOOP  RECV
        MOV   DX, 3FDH
        IN    AL, DX
        TEST  AL, 01H
        JZ    SEND
        TEST  AL, 1EH
        JNZ   ERROR
        MOV   DX, 3F8H            ; 读入数据
        IN    AL, DX
        MOV   [DI], AL
        DEC   BX
        JZ    END                 ; 没完，继续
        INC   SI
        INC   DI
        JMP   START
ERROR:  MOV   DX, OFFSET ERROR1
        MOV   AH, 9
        INT   21H
        INT   20H
END:    MOV   DX, 3FDH            ; 数据传送结束后发校验位
        MOV   CX, 2801H
END1:   IN    AL, DX
        TEST  AL, 20H
        JZ    END1
        MOV   DX, 3F8H
        MOV   AL, AH
        OUT   DX, AL
        MOV   DX, 3FDH
END2:   LOOP  END2
        IN    AL, DX
        TEST  AL, 01H
        JZ    END
        MOV   DX, 3F8H
        IN    AL, DX              ; 接收回答信号
        AND   AL, AL
```

```
            JZ       END3
            JMP      ERROR
END3:       INT      28H
```

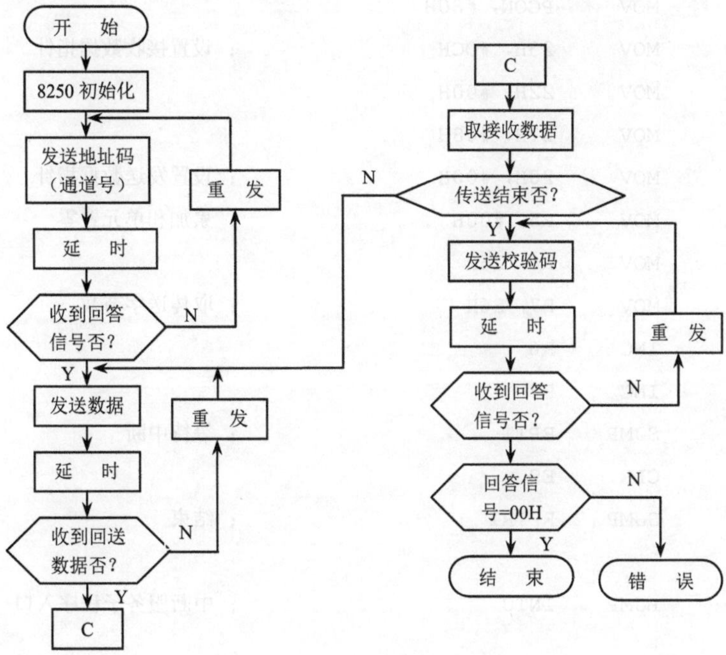

图 5.25 PC 机通信软件框图

（2）单片机通信软件

单片机的数据通信由串行口完成，定时器 T1 作为波特率发生器。程序规定：

1）波特率设置：9600 波特。

2）数据传输格式：1 位起始位，8 位数据位，1 位可编程位（TBS），1 位停止位。

3）工作方式设置：定时器 T1 设置为方式 2，串行口设置为工作方式 3。

4）数据传送方式：单片机通过中断方式发送和接收数据。

系统中每一台单片机都有自己特定的地址码。当某台单片机的地址码与 PC 机发出的地址码相同时，这台单片机就发出应答信号给 PC 机，而其他未被寻址的单片机不发出应答信号。这样在某一时刻，PC 机只与一台单片机传输信息。下面给出 8051 单片机数据通信程序，程序框图见图 5.26。程序如下：

```
COMUN2:     MOV      TMOD,   #20H              ；设置波特率
            MOV      TH1,    #0FDH
            MOV      TL1,    #OFDH
            SETB     TR1
```

```
        SETB    EA
RPT:    SETB    ES,
        MOV     SCON, #0F8H
        MOV     PCON, #80H
        MOV     23H, #OCH          ；设置接收数据指针
        MOV     22H, #00H
        MOV     21H, #08H
        MOV     20H, #00H          ；设置发送数据指针
        MOV     R5, #00H           ；累加和单元置零
        MOV     R6, 25H
        MOV     R7, 26H            ；取传送字节数
        INC     R6
        INC     R7
RPTT:   SJMP    RPTT               ；等待中断
RPTR:   CLR     ES
RPTR1:  SJMP    RPTR1              ；结束
        ⋮
0023H:  LJMP    INTU               ；中断服务子程序入口
        ⋮
INTU:   JBC     RI, RI1
INTUR:  JBC     TI, INTUR1
INTUR1: RET1
TI1:    MOV     A, 24H             ；取校验码
        XRL     A, R5
        JZ      TI3
TI2:    POP     ACC                ；校验不正确回送“FF”
        POP     ACC
        MOV     DPTR, #RPT
        PUSH    DPL
        PUSH    DPH
        MOV     SBUF, #OFFH
        RETI
TI3:    POP     ACC                ；校验正确回送“00”
        POP     ACC
        MOV     DPTR, #RPTR
```

```
        PUSH    DPL
        PUSH    DPH
        MOV     SBUF, #00H
        RETI
TI4:    MOV     DPH, 21H              ；发送数据
        MOV     DPL, 20H
        MOVX    A, @DPTR
        INC     DPTR
        MOV     21H,  DPH
        MOV     20H,  DPL
        MOV     SBUF,  A
TI5:    RETI
RI1:    JNB     9DH,  RI3             ；判 SM2
        MOV     A,  SBUF              ；接收地址码
        CLR     C
        SUBB    A,  27H               ；与本机地址比较
        JNZ     RI2                   ；与本机地址码不符则返回
        MOV     SBUF,  #00H           ；与本机地址码相符则回送“00”
        CLR     9BH
RI2:    RETI
RI3:    DJNZ    R6, RI4
        DJZZ    R7, RI4               ；未完，继续传送和接收数据
        MOV     24H,  SBUF
        AJMP    TI1
RI4:    MOV     A,  SBUF              ；接收数据
        MOV     DPH,  23H
        MOV     DPL,  22H
        MOVX    @DPTR,  A
        ADD     A,  R5
        MOV     R5,  A
        INC     DPTR
        MOV     23H,  DPH
        MOV     22H,  DPL
        AJMP    TI4
```

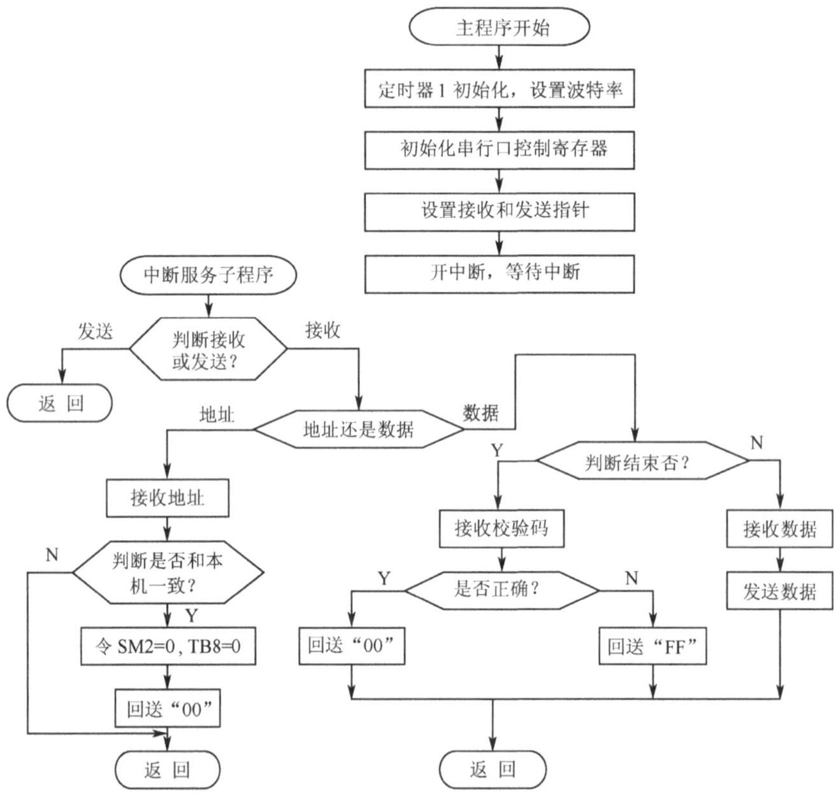

图 5.26　单片机通信软件框图

上述通信接口和程序通过了实际运行，能可靠快速地传送数据。当然，若要远距离通信，则应采用 RS-422、RS-423 标准接口或 20mA 电流环。

习　题　五

1．简述定时器的 4 种工作模式的特点，如何选择和设定定时器的工作模式？

2．当定时器 T0 用作模式 3 时，由于 TR1 位已被 T0 占用，如何控制定时器 T1 的开启和关闭？

3．若 f_{osc}=12MHz，则 T0 得方式 1 和方式 2 的最大定时时间是多少？

4．已知 8051 单片机的 f_{osc}=12MHz 用 T1 定时。试编程由 P1.0 和 P1.1 引脚，分别输出周期为 2ms 和 500μs 的方波。

5．什么是中断？其主要功能是什么？

6．什么是中断优先级？中断优先处理的原则是什么？

7．试编写一段对中断系统初始化的程序，使之允许 $\overline{INT0}$ 、 $\overline{INT1}$ 、T0、串行口中断，且使 T0 中断为高优先级中断。

8．若 f_{osc}=12MHz，用 T0 方式 2 产生 250μs 定时中断，使用中断控制方法使 P3.4 输出周期为 1 秒的方波（使 P3.4 上接的指示灯以 0.5 秒速率闪亮）。试分别编写出 T0 中断的初始化子程序和中断服务程序。

9．何谓全双工串行通信系统？异步通信和同步通信的主要区别是什么？8051 型单片机的串行通信工作方式 0 属于哪种类型串行通信？与其他方式的异步通信有什么不同？

10．如何实现主从式多机通信？简述通信过程。

11．为什么接收、发送缓冲器同用一个寻址地址（在编程时同用一个缓冲器符号 SBUF）？接收器部分设有接收移位寄存器和接收缓冲寄存器 SBUF，具有什么优点？在应用中如何避免接收数据的丢失？

12．波特率的定义是什么？何谓定时/计数器溢出率？请求出定时/计数器 1 工作在定时模式和工作方式 2 下所生成的波特率范围。

第 6 章

单片机应用系统扩展设计

6.1 存储器的扩展

6.1.1 程序存储器的扩展

MCS-51 单片机程序存储器的寻址空间为 64KB，对于 8051/8751 片内程序存储器为 4KB 的 ROM 或 EPROM，在单片机的应用系统中、片内的存储容量往往不够，特别是 8031，片内没有程序存储器，必须外扩程序存储器。8051 外扩程序存储器结构图如图 6.1 所示。

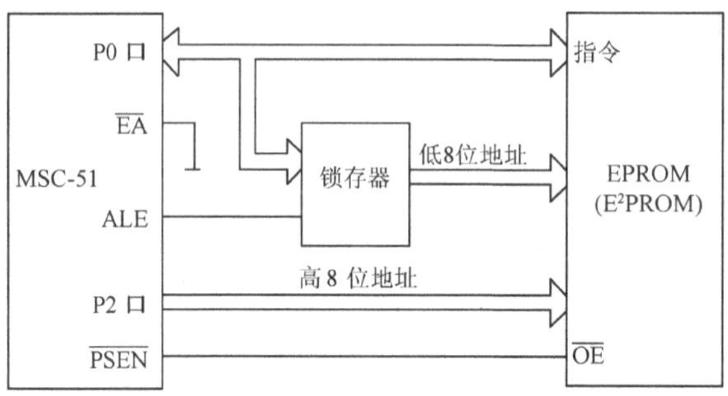

图 6.1　MCS-51 外扩程序存储器结构图

扩展程序存储器常用芯片有 EPROM（紫外线可擦除型），如 2716（2KB）、2732（4KB）、2764（8KB）、27128（16KB）、27256（32KB）等，另外还有+5V 电擦除 E^2PROM，如 2816（2KB）、2864（8KB）等。

1. 选择芯片原则

在选择程序存储器芯片时，首先满足程序容量，其次在价格合理情况下尽量选用容量大的芯片。芯片少，接线简单，芯片储存容量大，程序调整余量大。如估计程序总长 4KB 左右，最好扩展一片 8KB 的 EPROM2764，留有一定的余量。另外，能用一片 8KB 的 EPROM2764 则不要选 2 片 2732（4KB），多一个芯片接线就复杂许多，且功耗增多，尽量减少扩展芯片个数使电路结构简单，提高可靠性。

2. 程序存储器扩展举例

【例 6.1】 选用 8031 单片机，程序总量 3KB 左右，考虑程序存储器的最小扩展系统。

分析：8031 单片机内部无 ROM，无论程序长短都必须扩展程序存储器，考虑本例的程序量，扩展一片 4KB 的 EPROM 最合适。

8031 单片机扩展一片 4KB 的 2732 程序存储器电路如图 6.2 所示。

图中 74LS373 是带三态缓冲输出的 8D 锁存器，与其功能相同的一组芯片还有 8282、74LS273 等。

在存储器芯片扩展电路设计时，重点弄清地址线，数据线及控制线的连接方法。

（1）地址线

图 6.2 中 2732 共 12 根地址线 A0～A11（2^{12}=4096B=4KB），低 8 位 A0～A7 通过 74LS373 与 P0 接口连接，高四位 A8～A11 直接与 P2 接口的 P2.0～P2.3 连接，P2 接口有锁存功能。

（2）数据线

2732 数据线 D0～D7 共 8 位直接与 P0 接口的 P0.0～P0.7 相连。P0 接口兼做数据线和低 8 位地址线。

（3）控制线

CPU 对扩展芯片的控制通过控制线实现。图 6.2 中地址锁存器 74LS373 的 $\overline{G}$ 端与 8031 的地址锁存允许端 ALE 连接。ALE 作锁存扩展地址低位字节的控制端。2732 的 $\overline{OE}$ 输出使能端与 8031 的 $\overline{PSEN}$（读选通信号）端连接，在访问片外程序存储器时，只要此端出现负脉冲，即可从 2732 中读出程序。因为仅扩展一个芯片，片选端 $\overline{CE}$ 接地即可，$\overline{CE}$ 端有低电平表示该芯片被选中。若扩展多片时还需要专门的片选电路。

（4）工作原理

当单片机从扩展程序存储器 2732 中读程序时，过程如下：

先由 CPU 送出低 8 位地址到 PO 接口，当锁存控制信号 ALE 的下降沿到来时则把低 8 位地址锁存到 74LS373 中，通过 74LS373 的输出端 Q7～Q0 送至 2732 的低位地址 A7～A0 端；高位地址经 P2 接口的 P2.0～P2.3 送到 2732 的 A8～A11，这样所需程序地址被选中。在 $\overline{PSEN}$ 读选通信号（低脉冲）有效期间则把该地址中的程序（指令或数据），经 P0 接口读入单片机内部，准备执行。EPROM 是只读存储器。

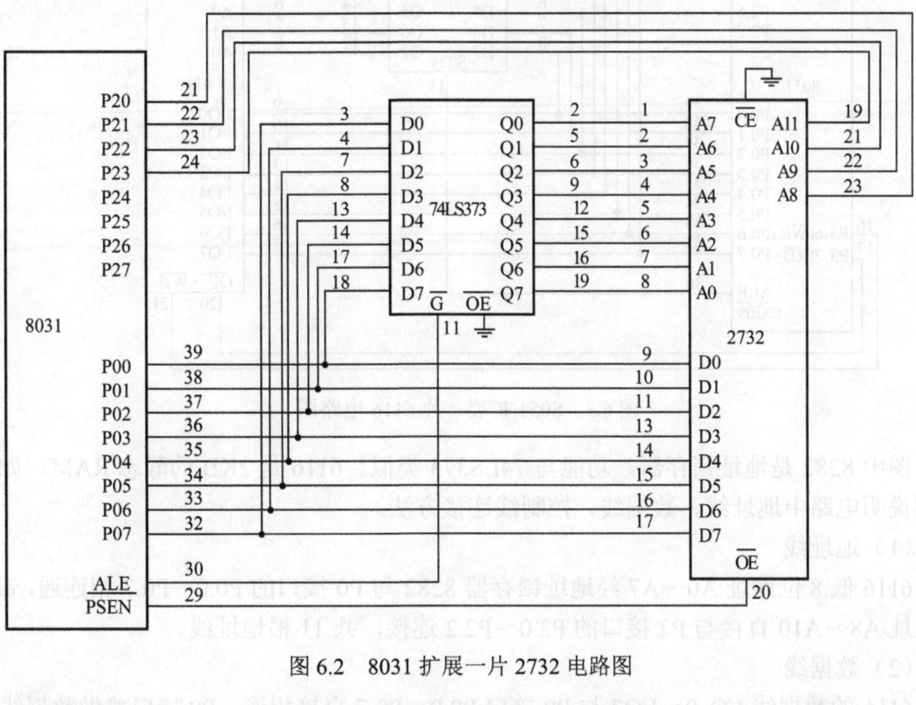

图 6.2　8031 扩展一片 2732 电路图

8051 系列其他单片机扩展程序存储器的电路与图 6.2 类似，控制线、数据线完全相同，只是高位地址线相应增加或减少。

例如，若 8051 单片机扩展一片 2764（8KB）的 EPROM，只需把高位地址 A8～A12 与 P2 接口的 P2.0～P2.4 相连，比 2732 多一根地址线，其他控制线、数据线连接方式与扩一片 2732 电路完全一样。依此类推，扩展 27128 或 27256 方法相同，不再一一说明。

6.1.2 数据存储器的扩展

8051 单片机有 128B RAM，当数据量超过 128B 也需要把数据存储区进一步扩展。常用 RAM 芯片分静态和动态两种。静态 RAM 有 6116（2KB）、6264（8KB）等，动态 DRAM2164（8KB）等，另外还有集成 IRAM 和 E^2PROM。使用 E^2PROM 作数据存储器有断电保护数据的优点。

1. 数据存储器扩展举例

以 8051 单片机扩展一片 6116RAM 为例，说明数据存储器的扩展方法及电路设计，电路如图 6.3 所示。

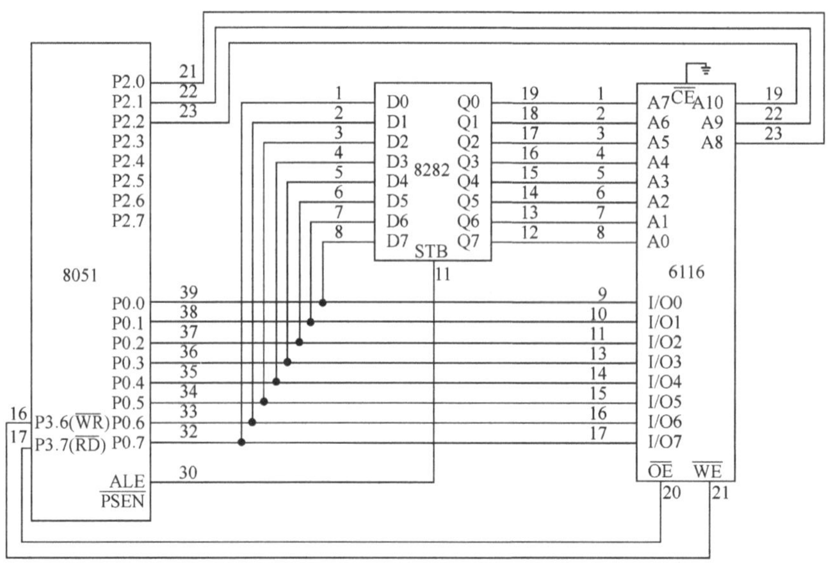

图 6.3 8051 扩展一片 6116 电路图

图中 8282 是地址锁存器，功能与 74LS373 类似。6116 是 2KB 的静态 RAM。如下分别说明电路中地址线、数据线、控制线连接方法。

（1）地址线

6116 低 8 位地址 A0～A7 经地址锁存器 8282 与 P0 接口的 P0.0～P0.7 相连通，高 3 位地址 A8～A10 直接与 P2 接口的 P2.0～P2.2 连接，共 11 根地址线。

（2）数据线

6116 的数据线 I/O 0～I/O7 与 P0 接口 P0.0～P0.7 直接相连，P0 接口兼做数据线和地址线。

（3）控制线

8282 的 STB 端连接 8051 的 ALE 端，锁存低 8 位地址方法与程序存储器扩展原理相同。

6116 的输出使能端$\overline{OE}$接 8051 的$\overline{RD}$（P3.7）端，$\overline{RD}$是片外数据存储器读选通控制端，低电平有效。如$\overline{RD}$低电平则$\overline{OE}$低电平，允许从 6116 中读出数据。6116 的写允许端面$\overline{WE}$与 8051 的$\overline{WR}$（P3.6）端接通，$\overline{WR}$是片外数据存储器写选通控制端，低电平有效。如$\overline{WR}$低电平则$\overline{WE}$低电平，允许往 6116 中写入数据。

2. 片外数据存取工作原理

单片机 CPU 与数据存储器有两种联系方式，或者 CPU 向数据存储器写数据，或者 CPU 从其中读出数据，以图 6.3 为例说明 CPU 读取和写入数据的过程。

当 CPU 向数据存储器写入（存入）数据时，先把要写入数据的单元地址经 P0 接口、P2 接口进出，锁存后送到 6116 的地址端 A0～A10，然后再把欲写入的数据送至 P0 接口，一旦 8051 写选通控制信号$\overline{WR}$为低电平，便使 6116 的写允许端$\overline{WE}$为低电平，此时则把数据写入 6116 指定单元中。

当 CPU 从数据存储器 6116 中某单元读出数据时，同样先经 P0、P2 接口送出要读数据的单元地址，一旦 8051 的读选通信号$\overline{RD}$为低电平，使得 6116 的读允许端$\overline{OE}$为低电平时。则把指定地址单元中的数据经 P0 接口读入单片机内部 RAM 中。

6.1.3 扩展数据和程序存储器综合举例

根据设计任务要求，有时需要同时扩展多个不同芯片，当 CPU 工作时，要准确无误地选中芯片。CPU 选择某一扩展芯片的过程简称选片。选片方法在电路形式上有两种：一种叫线选法，另一种叫译码法。下面分别介绍这两种方法。

1. 线选法

线选法是把单片机高位地址线分别与多个扩展芯片的片选端连通，控制选择各条线的电平。以达到选片目的。线选法优点是接线简单，适用于扩展芯片较少的场合，缺点是芯片地址不连续。地址空间利用率低。

例如，选用 8051 单片机，扩展 2 片 8KB 数据存储器 6264 和 2 片 8KB 的程序存储器 2764 芯片，共扩展 4 片芯片，选用线选法，电路如图 6.4 所示。图中数据线、地址线及控制线连接方法与前面电路相同，不再重复。重点介绍线选法的选片原理。

（1）电路特点及工作原理

地址线 P2.5 直接接到 IC1（2764）和 IC3（6264）的片选$\overline{CE}$端，P2.6 直接接到 IC2（2764）和 IC4（6264）的片选$\overline{CE}$端。当 P2.6＝0，P2.5＝1 时，IC2 和 IC4 的片选端$\overline{CE}$为低电平，IC1 和 IC3 的$\overline{CE}$端全为高电平。当 P2.6＝1，P2.5＝0 时 IC1 和 IC3 的$\overline{CE}$端都是低电平，每次同时选中两个芯片，具体哪个芯片工作还要通过$\overline{PSEN}$、$\overline{WR}$、$\overline{RD}$控

制线控制。当片外程序存储区读选通信 $\overline{\text{PSEN}}$ 为低电平，必定到 ROM 中读程序；当读、写选通信号 $\overline{\text{RD}}$ 或 $\overline{\text{WR}}$ 为低电平则到 RAM 中读数据或往里写入数据。由于都用 P0 口作为数据线，所以 $\overline{\text{PSEN}}$ 、 $\overline{\text{WR}}$ 、 $\overline{\text{RD}}$ 三个信号时序上是分开的，不可能同时有效。

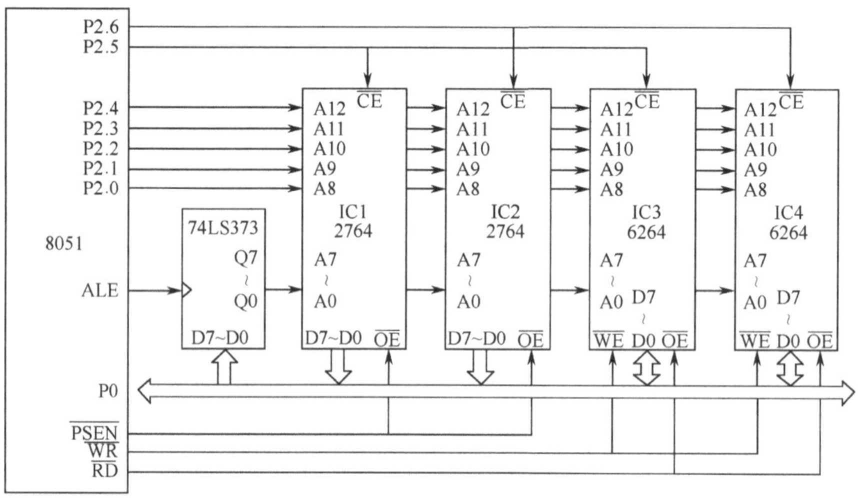

图 6.4　线选法电路

（2）各芯片地址空间分配

硬件电路一旦确定，各芯片的地址实际就已确定，编程时只要给出要选择芯片的地址，就能准确地选中该芯片。下面结合图 6.4，介绍 ICl、IC2、IC3、IC4 地址范围确定方法。

程序和数据存储器地址均用 16 位，P0 口确定低 8 位，P2 口确定高 8 位地址。

如 P2.6＝0、P2.5＝1 选中 IC2、IC4。地址线 A0～A15 与 P0、P2 对应关系如下：

P2.7	P2.6	P2.5	P2.4	P2.3	P2.2	P2.1	P2.0	P0.7	P0.6	P0.5	P0.4	P0.3	P0.2	P0.1	P0.0
空	0	1	×	×	×	×	×	×	×	×	×	×	×	×	×
A15	A14	A13	A12	A11	A10	A9	A8	A7	A6	A5	A4	A3	A2	A1	A0

显然除 P2.6、P2.5 固定外，其他打叉位均可变。设无用位 P2.7＝0 打叉各位全为“0”则为最小地址 2000H；若打叉处均变为“1”则为最大地址 3FFFH，所以 IC2 和 IC4 占用地址空间为：2000H～3FFFH 共 8KB。同理 ICl、IC3 地址范围 4000H～5FFFH（P2.6＝1、P2.5＝0、P2.7＝0），IC2 与 IC4 占用相同的地址空间，由于二者一个为程序存储器，一个为数据存储器，在控制线 $\overline{\text{PSEN}}$ 、 $\overline{\text{WR}}$ 或 $\overline{\text{RD}}$ 控制下，不同时工作。因此，地址空间重叠也无关系。ICI 与 IC3 也同样。

从此例看出，线选法缺点很明显，地址不连续，地址空间利用不充分，而且地址有重叠。

2. 译码法

译码法是通过译码电路决定扩展芯片地址的方法。译码电路常选用集成译码芯片如74LSl38、74LSl39 等。

（1）74LSl38 与 74LSl39 译码器工作原理

74LSl38 是一个“3-8”译码器，即它有 3 个输入端 A、B、C 和 8 个输出端 Y0～Y7，输出端可分别与扩展芯片的片选端相连。3 个输入端可组合成 8 种输入状态，分别对应 8 种输出状态，8 种输出中每一种只能有一位是“0”，其余 7 位全是“1”。只有片选端和 74LSl38 输出端为“0”的端口相连的芯片被选中，保证了每个芯片地址的唯一性。74LSl38 的引脚图如图 6.5（a）所示。74LSl38 的真值表如表 6.1 所列。74LSl39 是双“2-4”译码器。它内部有 2 个译码器，每个译码器有 2 个输入端 A、B 和 4 个输出端 Y0～Y3。2 个输入端组合成 4 种状态，分别对应 4 种输出，其译码原理同 74LSl38、74LSl39 的引脚图，如图 6.5（b）所示。74LSl39 的真值表如表 6.2 所列。

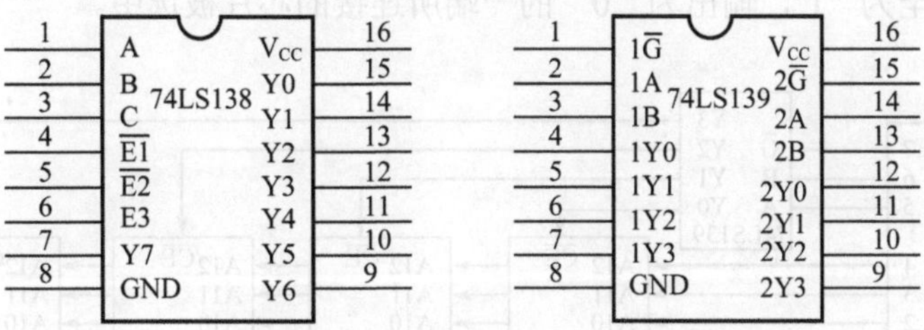

（a）74LS138　　（b）74LS139

图 6.5　译码器

表 6.1　74LS138 真值表

输入		输出							
使能	选择	Y0	Y1	Y2	Y3	Y4	Y5	Y6	Y7
E3 E2 E1	C B A								
1 0 0	0 0 0	0	1	1	1	1	1	1	1
1 0 0	0 0 1	1	0	1	1	1	1	1	1
1 0 0	0 1 0	1	1	0	1	1	1	1	1
1 0 0	0 1 1	1	1	1	0	1	1	1	1
1 0 0	1 0 0	1	1	1	1	0	1	1	1
1 0 0	1 0 1	1	1	1	1	1	0	1	1
1 0 0	1 1 0	1	1	1	1	1	1	0	1
1 0 0	1 1 1	1	1	1	1	1	1	1	0
使能	选择	Y0	Y1	Y2	Y3	Y4	Y5	Y6	Y7
E3 E2 E1	C B A								
0 X X	X X X	1	1	1	1	1	1	1	1
X 1 X	X X X	1	1	1	1	1	1	1	1
X X 1	X X X	1	1	1	1	1	1	1	1

表 6.2　74LS139

输　入			输　出			
使能	选 择		Y0	Y1	Y2	Y3
G	B	A				
1	X	X	1	1	1	1
0	0	0	0	1	1	1
0	0	1	1	0	1	1
0	1	0	1	1	0	1
0	1	1	1	1	1	0

（2）采用 74LSl39 译码电路举例

图 6.6 是一个采用 74LSl39 译码扩展 4 个芯片的电路。图中 74LSl39 的 4 个输出端 Y0～Y3 分别连接 4 个芯片 ICI、IC2、IC3、IC4 的片选端。Y0～Y3 每次只能有一位是“0”，其他三位全为“1”，输出为“0”的一端所连接的芯片被选中。

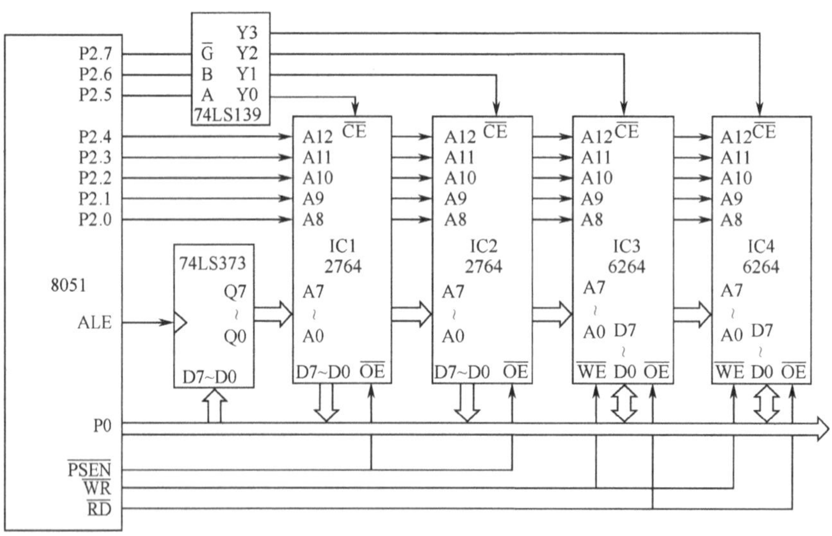

图 6.6　74LS139 译码电路

（3）译码法地址分配

首先要根据译码芯片真值表确定译码芯片的输入状态，由此再判断其输出端选中芯片的地址。

如图 6.6 所示，74LSl39 的输入端 A、B、G 分别接 P2 接口的 P2.5、P2.6、P2.7 三端，G 为使能端，低电平有效。根据表 6.2 中 74LSl39 的真值表可见当 G=0、A=0、B=0 时，输出端只有 Y0 为“0”，Y1～Y3 全为“1”，选中 ICI。这样，P2.7、P2.6、P2.5 全为“0”，其他地址线任意状态都能选中 ICl。当其他位全为“0”最小地址 0000H，其他位全为“1”最大地址为1FFFH。所以ICl地址范围0000H～1FFFH。同理可确定其他芯片地址范围如下：

IC2：2000H—3FFFH；

IC3：4000H—5FFFH；

IC4：6000H—7FFFH。

显然地址空间是连续的。

6.1.4 扩展电路工作原理

为了使读者尽快弄清单片机软、硬件之间的联系以及扩展芯片与主机之间关系，下面结合图6.6所示译码电路，说明片外读指令和从片外读数据的过程。

1. 从片外程序区读指令过程

当接通电源时，全机复位（上电复位）。复位后程序计数器PC＝0000H，PC是程序指针，它总是指向将要执行的程序地址。CPU就从0000H地址开始取指令，执行程序。在取指令期间，PC地址低8位进往P0接口，经锁存器锁存到A0～A7地址线上。PC高8位地址送往P2接口，直接由P2.0～P2.4锁存到A8～A12地址线上，P2.5～P2.7输入给74LSl39选片。这样，根据P2、P0接口状态则选中了第一个程序存储器芯片ICl（2764）的第一个地址0000H。然后当$\overline{\text{PSEN}}$低电平到，把0000H中的指令代码经P0接口读入内部RAM中，进行译码从而决定进行何种操作。取出一个指令字节后PC自动加1，然后取第2个字节，依此类推。当PC＝1FFFH时，从ICl最后一个单元取指令，然后PC＝2000H，CPU向P0、P2送出2000H地址时则选中第2个程序存储器IC2，IC2的地址范围2000H～3FFFH，读指令过程同ICl，不再赘述。

2. 片外数据区读数过程

当执行程序中，遇到“MOV”类指令时，表示与片内RAM交换数据；当遇到“MOVX”类指令时，表示从片外数据区寻址。片外数据区只能间接寻址。

例如，把片外5000H单元的数据送到片内RAM50H单元中。

```
MOV     DPTR, #5000H
MOVX    A, @DPTR
MOV     50H, A
```

先把寻址地址5000H送到数据指针寄存器DPTR中，当执行MOVX A,@DPTR时，DPTR的低8位（00H）经P0接口输出并锁存，高8位（50H）经P2直接输出，根据PO、P2状态选中IC2（6264）的5000H单元。当读选通信号$\overline{\text{RD}}$为低电平时，片外5000H单元的数据经P0接口送往A累加器。当执行MOV 50H，A时则把该数据存入片内50H单元。

6.2 I/O 接口扩展电路设计

8051 系列单片机如果系统不做任何扩展，P0～P3 接口可做 I/O 接口使用。只要稍微扩展系统，P0、P2 接口则被用为地址线。P0 接口还兼作数据线，P3 接口常被专用线占用，只有 Pl 接口可做 I/O 接口。一个实际系统，只有 8 位 I/O 接口往往是不够用的，所以 I/O 接口也需要扩展。本节重点介绍 I/O 接口扩展方法及应用实例。

I/O 接口扩展方式主要有两种：总线扩展法和串行口扩展法。总线扩展又可分为简单 I/O 接口扩展和可编程 I/O 接口扩展。

扩展 I/O 接口常用芯片有 TTL、CMOS 锁存器、三态门芯片，如 74 系列的 373、244、273、367 等，这些常用来扩展简单 I/O 接口。可编程芯片常用 8255、8155 等，利用程序对芯片进行设置，软硬件结合实现对 I/O 接口的扩展。

6.2.1 简单 I/O 接口扩展

在单片机应用系统中，利用 TTL 芯片、COMS 锁存器、三态门等接口芯片把 P0 接口扩展，常选用 74LS273、74LS373、74LS244 等芯片。这些芯片价格低，结构简单，使扩展灵活方便。

如图 6.7 所示是一个利用 74LS273 和 74LS244，将 8 位 P0 接口扩展成简单的输入、输出口的电路。74LS273 是 8D 锁存器扩展输出口，输出端接 8 个 LED 发光二极管，以显示开关状态，某位低电平时二极管发光。74LS244 是缓冲驱动器，扩展输入口，它的 8 个输入端分别接 8 个按钮开关。74LS273 与 74LS244 的工作受 P2.0、$\overline{RD}$、$\overline{WR}$ 三条控制线控制。

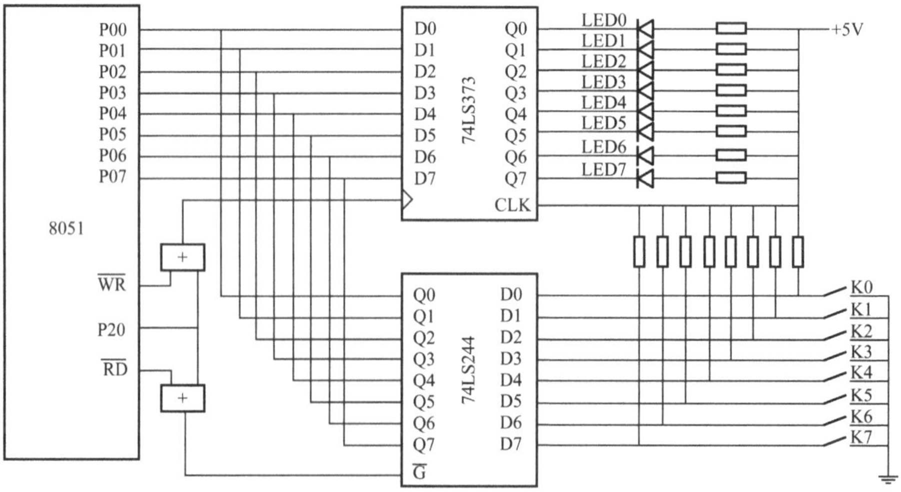

图 6.7 简单 I/O 接口扩展电路

其工作原理如下：

当 P2.0=0，$\overline{WR}$ =0（RD=1）选中 74LS273 芯片，CPU 通过 P0 接口输出数据锁存到 74LS273，74LS273 的输出端低电平位对应的 LED 发光二极管点亮；当 P2.0=0，$\overline{RD}$ =0（$\overline{WR}$ =1）时选中 74LS244，此时若无键按下，输入全为高电平，当某键按下时则对应位输入为“0”，74LS244 的输入端不全为“1”，其输入状态通过 P0 接口数据线被 CPU 读入机内。

总之，在图 6.7 中只要保证 P2.0 端低电平就有可能使扩展输入口或输出口工作。至于哪一个口工作受 $\overline{WR}$ 和 $\overline{RD}$ 控制线控制，二者不会同时为“0”，故在图 6.7 中，两个扩展芯片可共用一个地址。

扩展口地址确定原则，只要保证 P2.0 为“0”。其他地址位或“0”或“1”即可。如地址用 FEFFH（无效位全为“1”），用 0000H（无效位全为“0”）。输出程序段如下：

```
MOV    A,   #data              ; 数据→A
MOV    DPTR,  #0FEFFH          ; I/O 地址→DPTR
MOVX   @DPTR,  A               ; WR 为低电平，数据 74LS273 口输出
```

输入程序段：

```
MOV  DPTR,  #OFEFFH            ; I/O 地址→DPTR
MOVX  A,  @DPTR                ; RD 为低电平，74LS244 接口数据读入内部 RAM
```

【例 6.2】 要求编程把按键状态通过图 6.7 中的发光二极管显示出来。

具体程序如下：

```
LP:  MOV   DPTR,  #0FEFFH            ; 输入口地址→DPTR
     MOV   A,  @DPTR                 ; 键状态送 A
     MOVX      @DPTR,  A             ; A 数据送显示输出口
     SJMP    LP                      ;（输入、输出公用一个地址）反复连续执行
```

6.2.2 8255 可编程并行 I/O 接口扩展与电路设计

8255 是一个单片机系统常用的可编程芯片，利用指令设置各口的工作方式。为了对 8255 合理设置，灵活应用，有必要了解它的内部结构及工作原理。

1. 8255 内部结构及引脚功能

8255 是一个有 40 引脚双列直插型可编程芯片，内部及引脚如图 6.8 所示。

由图 6.8 可见，8255 内部有 3 个并行的 8 位 I/O 接口，分别称为 A 口、B 口、C 口。扩展一片 8255 则可扩展 24 位并行端口。引脚功能介绍如下：

（1）接口线

A、B、C 3 个 I/O 接口的引线端分别为 PA0～PA7、PB0～PB7、PC0～PC7 共 24 条端线。3 个口皆为锁存/缓冲寄存器，A 口、B 口有锁存功能，C 口无锁存功能。A、B、C 3 口的工作方式由程序设置。

A 口可设置为输入或输出口或双向方式工作。

B 口只能设置为输入或输出口，不能双向方式工作。

C 口可设置为输入或输出口。它的特点是可分成高、低两个 4 位使用。上半部 PC4～PC7 与 A 口组成一组叫 A 组；下半部 PC0～PC3 与 B 口组成一组为 B 组，便于控制。

（2）数据线

8522 是 8 位芯片，有 8 位数据线 D0～D7。数据线接于 8051 的 P0 接口，用以实现 8255 与 CPU 之间的数据传送。

（3）控制线

控制线控制 8255 的读、写、复位及片选等。

$\overline{RD}$：读入控制线，低电平有效，当其为低电平时 CPU 对 8255 进行读操作，此时 8255 相应口为输入口。

$\overline{WR}$：输出控制线，低电平有效，当 $\overline{WR}$ 为低电平时，CPU 输出数据或命令到 8255 端口，此时 8255 相应口为输出口。

RESET：复位端，高电平有效，8255 内部寄存器全清 0，24 条 I/O 口线为高阻状态。

$\overline{CS}$：片选线，当 $\overline{CS}$ 为低电平时，CPU 选中此 8255 芯片。

（4） 地址线

8255 共占用 4 个口地址，为 A、B、C 口及控制口地址。这 4 个地址之间的选择由 A0、A1 两端口线控制。A0、A1 通常接于单片机的地址线最低两位 P0.0、P0.1，二者组合决定了 4 个端口地址，口地址选择方式如下：

A1A0＝00，选择 A 口；

A1A0＝01，选择 B 口；

A1A0＝10，选择 C 口；

A1A0＝11，选择控制口。

除这两地址位外，其他位状态还与硬件接线有关，各口具体地址，结合实际电路才能确定。

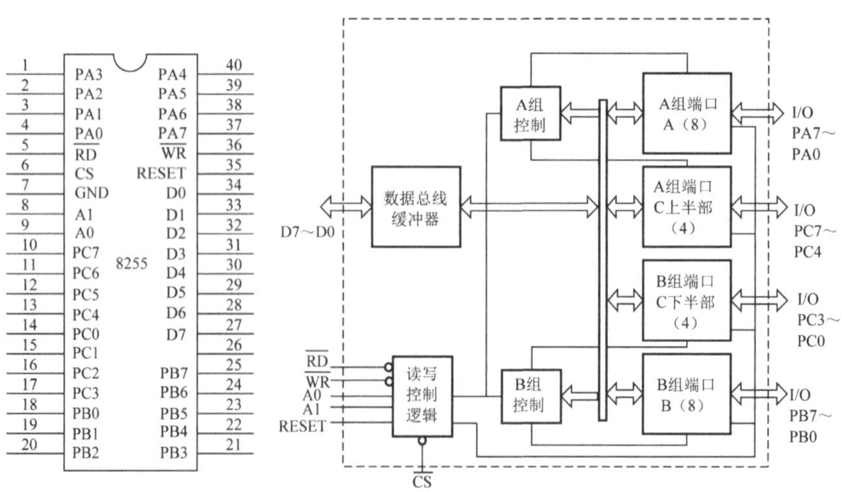

（a）引脚定义　　（b）内部功能结构

图 6.8　8255 内部结构及引脚

2. 方式选择及方式控制字

（1）8255 工作方式

8255 有 3 种工作方式：方式 0、方式 1，方式 2。方式 0 时，A、B、C 三口都可作基本的输入或输出口；方式 1 时，A、B 口可作选通输入或输出，C 口部分作专用联络线；方式 2 时，A 口为双向口，C 口部分为专用联络线，B 口无此方式。8255 的 C 口专用功能如表 6.3 所列。

表 6.3 8255 C 口各端线功能

位	方式 1（输入）	方式 1（输出）	方式 2
PC0	INTRB	INTRB	I/O
PC1	IBFB	OBFB	I/O
PC2	STBB	ACKB	I/O
PC3	INTRA	INTRA	INTRA
PC4	STBA	I/O	STBA
PC5	IBFA	I/O	IBFA
PC6	I/O	ACKA	ACKA
PC7	I/O	OBFA	OBFA

（2）方式选择

8255 的方式选择由方式控制字决定。方式控制字是 8255 内部方式控制寄存器的状态字，它由指令写入。控制寄存器格式如下：

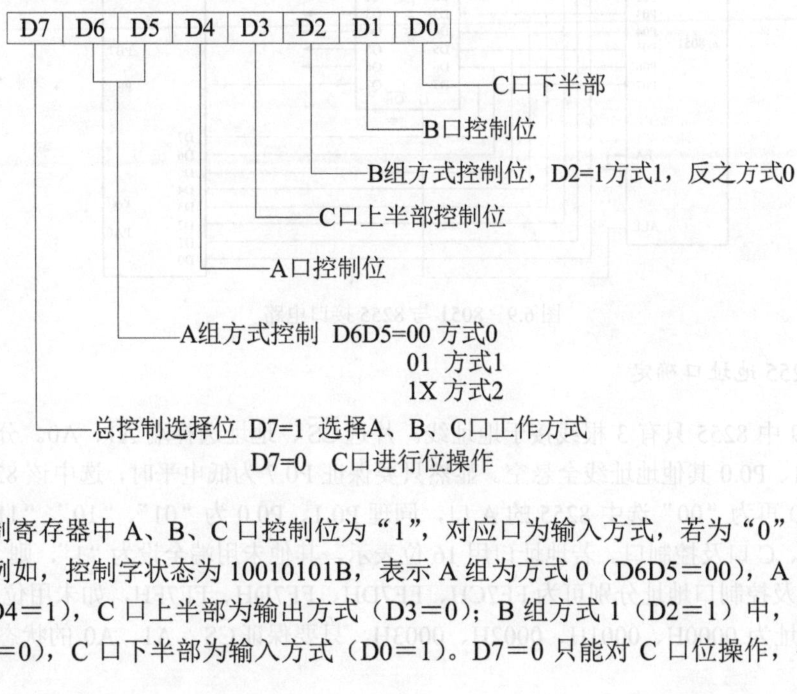

控制寄存器中 A、B、C 口控制位为“1”，对应口为输入方式，若为“0”则为输出方式。例如，控制字状态为 10010101B，表示 A 组为方式 0（D6D5＝00），A 口为输入方式（D4＝1），C 口上半部为输出方式（D3＝0）；B 组方式 1（D2＝1）中，B 口为输出（D1＝0），C 口下半部为输入方式（D0＝1）。D7＝0 只能对 C 口位操作，位操作内

容由控制寄存器相应位状态决定。位操作格式如下：

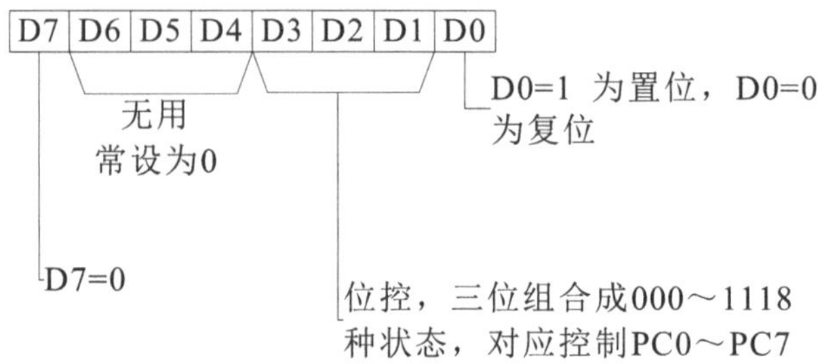

例如，若控制字为 01H，即控制寄存器格式为 00000001B，表示 C 口位操作（D7＝0），将 PC0 位置“1”（D3D2D1＝000，DO＝1 置“1”），同理若控制字为 0EH 则把 C 口最高位 PC7 置“0”即复位。

6.2.3 8255 扩展电路及地址设置

图 6.9 所示的是 8051 单片机扩展一片 8255 的电路图。图中，74LS373 是地址锁存器。8255 的地址线 A1、A0 经 74LS373 接于 P0.1、P0.0；片选端 $\overline{CS}$ 经 74LS373 与 P0.7 接通，其他地址线悬空；8255 的控制线 $\overline{RD}$ 、$\overline{WR}$ 直接接于 8051 的 $\overline{RD}$ 和 $\overline{WR}$ 端；数据线 D0~D7 接于 P0 口。

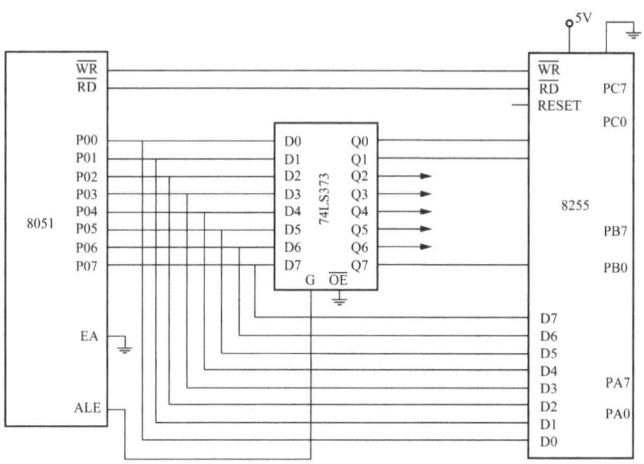

图 6.9　8051 与 8255 接口电路

1. 8255 地址口确定

图 6.9 中 8255 只有 3 根线接于地址线。片选 $\overline{CS}$、地址选择端 A1、A0。分别接于 P0.7、P0.1、P0.0 其他地址线全悬空。显然只要保证 P0.7 为低电平时，选中该 8255，若 P0.1、P0.0 再为“00”选中 8255 的 A 口，同理 P0.1、P0.0 为“01”、“10”、“11”分别选中 B 口、C 口及控制口。若地址口用 16 位表示，其他未用端全设为“1”，则 8255 的 A、B、C 及控制口地址分别可为 FF7CH、FF7DH、FF7DH、FF7FH，如未用位为“0”则 4 个地址为 0000H、0001H、0002H、0003H，只要保证 $\overline{CS}$、A1、A0 的状态，未用

位设为“0”或“1”无关紧要。掌握了确定地址的方法，使用者可灵活选择地址。

2. 8255 初始化

使用 8255 芯片时，首先要对它初始化。所谓初始化，也就是对 8255 的 3 个端口的工作方式预先设置。设置控制字经控制口写入。

例如图 6.9 电路，欲设置 8255 的 A、B、C 口全为输出状态，控制字为 80H。程序如下：

```
MOV  DPTR， #0001H       ；8255 控制口地址→DPTR
MOV  A， #80H            ；控制字送 A
MOVX  @DPTR， A          ；控制字写入控制寄存器
```

利用这几条指令对 8255 初始化后，A、B、C 3 个端口才能作为输出口使用。当然改变控制字，则可改变 3 个端口的工作方式。

6.2.4 8155 可编程 I/O 接口扩展设计

8155 可编程接口芯片与 8255 的使用方法类似，只是二者在结构与功能上有所不同。

1. 8155 结构及引脚

8155 内部也有 3 个 I/O 接口 A、B、C 口，与 8255 的主要区别是 C 口只有 6 位，I/O 接口共 22 位，比 8255 多一个 14 位可编程定时/计数器，还多 256B 的静态 RAM。8155 共 40 引脚，双列直插式封装，如图 6.10 所示。

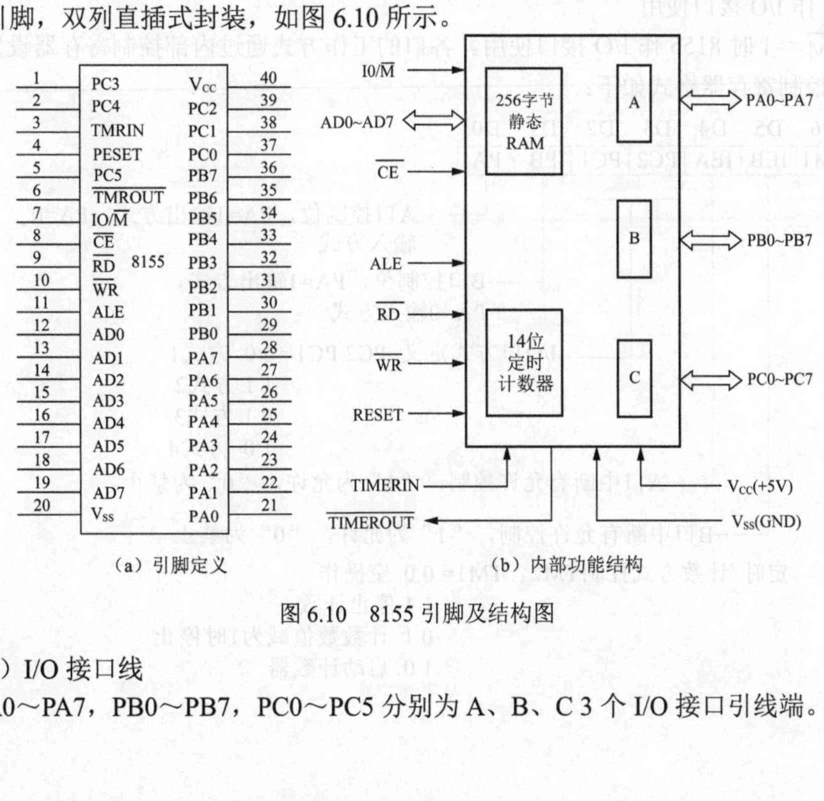

图 6.10 8155 引脚及结构图

（1）I/O 接口线

PA0～PA7，PB0～PB7，PC0～PC5 分别为 A、B、C 3 个 I/O 接口引线端。

A、B、C 口多用于与外设之间的数据传送；C 口还可以作为 A、B 口的控制线。

（2）地址数据线

8155 的低 8 位地址线和数据线共用 AD0～AD7，故称为地址数据线。当 ALE＝1 时，输入的是地址信息，否则是数据信息。当与 8051 单片机连接时，ALE 下降沿到，将 P0 接口输出的低 8 位地址信息及 $\overline{\text{CE}}$、IO/$\overline{\text{M}}$ 状态都锁存到 8155 内部寄存器。因此 8155 的 AD0～AD7 直接与 P0 接口相联，低 8 位地址不需要外接锁存器，这点与 8255 不同。

（3）控制线

ALE：地址锁存线。ALE＝1 表示给 8155 输入的是地址信息，当 ALE 下降沿时，把地址锁存到 8155 中。

IO/$\overline{\text{M}}$：RAM 与 I/O 接口的选择线。IO/$\overline{\text{M}}$＝0 选中 8155 内部 RAM 区，IO/$\overline{\text{M}}$＝1 选择 3 个 I/O 接口、定时/计数器和命令寄存器。

$\overline{\text{CE}}$：片选线。

$\overline{\text{RD}}$：读控制线。

$\overline{\text{WR}}$：写控制线。

TIMERIN：定时/计数器外部脉冲输入端。

$\overline{\text{TIMEROUT}}$：定时/计数器输出端。

2. 8155 功能及操作

8155 具有 3 种功能，下面介绍具体操作。

（1）作 I/O 接口使用

IO/$\overline{\text{M}}$＝1 时 8155 作 I/O 接口使用。各口的工作方式通过内部控制寄存器设置。

1）控制寄存器格式如下：

D7	D6	D5	D4	D3	D2	D1	D0
TM2	TM1	IEB	IEA	PC2	PC1	PB	PA

PA：A口控制位，PA=1输出方式，PA=0输入方式

PB：B口控制位，PA=1输出方式，PA=0输入方式

PC2、PC1：I/O口方式定义 PC2 PC1= 0 0 方式1
1 1 方式2
0 1 方式3
1 0 方式4

IEA：A口中断有允许控制，“1”为允许，“0”为禁止

IEB：B口中断有允许控制，“1”为允许，“0”为禁止

TM2、TM1：定时/计数方式控制TM2、TM1= 0 0 空操作
1 1 停止计数
0 1 计数数值减为1时停止
1 0 启动计数器

8155 工作于 I/O 口时，各方式具体功能如表 6.4 所示。

表 6.4　8155 I/O 接口工作方式及功能

PC2　PC1	方　式	功　能
0　0	方式 1	A、B 口定义为基本输入/输出口；C 口为输入口
1　1	方式 2	A、B 口定义为基本输入/输出口；C 口为输出口
0　1	方式 3	A 口为选通输出，B 口基本输入/输出 PC3～PC5 输出，PC0～PC2 作 A 口选通控制 PC0：AINTR，PC1，ABF，PC2，ASTB
1　0	方式 4	A 口、B 口都作为选通输入/输出方式 PC0～PC2 控制 A 口，同方式 3 PC3～PC5 控制 B 口，PC3：BINTR，PC4：BBF PC5：BSTB

2）状态寄存器格式。8155 有一个状态寄存器，它锁存 I/O 接口和定时器当前状态供单片机查询。

状态寄存器和控制寄存器共用一个地址，所不同的是状态寄存器只能读出不能写入而控制寄存器只能写入不能读出。状态寄存器格式如下：

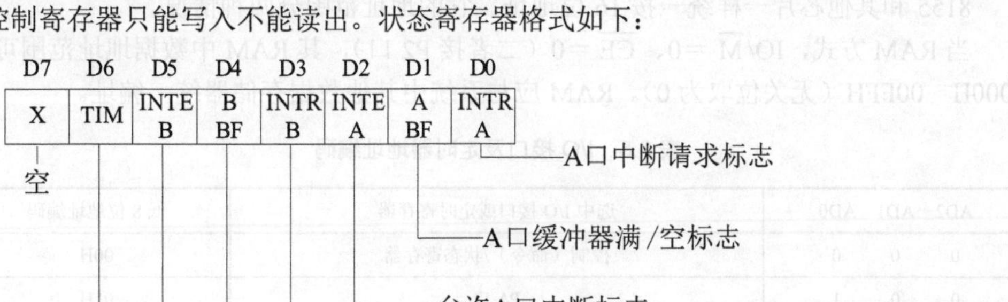

标志寄存器皆为高电平有效。

（2）作扩展 RAM

8155 作为单片机扩展 RAM 256B，操作很简单，只要使 IO/$\overline{M}$ 控制端为低电平即可。通常 IO/$\overline{M}$ 端、CE 端与 P2 接口两位相连，二者皆为低电平决定了 RAM 的高 8 位地址，P0 接口与 AD0～AD7 相接决定 RAM 的低 8 位地址。注意与其他数据存储器统一编址。

（3）作定时器使用

当 IO/$\overline{M}$ =1 时，8155 也可作定时器使用。8155 内的可编程定时/计数器实际是一个 14 位的减法计数器。它共有两个 8 位寄存器组成，低 8 位和高 6 位存放计数初值，最高 2 位控制定时器的工作方式，其格式如下：

D7	D6	D5	D4	D3	D2	D1	D0	D7	D6	D5	D4	D3	D2	D1	D0
M2	M1	T13	T12	T11	T10	T9	T8	M2	M1	T13	T12	T11	T10	T9	T8
定时方式		计数初值高6位						计数初值低8位							

M2、M1 决定定时方式及波形。8155 的定时计数器为计数方式时，由引脚 TIMERIN（3）从外部输入计数脉冲；为定时方式时，则接单片机系统时钟。无论定时或计数方式都从 $\overline{\text{TIMEROUT}}$ 端输出脉冲或方波。

注意：如果写入定时器的计数初值为奇数，方波输出将不对称。例如计数初值为 9，单方波方式输出方波在 5 个脉冲周期为高电平，4 个脉冲周期内为低电平。

8155 任何时候都可以置定时初值和工作方式，只要重新启动即可。计数初值为 2～3FFFH 之间，终值为 2。

8155 计数方式一般作信号发生器使用，输入连续脉冲后，由编程控制输出不同波形。

3. 8155 的 I/O 接口及 RAM 地址分配

8155 和其他芯片一样统一按 16 位地址。它的地址范围分两种情况。

当 RAM 方式，IO/$\overline{\text{M}}$ =0、$\overline{\text{CE}}$ =0（二者接 P2 口），其 RAM 中数据地址范围可为 0000H～00FFH（无关位取为 0）。RAM 应与系统中其他数据存储器统一编址。

表 6.5 I/O 接口及定时器地址编码

AD2 AD1 AD0	选中 I/O 接口或定时寄存器	低 8 位地址编码
0 0 0	控制（命令）/状态寄存器	00H
0 0 1	PA 口	01H
0 1 0	PB 口	02H
0 1 1	PC 口	03H
1 0 0	定时器低 8 位	04H
1 0 1	定时器高 8 位	05H

当 IO/$\overline{\text{M}}$ =1、$\overline{\text{CE}}$ =0 时工作在 I/O 接口或定时器方式，这种情况 8155 共需要占 6 个地址，6 个地址由地址低 8 位中最低 3 位 AD2、AD1、ADO 编码决定，编码格式如表 6.5 所列。

4. 8051 单片机与 8155 接口电路举例

如图 6.11 所示是 8051 单片机与 8155 芯片接口电路之一。结合硬件电路着重说明 8155 地址口的确定及初始化程序。

（1）8051 与 8155 连接特点及地址分配

MCS-51 系列单片机可以直接和 8155 连接，低 8 位地址可不加锁存器。AD0～AD7

直接接于P0口，8155的ALE直接与8051 ALE相接，这点优于8255。

图中8155的IO/$\overline{M}$接8051的P2.0端，CE接P2.1端。

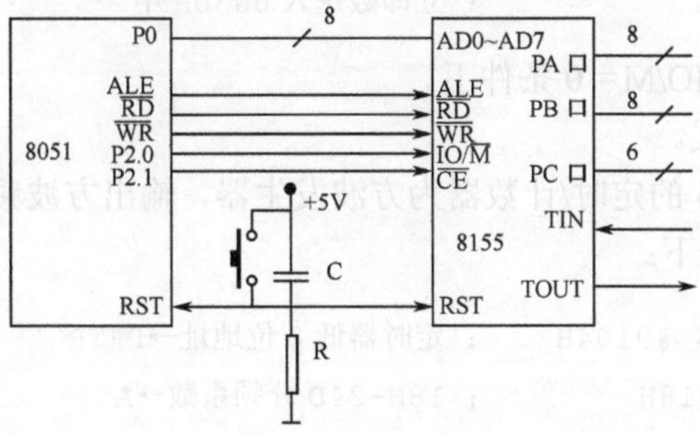

图6.11　8051单片机与8155接口电路

IO/$\overline{M}$＝0，$\overline{CE}$＝0，工作在RAM方式，其地址范围为0000H~00FFH（无用位设为0）。

IO/$\overline{M}$＝1，$\overline{CE}$＝0，8155工作在I/O接口或定时方式，其地址确定方法：高位保证P2.1＝0，P2.0＝1，其他无用位设为0，这样高位地址为01H，再考虑低位AD2、AD1、AD0三位编码可确定8155的以下6个地址：

控制/状态字地址	0100H
A口地址	0101H
B口地址	0102H
C口地址	0103H
定时器低8位地址	0104H
定时器高8位地址	0105H

（2）8155初始化

用指令把8155设置成各种工作方式：

1）设置I/O口工作方式。

【例6.3】　设A口为基本输出，B口为基本输入，C口输出。

分析：根据题目要求，控制寄存器状态为00001101B（0DH），编程把控制字送入即可。程序为：

```
MOV    DPTR,  #0100H    ; 控制寄存器→DPTR
MOV    A,  #0DH         ; 控制字A
MOVX   @DPTR,  A        ; 控制字送控制寄存器
```

无论控制字为何值，都必须通过上述方式，把控制字送入控制寄存器，才能正确设置8155中I/O口工作方式。

2）设置RAM方式。

【例6.4】　编程使CPU往8155 RAM 30H单元送立即数88H。

程序为：

```
MOV     DPTR,  #0030H         ; RAM数据单元地址→DPTR
MOV         A, #88H           ; 立即数送入A
MOVX    @DPTR,  A             ; 立即数送入0030H中
```

使用 RAM 时必在 IO/M＝0 条件下。

3）设置为定时方式。

【例 6.5】 设 8155 的定时/计数器为方波发生器，输出方波频率为输入时钟频率的 24 分频。初始化程序如下：

```
MOV         DPTR，#0104H      ; 定时器低8位地址→DFTR
MOV         A,  #18H          ; 18H-24D分频系数→A
MOVX    @DPTR，A              ; 定时初值送入定时器低8位
INC         DPTR              ; 0105H是定时高8位地址
MOV         A，#40H           ; 定时器方式1
MOVX    @DPTR，A              ; A →定时器高位地址
MOV         DPTR，#0100H      ; 控制口地址→DPTR
MOV         A,  #0C2H         ; 启动计数器，B口输出，A、C口输入
MOVX    @DPTR，A
```

与 8155 芯片类似芯片如 8156，除选片端 $\overline{CE}$ 高电平有效外，其他功能及引脚与 8155 完全相同。8755 内部有 2KB EPROM 和两个 I/O 接口，详细参数可查阅有关资料。

6.2.5 串行口扩展 I/O 接口

单片机控制系统中，串行口常用来扩展 I/O 接口，使用移位寄存器作为锁存或输入信号的接口，可以方便地扩展并行输入、输出口。这种方法不占用片外 RAM 地址，简单易行，便于操作，适用于速度较慢、实时性要求不高的场合。

1. 串行口扩展并行输入口

74LS165 芯片是 8 位并行输入和串行移位输出寄存器。原则上利用 n 片 74LS165 与 8051 的 3 根端口线相连，可扩展 8n 根并行输入口线。

如图 6.12 所示，利用 2 片 74LSl65 与串行口配合，扩展 16 根并行输入线的电路。由图可见，8051 仅用了 3 根线，分别为串行口输入线 RXD（P3.0）、串行口输出线 TXD（P3.1）和 1 根控制线 P1.0 引出。

74LSl65 是一个 8 位寄存器，其 S/L 端是串行移位控制端接于 P1.0 端；CLK 是移位时钟输入端，接于 P3.1（TXD）端；QH 是串行移位输出端接于 P3.0（RXD）端。串行口置为方式 0。两个 165 芯片是串联方式，首尾相接，低位 QH 接于高位 SER 端，高位 QH 端接 8051 的 RXD 端。若 16 位并行输入数据已送到两个 74LSl65 的输入端，当 Pl.0＝0 时，16 位数据被同时接收，置入对应的 74LSl65 的寄存器中。当 P1.0＝1 时，移位寄存

器开始串行移位，经串行输入口 P3.0（RXD）端，一位一位移入 8051 串行口的缓冲器中。8051 接收完一个字节（一帧）后，发出中断申请，置 RI 为“1”，当 CPU 发现 RI＝1 则可以从串行口缓冲器中读走数据。

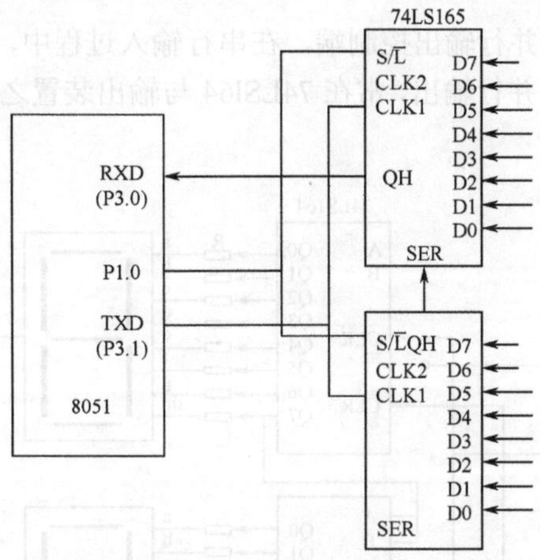

图 6.12　串行口扩展并行输入口电路

【例 6.6】　设读入一组 16 位数据，将数据存入内部 RAM30H、31H 单元中。程序如下：

```
        MOV R2，#2                ；设置字节计数器
        MOV R0，#30H              ；设置内部 RAM 首地址
        CLR P1.0                  ；读入并行输入数据
        SETB P1.0                 ；允许串行移位
STPI:   MOV SCON，#10H            ；设置串行口方式 0，允许串行接收
STP:    JNB RI，STP               ；等待接收中断
            CLR  P1.0             ；清中断标志，准备下次接收
            MOV A，SBUF           ；从串行缓冲器中读数
            MOV @R0，A            ；第一个数存入 30H 单元
        INC R0                    ；更新地址
            DJNZR2，STPl          ；R2≠0 返回继续接收第 2 个数
        SJMP     $                ；R2＝0 结束
```

结合程序，可以更进一步体会串行口扩展并行输入口的作用及工作原理。

2. 串行口扩展并行输出口

图 6.13 所示是利用串行口扩展并行输出口的电路。图中，74LS1664 是一个串行输入并行输出的芯片，每片有 8 根输出线。若用 n 片则可扩展 8n 根输出口线。图 6.13 用 2 片 74LSl64 扩展了 16 根输出口线，每个 74LSl64 输出端都接有一个 LED 数码管。

首先把欲显示的字形代码送入 A 累加器，启动串行口发进，发送完一个字节，发出中断申请，置发送中断标志位 TI＝1。清除 TI 后，等待发送第 2 个数，当两个数移入 74LSl64 后，两个 74LSl64 的并行输出端可把字形码输入给显示器（LED 数码管），则可显示出相应数字。

注意：因 74LSl64 无并行输出控制端，在串行输入过程中，其输出状态不断变化，若为保证在输入结束后再并行输出，常在 74LSl64 与输出装置之间加一个 74LS244 作输出控制。

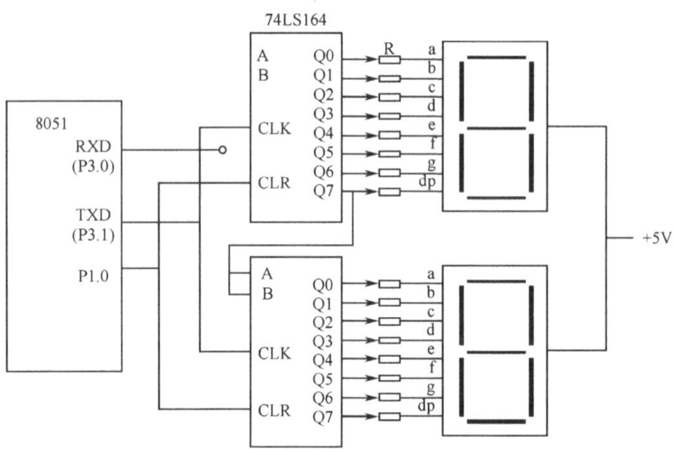

图 6.13　串行口扩展并行输出口电路

习　题　六

1．8051 单片机如何访问外部 ROM 及外部 RAM?

2．试用 Intel 2764，6116 为 8031 单片机设计一个存储器系统，它具有 8KB EPROM（地址由 0000H～1FFFH）和 16KB 的程序、数据兼用的 RAM 存储器（地址为 2000H～5FFFH）。具体要求：画出该存储器系统的硬件连接图。

3．何谓 8255A 的控制字和状态字？控制字的主要内容是什么？状态字有何用途？访问控制寄存器和状态寄存器有什么区别？

4．8255A、8155 分别有哪几种工作方式？怎样进行选择？

5．试比较 8155 和 8255A 的功能，并指出各自优点。

6．试编程对 8155 进行初始化。设 A 口为选通输出，B 口为基本输入，C 口作为控制联络口，并启动定时器/计数器按方式 1 工作，定时时间为 10ms，定时器计数脉冲频率为单片机的时钟频率 24 分频，f_{osc}＝12MHz。

7．在一个 8031 应用系统中扩展 1 片 2764，1 片 8155 和 1 片 6264。试画出其系统框图，并指出所扩展的各个芯片的地址范围。

8．在 89C52 的一个大系统中扩展 1 片 27512、1 片 27256、6 片 74HC377。试画出系统的总体结构框图。

9．在 80C52 单片机上扩展 1 片 EPROM27128、1 片 RAM6264 和 1 片 8255，采用线选方式，试画出系统的总体结构框图，并写出各自的地址范围。

第 7 章

键盘、显示接口技术

7.1 键盘与计算机接口

键盘是人向机器输入数据和与系统进行交互的基本设备，用于输入数据和命令，显示计算机的运行状态、命令和计算结果。微机键盘有两种：一种是全编码键盘，其键码全由硬件提供，但是这种方式硬件结构复杂，成本高；另一种是非编码键盘，这种键盘多采用矩阵方式，利用软件识别键码及完成各种键功能处理。考虑到简化结构，降低成本，单片机系统中多采用非编码键盘。

键盘可以分为独立式连接方式和矩阵式两类，每一类按其译码方式又可以分为编码式和非编码式。下面我们将介绍非编码键盘的几种常用硬件电路。

7.2 独立式按键接口设计

在单片机控制系统中，常常只需要用到功能键。少量的功能键一般采用独立式结构，独立式按键是各按键相互独立的接通一条输入数据线，每个键的工作不会影响其他的I/O 口，如图 7.1 所示。这是较简单的键盘结构，该电路采用查询方式。

图 7.1 所示，当某一个键闭合时，相应的 I/O 口线变为低电平。当程序查询到低电平的 I/O 口线时，就可以确定处于闭合状态的键。

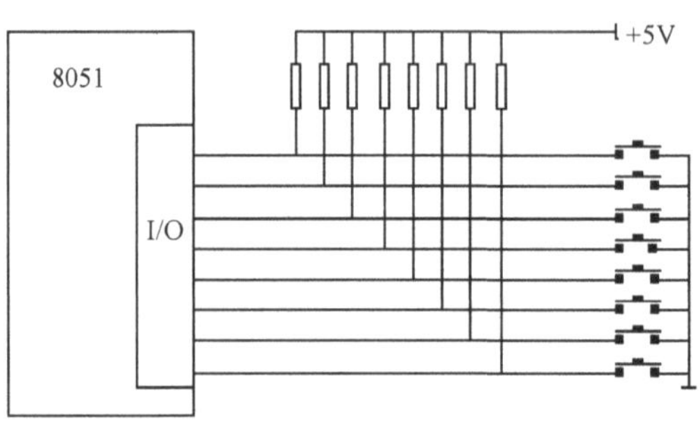

图 7.1 独立连接式非编码键盘

这种键盘的优点是电路简单；缺点是当键数较多时，要占用较多的 I/O 线。

对图 7.1 采用查询方式键盘的处理程序比较简单。程序只包括键查询、键功能程序转移。P0F～P7F 为功能程序入口地址标号，其地址间隔应能容纳 JMP 指令，其中 PL0～PL7 分别为每个按键的功能程序。

```
START:    MOV    A, #0FFH        ; 输入时先置口为全 1
          MOV    P1, A
          MOV    A, P1           ; 键状态输入
```

```
          JNB     ACC.0,  P0F       ; 0号键按下转P0F标号地址
          JNB     ACC.1,  P1F       ; 1号键按下转P1F标号地址
          JNB     ACC.2,  P2F       ; 2号键按下转P2F标号地址
          JNB     ACC.3,  P3F       ; 3号键按下转P3F标号地址
          JNB     ACC.4,  P4F       ; 4号键按下转P4F标号地址
          JNB     ACC.5,  P5F       ; 5号键按下转P5F标号地址
          JNB     ACC.6,  P6F       ; 6号键按下转P6F标号地址
          JNB     ACC.7,  P7F       ; 7号键按下转P7F标号地址
          SJMP    START             ; 无键按下就返回
P0F:      LJMP    PL0
P1F:      LJMP    PL1
            ⋮       ⋮
P7F:      LJMP    PL7               ; 入口地址表
PL0:              …                 ; 0号键功能程序
          LJMP    START             ; 0号键执行返回
PL1:              …
          LJMP    START
            ⋮
PL7:              …
          LJMP    START
```

由以上程序可知，各个按键由软件设置了优先级，优先顺序为0～7。

7.3 矩阵式键盘接口设计

7.3.1 矩阵式键盘工作原理

将I/O口线的一部分作为行线，另一部分作为列线，按键设置在行线和列线的交叉点上，这就构成了矩阵式键盘。矩阵式键盘中按键的数量可达行线数n乘以列线数m，如4行、4列的矩阵键盘的按键数可以达到4×4=16个。由此可见矩阵式键盘在按键较多时，可以节省I/O口线。

8位单片机系统常用键盘大小有4×4、4×8、8×8等。下面以4×4矩阵式键盘为例说明矩阵式键盘的工作原理，电路原理图如图7.2所示。

从图7.2可见，8条I/O口线分为4条行线和4条列线，按键设置在行线和列线交点上，即按键开关的两端分别接在行线和列线上。行线通过一个电阻接到＋5V电源上，在没有键按下时，行线处于高电平状态。

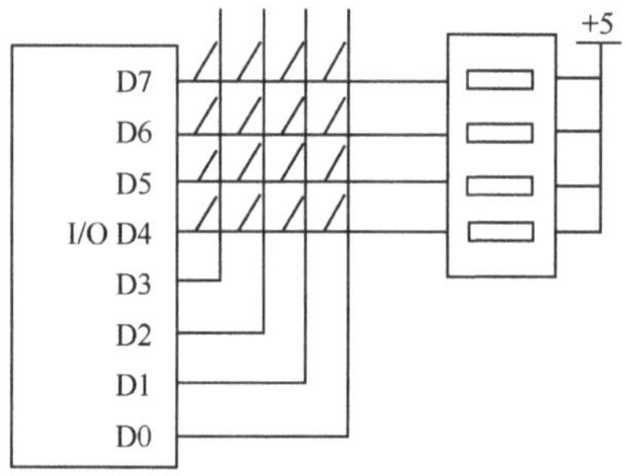

图 7.2 矩阵式键盘电路原理

判断是否有键按下的方法分下面几步：

1）向所有的列线 I/O 口输出低电平后，将行线的电平状态读入累加器 A 中。若无键下，行线仍保持高电平状态，若有键按下，行线至少应有一条为低电平。

2）确定有键按下后，求键码。

求键码的方法是：依次从一条列线上输出低电平，然后检查各行线的状态，若全为高电平，说明该闭合键不在该列，若不全为 1，则说明闭合键在该列，且在变为低电平的行的交点上。

注意：在键盘处理程序中，每个键都被赋予了一个键号，由从列线 I/O 口输出的数据和从行线 I/O 口读入的数据可以求出闭合键的键号。

7.3.2 矩阵式键盘工作方式

在单片机应用系统中，非编码键盘由 CPU 通过键盘处理程序完成整个工作过程。相对 CPU 来说，按键闭合是随机发生的，键盘处理程序必须能够及时捕捉到闭合的键，并求出其键码。按照这一过程的不同，非编码键盘的工作方式可分为程序扫描方式和中断扫描方式。

1. 程序扫描方式

一般情况下，在单片机应用系统中，键盘处理只是 CPU 工作的一部分。为了能及时发现有键按下 CPU 必须不断调用键盘处理程序，对键盘进行扫描，因此称为程序扫描方式。

图 7.3 是由 8051 与一种矩阵式键盘构成的接口电路。由 8155 扩展的 I/O 口作为行线和列线，构成具有 32 键的 4×8 的矩阵式键盘。行线与 8l55 的 PC0～PC3 相连，列线与 PA 口的 8 条线相连，键码如图 7.3 所示。

键盘工作过程如下：

1）判断键盘中有无键按下。如 PA 口输出 00H，再将 PC 口的状态读入，若 PC0～PC3 全为 1，说明无键按下，若不全为 1，则有键按下。

2）消除抖动。当发现有键按下时，延时一段时间后再判断键盘的状态，若仍有键保持按下状态，则可断定有键按下，否则认为是抖动。

3）求键号与键值。

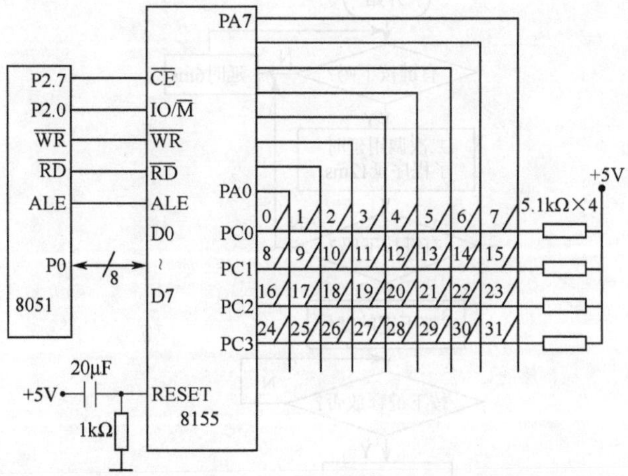

图 7.3　矩阵式键盘电路

键号是键盘上各键的编号如 0，1，2，…，31。键值是根据扫描原理，各键所对应的 16 进制数码。结合图 7.3，键号与键值对应关系如下。

① 键号按照行首键号与列号相加的方法排列：

列号 0、1、2、3、4、5、6、7…

行首号是 0、8、16、24，如 10＝8（行首号）＋2（列号）。

② 键值为列值加行值：

“0”号键对应列线 PA0＝0，其他全为“1”列值为 FE；行线中 PC0＝0，其他的全为“1”，高 4 位没有用，以“X”表示。行值为 XE，故“0”号键对应键值为“FEXE”，以此类推，如表 7.1 所示。

表 7.1

0	1	2	3	4	5	6	7
FEXE	FDXE	FBXE	F7XE	EFXE	DFXE	BFXE	7FXE
8	9	10	11	12	13	14	15
FEXD	FDXD	FBXD	F7XD	EFXD	DFXD	BFXD	7FXD
16	17	18	19	20	21	22	23
FEXB	FDXB	FBXB	F7XB	EFXB	DFXB	BFXB	7FXB
24	25	26	27	28	29	30	31
FEX7	FDX7	FBX7	F7X7	EFX7	DFX7	BFX7	7FX7

4）等待闭合键释放。为了避免一次闭合多次求其键，等待闭合键释放后再将键码

送入 A。

键盘处理程序流程图如图 7.4 所示。

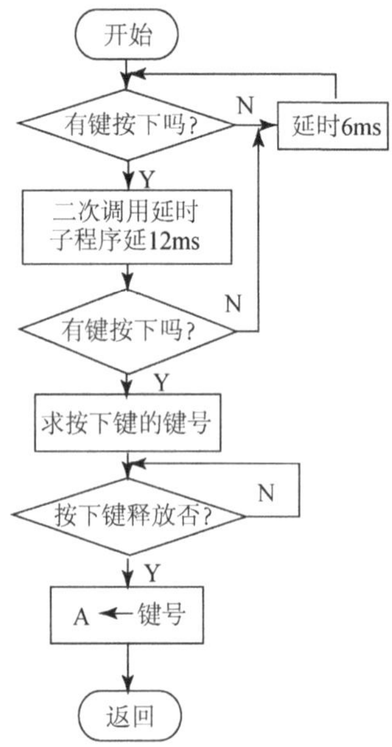

图 7.4　键扫描子程序框图

程序如下：

设主程序已把 8155 初始化 PA 口基本输出口，PC 口为基本输入口。

```
KEY:    LCALL  KS            ；判别有无键按下
        JNZ    K1            ；有键按下转 K1
        LCALL  DELAY         ；无键按调用延时子程序
        AJMP   KEY           ；返回重新查询
K1:     LCALL  DELAY         ；加长延时，消除键抖动
        LCALL  DELAY
        LCALL  KS            ；再次查询有无键按下
        JNZ    K2            ；有键按下，转逐列扫描
        AJMP   KEY           ；误读键，返回
K2:     MOV    R2， #0FEH    ；首列扫描字送 R2
        MOV    R4， #00H     ；首列号送 R4
K3:     MOV    DPTR， #PA    ；A 口地址送 DPTR
        MOV    A， R2
        MOVX   @DPTR， A     ；列扫描字送 8155A 口
        INC    DPTR
        INC    DPTR
```

```
        MOVX  A, @DPTR      ；读取行扫描值
        JB    ACC.0, L1     ；第 0 行无键按下，转查第 1 行
        MOV   A, #00H       ；第 0 行有键按下，行首键号送 A
        AJMP  LK            ；转求键号
L1:     JB    ACC.1, L2     ；第 1 行无键按下，转查第 2 行
        MOV   A, #08H       ；第 1 行有键按下，行首键号送 A
        AJMP  LK            ；转求键号
L2:     JB    ACC.2, L3     ；第 2 行无键按下，转查第 3 行
        MOV   A, #20H       ；第 2 行有键按下，行首键号送 A
        AJMP  LK            ；转求键号
L3:     JB    ACC.3, NEXT   ；第 3 行无键按下，改查下一列
        MOV   A, #18H       ；第 3 行有键按下，行首键号送 A
LK:     ADD   A, R4         ；形成键码送 A
        PUSH  ACC           ；键码
K4:     LCALL DELAY
        LCALL KS            ；等待键释放
        JNZ   K4            ；未释放，等待
        POP   A             ；键释放，弹出键码
        RET
NEXT:   INC   R4            ；修改列号
        MOV   A, R2
        JNB   ACC.7, KEY    ；8 列扫描完返回 KEY
        RL    A             ；未扫描完扫描字左移一位
        MOV   R2, A         ；扫描字存 R2
        AJMP  K3
KS:     MOV   DPTR, #PA     ；A 口地址送入 DPTR
        MOV   A, #00H       ；全扫描字送 A
        MOVX  @DPTR, A      ；全扫描字 PA 口
        INC   DPTR          ；指向 C 口
        INC   DPTR
        MOVC  A, @DPTR      ；读入 PC 口状态
        CPL   A             ；变正逻辑、高电平表示有键按下
        ANL   A, #0FH       ；屏蔽高 4 位
        RET
DELAY:  MOV   R7, #0FFH
LP0:    MOV   R6, #0FFH
LP:     NOP
        DJNZ  R6, LP
        DJNZ  R7, LP0       ；延时子程序
        RET
```

在程序中 KS 为查询有无键按下的子程序；DELAY 为延时子程序。

2. 中断扫描方式

采用程序扫描方式时，无论有无键按下，CPU 都要定时扫描，特别是在那些按键次数不多的系统，反复空扫描，浪费了 CPU 的大量时间。为了提高 CPU 的效率，常采用中断方式。所谓中断方式就是当有按键按下时发出中断请求信号，中断响应后转入中断服务子程序，再进行去抖动、求键码和处理按键等工作。

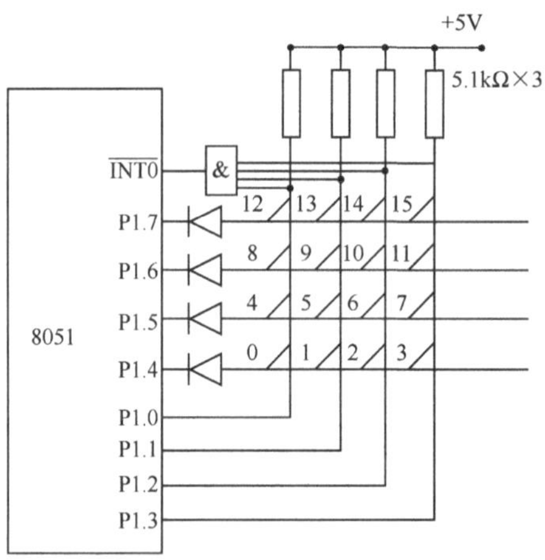

图 7.5　中断式键盘电路

图 7.5 所示为中断扫描方式的接口电路图。矩阵式键盘与 8051 单片机的 P1 口直接相连，其中 P1.7～P1.4 经二极管与行线连接，P1.3～P1.0 与列线连接，另一端经电阻与＋5V 电源相连。列线与一个与门的输入端相连，与门输出端接 8051 的 $\overline{INT0}$ 。当 P1.7～P1.4 全为 0 状态时，若无键闭合，$\overline{INT0}$ 保持高电平，若有键闭合时，$\overline{INT0}$ 变为低电平，CPU 开中断时，就会响应中断，转向中断服务程序。由于中断方式键盘处理过程和程序扫描方式大致相同，这里不再作详细介绍。

7.4　LED 显示器及接口设计

7.4.1　LED 显示器结构

LED 显示器内部由发光二极管组成，其外形如图 7.6（a）所示。根据内部二极管连接方式，数码管结构又分为共阳极型和共阴极型。在数码管中，若将二级管的阳极连在一起，则称为共阳极型；若将二极管的阴极连在一起，则称为共阴极型，如图 7.6（b）所示。

由图 7.6（a）可见，a～g 分别为 8 个发光二极管，h 为小数点。在实际应用中，数码管的各个管脚要接限流电阻，而且外接电阻阻值只要保证管子正常发光即可，一般各管电流在 10mA 较合适。电流太大，耗电量大，电流太小，发光度不够。

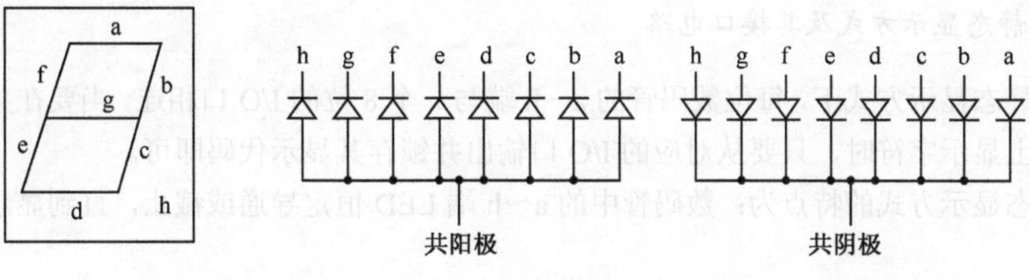

（a） （b）

图 7.6 LED 结构

7.4.2 显示字形和字段码关系

表 7.2 显示字形与段选码

显示字形	h g f e d c b a	共阳极段选码	共阴极段选码
0	1 1 0 0 0 0 0 0	C0H	3FH
1	1 1 1 1 1 0 0 1	F9H	06H
2	1 0 1 0 0 1 0 0	A4H	5BH
3	1 0 1 1 0 0 0 0	B0H	4FH
4	1 0 0 1 1 0 0 1	99H	66H
5	1 0 0 1 0 0 1 0	92H	6DH
6	1 0 0 0 0 0 1 0	82H	7DH
7	1 1 1 1 1 0 0 0	F8H	07H
8	1 0 0 0 0 0 0 0	80H	7FH
9	1 0 0 1 0 0 0 0	90H	6FH
A	1 0 0 0 1 0 0 0	88H	77H
B	1 0 0 0 0 0 1 1	83H	7CH
C	1 1 0 0 0 1 1 0	C6H	39H
D	1 0 1 0 0 0 0 1	A1H	5EH
E	1 0 0 0 0 1 1 0	86H	79H
F	1 0 0 0 1 1 1 0	8EH	71H
“灭”	1 1 1 1 1 1 1 1	FFH	00H

当发光二极管导通时，它就会发光。每个二极管就是一个笔划。若干个二极管发光时，就构成了一个显示字符，不同的发光段亮，可组成不同字形。

输入到数码管 h、a、b、c、d、e、f、g 的二进制码称为字形码，数码管显示的结构为字形。表 7.2 为显示字形与共阳极和共阴极两种接法的字形码对应关系。

7.4.3 LED与单片机接口

LED显示器有两种工作方式，即静态显示方式和动态显示方式。

1. 静态显示方式及其接口电路

在静态显示方式下，每位数码管的a～h端与一个8位的I/O口相连。当要在某一位数码管上显示字符时，只要从对应的I/O口输出并锁存其显示代码即可。

静态显示方式的特点为：数码管中的a～h端LED恒定导通或截止，直到显示字符改变。

图7.7为由MCl4495与8051构成的多位数码管静态显示器接口电路。MC14495是一个BCD七段锁存译码驱动器，其输出不需外接电阻可直接和LED数码管相连。MC14495的输入锁存选通信号$\overline{LE}=0$时，允许数据输入到其内部锁存器中；$\overline{LE}=1$时，输入数据被锁存。

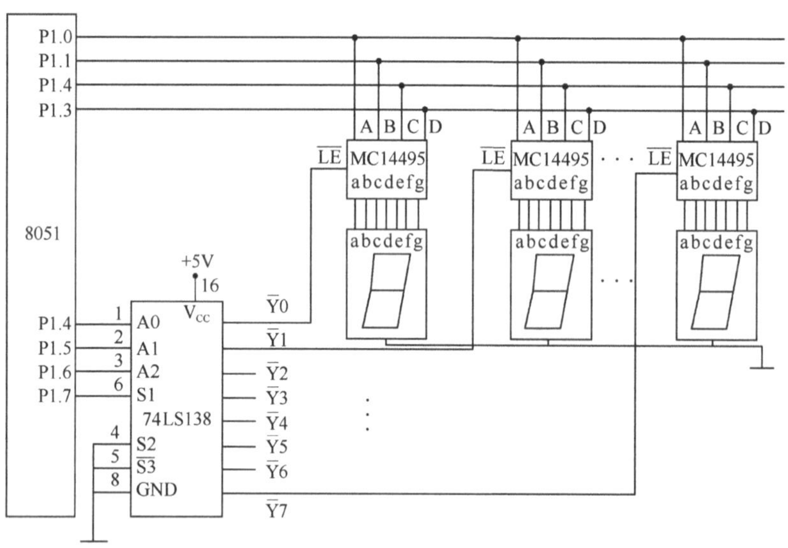

图7.7 多位静态显示电路

由图7.7可见，被显示的数据直接由P1口的低4位输出，P1.4～P1.6接74LS138译码器的输入端，用来选择数码管，译码输出端Y0～Y7控制各MC14495的选通端$\overline{LE}$，$\overline{LE}$为低电平则输出数据显示。P1.7用来控制多位显示器数据字符的改写和锁存。当P1.7为高电平时，允许改写各位的显示字符。

下面是将显示缓冲区78H～7FH中的BCD码送数码管显示的程序。

```
DIR :  MOV     R0,  #78H          ; 置首地址
       MOV     R2,  #00H          ; 初始化位计数器
```

```
        MOV     R7,  #08H        ; 置循环次数
        SETB    P1.7
LOOP :  MOV     A,  R2
        SWAP    A
        ADD     A,  @R0          ; 显示数据送低 4 位
        MOV     P1,  A           ; 输出显示数据和位地址
        INC     R0               ; 指向下一位
        INC     R2               ; 指向下一个数
        DJNZ    R7,  LOOP
        CLR     P1.7
        RET
```

2. 动态显示方式及其接口电路

所谓动态显示方式就是一位一位轮流的点亮各位数码管，其特点为：每一时刻只能有 1 位数码管被点亮，并各位依次轮流被点亮；对于每一位来说，每隔一段时间点亮一次。数码管的点亮既跟点亮时的电流有关，也跟点亮时间和间隔时间的比例有关，通过调整电流和时间参数，可实现亮度较高较稳定的显示。

如图 7.8 是 8051 单片机通过 8155 扩展的 6 位动态数码管接口电路。由图可见，8155 的 A 口作为位选口，经反相器 7545N 接数码管公共极，B 口作为数据口，经同相驱动器 7407 接数码管的各段。

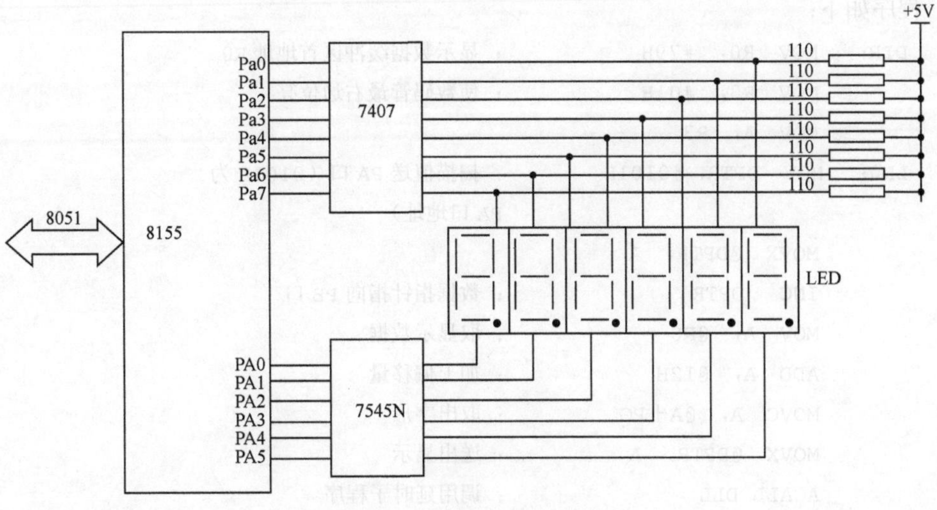

图 7.8　六位动态显示器接口

程序流程图如图 7.9 所示，设显示数据的缓冲区为 79H～7EH。

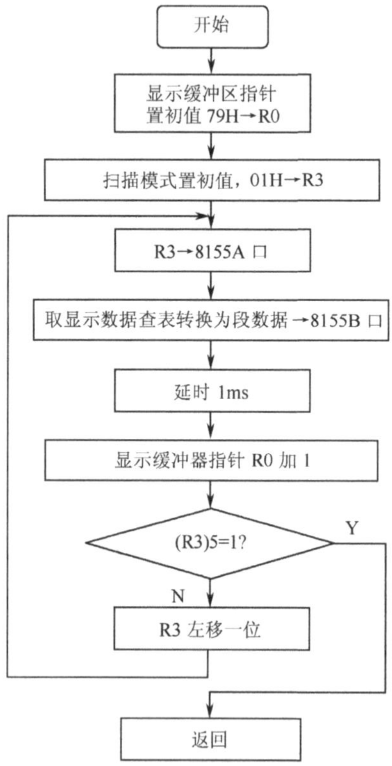

图 7.9　多位动态程序流程图

程序如下：

```
DIR:  MOV  R0， #79H            ；显示数据缓冲区首地址 R0
      MOV  R3， #01H            ；使数码管最右边位亮
      MOV  A， R3
LD0:  MOV  DPTR，#0101H         ；扫描值送 PA 口（0101H 为
                                PA 口地址）
      MOVX  @DPTR， A
      INC   DPTR                ；数据指针指向 PB 口
      MOV  A， @R0              ；取显示数据
      ADD  A， @12H             ；加上偏移量
      MOVC  A， @A+PC           ；取出字形
      MOVX  @DPTR， A           ；送出显示
      ACALL DLL                 ；调用延时子程序
      INC   R0                  ；数据缓冲区地址加 1
      MOV   A， R3
      JB    ACC.5， LD1         ；扫描到第六位数码吗？
```

```
        RL    A                 ；没有
        MOV   R3， A            ；R3左移，扫描下一个数码
        AJMP  LD0
LD1:    RET
DSEG:   DB  3FH， 06H， 5BH， 4FH， 66H， 6DH
DSEG1:  DB  7DH， 07H， 67H， 77H， 7CH
DSEG2:  DB  39H， 5EH， 79H， 71H，73H，3EH
DSEG3:  DB  31H， 6EH，1CH， 23H，40H，03H
DSEG4:  DB  18H， 00H， 00H， 00H
DL1:    MOV R7， #02H                    ；延时子程序
DL:     MOV R6， #0FFH
DL6:    DJNZ R6， DL6
        DJNZ R7， DL
        RET
```

7.5 LCD液晶显示器

液晶显示器是一种功耗极低的显示器件。随着液晶显示技术的发展，LCD显示器的规格众多，其专用驱动芯片也相互配套，使LCD在控制和仪表系统中广泛应用提供了极大的方便。

7.5.1 LCD的原理

LCD是一种被动显示器，具有功耗低、显示信息大、寿命长和抗干扰能力强等优点，因而被大量应用于低功耗的单片机系统中。

LCD本身不发光只是调节光的亮度，目前市面上的LCD显示器都是利用液晶的扭曲一向列效应制成，这是一种电场效应，夹在两片导电玻璃电极间的液晶经过一定处理，它内部的分子呈90°的扭曲，当线性偏振光透过其偏振面便会旋转90°。当在玻璃电极上加上电压后，在电场作用下，液晶的扭曲结构消失，其旋光作用也消失，偏振光便可以直接通过。当去掉电场后液晶分子又恢复其扭曲结构。把这样的液晶置于两个偏振片之间，改变偏振片相对位置就可得到白底黑字或黑底白字的显示形式。

7.5.2 LCD显示器的分类

1. 按排列形式分类

可分为笔段型、字符型和点阵图形型。

1）笔段型：以长条状显示像素组成一位显示，主要用于数字显示，也可用于显示

西文字母或某些字符，通常有六段、七段、八段、九段、十四段和十六段等，在形状上总是围绕数字“8”的结构变化。

2）字符型：专门用来显示字母、数字、符号等的点阵型液晶显示模块。在电极图形设计上它是由若干个 5×7 或 5×11 点阵组成，每一个点阵显示一个字符。

3）点阵图形型：在一平板上排列多行和多列，形成矩阵形式的晶格点，点的大小可根据显示的清晰度来设计。

2. 按采光方法分类

由于液晶显示自己不发光，完全借助外部光源来显示。因此按采光方式可分为如下两种。

1）自然采光：利用周围环境光为显示光源，靠 LCD 背面的反射膜将射入的自然光从正面反射出来显示。

2）背光源采光：在液晶显示器件上增加背光源，用以增加显示器件的清晰度和稳定性。背光背光源的安装方式分为边光式和背光式。边光式即在显示器的侧面，将光源按线型配置，还要在显示器的背面配以特殊设计的散射板或反射板，以使得背景光源均匀一致；背光式即在显示器的背面配置一个面光源。

3. 按 LCD 的显示驱动方式分类

1）静态驱动法：振荡器的脉冲信号分频后直接施加在背电极 BP 上，段电极脉冲直接加在某一段上。

2）动态驱动法：在多个显示像素驱动时，将像素排列成矩阵结构，分别称为行电极和列电极。采用类似于 CRT 光栅动态扫描的方法，循环地给行电极施加选择脉冲并同时给需要显示数据的列电极相应的选择脉冲，进行逐行顺序扫描。

3）双频驱动法：利用液晶介电常数与驱动电压频率的相互关系，使用两种不同的驱动电压频率来改变液晶显示器件上各像素分子的取向，使其达到良好的显示效果。

4. 按控制器的安装方式分类

1）内藏式：把控制器和驱动都用厚膜电路做在液晶显示模块印制底板上，只需外部接口的数字信号或模拟信号即可驱动显示器。

2）不含控制器方式：这种 LCD 需要另外选配相应的驱动控制器才能工作。

7.5.3 LCD 字符型液晶显示接口技术

DMC 系列字符型液晶显示应用很广泛，其控制器均采用 HD44780 或其可替换集成电路。由单片机输出直接控制 HD44780 及其时序。字符型液晶显示与两个控制器连接方框图如图 7.10 所示。

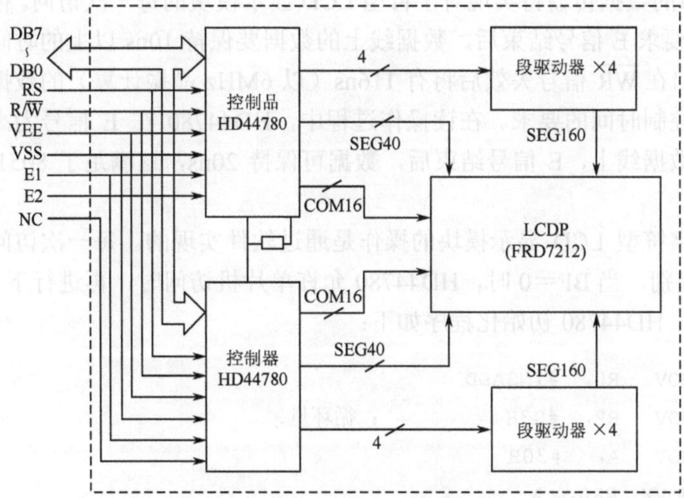

图 7.10 字符型液晶显示与控制器连接方框图

单片机与字符型 LCD 显示模块的连接方法分为直接访问和间接访问两种。

1. 直接访问方式

把字符型液晶显示模块作为存储器或 I/O 接口设备直接连到单片机总线上，采用 8 位数据传输形式，数据端 DB0～DB7 直接与单片机的数据线相连，RS 信号和 R/$\overline{W}$ 信号利用单片机的地址线控制。E 信号则由 MPU 的 $\overline{RD}$ 和 $\overline{WR}$ 信号共同控制，以实现 HD44780 所需的接口时序。图 7.11 给出了以存储器访问方式对液晶显示驱动的控制电路。

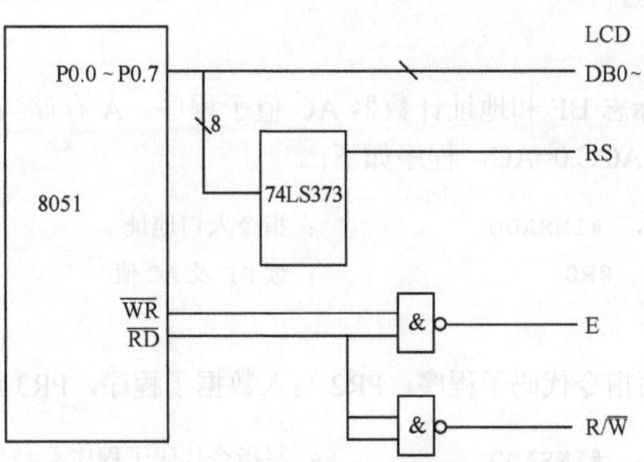

图 7.11 直接访问方式

图 7.11 是最简单的连接电路，可作为初步使用字符型液晶显示模块的入门调试、了解 LCD 显示器性能的电路。图中，首先 P0 接口产生的地址信号被锁存在 74LS373 内，其输出给出了 RS 的控制信号，$\overline{RD}$ 和 $\overline{WR}$ 经过与非门打开了 E 信号的控制门。接着 $\overline{RD}$、

$\overline{WR}$ 和 P0 接口的数据传输将实现对字符型 LCD 显示模块的每一次访问。在写操作过程中，HD44780 要求 E 信号结束后，数据线上的数据要保持 10ns 以上的时间，而单片机 8051 的 P0 接口在 $\overline{WR}$ 信号失效后将有 116ns（以 6MHz 晶振计算）的数据保持时间，足以满足该项控制时间的要求。在读操作过程中，HD44780 在 E 信号为高电平时就将所需数据送到数据线上，E 信号结束后，数据可保持 20ns，这满足了 8051 对该时序的要求。

单片机对字符型 LCD 显示模块的操作是通过软件实现的。每一次访问都要先对忙标志 BF 进行识别，当 BF＝0 时，HD44780 允许单片机访问时，再进行下一步操作。

【例 7.1】 HD44780 初始化程序如下：

```
PR4 : MOV   R0， #INSADD
      MOV   R2， #03H          ；循环量
P41 : MOV   A，  #30H
      MOVX  @R0， A
      ACALL T                  ；调用延时子程序
      DJNZ  R2， P41
      MOV   A，  #00H          ；功能设置指令代码
      MOVX  @R0， A
      MOV   R2， #01H          ；清屏指令代码
      ACALL PR1                ；调写指令子程序
      MOV   R2， #06H          ；输入方式指令代码
      ACALL PR1
      MOV   R2， #0EH          ；显示方式指令代码
      ACALL PR1
      RET
```

【例 7.2】 读忙标志 BF 和地址计数器 AC 值子程序。A 存储当前 BF 及 AC 值，ACC.7＝BF，ACC.6～ACC.0=AC，程序如下：

```
PRO:   MOV  R0， #INSADD       ；指令入口地址
       MOVX A，  @R0           ；读 BF 及 AC 值
       RET
```

【例 7.3】 PR1 写指令代码子程序，PR2 写入数据子程序，PR3 读数据子程序。

```
PR1:   MOV  R0， #INSADD       ；写指令代码子程序，R2 存储指令代码
       MOVX A，  @R0
       JB   ACC.7， PR1        ；判 BF 值
       MOV  A，  R2
       MOVX @R0， A            ；写入指令代码
       RET
```

```
PR2:    MOV  R0, #INSADD          ; 写入数据子程序，R2 存储输入数据
        MOVX A,  @R0
        JB   ACC.7,  PR2
        MOV  R0, #DATADD          ; 数据口地址
        MOV  A,  R2
        MOVX @R0,  A
        RET
PR3:    MOV  R0,  #INSADD         ; 读数据子程序， A 存储器读出数据
        MOVX A, @R0
        JB   ACC.7,  PR3
        MOV  R0,  #DATADD
        MOVX A,  @R0
        RET
```

2. 间接控制方式

把字符型液晶显示模块作为终端设备连接到单片机的并行口上或使用扩展并行接口电路来连接。通过对并行口的访问，间接控制显示模块，如图 7.12 所示。

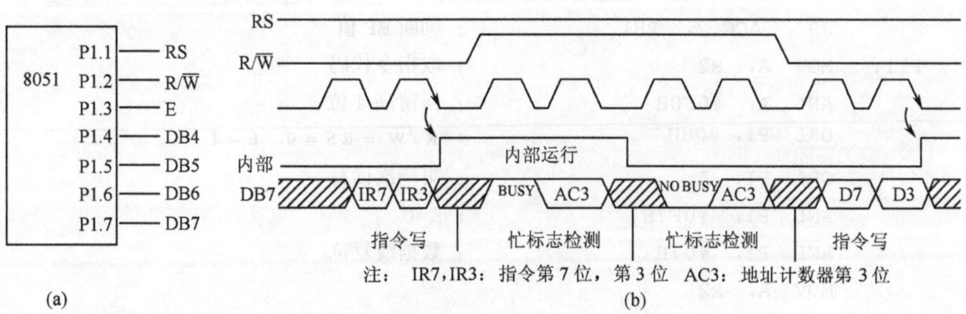

图 7.12 间接方式控制电路及时序

设电路选用 HD44780 的 4 位数据传输方式，并对输出信号相应位设置电平及顺序来实现对显示模块读写操作的时序控制。HD44780 在 4 位数据传输方式下，数据线高 4 位 DB4～DB7 作为数据总线，低 4 位 DB0～DB3 没用。在图 7.12 中该液晶模块占用单片机 P1 接口的 7 位，P1.4～P1.7 作为数据线，P1.3 为 E 信号线，P1.2 为 $R/\overline{W}$ 信号线，P1.1 为 RS 信号线，P1.0 没用。接口电路非常简单，但软件编程要复杂一些，编程时不仅要把数据和指令代码的传输分两次进行，而且把 RS、$R/\overline{W}$ 和 E 的时序关系表现出来。时序关系是先设置 RS 和 $R/\overline{W}$ 状态，然后设置 E 信号，结束时先复位 E，然后复位 R 和 $R/\overline{W}$ 。其主要子程序如下。

【例 7.4】 读忙标志 BF 和地址计数器 AC 值子程序。

设 A 存储器 BF 及 AC 值，ACC.7=BF，ACC.6～ACC.0=AC。程序如下：

```
PR0:    ANL  P1,  #00H          ; P1 接口初始化 R/W̄ = RS = 0
P01:    ORL  P1,  @04H          ; R/W̄ = 1, RS = 0
        ORL   P1,  #0F8H        ; 数据口为输入状态 E=1
        MOV  A,  P1             ; 第一次读
        ANL  P1,  #07H          ; E=0
        ANL  A,  #0F0H          ; 取数
        MOV  R3,  A             ; 保存
        ORL  P1,  #0F8H         ; E=1
        MOV  A,  P1             ; 第二次读
        ANL  P1, #00H
        ANL  A,  #0F0H          ; 取数
        SWAP A                  ; 整理
        ORL  A ,  R3            ; 合成
        RET
```

【例 7.5】 写指令代码子程序。

令 R2 存储器指令代码。程序如下：

```
PR1:    ACALL PR0
        JB    ACC.7,  PR1       ; 判断 BF 值
P11:    MOV  A,  R2             ; 取指令代码
        ANL  A,  #0F0H          ; 保留高 4 位
        ORL  P1, #08H           ; R/W̄ = RS = 0, E = 1
        ORL  P1,  A             ; 第一次读写
        ANL  P1,  #0F7H         ; E=0
        ANL  P1,  #07H          ; 数据线复位
        MOV  A,  R2
        SWAP A                  ; 保留低 4 位
P12:    ANL  A,  #0F0H
        ORL  R1,  #08H          ; E=1
        ORL  P1,  A             ; 第二次读写
        ANL  P1,  #0F7H         ; E=0
        ANL  P1,  #00H
        RET
```

【例 7.6】 写数据子程序。

令 R2 存储输入数据。程序如下：

```
PR2 : ACALL PR0
      JB    ACC.7,  PR2
```

```
        ORL   P1， #02H              ;
        SJMP  P11                   ；转入 PR1 子程序 P11 入口
```

【例 7.7】 读数据子程序。程序如下：

```
PR3: ACALL PR0
     JB    ACC.7， PR3
     ORL   P1， #02H                ；R/W = 0，RS = 1
     SJMP  P10                      ；转入 PR1 子程序 P10 入口
```

【例 7.8】 初始化程序。程序如下：

```
PR4: ANL   P1， #00H
     MOV   R2， #03H                ；循环量
P41: MOV   A， #30H                 ；功能设置指令代码
     ACALL P12                      ；按 8 位写入
     ACALL T                        ；调用延时子程序
     DJNZ  R2 ，P41
     MOV   A，#20H
     ACALL P12                      ；调 PR1 中子程序 P12
     MOV   R2， #00101000B          ；功能设置代码
     ACALL PR1
     MOV   R2， #06H                ；输入方式指令代码
     ACALL PR1
     MOV   R2，#0EH                 ；显示方式指令代码
     ACALL PR1
     RET
```

7.5.4 内置式 T6963C 液晶显示驱动控制器

本节将以液晶显示模块 MGLS240128T 为实例，说明内置 T6963C 控制器型液晶显示模块的应用。

1. T6963C 的特征

内置 T6963C 控制器型液晶显示模块的驱动控制系统是由液晶显示控制器 T6963C 及其周边电路、行驱动器组、列驱动器组以及液晶驱动偏压电路组成。

T6963C 的最大特点是具有独特的硬件初始值设置功能，显示驱动所需的参数如占空比系数，驱动传输的字节数/行及字符的字体选择等均由引脚电平设置，使 T6963C 的初始化在上电时就设置完成。

2. T6963C 的软件说明

表 7.3　T6963C 的指令表

指令名称	控制状态			指令代码								参数量	运行时间
	CD	RD	WR	D7	D6	D5	D4	D3	D2	D1	D0		
读状态字	1	0	1	S7	S6	S5	S4	S3	S2	S1	S0	无	—
地址指针设置	1	1	0	0	0	1	0	0	N2	N1	N0	2	状态检测
显示区域设置	1	1	0	0	1	0	0	0	0	N1	N0	2	状态检测
显示方式设置	1	1	0	1	0	0	0	CG	N2	N1	N0	无	32/Fosc
显示状态设置	1	1	0	1	0	0	1	N3	N2	N1	N0	无	32/Fosc
光标形状设置	1	1	0	1	1	0	0	0	N2	N1	N0	无	32/Fosc
数据自动读写设置	1	1	0	1	0	1	1	0	0	N1	N0	无	32/Fosc
数据一次读写设置	1	1	0	1	1	0	0	0	N2	N1	N0	1	32/Fosc
屏读（一字节）设置	1	1	0	1	1	1	0	0	0	0	0	无	状态检测
屏拷贝（一行）设置	1	1	0	1	1	1	0	1	0	0	0	无	状态检测
位操作	1	1	0	1	1	1	1	N3	N2	N1	N0	无	状态检测
数据写操作	0	1	0	数据								无	状态检测
数据读操作	0	0	1	数据								无	状态检测

T6963C 使用硬件初始化设置，指令功能集中于显示功能的设置上，加强显示控制。

T6963C 指令参数的输入是在指令代码写入之前，指令写入的流程图如图 7.13 所示。T6963C 的指令表如表 7.3，T6963C 指令的详细说明如下。

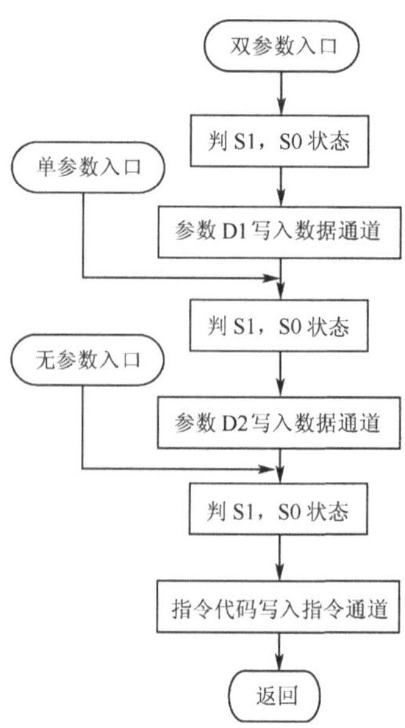

图 7.13　T6963C 指令写入流

（1）读状态字（STATUS READ）

格式	S7 (STAO)	S6 (STAO)	S5 (STAO)	S4 (STAO)	S3 (STAO)	S2 (STAO)	S1 (STAO)	S0 (STAO)

闪烁状态检测 1：显示 0：关显示

控制器运行检测可能性 1：可能 0：忙

数据自动写状态 1：准备好 0：忙

数据读写状态 1：准备好 0：忙

屏读／屏拷贝出错状态 1：出错

未用

数据自动读状态 1：准备好 0：忙

指令读写状态 1：准备 0：忙

各个标志位独立使用，但并非同时都有效。每一次对 T6963C 的软件操作之前都要进行判“忙”，只有在其不“忙”时操作才有效。

（2）地址指针设置（ REGISTER SET）

格式 D1 D2	0	0	1	0	0	N2	N1	N0

该指令为双参数（D1，D2）指令。指令代码中的 N2，N1，N0 取值“1”为有效，“0”为无效，而且不能同时为“1”，根据 N 的取值，该指令有三种含义，如表 7.4 所示。

表 7.4 地址指针指令的不同含义

D1	D2	指令代码	功能
水平位置（低 7 位有效）	垂直位置（低 5 位有效）	21H（N0=1）	光标地址设置
偏置地址（低 5 位有效）	00H	22H（N1=1）	CGRAM 偏置地址设置
低字节	高字节	24H（N2=1）	显示地址设置

1）光标地址设置 D1－D2－21H。T6963C 专门有一个光标指针寄存器存放当前的光标地址。光标地址不会自动改变，由该指令设置或修改光标在显示屏上的位置。光标的地址以二维坐标形式，以字符为单位设置。水平方向的位置由 D1 参数确定，取值范围在 00H～4FH（1～80 字符位），表示显示屏左起第几个字符位；垂直方向由 D2 参数确定，取值范围在 00H～1FH（1～32 字符行），表示显示屏上起第几个字符行。光标在双屏结构的显示屏上的垂直方向位置的规定为上半屏为 00H～0FH，下半屏为 10H～1FH。

2）CGRAM 偏置地址设置 D1－D2－22H。T6963C 可管理 2K 的 CGRAM。在显示存储器内要划出 2K 的区域作 CGRAM 使用，只需确定 16 位地址的高 5 位（ad15～adl1）即可。CGRAM 偏置地址寄存器就是用来存储这个地址值的。用户可以通过将这个寄存器的内容与自定义字符代码值组合出显示存储器中该字符字模数组所在的首地址：

adl5 adl4 adl3 ad12 adll ad10 ad9 ad8 ad7 ad6 ad5 ad4 ad3 ad2 adl ad0

|←偏置地址值（5 位）→+←字符代码值（8 位）→| 0 0 0

ad2～ad0 从 0～7 指向将该字符 8 个字节的字模。

偏置地址由参数 D1 的低 5 位值设置，D2 为 00H。如指令 03H－00H－22H 设置字符代码为80H，则该字符字模组在显示存储器首址为1C00H，字模存放在1C00H～1C07H单元。

3）显示地址设置 D1－D2－24H。该指令将计算机所要访问的显示存储器的地址写入 T6963C 的地址指针计数器中。该地址指针计数器为 16 位字长，需要两个字节。D1 为低 8 位地址，D2 为高 8 位地址。

（3）显示区域设置（CONTROL WORD SET）

格式 D1 D2	0	1	0	0	0	0	N1	N0

该指令是双参数指令，它将在显示存储器内划分出各显示区域的范围。它是由设定显示区域的首地址和宽度来确定该显示区域的范围，同时也确定了显示存储器单元与显示屏上各点像素的对应关系。该指令中 N1，N0 有四种组合，每个组合的含义如表 7.5 所示。

表 7.5　显示区域指令含义

N1	N2	D1	D2	指令代码	功　能
0	0	低字节	高字节	40H	文本显示区首地址
0	1	字节数	00H	41H	文本显示区宽度
1	0	低字节	高字节	42H	图形显示区首地址
1	1	字节数	00H	43H	图形显示区宽度

1）文本显示区首地址设置 D1－D2－40H。该指令设置了文本显示区在显示存储器中的起始地址。该地址对应显示屏上左上角的第一个字符位（home）。定时间定间隔地修改这个地址将会产生显示画面的平滑滚动。参数 D1、D2 为该地址的低 8 位、高 8 位。

2）文本显示区宽度设置 D1－00H－41H。该指令规定了在文本显示区中作为一行显示所占的单元（字节）数。该数据与文本显示首地址一起确定了显示单元与显示屏上各点像素的对应关系。

3）图形显示区首地址设置 D1－D2－42H。该指令设置了图形显示区在显示存储器中的起始地址。该地址对应显示屏上左上角的第一个 8 点列像素（home）。一个水平 8 点像素作为一个像素组由一个字节表示。定时地修改这个地址将会产生显示画面的平滑滚动。参数 D1、D2 为该地址的低 8 位、高 8 位。

4）图形显示区宽度设置 D1－00H－43H。该指令规定了在图形显示区中作为一行显示所占的单元（字节）数。该数据与图形显示首地址一起确定了显示单元与显示屏上各像素组（字节）的对应关系。

（4）显示方式设置（MODE SET）

格式	1	0	0	0	CG	N2	N1	N0

该指令无参数，它的几个设置位功能如下：

1）CG 位：字符发生器选择位。

CG＝0：启用内部字符发生器 CGROM，该字符库有 128 种字符，其代码为 00H～

7FH；同时可以建立 128 种 8×8 点阵的自定义 CGRAM，其字符代码规定在 80H～FFH 范围内；

CG=1：禁止内部 CGROM，字符显示完全取自自定义字符发生器 CGRAM，该字符库为 2K 字节容量，字符代码为 00H～FFH。

2）N2，N1，N0 位：显示方式设置位。表 7.6 为它们组合所产生的显示方式。

表 7.6 N0、N1、N2 组合产生的显示方式

N2	N1	N0	显示方式	说明
0	0	0	逻辑“或”	文本与图形以逻辑“或”的关系合成显示
0	0	1	逻辑“异或”	文本与图形以逻辑“异或”的关系合成显示
0	1	1	逻辑“与”	文本与图形以逻辑“与”的关系合成显示
1	0	0	文本属性	文本显示特征以双字节表示

注意：在设置了文本属性显示方式后，图形显示区将转换成文本属性区，用于存储字符的属性代码，其地址与显示屏上的对应关系与文本显示区相同。

（5）显示状态设置（D1SPLAY MODE）

设置当前显示状态，有 4 个设置开关位 N0～N3，=1：启动，=0：禁止，无参数，每一位都代表一种显示状态的设置，它们可以同时有效，也可以部分有效，也可以都无效。其格式如下：

格式	1	0	0	1	N3	N2	N1	N0

N3：图形显示设置开关
N2：文本显示设置开关
N1：光标显示设置开关
N0：光标闪烁设置开关

在文本显示与图形显示合成显示时，文本显示开关与图形显示开关应同时启用，在文本属性显示方式下，图形显示开关也应启用，只是特性不同。光标显示及光标闪烁功能的启用要在文本显示启用时进行，否则无效。

（6）光标形状设置（CURSOR PATTERN SELECT）

格式	1	0	1	0	0	N2	N1	N0

用于设置光标的显示形状，无参数，指令的三个设置位设置了光标点数。光标是以 8 点列×N 行，行的取值由设置位 N2、N1、N0 组合完成。

（7）数据自动读写设置（DATA AUTO READ WRITE）

格式	1	0	1	1	0	0	N1	N0

0 0:（B0H）进入自动写方式
0 1:（B1H）进入自动读方式
1 1:（B2H/B3H）退出自动读写方式

用于进/退数据的自动读/写方式。在自动读/写方式中，计算机可以连续地将显示数据写入显示存储器中，从显示存储器中读取数据。在每次读/写的操作后，显示地址自动加一。进入自动读方式/写方式时，状态位将由 S2（自动读方式）/S3（自动写方式）代替 S1 和 S0。

（8）数据一次读写设置（ DATA READ WR1TE）

格式 D1	1	1	0	0	0	N2	N1	N0

每次读/写数据操作后，显示地址都要根据指令代码的设置而加一，减一或不变。写入数据时，所带的一个参数是要写入的显示数据；读数据时，不带参数，而直接写入指令代码。T6963C 在接收到该指令后将当前显示地址计数器所指的显示存储器单元的内容送入接口部的数据栈内，紧接着计算机的读数据操作将其读出。功能由表 7.7 三个设置位 N2、N1、N0 设置。

表 7.7 数据一次读写设置

参数 D1	N2 N1 N0	指令代码	功能
数据	0 0 0	C0H	数据写，地址加一
—	0 0 1	C1H	数据读，地址加一
数据	0 1 0	C2H	数据写，地址减一
—	0 1 1	C3H	数据读，地址减一
数据	1 0 0	C4H	数据写，地址不变
—	1 0 1	C5H	数据读，地址不变

（9）屏读（一字节）设置（SCREEN PEEK）和屏拷贝（一行）设置（SCREEN COPY）

屏读指把显示屏上显示的内容取出来作为数据提供给计算机使用，这个内容可为文字或图形，也可为字符和图形的合成。其设置格式如下：

格式	1	1	1	0	0	0	0	0

屏拷贝指把显示屏上的某一行显示的内容取出来作为图形显示数据返回图形显示区相应的显示单元内，这个内容可为文字或图形，也可为字符和图形的合成。其设置格式如下：

格式	1	1	1	0	1	0	0	0

注意：1）两条指令仅用于图形显示功能有效，且指令写入后应立即检查状态 S6，判断指令执行是否正确，如正确则可读取数据。

2）两条指令均无参数，不能应用在文本属性显示方式下。

（10）位操作（BIT SET RESET）

格式	1	1	1	1	N3	N2	N1	N0

该指令可对当前显示地址指针所指的显示单元中的数据的任一位写“0”或“1”，无参数。操作由 N2、N1、N0 确定，取值在 0～7 之间，对应着数据的 D0～D7 位。N3 为写入的数据位，是“1”表置位，是“0”表清零。该指令一次仅能操作一位。

（11）数据写操作（DATA WRITE）和数据读操作（DATA READ）

数据写操作是向数据通道里写数据或指令的参数，执行时，数据或参数先写到数据栈，再由指令代码决定是作为数据写入当前显示地址指针所指的单元内，还是作为参数写入相应的寄存器。

数据读操作是从数据通道中读取数据，执行时，先将当前显示地址指针所指单元的数据取出写入数据栈，再送入数据总线供计算机获取。在自动读操作时连续的读操作将从显示存储器内连续地读取数据，显示地址将自动加一。

这两条指令的格式如下：

格式	数　　据

3. T6963C 控制器的液晶显示模块的接口技术

内置 T6963C 控制器的液晶显示模块与计算机的接口时序与字符型 LCD 类似，分为直接访问方式和间接访问方式。

（1）直接访问方式

直接访问方式是把内置 T6963C 控制器的液晶显示模块作为存储器或 I/O 设备直接挂在计算机的总线上。模块的数据线与计算机的数据总线直接连接，片选及寄存器选择信号线由计算机的地址总线提供，读/写操作由计算机的读/写操作信号控制。

计算机直接访问方式下与内置 T6963C 控制器的液晶显示模块的实用接口电路如图 7.14 所示。在图中使用了地址线 A8 作为模块的寄存器选择线 C/D，使用地址线 A15 作为模块操作的片选线；模块的 V0 端所接的电位器用于调节显示的对比度。

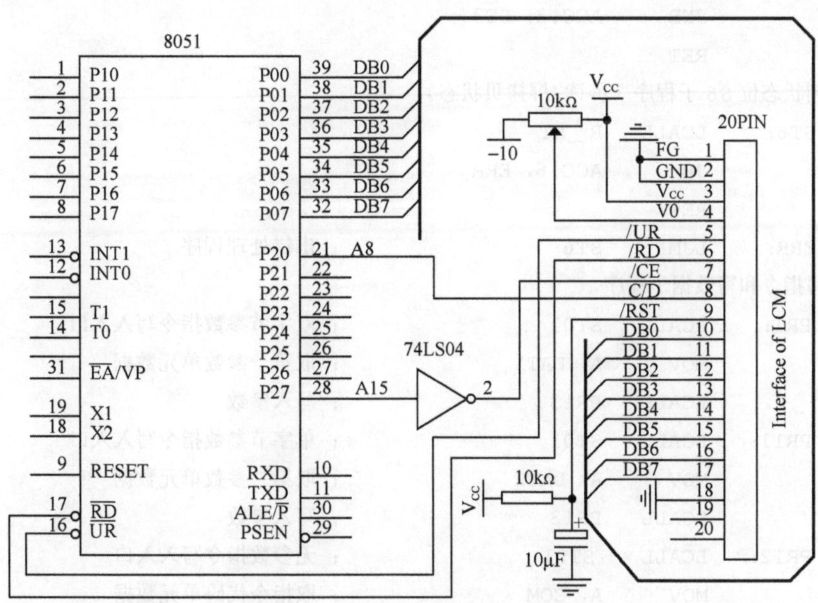

图 7.14　直接访问方式下接口电路图

直接访问方式程序：

```
        DAT1    EQU     30H                 ；第一参数单元
        DAT2    EQU     31H                 ；第二参数/数据单元
        COM     EQU     32H                 ；指令代码单元
        C_ADD   EQU     8100H               ；指令通道地址
        D_ADD   EQU     8000H               ；数据通道地址
；读状态字子程序
    R_ST:   MOV     DPTR，#C_ADD            ；设置指令通道地址
            MOVX    A，@DPTR
            RET
；判状态位 S1，S0 子程序（读写指令和读写数据状态）
    ST01:   LCALL   R_ST
            JNB   ACC.0，ST01
            JNB ACC.1，ST01
            RET
；判状态位 S2 子程序（数据自动读状态）
    ST2:    LCALL   R_ST
            JNB     ACC.2，ST2
            RET
；判状态位 S3 子程序（数据自动写状态）
    ST3:    LCALL   R_ST
            JNB     ACC.3，ST3
            RET
；判状态位 S6 子程序（屏读/屏拷贝状态）
    ST6:    LCALL   R_ST
            JB      ACC.6，ERR
            RET
    ERR:    LJMP    ST6                     ；出错处理程序
；写指令和写数据子程序
    PR1:    LCALL   ST01                    ；双字节参数指令写入入口
            MOV     A，DAT1                 ；取第一参数单元数据
            LCALL   PR13                    ；写入参数
    PR11:   LCALL   ST01                    ；单字节参数指令写入入口
            MOV     A，DAT2                 ；取第二参数单元数据
            LCALL   PR13                    ；写入参数
    PR12:   LCALL    ST01                   ；无参数指令写入入口
            MOV     A，COM                  ；取指令代码单元数据
            LJMP    PR14                    ；写入指令代码
    PR13:   MOV     DPTR，#D_ADD            ；设置数据通道地址/数据写入入口
    PR14:   MOVX        @DPTR，A            ；写入操作
```

```
        RET
;读数据子程序
PR2:    LCALL   ST01                    ;判状态位
        MOV         DPTR，#D__ADD       ;设置数据通道地址
        MOVX        A，@DPTR            ;读数据操作
        MOV     DAT2，A                 ;数据存入第二参数/数据单元
        RET
```

（2）间接控制方式

间接控制方式是将内置T6963C控制器的液晶显示模块与计算机系统中的某个并行I/O接口连接，计算机通过对该I/O接口的操作间接的实现对模块的控制。间接控制方式在硬件电路上需要一个 8位并行接口（如 8051的 P1口）与模块的数据线连接，作为数据总线，还需要一个3位并行接口作为时序控制信号线如8051的P3.2作为C/D，P3.3作为WR，以及P3.4作为RD。由于使用了专用的并行接口连接模块，而且该并行接口自身在计算机系统中有相应的片选地址，所以模块的片选信号可以直接接地作选通态，间接控制方式的接口电路与时序无关，时序完全靠软件编程实现。计算机间接控制方式下与内置T6963C控制器的液晶显示模块的实用接口电路如图7.15所示。

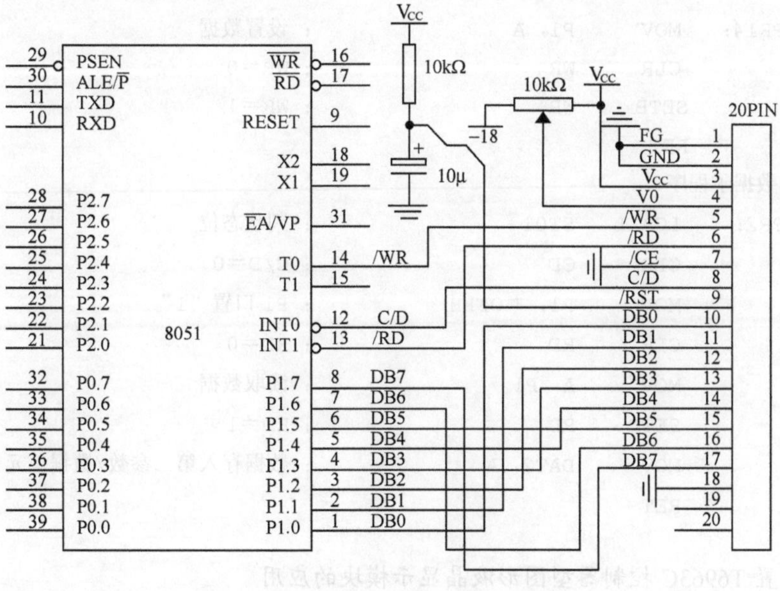

图7.15　间接控制方式下的接口电路图

间接控制方式程序如下：

```
CD      EQU     P3.2                    ;通道选择信号
WR      EQU     P3.3                    ;写操作信号
RD      EQU     P3.4                    ;读操作信号
```

```
；读状态字子程序
    R__ST:  MOV     P1，#0FFH          ；P1 口置“1”
            SETB    CD                 ；CD=1
            CLR     RD                 ；RD=0
            MOV A，P1                  ；读操作
            SETB    RD                 ；RD=1
            RET
；写指令和写数据子程序
    PR1:    LCALL   ST01               ；双字节参数指令写入入口
            MOV     A，DAT1            ；取第一参数单元数据
            LCALL   PR13               ；写入参数
    PR11:   LCALL   ST01               ；单字节参数指令写入入口
            MOV     A，DAT2            ；取第二参数单元数据
            LCALL   PR13               ；写入参数
    PR12:   LCALL   ST01               ；无参数指令写入入口
            MOV     A，COM             ；取指令代码单元数据
            LJMP    PR14               ；写入指令代码
    PR13:   CLR     CD                 ；C/D=0/数据写入入口
    PR14:   MOV     P1，A              ；设置数据
            CLR     WR                 ；WR=0
            SETB    WR                 ；WR=1
            RET
；读数据子程序
    PR2:    LCALL   ST01               ；判状态位
            CLR     CD                 ；C/D=0
            MOV     P1，#0FFH          ；P1 口置“1”
            CLR     RD                 ；RD=0
            MOV     A，P1              ；读取数据
            SETB    RD                 ；RD=1
            MOV     DAT2，A            ；数据存入第二参数/数据单元
            RET
```

4. 内置 T6963C 控制器型图形液晶显示模块的应用

应用以上接口电路及驱动程序，列举一些应用程序。

（1）初始化子程序

初始化设置主要是对显示区域和显示方式的设置，其程序如下：

```
INT:    MOV     DAT1，#00H       ；设置文本显示区域首地址
```

```
MOV     DAT2，#00H
MOV     COM，#40H
LCALL   PR1
MOV     DAT1，#20H        ；设置文本显示区域宽度
MOV     DAT2，#00H        ；即一行显示所占字节数
MOV     COM，#41H
LCALL   PR1
MOV     DAT1，#00H        ；设置图形显示区域首地址
MOV     DAT2，#08H        ；或为文本属性区域首地址
MOV     COM，#42H
LCALL   PR1
MOV     DAT1，#20H        ；设置图形显示区域宽度
MOV     DAT2，#00H        ；或为文本属性区域宽度
MOV     COM，#43H         ；即一行显示所占字节数
LCALL   PR1
MOV     COM，#0A7H        ；光标形状设置
LCALL   PR12
MOV     COM，#80H         ；显示方式设置逻辑“或”合成
LCALL   PR12
MOV     COM，#9CH         ；显示开关设置，打开文本和图形显示
LCALL   PR12
RET
```

注意：1）为了计算地址方便，设置显示区域的宽度为20H。

2）初始化完成后，打开文本和图形显示。

（2）清显示存储器子程序

该子程序部分显示区域性质，主要用于系统初始化和显示存储器完全清零，也可以作为接口电路及驱动程序的调试使用，当写入的数据不为“0”时，即可以观察显示效果。

```
CLEAR:    MOV     DAT1，#00H        ；设置显示存储器首地址
          MOV     DAT2，#00H
          MOV     COM，#24H
          LCALL   PR1
          MOV     R3，#00H          ；设置循环量（8K字节）
          MOV R4，#20H
          MOV     COM，#0B0H        ；设置自动写方式
          LCALL   PR12
CLEAR1:   LCALL   ST3               ；判状态位S2
          MOV     A，#00H           ；置数据“0”
```

```
        LCALL   PR13                ; 写入数据
        DJNZ    R3, CLEAR1          ; 循环
        DJNZ    R4, CLEAR1
        MOV     COM, #0B2H          ; 设置自动写结束指令
        LCALL   PR12
        RET
```

（3）建立 CGRAM 子程序（地址设定在代码为 80H 起处）

该程序是在内部 CGROM 有效时建立 CGRAM 的子程序，使用的字符代码从 80H 开始。子程序有一个参数为 COUNT，它用于设置写入 8×8 点阵字符的字模的个数。如果是汉字字模，那么一个汉字字模就需要 4 个 8×8 点阵字符字模组合。子程序如下：

```
COUNT     EQU     34H                 ; 西文字符（8×8 点阵）个数
CGRAM:    MOV     DAT1, #03H          ; 设置 CGRAM 偏置地址
          MOV     DATA2, #00H
          MOV     COM, #22H
          LCALL   PR1
          MOV     DAT1, #00H          ; 设置存储器地址指针
          MOV     DAT2, #1CH
          MOV     COM, #24H
          LCALL   PR1
          MOV     COM, #0B0H          ; 设置自动写方式
          LCALL   PR12
          MOV     A, COUNT            ; 计算写入的字节数
          MOV     B, #08H
          MUL     AB
          MOV     COUNT, A            ; 计算器低 8 位数据
          INC     B                   ; 计算器高 8 位数据
          MOV     DPTR, #CGTAB        ; 取字符库首地址
          PUSH    DPH                 ; 存字符库指针
          PUSH    DPL
CGRAM1:   LCALL   ST3                 ; 判自动写状态位
          POP     DPL                 ; 取字符库指针
          POP     DPH
          CLR     A
          MOVC    A, @A+DPTR          ; 取数据
          INC     DPTR                ; 字符库指针加 1
          PUSH    DPH                 ; 存字符库指针
          PUSH    DPL
          LCALL   PR13                ; 写入数据
```

```
DJNZ    COUNT, CGRAM1        ; 计数循环
DJNZ    B, CGRAM1
MOV     COM, #OB2H           ; 写入结束自动写指令
LCALL   PR12
POP     ACC                  ; 修正栈指针
POP     ACC
RET
```

建立 CGRAM 的步骤如下：

1）在程序区内建立汉字字模表 CGTAB。

2）汉字代码定义（以“清”＝80H 为例）

80H 汉字代码（表示汉字左上半部字模代码）

81H 隐含代码（表示汉字左下半部字模代码）

82H 隐含代码（表示汉字右上半部字模代码）

83H 隐含代码（表示汉字右下半部字模代码）

3）写入两个汉字的字模数据，设置 COUNT 值为 8。

4）调用 CGRAM 子程序：

```
        MOV     COUNT, #08H
        LCALL   CGRAM
        SJMP    $
CCTAB:  DB 00H, 40H, 37H, 10H, 83H, 60H, 2FH, 08H; 清=80
        DB 13H, 22H, 0E3H, 22H, 23H, 22H, 22H, 22H
        DB 40H, 48H, 0FCH, 40H, 0F8H, 40H, 0FEH, 08H
        DB 0FCH, 08H, 0F8H, 08H, 0F8H, 08H, 28H, 10H
        DB 04H, 04H, 08H, 08H, 18H, 29H, 4AH, 08H; 华=84
        DB 09H, 01H, 0FFH, 01H, 01H, 01H, 01H, 01H
        DB 40H, 48H, 58H, 60H, 0C0H, 40H, 44H, 44H
        DB 3CH, 00H, 0FEH, 00H, 00H, 00H, 00H, 00H
```

汉字字模排列格式是：第 1～16 字节为汉字左半部分自上而下排列的字符数据，第 17～32 字节为汉字右半部分自上而下排列的字模数据。

（4）在文本方式下显示汉字

首先要建立汉字 CGRAM（如上例所示），要定义汉字代码。在文本方式下写汉字需要写入 4 个代码以组成一个汉字，子程序如下：

```
CODE      EQU     33H             ; 汉字字符代码
O_Y       EQU     35H             ; Y 坐标 (0_15)
O_X       EQU     36H             ; X 坐标 (0_29)
WRI_CT:   MOV     A, O_Y          ; 计算显示 RAM 地址
          MOV     B, #20H
```

```
        MUL     AB
        ADD     A，O__X
        MOV     O__X，A
        MOV     DAT1，A
        MOV     A，B
        ADDC    A，#00H            ；文本显示区首地址为0000H
        MOV     O__Y，A
        MOV     DAT2，A            ；设置显示RAM地址
        MOV     COM， #24H
        LCALL   PR1
        MOV     A，CODE            ；取汉字代码
        MOV     DAT2，A            ；写入左上半部汉字代码
        MOV     COM，#0C0H
        LCALL   PR11
        MOV     A，CODE
        ADD     A，#02H
        MOV     DAT2，A            ；写入右上半部汉字代码
        LCALL   PR11
        MOV     A，#20H            ；显示RAM地址修正
        ADD     A，0__X
        MOV     DAT1，A
        CLR     A
        ADDC    A，0__Y
        MOV     DAT2，A
        MOV     COM，#24H          ；设置显示 RAM地址
        LCALL   PR1
        MOV     A，CODE
        INC     A
        MOV     DAT2，A            ；写入左下半部汉字代码
        MOV     COM， #0C0H
        LCALL   PR11
        MOV     A，CODE
        ADD     A，#03H
        MOV     DAT2，A            ；写入右下半部汉字代码
        LCALL   PR11
        RET
```

文本方式下汉字显示演示程序如下：

```
        MOV     CODE，#80H
        MOV     O__X，#03H
```

```
        MOV     O__Y, #02H
        LCALL   WRI__CT
        MOV     CODE, #84H
        MOV     O__X, #07H
        MOV     O__Y, #02H
        LCALL   WRI__CT
```

(5) 汉字写入子程序（图形方式）

在图形方式下显示汉字是常用的方法。汉字库作在程序区内，按排序定义各汉字的代码。写入汉字字模如同写入图形数据一般，这里提供单字节汉字代码使用的汉字写入子程序。

```
CODE        EQU     33H             ; 汉字字符代码
O__Y        EQU     35H             ; Y坐标（0__127）
O__X        EQU     36H             ; X坐标（0__29）
COUNT       EQU     34H             ; 计数器
WRI__CC:    MOV     A, O__Y         ; 计算图形显示RAM地址
            MOV     B, #20H         ; 图形显示区宽度为20H
            MUL     AB
            ADD     A, O__X
            MOV     O__X, A
            MOV     A, B
            ADDC    A, #08H         ; 图形显示区首地址为0800H
            MOV     O__Y, A
            MOV     DPTR, #CCTAB    ; 计算汉字库字符首地址
            MOV     A, CODE
            MOV     B, #20H
            MUL     AB
            ADD     A, DPL
            MOV     DP, A
            MOV     A, B
            ADDC    A, DPH
            MOV     DPH, A
            PUSH    DPH             ; 存字库地址指针
            PUSH    DPL
            MOV     COUNT, #10H     ; 计数器设置为16次
WRI__CC1:   MOV     DAT1, O__X      ; 设置显示RAM地址
            MOV     DAT2, O__Y
            MOV     COM, #24H
            LCALL   PR1
```

```
        POP     DPL              ；取字库地址指针
        POP     DPH
        CLR     A
        MOVC    A，@A+DPTR       ；取左部字模数据
        MOV     DAT2，A          ；设置数据
        MOV     A，#10H          ；偏置地址为16
        MOVC    A，@A+DPTR       ；取右部字模数据
        MOV     DAT1，A          ；暂存数据
        INC     DPTR             ；字库地址指针加1
        PUSH    DPH              ；存字库地址指针
        PUSH    DPL
        MOV     COM，  #0C0H     ；设置一次写数据指令代码
        LCALL   PR11             ；写入数据
        MOV     DAT2，DAT1       ；设置右部数据
        LCALL   PR11             ；写入数据
        MOV     A，#20H          ；显示 RAM 地址修正
        ADD     A，O__X
        MOV     O__X，A
        CLR     A
        ADDC    A，O__Y
        MOV     O__Y，A
        DJNZ    COUNT，WRI__CC1  ；计数器循环
        POP     ACC              ；修正栈指针
        POP     ACC
        RET
；————————————————汉字库————————————————————
CCTAB:      第（3）小段，其中“清”“华”代码分别为00H，01H。
```

图形方式下汉字显示演示程序如下：

```
        MOV     CODE，#00H
        MOV     O__X，#00H
        MOV     O__Y，#00H
        LCALL   WRI__CC
        MOV     CODE，#01H
        MOV     O__X，#03H
        MOV     O__Y，#00H
        LCALL   WRI__CC
        MOV     CODE，#02H
        MOV     O__X，#06H
        MOV     O__Y，#00H
```

```
        LCALL   WRI__CC
        MOV     CODE，#03H
        MOV     O__X，#09H
        MOV     O__Y，#00H
        LCALL   WRI__CC
```

（6）西文字符写入子程序（文本属性显示方式的应用）

非文本属性显示方式的西文字符写入非常简单，先设置显示地址指针（24H），再写入字符代码即可。可以取 WRI_C 程序的前 15 条指令作为参考。

该程序使用了字符代码和字符显示属性两个参数。将图形显示区域作为文本属性区。在写入字符代码后将字符的属性参数写入相应的属性区内。

```
CODE      EQU     33H          ；字符代码
ATTR      EQU     34H          ；字符属性码（低 4 位有效）
O__Y      EQU     35H          ；Y 坐标（0～15）
O__X      EQU     36H          ；X 坐战（0～29）
WRI_C:    MOV     A，O__Y       ；计算文本显示 RAM 地址
          MOV     B，#20H       ；文本显示区宽度为 20H
          MUL     AB
          ADD     A，O__X
          MOV     DAT1，A
          MOV     A，B
          ADDC    A，#00H
          MOV     DAT2，A
          PUSH    ACC          ；存地址的高 8 位
          MOV     COM，#24H     ；设置地址指针
          LCALL   PR1
          MOV     DAT2，CODE    ；写入字符代码
          MOV     COM，#0C4H
          LCALL   PR11
          POP     ACC          ；取地址的高 8 位
          ADD     A，#08H       ；计算相应的属性区 RAM 地址
          MOV     DAT2，A
          MOV     COM， #24H    ；设置地址指针
          LCALL   PR1
          MOV     DAT2，ATTR    ；写入属性参数
          MOV     COM，#0C4H
          LCALL   PR11
```

```
                RET
;——————————————————文本属性方式设置程序段——————————————————
                MOV     COM，#84H       ；设置文本属性显示方式
                LCALL   PR12
                MOV     COM，#9FH       ；开文本，图形显示及光标闪烁显示
                LCALL   PR12
;——————————————————文本属性方式显示演示程序段——————————————————
                MOV     DAT1，#0EH      ；文本光标位置设置
                MOV     DAT2，#01H
                MOV     COM，#21H
                LCALL   PR1
                MOV     R1，#00H        ；设置属性寄存器=0
LOOPA:          MOV     R2，#00H        ；设置表间址寄存器=0
                MOV     R3，#00H        ；设置显示X坐标寄存器=0
                MOV     R4，#01H        ；设置显示Y坐标寄存器=0
LOOPB:          MOV     A，R2
                MOV     DPTR，#DTAB
                MOVC    A，@A+DPTR
                MOV     CODE，A         ；置字符代码
                MOV     ATTR，R1        ；置字符属性值
                MOV     O__X，R3        ；置X坐标
                MOV     O__Y，R4        ；置Y坐标
                LCALL   WRI__C          ；调子程序
                INC     R2
                INC     R3
                MOV     A，R2
                CJNE    A，#11，LOOPB
                LCALL   DELAY
                INC     R1
                LJMP    LOOPA
DELAY:          MOV     R5，#00H
                MOV     R6，#00H
DELAY1:         NOP
                DJNZ    R5，DELAY1
                DJNZ    R6，DELAY1
                RET
```

```
DTABS          DB 37H, 45H, 4CH, 43H, 4FH, 4DH, 45H
               DB 00H, 39H, 4FH, 55H "Welcome you"
```

该演示程序有光标位置设置的程序段。字符属性参数在软件特性中已给出，这里将该参数从0~FH循环设置一遍，使用者可以从中了解参数值的特性。参数与显示效果如下：

```
00H~02H, 07H        正向显示
03H                 禁止显示（白）
04H, 06H            禁止显示（黑）
05H                 负向显示
08H~0AH, 0FH        正向闪烁显示
0BH                 禁止显示（白）
0CH, 0EH            禁止显示（黑）
0DH                 负向闪烁显示
```

5. T6963C内置字符表（表7.8）

表7.8 T6963C的内置字符表

高位＼低位	0	1	2	3	4	5	6	7	8	9	A	B	C	D	E	F
0		!	"	#	$	%	&	'	(	)	*	+	,	-	.	/
1	0	1	2	3	4	5	6	7	8	9	:	;	<	=	>	?
2	@	A	B	C	D	E	F	G	H	I	J	K	L	M	N	O
3	P	Q	R	S	T	U	V	W	X	Y	Z	[	\	]	^	_
4	`	a	b	c	d	e	f	g	h	i	j	k	l	m	n	o
5	p	q	r	s	t	u	v	w	x	y	z	{	|	}	~	
6	Ç	ü	é	â	ä	à	å	ç	ê	ë	è	ï	î	ì	Ä	Å
7	É	æ	Æ	ô	ö	ò	û	ù	ÿ	Ö	Ü	¢	£	¥	₧	ƒ

习 题 七

1. 设计一个4×4行列式键盘电路并编写键扫描子程序。

2. 试说明非编码键盘的工作原理。如何去键抖动？如何判断键是否释放？

3. 试设计一个用8155与有32个按键的键盘连接的接口电路。编写程序实现以下功能：用8155定时器定时，每隔2s读一次键盘，并将其读入的键值存入8155片内RAM

40H 开始的单元中。

4．用 8051 的 P1 口作 8 个按键的独立式键盘接口。试画出其中中断方式的接口电路及相应的键盘处理程序。

5．试用 8255 为 8051 微机系统设计一个键盘接口。键盘为 3×4 个键，其中 10 个为数 1～9，两个为功能键 RESET 和 START。具体要求如下：

（1）按下数字键后，键值存入 3040H 开始的单元中（每个字节放一个键值）。

（2）按下 RESET（复位）键后，键 PC 复位成 0000H。

（3）按下 START（启动）键后，系统开始执行用户程序（用户程序的入口地址 4080H）。试画出该接口的硬件连接图并进行程序设计。

6．试设计一个 LED 显示器/键盘电路。

7．试为 8051 微机系统设计一个 LED 显示器接口，该显示器共有 8 位，从左到后分别 DG1～DG8（共阴极式），要求将内存 3080H～3087H 8 个单元中的十进制（BCD）依次显示在 DG1～DG8 上。要求：画出该接口硬件连接图并进行接口程序设计。

第8章

测控系统常用元器件

8.1 集成运算放大器应用要点

集成运算的应用一般是稳态应用，包括放大或者处理连续正弦波形成的复杂波形，这时应考虑如下两个方面：①反馈。若要放大交流信号，则失调漂移误差并不重要，可以用电容来压低输出直流偏移，使输出直流偏移不至于影响交流信号的幅度。②闭环增益和带宽。电压－电压运算放大器通常工作于闭环状态，其优点是闭环带宽可以很宽，输入阻抗、增益稳定性和非线性性能都优于开环放大器。为了适应高增益带宽运用，一般采用多级闭环放大器，每级增益较低（环路增益很大），然后级联使用。下面介绍常用集成运算放大器。

1. CF741 通用单运放

CF741 与部标的 F007 以及国外的 LM741、uA741、AD741、MC741、HA17741T、uPC741 等相同，要求双电源供电，供电范围为±（3V～18V），典型供电为±15V，一般≥±5V。如图 8.1 所示。

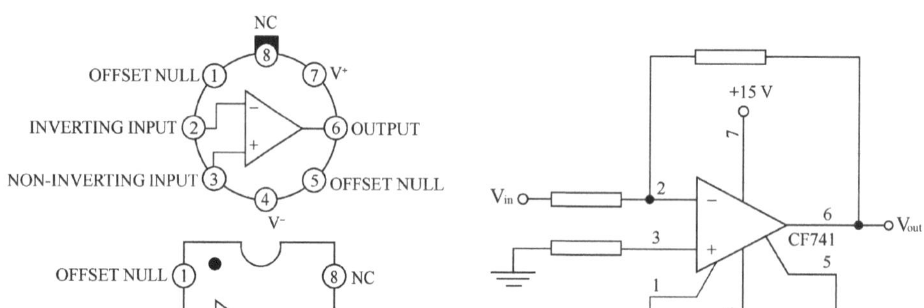

图 8.1 CF741 封装引脚

CF741 可用于对速度要求不太高、精度要求也不太高的场合，一般可在 8 位 A/D 和 D/A 中做放大器，CF741、F007 及与其相同的国外型号，其补偿电容装在封装内部，不需外接补偿电容。

2. CF124/CF224/CF324 单电源四电路通用运放

三种运放的区别在于 CF124 是军用品，CF224 是工业用品，CF324 是民用品或商用品，与我国 F324 及国外的 uA324、LM324 和 uPC324 结构和指标相同，可互换。CF324 既可双电源工作，也可单电源工作，双电源工作时供电范围为±15V～±16V，单电源工作时电压范围为＋3V～＋32V。如图 8.2 所示。

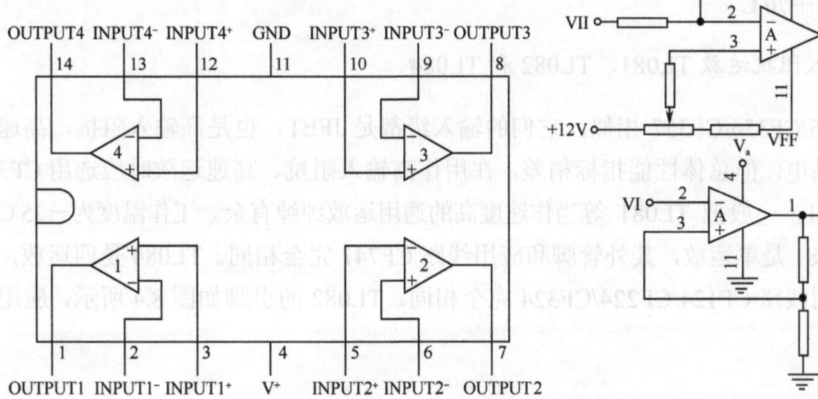

图 8.2　CF124 引脚排列和应用电路

3. 高输入阻抗运放 CF355、CF356 和 CF357

集成运放 CF355、CF356 和 CF357 的输入级都是结型场效应管（JFET），因而具有很高的输入阻抗，约为 $10^{12}\,\Omega$，另外还有较高的速度。它们都要求要求双电源供电，极限为±18V。如图 8.3 所示。国外相同的型号有 LF355/LF356/LF357。

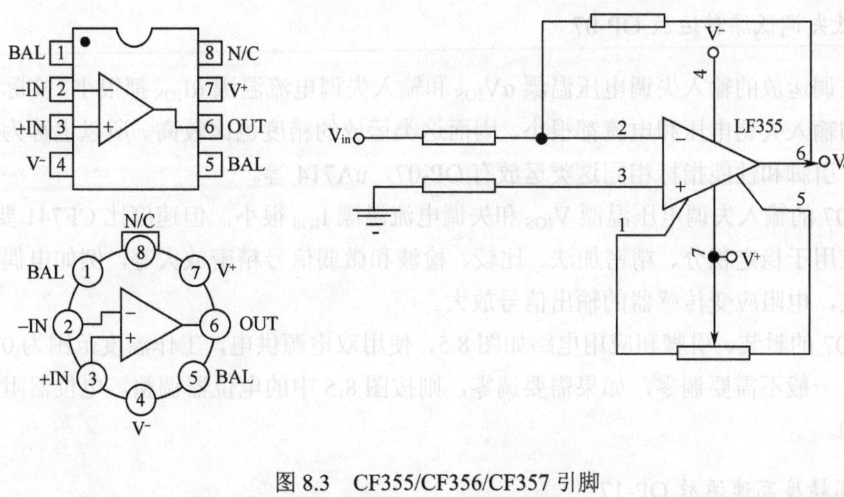

图 8.3　CF355/CF356/CF357 引脚

这三种运放既可做高输入阻抗运放，又可做高速运放使用。其中 CF356 常在 12 位以下的 A/D 和 D/A 电路中做放大或保持器。使用时应注意：输入的两端的任何一端加上比负共模电压低的电压时，输出电压便倒相，使放大器不受控，如果两输入端加上比负共模电压低的电压时，集成运放便输出“高”。因此在具有正反馈的电路性能指标中，例如振荡器和电压比较器中应注意避免发生这个问题。

由于这些运放具有高输入阻抗，高速的性能，应对电源去耦，当增益大于 5 时不要使用 CF357。否则会造成自激，因为此时运放内部电路的补偿电容已显得太小了。工作温度为 0℃～＋70℃。

4. 高输入阻抗运放 TL081、TL082 和 TL084

与 CF355/CF356/CF357 相似，它们的输入级都是 JFET，也是高输入阻抗，高速运放，双电源供电，但总体性能指标稍差，在用作高输入阻抗、高速运放时应选用 CF356 而不是 TL081，一般把 TL081 等当作速度高的通用运放绰绰有余。工作温度为－25℃～＋85℃，TL081 是单运放，其外管脚和应用线路 CF741 完全相同。TL084 是四运放，其外管脚和应用线路 CF124/CF224/CF324 完全相同，TL082 的引脚如图 8.4 所示，应用与 CF356 相似。

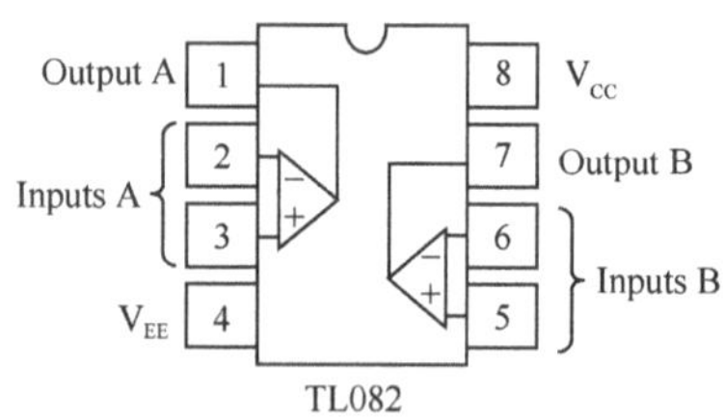

图 8.4　TL082 引脚图

5. 低失调低漂移运放 OP-07

低失调运放的输入失调电压温漂 αV_{IOS} 和输入失调电流温漂 αI_{IOS} 都很小，实际上这类运放的输入失调电压和电流都很小，因而这类运放的精度也比较高。所以也称为高精度运放。引脚和性能指标相同这类运放有 OP-07，uA714 等。

OP-07 的输入失调电压温漂 V_{IOS} 和失调电流温漂 I_{IOS} 很小，但速度比 CF741 要慢，广泛被应用于稳定积分、精密加法、比较、检波和微弱信号精密放大等，例如电偶输出信号放大，电阻应变传感器的输出信号放大。

OP-07 的封装、引脚和应用电路如图 8.5，使用双电源供电，工作温度范围为 0°C～＋70°C，一般不需要调零，如果需要调零，则按图 8.5 中的电位器调整，电位器阻值可选 200kΩ。

6. 高精度高速运放 OP-17

OP-17 的速度于 CF357 相当，但 OP-17 的输入失调电压温漂、输入失调电流温漂、输入失调电压漂移温漂和输入失调电流漂移温漂都很小，大约为 CF357 的十分之一。在要求高输入阻抗、高速、高精度、高稳定性的情况下，如果 CF357 不能满足要求，可选 OP-17。OP-17 的封装、引脚和应用电路和 CF357 完全相同。

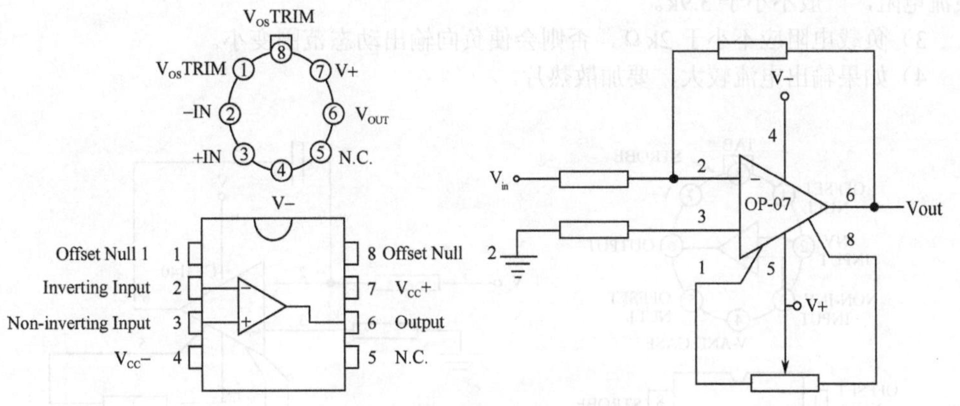

图 8.5　OP-07 引脚及典型电路

7. 超低噪声、高精度运放 OP-27

OP-27 的噪声电压特别小，小于 OP-07 的十分之一，OP-27 的速度高于 OP-07 的十倍，OP-27 的 αV_{IOS} 和 V_{IOS} 与 OP-07 相近，但其 αI_{IOS} 和 I_{IOS} 比 OP-07 要大。在要求 I_{IOS} 与 OP-07 相近，但要求速度更高，特别是要求噪声小的场合下可以选用 OP-27。

OP-27 的封装、引脚和应用电路和 OP-07 相同。但不应忽视，我们上面介绍的 CF741、CF124/CF224/CF324、CF355/CF356/CF357、TL081/TL082/TL084，允许较大的差模输入电压，接近供电电压，一般不需外加保护电路。但 OP-27 允许的差模输入电压仅为±0.7V，必须加输入保护电路。

8. 高输入阻抗运放 CF3140 和 CF3130

CF3140 的输入级和输出级都是 MOSFET，其输入阻抗很高，达 $10^{12}\Omega$，输入偏流很小，约 10pA，速度也比较高，常用于积分、保持电路。

CF3140 的封装、引脚和选通放大应用电路如图 8.6 所示，图中调零电位器为 10kΩ～100kΩ，CF3140 既可单电源供电，也可双电源供电。单电源供电时，供电电压可为＋4V～＋36V。双电源供电时，电压极限值为±18V。如果使用中 8 脚悬空，且为双电源供电时则可认为 CF741 与 CF3140 封装、引脚和应用电路相同。

CF3140 的脚 8 是选通端，当 8 脚为低（接近脚 4 的电平）时，放大器的输出 Vo 立即变为低，即是若采用双电源供电，脚 8 变为 V-（例如－12V）；若采用单电源，脚 8 变为低电平，Vo 也变为低电平。若脚 8 悬空，则放大器正常工作。在图 C 中的控制脉冲为高时，Vo 为低；若脉冲回到低电平，则放大器正常工作，这是一个可控积分器。若将图中电容改为电阻，则变为一个可控放大器，此时可双电源或但电源工作。

使用 CF3140 时应注意以下几个问题：

1）CF3140 的输入级是 MOSFET，在安装和焊接时应按 MOSFET 的操作方法操作。

2）CF3140 的最大允许差模电压为±8V，为保护 CF3140，一般应接保护电路，以免电压过高击穿。输入回路电流不要超过 1mA，因此一般在输入回路和反馈回路应串接限流电阻，一般不小于 3.9k。

3）负载电阻应不小于 2kΩ，否则会使负向输出动态范围变小。

4）如果输出电流较大，要加散热片。

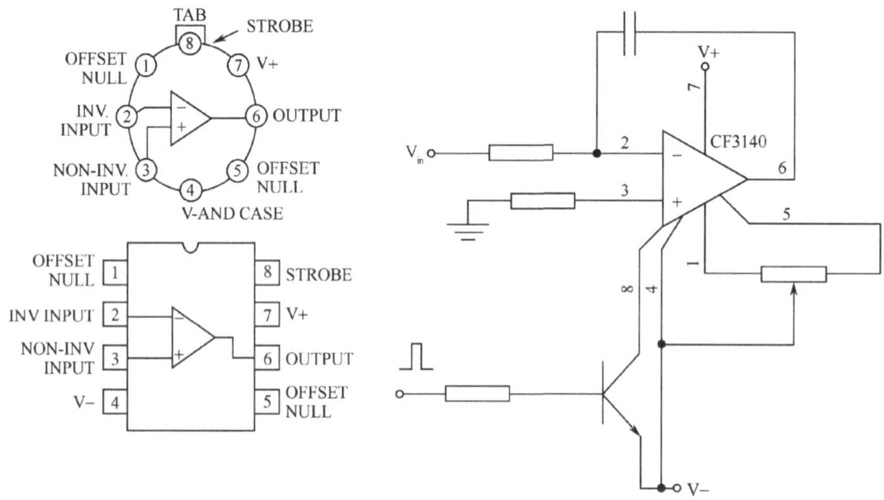

图 8.6　CF3140 封装引脚

CF3140 是内补偿的，与 CF3140 相似的 CF3130 需外接补偿电路，因而 CF3140 使用起来方便。而 CF3140 有个内置的 12pF 的补偿电容，速度比 CF3130 低。CF3140 的 SR＝9V/μs，CF3130 的 SR 为 30V/μs。另一个区别是，CF3130 的脚 8 不是选通端，而是补偿端（COMP），应在脚 8 和脚 1 之间接一个电容值约为 56pF 电容进行频率补偿，以免自激。

CF3130 和 CF3140 的工作温度范围为：－55～＋125℃。

CF3130 和 CF3140 的国外型号分别是 CA3130 和 CA3140。

8.2　集成电压比较器

电压比较器就是识别加在比较器两端输入的电压之差的相对极性。每当同相输入端电位比反相输入端电位高时（电位差为正），比较器输出逻辑 1（高电平），反之则输出逻辑 0。

实质上比较器是个开环工作的高增益直接耦合差动放大器。有的比较器有选通端，其作用是当选通端施加低电平选通脉冲时（即不选通），则比较器受到“阻塞”，产生一个与输入差无关的输出高电平。一般在应用时，不需选通功能，将其悬空。

我们知道，运算放大器也可以做比较器用，但是由于运放的输入和输出成线性关系，因而速度慢，电压比较器则快很多，有些可达 3～5ns。还有集成电压比较器还可以直接与 TTL 等数字电路兼容，而运放不能。集成电压比较器的工作点稳定可靠，使用灵活方便。还有一点，比较器一般比运放价格低。

比较器的基本要求是输入失调（失调电压、失调电流）小，差模电压增益高，共模抑制比高，共模输入范围大，响应速度快。

8.2.1 CJ111/211/311 集成电压比较器

CJ111/211/311 的封装和引脚排列如图 8.7 所示。图 8.8 画出了几种典型应用线路。各图中可以双电源供电，从±5~±15V，也可单电源供电，＋5～＋15V。

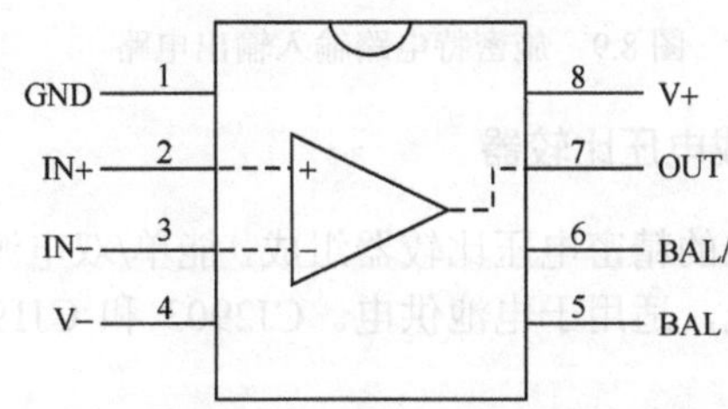

图 8.7 CJ111 功能引脚图

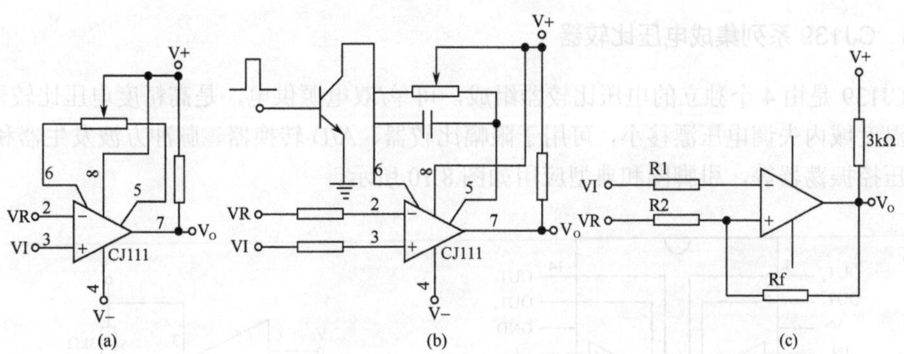

图 8.8 CJ111 系列典型应用线路

图 8.8 中，(a）是基本应用电路，电位器 W1 用于调零，如果不需调零可将 W1 去掉，把脚 6 脚 5 短接起来以防止振荡。(b）是具有选通功能的电路。当脚 6 为低电平的时候，CJ111 的输出立即变成与输入无关的高电平；当转为高电平时，或者悬空时，CJ111 恢复工作。电容 C 用来防止振荡，可取 1000pF。当 CJ111 两端输入电位差 ΔV 在 1mV 以内时，CJ111 处于放大状态，比较器输出处于不稳定状态，也就是说当输入有干扰时，输出会在“1”和“0”之间跳动。为防止这种情况出现，有时为了整形的需要，采用施密特电路。(c）是 CJ111 系列实现的施密特电路。

由于反馈电阻 Rf 的引入正反馈，使电路输入输出特性呈现回环，如图 8.9 所示。

回环宽度 Vh 称为回差，回差为

$$Vh = \frac{R2}{R2 + Rf}(Voh - Vol)$$

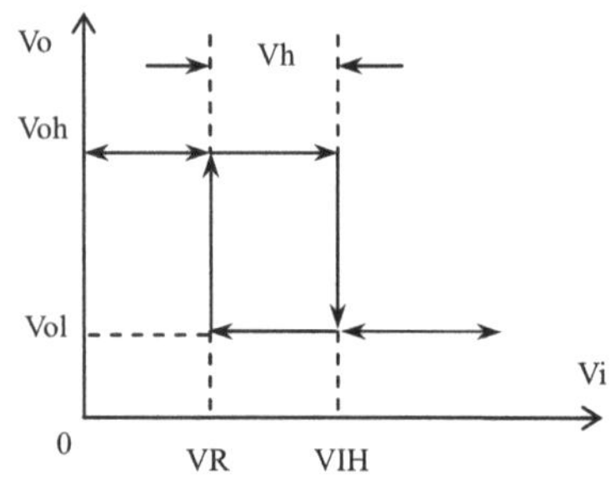

图 8.9　施密特电路输入输出电路

8.2.2　CJ193/293/393 集成电压比较器

该系列电路由两个独立的精密电压比较器组成，能单/双电源供电，在全温度域内失调电压漂移很小，功耗很低，适用于电池供电。CJ2903 和 CJ193 的用法基本相同，但性能指标不如 CJ193。

CJ193 系列的封装引脚、内部结构和引脚功能与运放 TL802 的相同，但不等于两者相同，可以互换，实际上。CJ193 是集电极开路输出，TL802 则不是。

8.2.3　CJ139 系列集成电压比较器

CJ139 是由 4 个独立的电压比较器组成，可单/双电源供电，是高精度电压比较器。在全温度域内失调电压漂移小，可用于限幅比较器、A/D 转换器、脉冲方波发生器和宽范围压控振荡器等，引脚图和典型应用如图 8.10 所示。

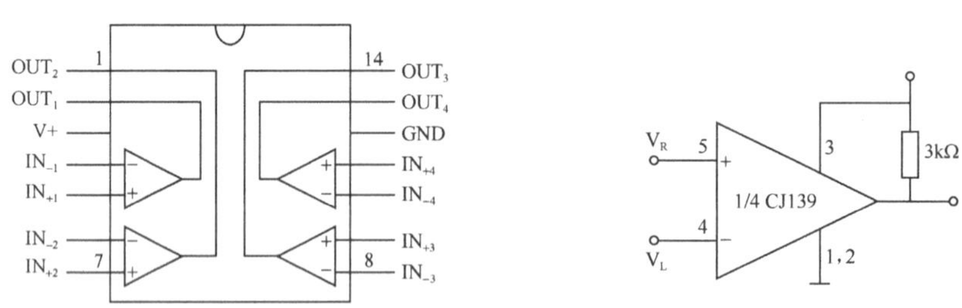

图 8.10　CJ139 引脚图和典型应用

8.3　采样保持放大器

采样保持放大器有 2 个输入端：一是信号输入；一是控制输入。它有两种工作模式：① 采样模式（即跟踪模式），输出精度跟踪输入，这种跟踪作用在控制输入端出现保持命令时结束；② 保持模式，控制输入端出现保持命令时输出保持当时输入信号的最终值。

一般来说，采样保持器用作数模转换的驱动器。逐次近似 A/D 转换器要求在转换期间输入端的信号看上去要像直流电平，这就要求其驱动器有信号保持特性。对于闪电式A/D，为改善其动态特性，更要求采用高速采样保持放大器作为驱动器。

8.3.1 采样保持器的工作原理

采样保持器有 4 个主要部分组成：输入放大器、储能元件（保持电容）、输出缓冲级和开关驱动器，如图 8.11 所示。储能元件是采样保持器的心脏，往往是一个电容。输入放大器具有高输入阻抗，对输入信号起缓冲作用，其输出可以看成一个信号源，用来保持电容充电。输出缓冲器的输入阻抗很高，以保持电容在保持期间能保持其电压。开关驱动器起开关作用以切换跟踪和保持这两种工作模式。工作在跟踪模式时，保持电容决定了电路的频率响应，而工作在保持模式时，则保持电容上的电压，它和输入放大器的连接被开关切断。

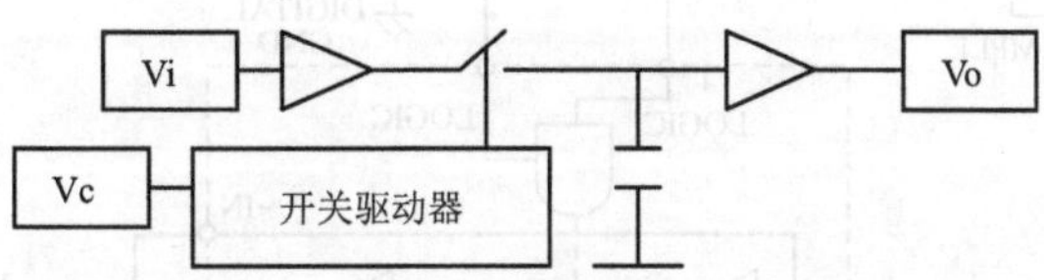

图 8.11 采样保持器

8.3.2 集成采样保持芯片

采样保持集成芯片与组件可以分为以下 4 类：

1）通用芯片，如 AD282K/S，AD283K，LF198/298/398，组件式的有 SHA1134，SHA-5 等。

2）高速芯片，有 HTS-0.025，THS-0060，HTC0300，THC-1500，组件式的有 SHA-2A 等。

3）高分辨率芯片，如 SHA1144，组件式有 SHA-6。

4）低下降率组件（不是芯片），有 SHA-3，SHA-4 等。

采样保持放大器应注意以下几个参数：

（1）捕捉时间 t_{AC}

捕捉时间也叫采样时间，是指从电路接受到采样控制信号之后，直至模拟输出电压 Vo 达到指定的误差范围之内所需的总时间。

（2）输出电压变化率 dVo/dt

输出电压变化率表明了采样保持器在工作于保持方式时输出电压 Vo 的变化速度，|dVo/dt|越小，保持精度越高。

1. 集成采样保持器 AD582

AD582 是通用低价格的集成电路，有圆形和双列直插式封装两种，V_{i+}和 V_{i-}分别是模拟量输入的正端和负端，V_{os} 外接调零电位器，C_H 是外接电容器端。如果 V_{L-}接地，那么 V_{L+}高电平为保持，V_{L+}低电平时为采样。

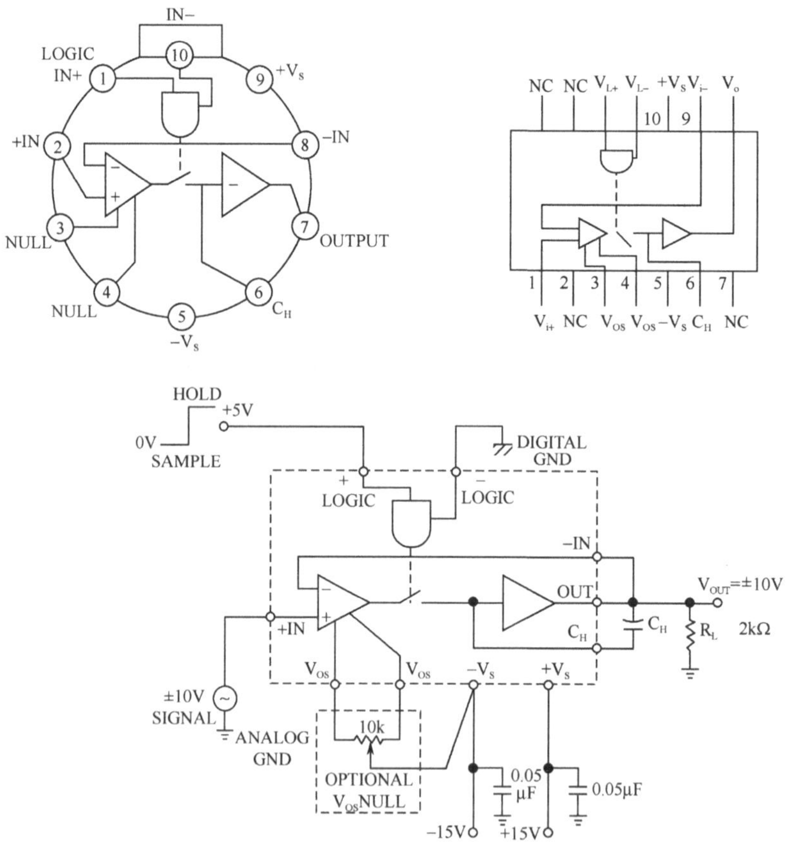

图 8.12　AD582 封装及应用电路

图 8.12 右图为 AD582 的应用电路，采样保持增益为 $A=\frac{Vo}{Vi}=1+\frac{Rf}{R1}$，改变 Rf/R1 可以改变增益。

图 8.12 中的电路均为 CMOS 器件构成，具有功耗低，可靠性高的特点。保持电容可选用漏电流小的聚苯乙烯电容、云母电容或聚四氟乙烯电容。C_H 的数值直接影响采样速度和保持精度，C_H 越大采样时间越长，精度越高。当精度要求不高（±0.15%）且速度要求也不高时，C_H 可小于 100pF。当要求精度高时（±0.01%），与 12 位 A/D 相配合，为减少下降误差和干扰，C_H 应取 1000pF。如果要求精度更高，还可增大 C_H 值，但采样时间更长。当 $C_H \geq 400$pF 时，采样时间和 C_H 有经验公式：$t_{AC}=C_H/40$（C_H 以微法为单位，t_{AC} 以秒为单位）。

AD582 的参数：输入电压范围±30V，输入电流 3μA，输入电阻 30MΩ，输出电流±5mA，输出阻抗 12Ω，电源电压±5V～±18V，采样捕捉时间：C_H=100pF，6μs±0.1%；C_H=1000pF，25μs±0.01%，下降电流 1nA，线性度为±0.01%，使用温度范围−25℃～+85℃。

2. 其他集成芯片

LF198/298/398 这三种采样保持集成芯片的内部结构和引脚相同，如图 8.13，由 NSC（美国国家半导体公司）生产。应该注意，采样保持器的采样控制信号的脉冲宽度必须适当。不同的产品，不同的 C_H 值，对宽度的要求也不同。对 LF398，若 C_H<1000pF，要求宽度 10μS 左右，若 C_H＝1μF，则要求宽度为 12ms 左右。当脉宽太大时，就不能用微机的地址编码命令作为采样命令信号了，此时可以将地址编码信号经过单稳态电路或触发器把脉宽加宽作为采样控制信号。

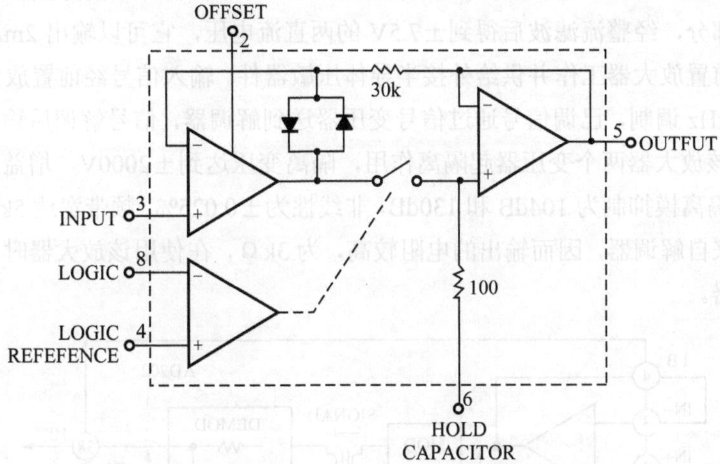

图 8.13　LF198 引脚结构图

LF198/298/398 的功耗约 500mW，在 25℃，负载电阻为 10kΩ时，增益误差小于 0.005%，在全温度范围内小于 0.02%。其中 LF198 为军用品，温度范围为－55～＋125℃；LF298 为工业品，温度范围为－25～＋85℃；LF398 为民用品，温度范围为 0℃～＋70℃。

SHA-2A 和 SHA-1144 是组件式采样电路，是把集成芯片和保持电容 C_H 等组装在一块，不需外接 C_H。

8.4　变压器耦合隔离放大器

隔离放大器就隔离模式而言分为二口隔离和三口隔离两种。二口隔离指信号输入部分和信号输出部分欧姆隔离；三口隔离乃是信号输入部分，信号输出部分和功率供给部分彼此欧姆隔离。隔离的方法有三种，光隔离（光电耦合隔离），电容隔离和变压器隔离（又称电磁隔离）。主要应用的是光隔离和变压器隔离，两种隔离各有优缺点。一般来说，变压器隔离要比光隔离有更高的精度，但速度比光隔离要慢。我们先介绍变压器隔离，再介绍光电耦合隔离。

8.4.1 变压器耦合隔离放大器的工作原理

变压器耦合电压隔离放大器品种繁多，有二口隔离和三口隔离两种形式，我们就模拟器件公司的 AD204 和 AD210 为例子分别举例介绍其工作原理。

1. 二口隔离方式

AD204 是二口隔离方式的变压器隔离放大器，如图 8.14 所示，峰－峰值为 15V，频率为 25kHz 的方波输入使片内的功率转换器工作，同时 25kHz 的方波经功率变压器耦合到输入部分，经整流滤波后得到±7.5V 的两直流电压，它可以输出 2mA 电流，足以使低漂移前置放大器工作并供给外接半导体压敏器件。输入信号经前置放大器功率放大后进行 25kHz 调制，已调信号通过信号变压器送到解调器，信号解调后输出，满度摆幅为±5V。该放大器两个变压器起隔离作用，隔离变压达到±2000V，增益范围为 1～100，相应的隔离模抑制为 104dB 和 130dB，非线性为±0.025%，频带宽达 5kHz。AD204 的输出直接来自解调器，因而输出的电阻较高，为 3kΩ，在使用该放大器时，其输出端应当加缓冲器。

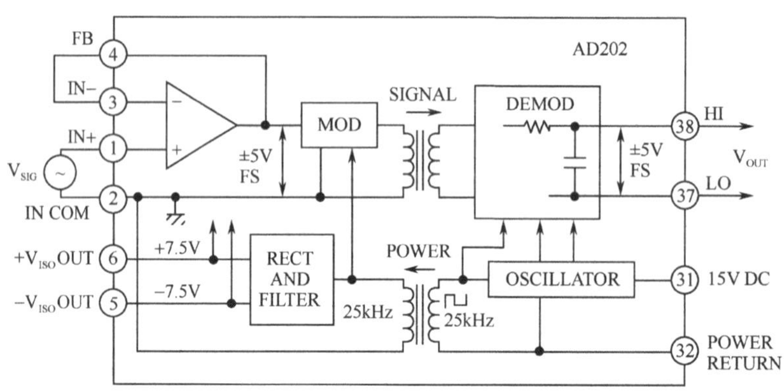

图 8.14 AD204 结构引脚图

2. 三口隔离方式

三口隔离方法是用变压器使输入部分、输出部分和电源部分彼此相互隔离，模拟器件公司的 AD210 就是这样一种隔离放大器，如图 8.15 所示。它的隔离电压可达±3500V，频带宽为 20kHz，在增益为 100 时，隔离模抑制比为 120dB，非线性为±0.012%。

用这种三口隔离方式，可以使输入部分和输出部分得到±15V、5mA 的供电。直流电源使 AD210 的电源部分功率振荡器工作于 50kHz，功率经变压器 Tr2 和 Tr3 分别送到输入部分和输出部分，经整流滤波稳压调节后供该两部分电路使用。输入信号经调制器调制由变压器耦合至输出部分，解调器重构输入信号，然后经 20kHz 三极点滤波器滤波，使信号中的噪声和波纹达到最小，最后又从缓冲器输出。

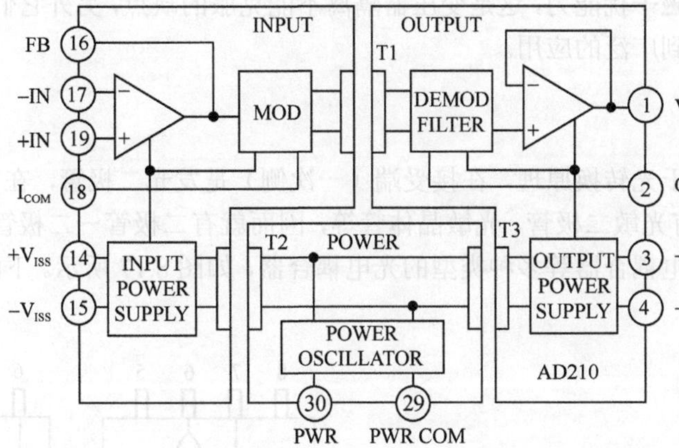

图 8.15 AD210 结构引脚图

8.4.2 变压器耦合隔离放大器的应用

用 AD293 作热电偶的信号放大时，还可以利用半导体集成温度传感器 LM324 进行冷端补偿，如图 8.16 所示。图中如果把两个螺钉直接接到脚 4 和脚 40，则测得的是工作点和冷端的温度差。但现在要测的是工作点的温度，为此需把测得的结果加上冷端的温度，即对冷端进行补偿，为此，采用 LM324 进行补偿。LM324 是一种恒流热敏器件，在温度不变的情况下，流过其中的电流和电压无关（当然所加的电压不低于最低值）。在 0℃时，电流为 293μA，温度升高电流随着增大，变化为 1μA/℃。这样温度升高时，使得脚 4（INLO）电位升高，相当于测量值中加上冷端温度的升高值。

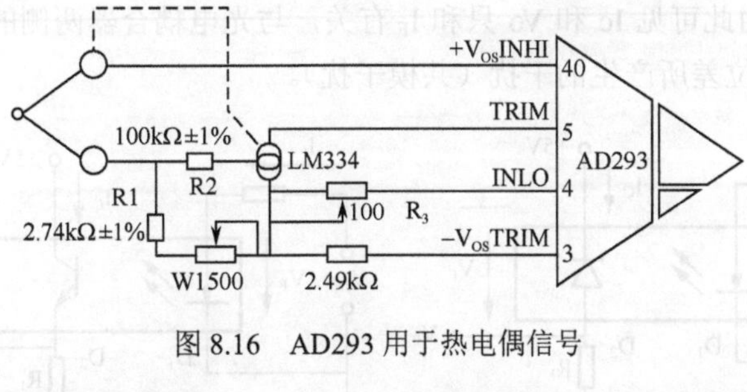

图 8.16 AD293 用于热电偶信号

可调 R1、R2、W1 值使通过 LM324 的电流，调整 LM324 的灵敏度。当 R1 为无穷大时，LM324 的灵敏度为 1μA/℃，R1＋R2＋W1 越小，灵敏度越高。

8.5 光电耦合器和光电耦合放大器

上面介绍了变压器隔离，下面介绍另一类隔离方法——光电耦合器，它属于二口隔离方式。它在接受端和发送端都是电绝缘的，从而对地电位差干扰有很强的抑制能力，而且有很强的抗电磁干扰能力，这是变压器隔离不能克服的缺点，另外它们的价格较低，接口简单，因而得到广泛的应用。

8.5.1 光电耦合器

光电耦合器基于光转换原理，在接受端（一次侧）是发光二极管，在发送端（二次侧）光感应元件，有光敏二极管、光敏晶体管等，因而就有二极管－二极管光电耦合器、二极管—晶体管光电耦合器等多种类型的光电耦合器，如图 8.17 所示。下面介绍几种类型的光电耦合器。

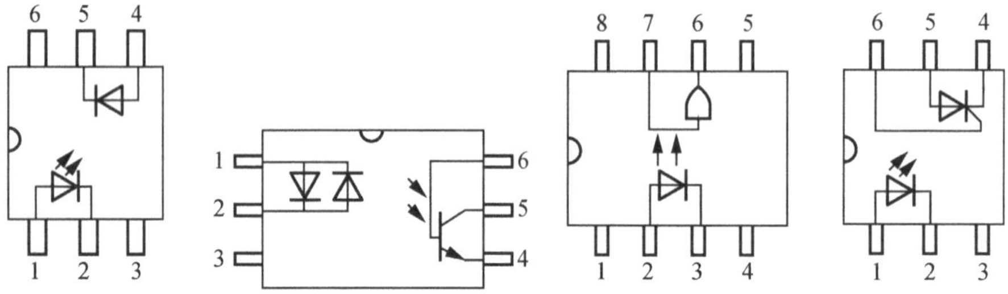

图 8.17 光电耦合器引脚功能图

1. 二极管—二极管光电耦合器

图 8.18 是二极管—二极管光电耦合器与二极管——晶体管光电耦合器的电路原理图。D_1 是发光二极管，D_2 是光敏二极管，T_2 是光敏三极管，D_1 与 D_2 或 D_1 与 T_2 都是电绝缘的，当有电流 I_F 通过 D_1，便发出红外光，D_2 或 T_2 就受光感应产生电流 I_c，从而在 R_L 产生压降 Vo，由此可见 Ic 和 Vo 只和 I_F 有关，与光电耦合器两侧的电位无关，这样就抑制了两侧地电位差所产生的干扰（共模干扰）。

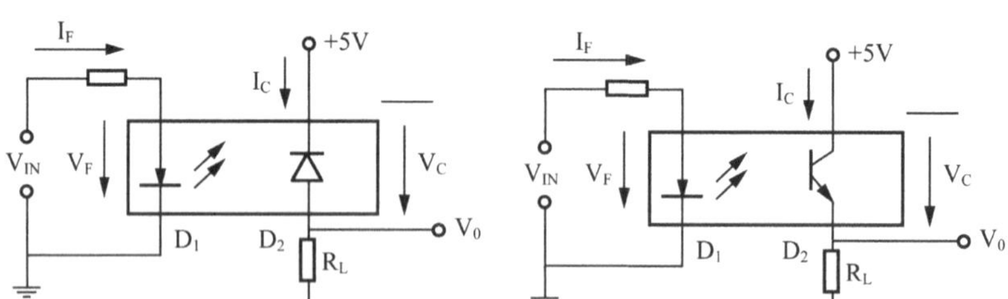

（a）二极管—二极管开型　　（b）二极管—三极管型

图 8.18 光电耦合器应用电路

光电耦合器在使用中的使用参数（注意 CRT，C_{1-2}，f_T 和 t_{ON} 不是使用参数，而是性能参数）不得超过表 8.1 所列的最大值，否则，短时间性能变差，长时间会引起器件永久性损坏。

表 8.1 光电耦合器的使用参数

型号	极限参数					工作特性			
	一次侧		二次侧		全体	一次侧	二次侧	一次→二次	
	I_F（mA）max	V_R（V）max	V_{CE}（V）max	I_{OL}（mA）max	BV（kV）min	$V_F$max/I_F（V/mA）	Ttmax Type（us）	CTRmin/ I_F（V/mA）	t_{pd}max type（us）
ON3301	80	3	30		2.5	1.5/30	0.07	0.14/20	
4N25	80	3	30		2.2	1.5/30		30/10	
4N35	60	6		100	3.5	1.5/10	10	100/10	
H11A1	60	3	30	100	2.5	1.5/10	2.0	50/10	
TLP521	70/50	5	30	50	2.5	1.3/10	6	70/5	
6N135	25	5	15	8	3.0	1.7/16		7/16	1.5
6N136	25	5	15	8	3.0	1.7/16	45	19/16	0.8
4N29	80	3	30		2.5	1.5/50	45	100/10	
4N30	80	3	30		1.5	1.5/50		100/10	
TLP541G	50	5	200	150	1.5	1.45/30		VT为 1.3/100	10
6N137	20	3	7	50	3.0	1.75/10	25ns	700/5	75ns
PC733	±50		35	50	5	1.4/±20	18	15±1	
4N45	20	5	7	60	3.0	1.7/1.0		200/1.0	
PC725	50	6	300	150	5	1.4/10	100	1000/1	
TLP570	70	5	35	150	2.5	1.3/10	300	1000/1	

表 8.1 中的 V_R 是发光二极管的允许的最大反向电压，V_{CS} 是 V_C 的饱和值的最大可能值。P_1 是发光二极管的允许的最大功耗，P_C 是二次侧所允许的最大功耗。BV 是一次侧与二次侧的击穿电压。C_{1-2} 是一次侧和二次侧之间的固有电容。

F_T 是整个管的截止频率。T_{ON} 是可控硅（二极管—可控硅型光电耦合器）的导通时间，是从 I_F 建立到可控硅导通之间的时间。T_A 是使用环境温度。CTR 是传输比，其中 CRT＝dI_C/dI_F。

要注意，Ic 与 I_F 的关系是非线性的，CTR（或 I_C）和 I_F 有关，I_F 越大，CTR（或 I_C）越大。CTR（或 I_C）和 I_F 的关系很像第一象限的一条指数曲线。在选取 I_F 的选取中，当 I_F 过大时，噪声增大，寿命缩短；当 I_F 过小，非线性很严重。光电耦合器更适用于传送数字信号。

2. 二极管—晶体管光电耦合器

图 8.19 是几种二极管——晶体管光电耦合器。其光电耦合器的电路原理图可能参照图 8.18（b）所示。发光二极管的光照射到光敏三极管上，光线起到基极电流的作用，

激发产生集电极电流。

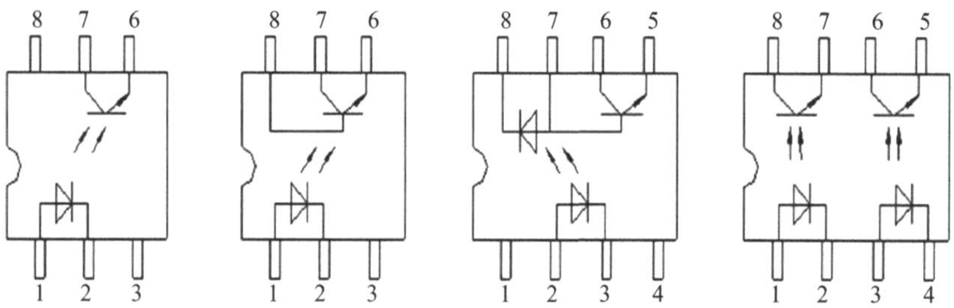

（a）GD318　（b）4N25　（c）6N135　（d）TLP521-2

图 8.19 二极管—晶体管光耦合器

图 8.19（b）中由基极引出脚，这给应用带来很大灵活性，其中的晶体管除作为光敏单元用外，还可以做普通的晶体三极管使用。如果抛开基极不用，则变成与 8.18（b）相同的二极管—晶体管光电耦合器，若将脚 6 和脚 4 连接起来，以 5、6 脚作为输出脚，就变成了二极管—二极管光电耦合器，工作速度提高很多。

3. 二极管—达林顿型光电耦合器

图 8.20 是四种二极管—达林顿型光电耦合器内部结构和管脚图。

与图 8.20（a）引脚功能相同的有 PC505，PC515，TLP570 等。与图 8.20（b）引脚功能相同的有 4N38，4N29～4N33，TIL113，PC525 等。与图 8.20（c）引脚功能相同的有 PC725 等。其中 PC525 和 PC725 是高压型。与图 8.20（d）引脚功能相同的有 4N45 和 4N46 等。

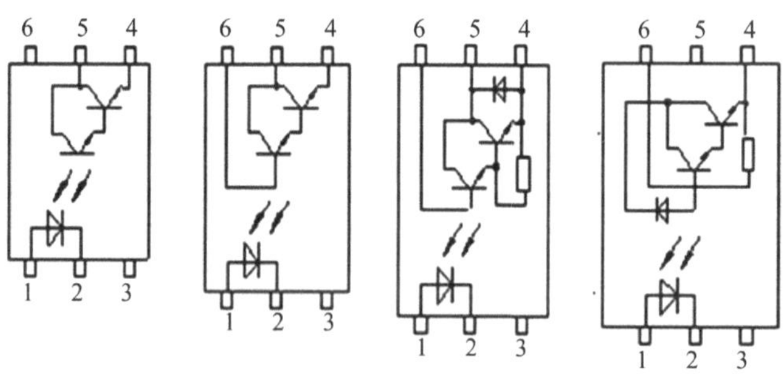

（a）PC505 TLP570 PC515　（b）6N38 4N29~33 TLP113 PC555　（c）PC725　（d）4N45 5N46

图 8.20　二极管—达林顿型光电耦合器结构

4. 二极管—TTL 逻辑电路光电耦合器

图 8.17（c）是这种耦合器的引脚排列图。其光敏部分是包含在反相器里的光敏二极管。6N137 就是这种光耦，它是光耦中速度最高的，t_{pd}＜75ns。t_{pd} 是从加一个电压到

耦合器的输入端直到输出达到最终值的 90%所经历的时间。而 6N136 的 $t_{pd}=0.8\mu s$，6N135 的 $t_{pd}=15\mu s$。

6N137 的输入输出特性是有滞后回环的，因而对输入信号有较好的抗干扰能力，其输出与 TTL 逻辑电路兼容，输出是集电极开路，必须在输出端和电源间加电阻。

5. 交流输入二极管—晶体管光电耦合器

图 8.17（b）是交流输入二极管——晶体管光电耦合器 PC733 的内部结构和管脚图。

交流输入光电耦合器可用于掉电检测，把交流供电压加到输入端，交流掉电后，耦合器的二次侧就没有输出了。

6. 二极管—光激可控硅光电耦合器

图 8.17（d）是这种耦合器的引脚图，这种耦合器输出端为可控硅，有 TLP501L（输出端可控硅耐压 300V），TLP511 和 TLP541（400V），TLP545（600V），TLP611（600V）。它们的输出电流最大值为 150mA。

这种光耦由一个发光二极管和一个光可控硅（光激可控硅、光敏可控硅或称光敏闸流管）组成。当光照到光激可控硅上时，可控硅便导通（有适当偏压）。可控硅是一种可触发开通但不可关断的器件，所以当触发信号断开后，可控硅继续导通。控制可控硅的方法可参见可控硅的控制电路，这里不再详细叙述。

8.5.2 光电耦合放大器

由于光电耦合器的非线性特性随着温度变化而变化，用来传送模拟量的话会产生很大的线性失真，温度稳定性也很差。线性光耦的输出电流与输入电流成线性关系，同时通过放大器内部集成的反馈输出进行增益控制，以获得输出信号，光电耦合放大器可以用来传送和放大其中混杂有很大共模干扰的模拟信号。

如图 8.21 所示，包括两个光电耦合器 T_1 和 T_2，以及 2 个射极跟随器 A_1 和 A_2。T_2 和 A_2 为输出级，A_1 和 T_1 为输入级。设 T_1 和 T_2 的非线性传输特性为

$$I_2=k_1\ (I_1)$$
$$I_3=k_2\ (I_1)$$

由于集成运放是理想运放，

$$U_i=U_A=I_2 \cdot R_2$$

对于 T_2 则有 $U_o=I_3 \cdot R_3$

可得电压放大器的电压增益 $G=U_o/U_i=I_3 \cdot R_3/I_2 \cdot R_2$

根据 T_1 和 T_2 的非线性传输特性可得 $G=\dfrac{R_3}{R_2}\cdot\dfrac{k_2(I_1)}{k_1(I_1)}=K\cdot\dfrac{k_2(I_1)}{k_1(I_1)}$，其中 $K=R_3/R_2$。

如果 T_1 和 T_2 是同型号的光电耦合器或是同一封装的双光电耦合器，可以认为它们的温度特性和非线性传输特性是一样的，即 $k_2(I_1)=k_1(I_1)$，则 G=K。常数 K 即为光电耦合器的电压增益，具有很好的线性。我们可以看到，由于利用了 T_1 和 T_2 电流传输特性的对称性，利用反馈原理，可以很好地补偿它们原来的线性。

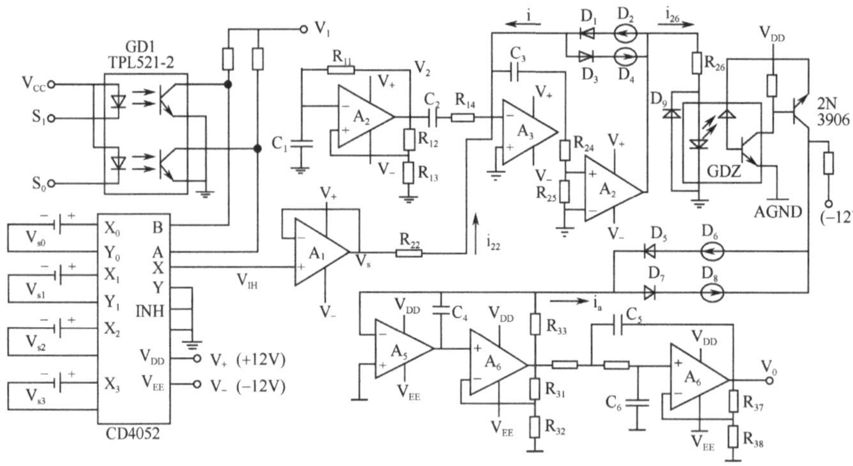

图 8.21　4 路输入高精度光电耦合放大器

由于光电耦合器的初、次级之间存在着传输延时，T_1 和 R_2 组成的负反馈电路变动有些迟缓，可能会引起振荡。电容 C 可以消除振荡，其大小可根据电路频率特性来决定。为了改善电路的整体性能，可以采用快速非达林顿性光电耦合器。

8.6　集成监控电路 MAX703

在微机测控系统中，需要配置电压监控电路保证微处理器稳定而可靠的工作运行，电池与电源的切换实现数据保护，使用 Watchdog 电路（又称看门狗）系统在干扰后走出死循环。微处理器监控器就是能将这些功能集成在一块芯片上的集成块。这类型芯片产品有很多，比如 MAX703～709/813L 系列，各种芯片管脚排列如图 8.22 所示，这一系列芯片具有以下几个功能参见表 8.2。

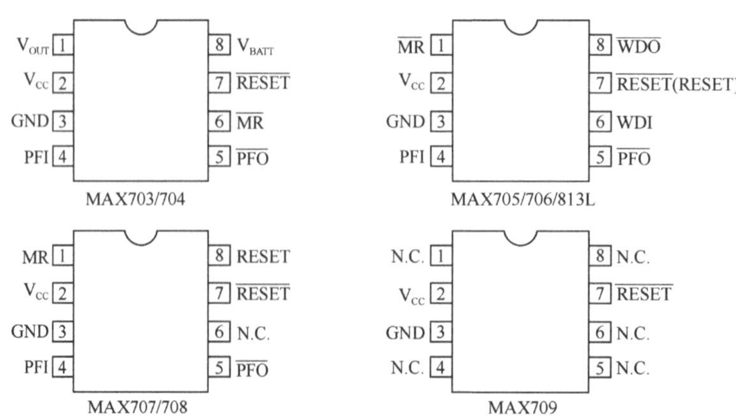

图 8.22　MAX703～709/813L 引脚图

1）系统上电、掉电以及供电电压降低时，产生复位输出，复位脉冲宽度的典型值为200ms，低电平有效（MAX813L为高电平有效）。

2）为 CMOS RAM、CMOS 微处理器或其他低功耗逻辑器件提供备用电池电源（MAX705/MAX706）。

3）看门狗（Watchdog）电路输出，如果在1.6s内没有触发该电路，则输出一个低电平信号（MAX705/MAX706/813L）。

4）25V门限值检测器，可用于电源故障报警或其他外电源监控。

5）手动复位输入，低电平有效。

表8.2 MAX703～709/813L的主要功能

器件名称	复位门限/V	低电平有效复位信号	备份电池切换功能	看门狗定时器	门限值检测器	手动复位	高电平有效复位信号
MAX703	4.65	X	X		X	X	
MAX704	4.40	X	X		X	X	
MAX705	4.65	X		X	X	X	
MAX706	4.40 / 3.08 / 2.93 / 2.63	X		X	X	X	
MAX707	4.65	X			X	X	X
MAX708	4.40 / 3.08 / 2.93 / 2.63	X			X		X
MAX709	4.65 / 4.40 / 3.08 / 2.93 / 2.63	X					
MAX813L	4.65			X	X	X	X

MAX705/MAX706/MAX813L 和 MAX707/MAX708 的功能框图如图 8.23 所示。

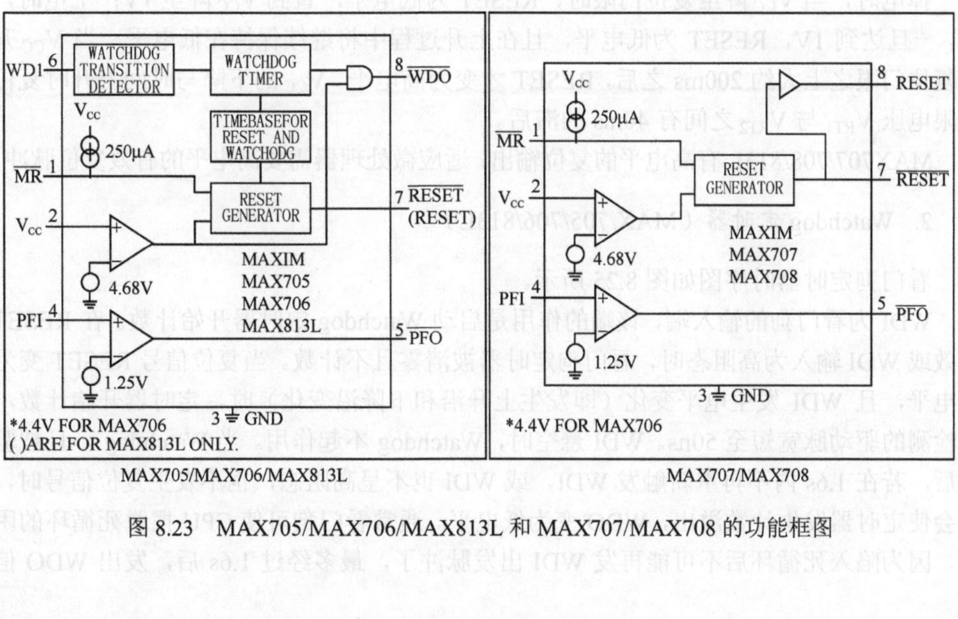

图 8.23 MAX705/MAX706/MAX813L 和 MAX707/MAX708 的功能框图

8.6.1　组成及功能

1. 复位输出

MAX703 复位输出时序图如图 8.24 所示。CPU 在上电期间，电源电压处于上升阶段，且 CPU 的逻辑状态也不确定，三总线电平也处于未知状态，因此系统上电过程应维持在复位状态；CPU 掉电时，电压下降过程中，当电压低到一定程度时，CPU 也处于未知状态，系统在掉电时也应该维持在复位状态。维持在复位状态的目的，可以防止 CPU 执行操作码时发生错误，这对于断电数据在外 RAM 存储具有十分重要的意义。

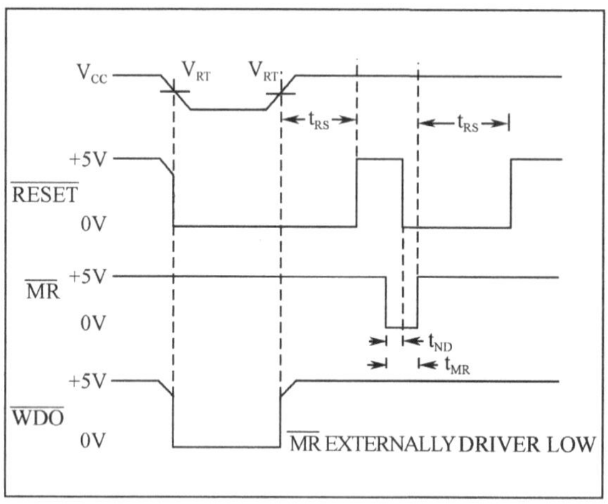

图 8.24　MAX703 复位输出时序

掉电时，当 V_{CC} 降至复位门限时，RESET 为低电平，直到 V_{CC} 降至 1V；上电时，V_{CC} 一旦达到 1V，RESET 为低电平，且在上升过程中将继续保持在低电平。当 V_{CC} 升至复位门限之上大约 200ms 之后，RESET 才变为高电平。V_{CC} 的下降与时间上升时复位门限电压 V_{RT1} 与 V_{RT2} 之间有 40ms 的滞后。

MAX707/708/813L 有高电平的复位输出，适应微处理器需要高电平的有效复位脉冲。

2. Watchdog 定时器（MAX/705/706/813L）

看门狗定时器时序图如图 8.25 所示。

WDI 为看门狗的输入端，该端的作用是启动 Watchdog 定时器开始计数。在 RESET 有效或 WDI 输入为高阻态时，看门狗定时器被清零且不计数。当复位信号 RESET 变为高电平，且 WDI 发生电平变化（即发生上升沿和下降沿变化）时，定时器开始计数，可检测的驱动脉宽短至 50ns。WDI 悬空时，Watchdog 不起作用。当 Watchdog 一旦被驱动后，若在 1.6s 内不再重新触发 WDI，或 WDI 也不呈高阻态，也不发生复位信号时，则会使定时器发生计数溢出，WDO 变为低电平。通常看门狗可使 CPU 摆脱死循环的困境，因为陷入死循环后不可能再发 WDI 出发脉冲了，最多经过 1.6s 后，发出 WDO 信号。WDO 信号可与单片机的外部中断相连，单片机在中断服务子程序中将 PC 引导到 0000H，系统重新正常启动。当 V_{CC} 降至复位门限之下时，不管看门狗是否完成计数，WDO 均为低电平。

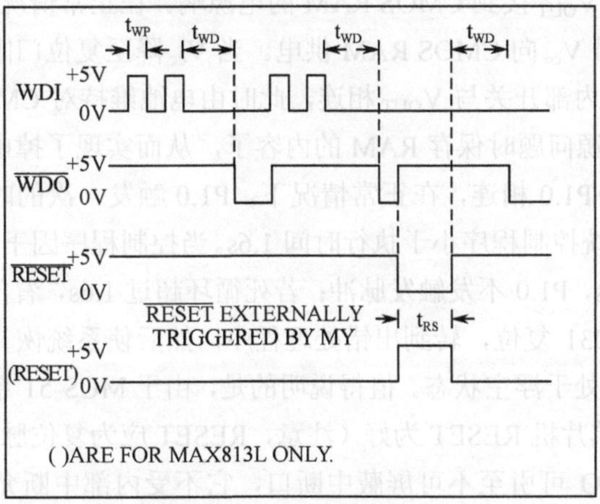

图 8.25　看门狗定时器时序图

当 WDO 为低电平时，欲使其恢复高电平的条件是在 V_{CC} 高于复位门限的情况下：

1）采取手动复位，MR 为一低脉冲，发出复位信号，在复位信号得前沿，WDO 变为高电平。但看门狗被清零且不计数。

2）若 WDI 电平发生变化，看门狗被清零且开始计数，同时 WDO 变为高电平。

若使 WDI 悬空，看门狗失效，WDO 可用作低压标志输出，当 V_{CC} 降至复位门限以下时，WDO 为低电平，表示电压已降低。WDO 与 RESET 不同，WDO 没有最小脉宽。

3. 手动复位（MAX709 除外）

MR 手动复位输入（＜0.8V）可通过一个按键开关来触发。MR 与 TTL/CMOS 逻辑兼容，因此也可以由一根 I/O 线来驱动。在 MAX817L 中，若将 WDO 与 MR 相连，则通过看门狗可以产生一个复位脉冲。该脉冲可使 WDO 恢复成高电平，看门狗定时器清零。

4. 门限值检测器（MAX709 除外）

电源故障输入端 PFI 的电压与内部基准电压进行比较，如果 PFI 低于 1.25V，电源故障输出 PFO 变为低电平。若把 PFI 接到电源的分压器上，PFO 接到 CPU 的中断输入端，就可以对电源故障进行警告，或为电源掉电作准备，如将单片机片内 RAM 数据送到有备用电池的片外 RAM 中，以防不测。

5. 备份电池切换（MAX703/704）

用芯片内部的备份电池切换电路来控制 V_{CC} 与备份电池的切换。只要 V_{CC} 高于 V_{BATT}，V_{CC} 便通过芯片内部开关与 V_{OUT} 相接；一旦 V_{CC} 降到低于 V_{BATT} 就被切换到 V_{OUT}。

V_{OUT}接到 CMOS RAM 电源端，在掉电情况下，便可维持对 CMOS RAM 供电。

8.6.2 典型应用

如图 8.26 所示，V_{OUT}接到 CMOS RAM 的电源端。在正常情况下，V_{cc}通过内部开关与V_{OUT}相连，此时V_{cc}向 CMOS RAM 供电。当V_{cc}降至复位门限电压以下，且低于V_{BATT}时，V_{BATT}通过内部开关与V_{OUT}相连，此时由电池维持对 CMOS RAM 的供电。这样就可以在出现电源问题时保存 RAM 的内容了，从而实现了掉电保护。看门狗的输入端 WDI 与 8031 的 P1.0 相连，在正常情况下，P1.0 触发一次的时间不超过 1.6s，如图 8.27 所示，应用系统控制程序小于执行时间 1.6s。当控制程序因干扰而陷入死循环时，若死循环不超过 1.65s，P1.0 不发触发脉冲；若死循环超过 1.6s，看门狗输出 WDO 将变为低电平，同时使 8031 复位，转到出错处理程序，然后使系统恢复正常。不使用看门狗定时器时，WDI 应处于浮空状态。值得说明的是，由于 MCS-51 系列单片机没有不可屏蔽中断，WDO 接单片机 RESET 为好（注意，RESET 应为复位脉冲）。对于有不可屏蔽中断的 CPU，WDO 可引至不可屏蔽中断口，它不受内部中断允许控制器的影响。图 8.28 中，上电复位时没有上电标志，系统初始化，程序从头开始；若由 WDO 引起的复位，则出现上电标志，先进行出错程序处理，然后转到控制程序的相应入口。

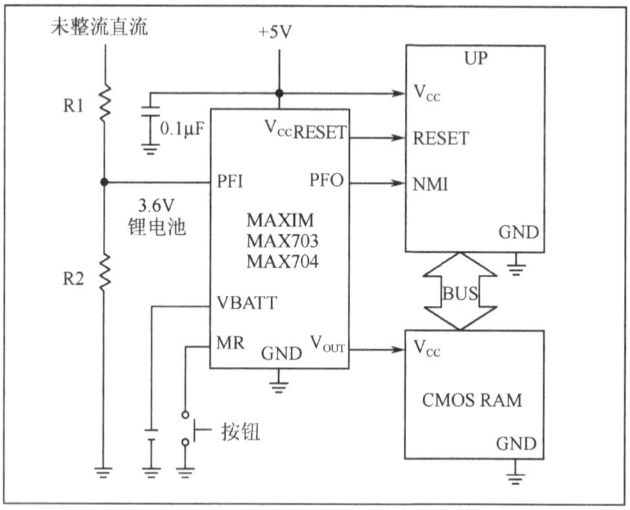

图 8.26　MAX703 在微机测控系统中的应用

图 8.27 中，由于 MAX705/706/813L 没有备用电池切换电路，CMOS RAM 6264 由备用电池供电时，二极管 D 起到切换开关作用。电池为镉镍小型蓄电池。

在图 8.26 和图 8.27 中，电源故障输入 PFI 均通过一个电阻分压器监测未稳压的直流电源。当 PFI 低于 1.25V 时，电源故障输出 PFO 变低，可引起 8031 的中断，进行电源故障处理。把分压器接到未稳压的直流电源是为了更早地对电源故障告警。

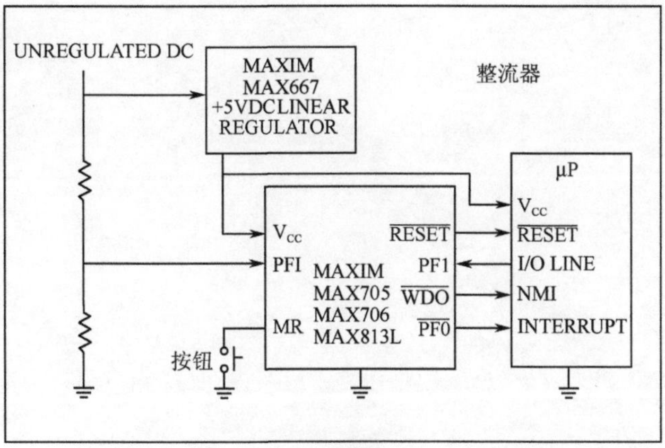

8.27 MAX705 在微机测控系统中的应用

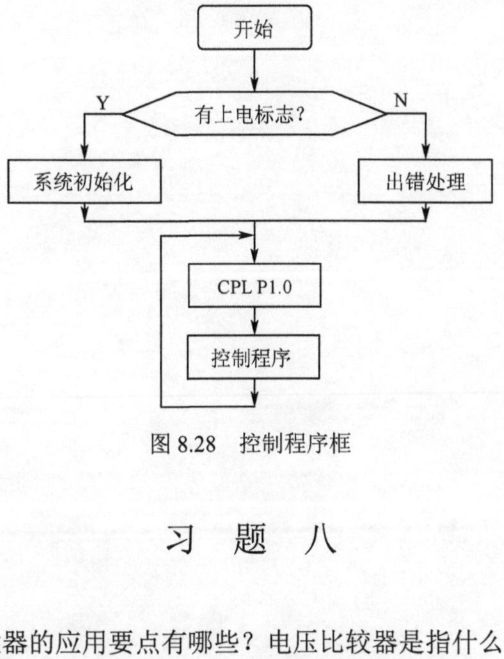

图 8.28 控制程序框

习 题 八

1．集成运算放大器的应用要点有哪些？电压比较器是指什么？
2．试画出 CJ139 集成电压比较器的典型应用电路图。
3．简要概括采样保持器和变压器耦合隔离放大器的工作原理及其应用。
4．画出 4 种光电耦合器的电原理图，并分析其原理。
5．简述集成监控电路 MAX703 的组成和主要功能。

第 9 章

A/D 和 D/A 接口技术

9.1 模拟量输入通道

9.1.1 模拟量输入通道的构成特点

模拟量输入通道主要用来把现场的物理信号经过采样、放大、A/D 转换等环节转变成数字量，而后送计算机去进一步处理。模拟量输入通道的主要特点有：

1）作为测控系统，模拟量输入通道要对被测对象拾取必要的原始参量信号作为测控的依据。因此，必须将传感器输出的次级电信号转换成满足计算机要求的 TTL 逻辑电子信号。

2）由于传感器常常是模拟信号输出。且输出信号比较微弱，转换成计算机要求的电平时，要经过一定量的放大这部分内容要运用一些模拟电路技术。因此，模拟量输入通道常常是一个模拟、数字等的混杂电路，是传感器集成化和微机功能集成的边界区域。这部分的电路处理技术有一定难度。

3）模拟量输入通道靠近现场，易受干扰。由于传感器输出信号一般都比较微弱，常常需要构成一个增益系统，这也是微机控制系统中最重要的一个干扰进入渠道。因此，模拟量输入通道的抗干扰设计是一个重要内容。

9.1.2 模拟量输入通道的组成

模拟量输入通道一般由信号调理电路、多路转换开关、放大器和模/数转换器等组成。与微机联接还有相应的控制电路。典型组成框图如图 9.1 所示。

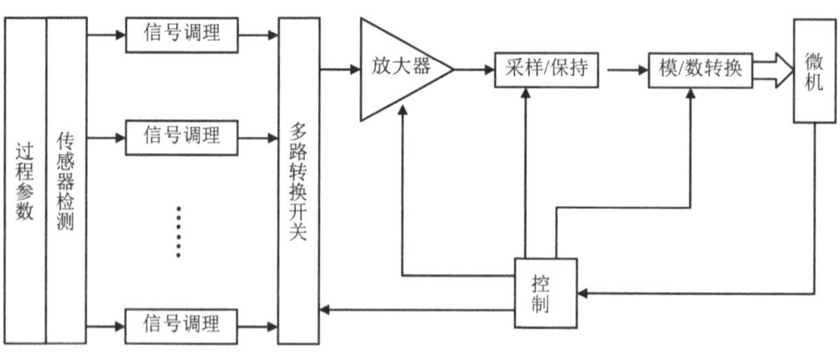

图 9.1 模拟量输入通道的组成

根据所接传感器的类型不同，信号调理电路所要完成的任务也不同。可选择的内容包括小信号放大、信号滤波、信号衰减、阻抗匹配、电平转换、非线性补偿、电流/电压转换等。一般情况下，系统中只有一台微机，微机只能分时对这些信号进行采样，对于多点巡回检测系统、多参数测量系统，多路模拟信号共用一个 A/D 转换器。为了满足分时传送，系统须配置多路转换开关，多路开关的选择由微机控制。

对多点巡回检测系统，各路传感器输出的电子信号可能会有较大的差异，一般在 A/D 转换前都要经过放大，然后经 A/D 转换后进入微机。当传感器输出的信号较微弱时，应先进行调理放大，以防多路开关引入较大的误差。对这一级的放大器要求是很高的，如高共模抑制比、宽频带、高精度及高稳定性、高输入阻抗及低输出阻抗、低噪声等。而当传感器输出信号电压较大时，多路转换开关可直接与传感器输出信号相连。经过多路转换开关的信号，一般要再经过一级放大以满足 A/D 转换器的要求。当各传感器输出电平信号差异较大时，共用放大器应选用可编程增益放大器，由微机根据不同的电平选择不同的增益。

当被测模拟信号变化较快时，要求输入通道也能及时反应，而模/数转换是需要一定的时间才能完成的。如果在 A/D 转换过程中模拟输入发生了显著变化，就会使转换得到的数字量不能真正代表发出命令的那一瞬间所要转换的电平。为了克服这一缺点，对于快速动态信号在 A/D 转换器前面应设置采样/保持器，以防采样过程中信号发生变化。下面对模拟量输入通道的有关问题及器件选用做一简要论述。

1. 传感器的选择

传感器为检测元件，对于工作对象某一特性敏感，对应输出信号。根据输出信号的不同，传感器可以分为两大类：一类为模拟量输出，如热电偶、热电阻、应变片、压变变送器、流量计及各种气敏元件等；另一类为开关量，如各种感应开关。现已有成品的工业标准集成电路功能模块，如精密温度传感器 LM135、235、335，液位探测器 LM903 等。

在选择传感器时，要注意考虑下列几点。

（1）工作范围

器件本身的工作范围不能小于所测量的变化范围。

（2）环境条件

环境条件指工作环境的温度、湿度、气压、有害气体浓度及连续工作时间等。选用器件的适应范围应高于实际环境条件。

（3）灵敏度与精度

来自传感器的原始信号的任何误差都要经过系统逐级放大，因此传感器的灵敏度和精度常常决定了整个系统的灵敏度和精度。应注意灵敏度和精度是两个不同的概念，灵敏度指的是输出量的变化与引起此变化的输入量变化之比；而精度则是传感器在工作范围内最大误差与其工作范围之比。

（4）可靠性

传感器一般安放在工业现场，而现场的环境又可能比较差，因此在一些场合对可靠性的要求会很高。可靠性也是一个与寿命相联系的物理量。

2. 对采样/保持器的要求

（1）不带采样/保持器的单通道 A/D 转换

对于直流或者低频信号，通常可以不带采样/保持器。这时模拟输入电压的最大变化率与 A/D 转换器的转换率有如下关系：

$$\left.\frac{dv}{dt}\right|_{max}=2^{-n}V_{FS}/T_{CONV}$$

式中：T_{CONV} ——A/D 转换时间；

V_{FS} ——转换器的满刻度值；

n ——转换器的分辨率。

例如对 AD574：$V_{FS}=10V$，$n=12$，$T_{CONV}=25\mu s$

则输入电压最大变化率为：

$$\left.\frac{dv}{dt}\right|_{max}=2^{-12}\times\frac{10}{25\times10^{-6}}=97.656mV/ms$$

（2）带有采样保持器的单通道 A/D 转换

在模拟信号变化率较大的输入通道，需要采用采样保持器，这时模拟输入信号的最大变化率取决于采样保持器的孔径时间。其输入的模拟信号最大变化率为

$$\left.\frac{dv}{dt}\right|_{max}=2^{-n}V_{FS}/T_{ap}$$

式中：n ——分辨率；

V_{FS} ——转换器的满刻度值；

T_{ap} ——孔径时间，指在保持命令发出后直到输入控制开关 k 完全断开所需时间。

分辨率 n 是指 A/D 转换结果的分辨能力。例如 AD574 的分辨率为 12 位，是指该转换器的输出数据可以用 2^{12} 个二进制数进行量化，则分辨率为 1LSB（最小有效位的当量）。若用百分数来表示 AD574 的分辨率则为

$$\frac{1}{2^n}\times100\%=\frac{1}{2^{12}}\times100\%=0.0244\%$$

（3）采样/保持器

在 A/D 进行转换期间，保持输入信号不变的电路为采样/保持电路。如图 9.2 所示。

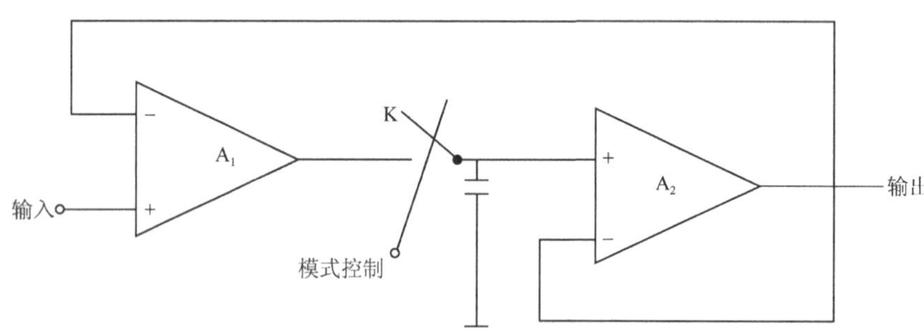

图 9.2　采样/保持电路原理图

在采样期间，逻辑输入控制的模式开关是闭合的，A_1 是高增益放大器，它的输出通过开关给电容快速充电。在保持期间，开关断开，运放 A_2 的输入阻抗很高，理想情况下，电容器将保持充电时的最终值。

采样/保持器的特性参数有：

1）采集时间 T_{ac}：采样保持器输出达到输入值需要的时间，典型值约 10μs；

2）孔径时间 T_{ap}：保持电路转入保持状态所需要的时间，典型值约 100ns；

3）偏移电压 V_{dp}：输入放大器偏移电压及状态转换过程的差额电压造成的，典型值约 5mV；

4）增益误差 E_g：保持器增益通常为＋1 或-1，实际存在误差，典型值约 0.05%。

随着大规模集成电路的发展，目前的采样/保持器都集成在单一芯片中，分为下列几类：

1）通用芯片：AD582、AD583、LF198/398 等。

2）高速芯片：THS-0025、THS-0060、THC-0030、THC-1500 等。

3）高分辨率芯片：SHA1144、ADC1130 等。

集成采样/保持器具有下述特点：

1）采样速度快、精度高，一般在 2～2.5μs 即可达到±0.01%～±0.003%精度；

2）下降速率慢，如 AD348、AD585 为 0.5mV/ms，AD389 为 0.1μV/ms。

3. 采样定理及采样周期的选择

在一个实时采集系统中，采样周期 T（$=1/f_s$）是一个重要参量，T 的大小直接影响实时系统的性能，因此合理选择采样周期 T 至关重要。通常采样周期由模拟信号带宽、数据通道路数和每个周期的采样数决定。

奈奎斯特（Nyquist）采样定理：在理想的数据采集系统中，为了使采样输出信号能无失真地复现原输入信号，必须使采样频率 f_s 至少为输入信号最高有效频率 f_{max} 的两倍，即 $f_s \geq 2f_{max}$，否则会出现频率混叠误差。

满足奈奎斯特定理的采样最低值为 2 倍，即要求在数据带宽的每个周期内至少采样两次，实际应用中所取的采样频率 f_s 要比 $2f_{max}$ 大得多。

实际使用时，为了保证数据采集精度，在前向通道中的采样值一般按下述方法取值：

1）增加每个周期的采样数，通常根据数据带宽，在最高频率端每个周期采样 5～10 次，即 $f_s=$（5～10）f_{max}。

2）在 A/D 转换前设置低通滤波器，消除信号中无用的高频分量。

3）对于多通道数据采集系统，由于是分时控制采样，则最小采样频率 f_s 应为

$$f_s = (7\sim10)\,f_{max}\times N$$

其中 N 为通道数。最大采样周期为 $T_s=1/f_s$。

4. 多路模拟转换开关

当被控制与被测量的回路多达几路或几十路时，在对这些回路的参数进行模/数、数/模转换时，常采用公共的模/数、数/模转换电路，以节省硬件开销。采用多路转换开关，轮流切换各被测（或被控）回路与模/数、数/模转换电路之间的通路，可实现分时转换。在微机采集、控制系统中，是由 CPU 发出控制信号来切换各回路的。

目前常用的多路开关，都集成在一个 IC 中，种类很多，并且有不同的功能和用途。如 CD4051（双向，8 路）、CD7501（单向，8 路）、CD4052（单向、差动、4 路）以及 AD7506（单向，16 路）等等。所谓双向，就是既可以实现多到一的转换，也可以完成一到多的转换。而单向则只能完成多到一的转换。差动即有两个开关同时动作，从而完

成差动信号的切换。

多路开关可以是双极晶体管、舌簧继电器、结型场效应管和 MOS 场效应管。现在前两种多路开关已很少使用，较常用的是结型场效应管和 MOS 场效应管开关。主要有 4 种特性参数，见表 9.1。

表 9.1　4 种多路开关特性的比较

开关种类	最大开关速度（每秒采样次数）	导通电阻 /Ω	截止电阻 /Ω	击穿电压 /V
双极晶体管	10^3	<25	10^{10}	<60
舌簧继电器	250	<0.1	10^{10}	1000
结型场效应管	10^6	5～1000	10^{10}	<60
MOS 场效应管	10^6	5～1000	10^{10}	<60

1）最大开关速度，即每秒采样次数。

2）导通电阻（Ω）。

3）截止电阻（Ω）。

4）击穿电压（V）。

下面以 AD7501 为例说明多路开关的工作原理及用法。

AD7501 具有 8 路输入通道，一路公共输出的多路开关 CMOS 集成芯片。图 9.3 为其原理框图及管脚图。

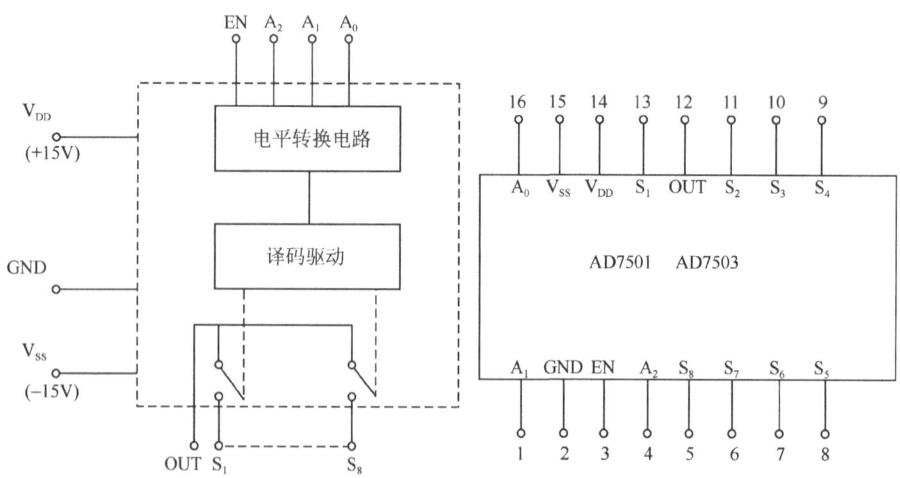

图 9.3　AD7501、AD7503 原理框图及管脚图

AD7501 由 3 部分组成，即电平转换、译码器/驱动器及开关电路组成。通过三个地址线（A_2、A_1、A_0）的状态及 EN 端来选择 8 个通道中的一路，片上所有的逻辑输入端与 TTL 及 CMOS 电路兼容。其真值表如表 9.2 所示。

表 9.2 AD7501 真值表

A_2 A_1 A_0	EN	输入通道
0 0 0	1	S_1
0 0 1	1	S_2
0 1 0	1	S_3
0 1 1	1	S_4
1 0 0	1	S_5
1 0 1	1	S_6
1 1 0	1	S_7
1 1 1	1	S_8
× × ×	0	无

当采样的通道比较多，采用一个多路开关不够用时，可以把两个（或两个以上）多路开关并联起来，组成 8×2 的多路开关。图 9.4 是由两片 AD7501 利用 4 位地址线扩展成 16 路的多路开关的方法。

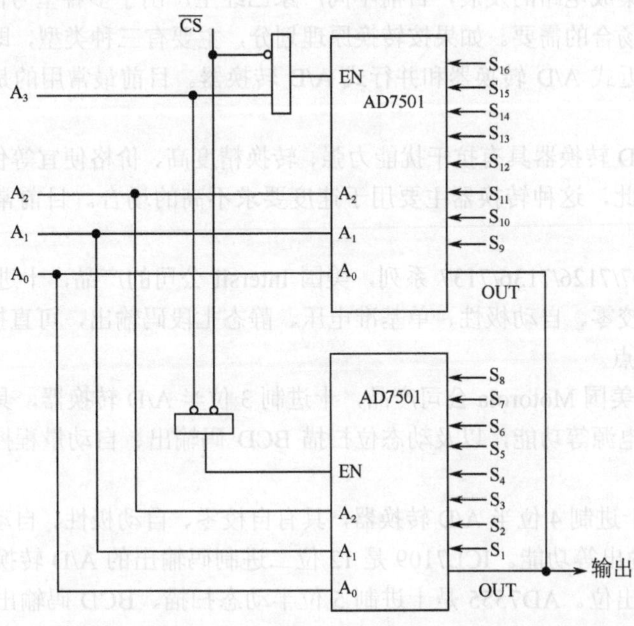

图 9.4 两片 AD7501 组成 16 路多路模拟开关原理图

图 9.4 中，S_1～S_{16} 为输入端。当 $\overline{CS}=1$ 时，EN=0，这时两芯片的公共输出瑞（并接在一起），不与任何输入端接通，而处于悬浮状态。$\overline{CS}=0$ 时，若 $A_3=0$，使下面的多路开关 AD7501 被选中，通过 A_2～A_0。从 000～111 的变化，可以选择 S_1～S_8 通道；若 $A_3=1$，则选中上面的 AD7501，A_2～A_0 从 000～111 变化时，则选中 S_9～S_{16} 通道。

从上面的讨论情况可以看出，模拟量输入通道，对一个物理量转换成为数字信号所要求的基本部件有：传感器及信号调节电路、模拟多路转换开关、采样/保持器（视情况选用）、A/D 转换器、通道控制电路等。

另外，对于以频率量（或开关量）输出的信号的调节任务要简单得多，只要将频率量或开关量调节到能满足计算机要求的 TTL 电平即可，如图 9.5 所示。一般输入量在进入微机的 I/O 口或扩展 I/O 口时要经过光电隔离。

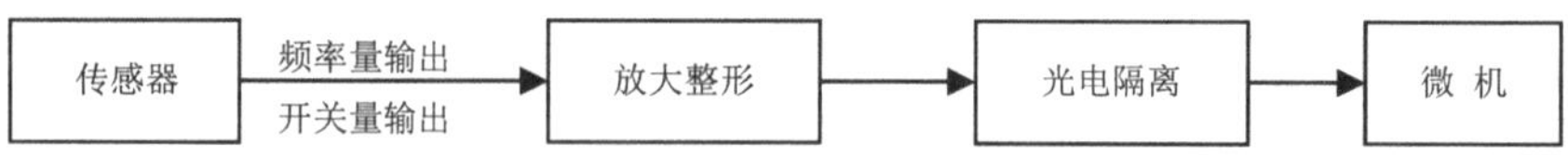

图 9.5　频率及开关量的信号输入形式

9.2　A/D 转换接口技术

A/D 转换器是模拟量输入通道中的一个环节，计算机通过 A/D 转换器把输入模拟量变成数字量后再处理。

随着大规模集成电路的发展，目前不同厂家已经生产出了多种型号的 A/D 转换器，以满足不同应用场合的需要。如果按转换原理划分，主要有三种类型，即双积分式 A/D 转换器、逐次逼近式 A/D 转换器和并行式 A/D 转换器。目前最常用的是双积分式和逐次逼近式。

双积分式 A/D 转换器具有抗干扰能力强、转换精度高、价格便宜等优点，缺点是转换速度较慢。因此，这种转换器主要用于速度要求不高的场合。目前常用的双积分式 A/D 芯片有：

ICL7106/7107/7126/7136/7137 系列，美国 Intersil 公司的产品，十进制 3 位半 A/D 转换器。具有自校零、自动极性、单基准电压、静态七段码输出，可直接驱动 LED 或 LCD 显示器等特点。

MC14433 是美国 Motorola 公司产品，十进制 3 位半 A/D 转换器，具有自校零、自动极性、单基准电源等功能，以及动态位扫描 BCD 码输出、自动量程控制信号输出等特点。

ICL7135 是十进制 4 位半 A/D 转换器，具有自校零、自动极性、自动量程控制、动态扫描 BCD 码输出等功能。ICL7109 是 12 位二进制码输出的 A/D 转换器，带有一位极性位和一位溢出位。AD7555 是十进制 5 位半动态扫描、BCD 码输出的高精度 A/D 转换器。

另一类常用的 A/D 转换器为逐次逼近式。这类转换器的转换速度较快，其转换时间在几微秒至几百微秒之间，逐次逼近式 A/D 转换器是目前品种最多、应用最广的 A/D 转换器件。常用的芯片有：

ADC0801～ADC0805 为 8 位 MOS 型 A/D 转换器，片内有三态数据输出锁存器，单通道输入，转换时间约 100μs。

ADC0808/0809 是 8 位 MOS 型 A/D 转换器，具有 8 路模拟信号输入通道，片内有 8 路模拟选通开关及地址译码、锁存电路等，转换时间约为 100μs。

ADC0816/0817 除输入通道数增加至 16 个外，其他性能与 ADC0808/0809 基本相同。

AD574A 为 12 位 A/D 转换器，转换时间为 25μs。

ADC1131 为 14 位 A/D 转换器，转换时间为 12μs。

ADC1140 为 16 位 A/D 转换器，转换时间小于 35μs。

ADC803 为 12 位高速 A/D 转换器，转换时间 500ns（8 位）、670ns（10 位）、1.5μs（12 位）。ADC804 为 12 位串行输出 A/D 转换器，适合于远距离传送数据。

9.2.1 A/D 转换硬件设计要考虑的问题

在前向通道选用 A/D 转换芯片时，要注意考虑下面几个问题。

1. 分辨率与量化误差

A/D 转换器的分辨率是指转换器所能感受到的模拟输入量的最小变化值。通常定义为满刻度电压值与 2^N 之比值。也可以用 1LSB 对应满量程的百分数来表示，或者用 ppm 来表示，1%＝10^6 ppm。例如 ADC0809 的位数为 8 位，则该转换器的输出数据可以用 2^8 个二进制数进行量化。如用百分数来表示，其分辨率为

$$1/2^N \times 100\% = 1/2^8 \times 100\% = 0.39\%$$

又如 MC14433 双积分 A/D 转换器，输出是 3 位半 BCD 码的转换器，满度字位为 1999，用百分数表示其分辨率为

$$1/1999 \times 100\% = 0.05\%$$

实际上，无论是 A/D 转换器还是 D/A 转换器，当其位数确定以后，分辨率就已确定。所以，分辨率只是一个设计参数，它不能提供有关精度和线性度的任何信息。

依分辨率的高低，A/D 转换器可分为三种类型：低分辨率为 3～8 位、中分辨率为 9～12 位、高分辨率为 13 位以上。一般分辨率越高，其价格也就越高。

量化误差是由于 A/D 转换器的分辨率有限所引起的误差，其大小通常规定为 ±1/2LSB。因此，系统设计者必须选择具有足够分辨率的转换器，才能将这种“数字化的噪声”降低到可接受的值。

2. 精度

A/D 的转换精度是反映实际 A/D 转换器在量化值上与一个理想 A/D 转换器的差值，可表示成绝对误差和相对误差。

绝对误差的大小由实际模拟量输入值与理论值之差来度量。实际上对应于同一个数字量输出，其模拟量输入并不是一个固定的值，而是有一个范围。绝对误差包括增益误差、零点误差和非线性误差等。

相对误差是指绝对误差与满刻度值之比，一般用百分数（%）来表示。对 A/D 转换器也常用 ppm（百万分之一）或最小有效位的当量 LSB 来表示：

$$1LSB=1/2^N\times满刻度值$$

3. 转换时间和转换速率

A/D 转换器完成一次转换所需的时间叫转换时间，而转换速率是转换时间的倒数。A/D 转换器按转换速度可分为三类。

1）低速：以双积分转换方式多见，其转换时间较长，一般要大于 40～50ms。但由于双积分式 A/D 转换器外接器件少，使用十分方便，而且具有极高的性能价格比，因此在一些非快速的 A/D 转换通道中仍广泛使用，如用于智能仪器仪表等。

2）中速：转换方式多为逐次逼近式等。逐次逼近式 A/D 转换器是目前种类最多、数量最大、应用最广的 A/D 转换器件。逐次逼近式 A/D 转换器又有单片集成与混合集成两种集成电路形式，后者的主要性能指标均高于前者。这类器件的转换时间为 1～200μs，常用的多在几微秒到几十微秒之间，如 ADC0808/0809 为 100μs，AD574A 为 25μs 等。它们常用于一般自动控制。

3）高速：转换方式为并行或串并行。转换时间最短的为全并行式 A/D 转换器，如用双积分型或 CMOS 工艺制作的高速全并行式 A/D 转换器的转换时间为 20～50ns。并行式 A/D 转换技术在实践上不易实现，所以长期以来并未获得实际使用。随着集成电路技术的发展，一些厂家已开始生产出单片集成化的低分辨率并行式 A/D 转换器。由于其组成复杂，价格昂贵，因此目前又出现了一种串、并行 A/D 转换方案进行折中，以简化电路，但速度有所下降。

在选择 A/D 转换芯片时，除上述几点应认真考虑外，还应考虑输入或输出特性和范围的要求、A/D 的转换路数及电源的种类和功耗等。

4. 接口时注意的问题

一般而言，任何型号的 A/D 芯片都可以与微机（或单片机）连接使用、但对设计者来说，应该掌握所选 A/D 电路的特点及性能技术指标，对不同的 A/D 转换器采用不同的接口电路。

在设计单片微机与 A/D 转换器的接口时，要注意掌握下述几点方法。

（1）模拟量输入信号的连接

A/D 转换器的模拟量信号大都为标准信号 0～5V 或 0～10V，但有些 A/D 转换器的输入极性除单极性外，也可以是双极性，用户可通过改变外接线路来改变量程，使用时注意查阅有关 A/D 转换器的使用手册。另外，在模拟输入通道中，除了单通道输入外，还有多通道输入方式。微机系统的多通道输入可采用两种方法，一是采用单路模拟输入的 A/D 芯片，在模拟量输入端加接多路开关；另一种是采用带有多路开关的 A/D 转换器。

（2）输出数字量引脚的连接

A/D 转换器数字量输出引脚与单片微机的连接方法与其内部结构有关。对于那些没有输出锁存器的 A/D 转换器来说，一般要通过锁存器或 I/O 接口与单片机相连，常用的接口及锁存器有 8155、8255、8243、74LS273、74LS373 等。当 A/D 转换器内部含有输出锁存器时，可直接与单片机相连。有时为了增加控制功能，也采用 I/O 接口连接。

另外，根据位数的不同，A/D 转换器与单片机数据总线的连接方法不同。对于 8 位的 A/D 转换器，其数字输出可与 8 位单片机数据总线直接相连，或者从某个 I/O 口（如 P1 口）输入。但对于那些高于 8 位 A/D 转换器，如 10 位、12 位或 16 位等，其连接就不那么简单了，应该分步读出。在读取数字量时，通常用单片机的控制信号 $\overline{RD}$ 和地址译码信号 Y_i 来控制，由不同的地址信号来分步读取全部数据。

（3）A/D 转换器的启动方式

无论选择什么样的 A/D 转换芯片，当其与微机连接好了之后，都必须由微机在片选信号选中的基础上，发出启动该芯片所需的信号。芯片不同，启动的方式也不同，有的需要电平触发，有的需要脉冲触发。

所谓电平触发就是在 A/D 转换器的启动引脚上加上一个要求的电平。当电平加上以后，A/D 转换立刻开始，而且在转换过程中，必须保持这一电平，否则将停止转换。在这种启动方式下，CPU 控制必须通过寄存器保持一段时间，一般采用 D 触发器、锁存器或并行 I/O 接口等来实现。如 AD570、AD571、AD572 都属电平控制转换电路。

脉冲启动转换芯片，只要在启动转换输入引脚加一个启动脉冲即可。如 AD0809、ADC80、AD574 等都属于这一类芯片，一般用 $\overline{WR}$ 及地址译码器输出 Y_i 经过一定的逻辑电路进行控制。

（4）判断 A/D 转换结束及读取数据

CPU 发出启动信号后，A/D 转换器开始转换，当转换结束时，A/D 转换器芯片内含的转换结束触发器置位，输出一个转换结束标志信号，通知单片机，A/D 转换已完成，可以进行读数操作，单片机判断 A/D 转换结束否通常有下列 4 种方法。

1）程序查询方式。将 A/D 转换器的转换结束信号经三态门送到 CPU 的数据总线或 I/O 接口的某一位上，当单片机发出启动转换信号后，即开始查询 A/D 转换是否结束，没有结束则继续查询，直到有结束信号时，方可读取转换结果。采用这种方法的程序设计比较简单，且实时性也比较强，是单片机系统中应用较多的一种方法。

2）中断方式。将 A/D 转换器的转换结束信号接至单片机的中断请求信号端，单片机发出启动转换信号后，继续执行主程序，当 A/D 转换结束时，向单片机提出中断申请，单片机响应中断后，在中断服务子程序中读取转换结果。这种方法能使 A/D 转换器与单片机并行工作，因而大大节省 CPU 的时间，常用于实时性要求比较强或多参数的数据采集系统中。

3）软件延时方式。单片机向 A/D 发出启动转换信号后，即调用软件延时程序，延时时间的长短取决于 A/D 转换器完成转换所需要的时间，延时结束后方可读取转换结果。为了确保转换完成，一般将延时时间略长于 A/D 转换时间。这种方法可靠性比较高，不用增加硬件连线，但要占用 CPU 的大量时间，多用在 CPU 处理任务比较少的系统中。

4）等待方式。A/D 转换期间，设法产生一等待信号，暂停 CPU 工作，使之处于等待状态。当 A/D 转换结束后，才使 CPU 继续工作，并读取转换结果，这种方法不利于发挥 CPU 的效率。

A/D 转换完成后，如何从 A/D 转换器读取数据，要根据 A/D 转换器的结构特点而定。若转换器的片内具有可控的三态门或接口逻辑时，A/D 的数据输出可直接挂到单片机的数据总线上，而无须附加逻辑接口电路，并在转换结束时，利用 $\overline{RD}$ 信号（只要通过一条指令 MOVX A，@DPTR），打开三态门，将数据读入 CPU。对于片内输出寄存器无可控的三态门或接口逻辑的 A/D 转换器，则必须经 I/O 通道或输入缓冲电路才能与单片机连接。

（5）参考电源的连接

A/D 转换器中参考电源的作用是提供其内部 D/A 转换器的标准电源，它直接关系到 A/D 转换的精度，因而对该电源的要求比较高，一般要求由稳压电源供电。不同的 A/D 转换器，参考电源的提供方法也不一样。通常 8 位 A/D 转换器采用外电源供电，如 ADC0809、AD7574 等。但对于精度要求比较高的 12 位 A/D 转换器，如 ADJ574A、AD80 等，一般在 A/D 芯片内部设有精密参考电源，不必另外加电源。

在一些单、双极性均可使用的 A/D 转换器中，参考电平常常有两个引脚：$V_{REF(+)}$ 和 $V_{REF(-)}$，根据模拟量输入信号的极性不同，这两个参考电源引脚的接法也不同。若模拟量信号为单极性时，$V_{REF(-)}$ 端接模拟地，$V_{REF(+)}$ 端接参考电源正端；当模拟量信号为双极性时，则 $V_{REF(+)}$ 接参考电源的正端，$V_{REF(-)}$ 接参考电源负端。

9.2.2 MCS-51 单片机与 8 位 A/D 转换器接口

1. 硬件电路及时序

下面以较为常用的 ADC0809 为例介绍其接口方法。

ADC0809 是 8 位 A/D 转换芯片，由单一＋5V 电源供电。片内带有锁存功能的 8 路模拟多路开关，可以对 8 路 0～5V 的模拟输入电压信号分时进行转换，转换时间为 100μs 左右；片内具有多路开关的地址译码和锁存电路、高阻抗斩波稳定比较器、256R 电阻 T 型网络和网状电子开关以及逐次逼近寄存器，采用逐次逼近技术实现 A/D 转换；其内部无时钟电路，时钟 f_{CLK} 须由外部提供，典型时钟频率为 640kHz；输出具有 TTL 三态锁存缓冲器，可直接与单片机数据总线相连。此外，通过适当的外接电路，ADC0809 可以对 0～±5V 的双极性模拟信号进行转换。

ADC0809/0809 为 28 脚标准封装直插式芯片，其引脚图如图 9.6 所示。各引脚功能如下：

1）IN0～IN7：8 路模拟量输入端。

2）C、B、A：三根地址译码输入线，根据 C、B、A 的组合值，控制多路转换开关，对 8 路模拟输入通道 IN0～IN7 进行切换。C 为最高位，A 为最低位。例如当 CBA 为 000 时，接通 IN0，当 CBA 为 111 时，则接通 IN7。

3）ALE：地址锁存控制端，高电平有效。在 ALE 的上升沿将 C、B、A 通路地址锁存到内部的地址锁存器中，并将相应的模拟量输入通道接入 A/D 转换器。

4）OE：数字量输出允许信号输入端，高电平有效。当该端被选中时，允许从 A/D 转换器的输出锁存器中读取数字量。

5）START：启动信号输入端，下降沿启动 A/D 进行新的一次转换。

6）EOC：A/D 转换结束标志，可作为转换结束中断请求信号。

7）CLOCK：时钟输入端。

8）D_7～D_0：数字量输出端。

9）V_{CC}：电源输入端，接＋5V。

10）GND：接地端。

11）$V_{REF(+)}$、$V_{REF(-)}$：参考电源输入端，用来提供 D/A 转换器权电阻的标准电平。一般 $V_{REF(+)}$ 接＋5V，$V_{REF(-)}$ 接 0V。

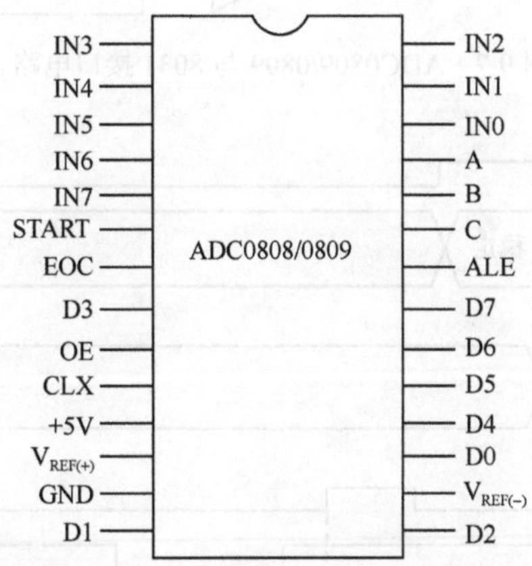

图 9.6　ADC0809/0809 引脚图

图 9.7 是 ADC0808/0809 与 8031 单片机的典型接口电路。按图中连接方式，由 $\overline{WR}$ 和 P2.7（地址线最高位 A_{15}）控制 0809 的地址锁存和转换启动。由于 ALE 和 START 连在一起，因此在锁存通道地址的同时，启动并进行 A/D 转换。

在读取转换结果时，由 $\overline{RD}$ 和 P2.7 经一级或非门形成正脉冲作为 OE 信号，用以打开三态输出缓冲器。如图 9.7，有关系式：

$$\text{ALE} = \text{START} = \overline{\overline{\text{WR}} + \text{P2.7}}$$

$$\text{OE} = \overline{\overline{\text{RD}} + \text{P2.7}}$$

由此可见，当这些信号有效时，P2.7 应置为低电平。

ADC0809 的时钟信号可由 8031 的 ALE 端取得，如果 ALE 信号频率过高，应分频后再送入转换器。例如当 8031 的晶振频率选择 6MHz 时，ALE 端的频率约为 1MHz，故需采用二分频后才能与 0809 的 CLK 端连接，分频器一般用 D 触发器 74LS74 实现，图 9.7 中选用了分频电路。图 9.8 为 ADC0808/0809 的时序图。从时序图可以看出，在启动 AD 后，EOC 约在 10μs 后才变为低电平，编程时要注意这一点。

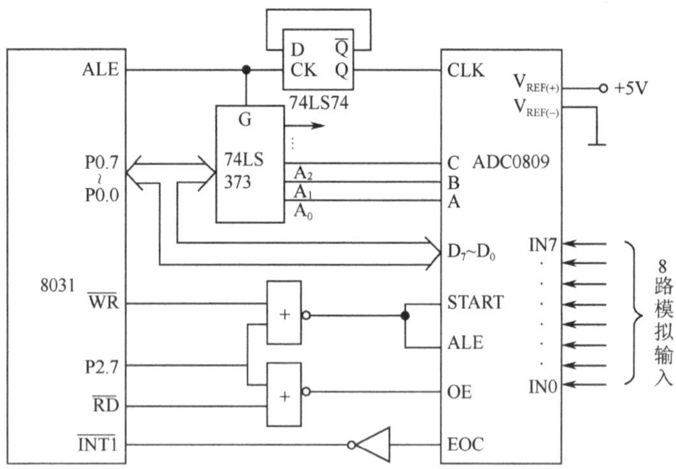

图 9.7　ADC0809/0809 与 8031 接口电路

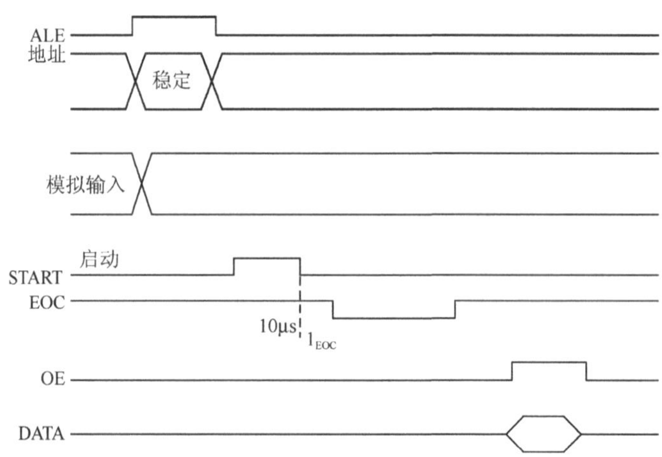

图 9.8　ADC0809/0809 工作时序图

2. 编程举例

A/D 转换器的程序设计主要分为下面几步：

1）选通模拟量输入通道。

2）发启动转换信号。

3）用查询、中断或软件延时等方式等待转换结束。

4）读取转换结果。

5）将转换结果存入 RAM，进行数据处理或执行其他程序。

（1）查询方式编程举例

下面是采用查询方式分别对 8 路模拟信号轮流采样一次，并依次把采样结果转存到数据存储区的采样转换程序。

```
MAIN:     MOV   R1, #data           ; 置数据区首址
          MOV   DPTR, #7FF8H        ; P2.7=0, 且指向通道 0
          MOV   R7, #08H            ; 置通道数
LOOP:     MOVX  @DPTR, A            ; 启动 A/D 转换
          MOV   R2, #20H            ; 延时查询
DELY:     DJNZ  R2, DELY            ; (延时 60μs) 结束?
DELY1:    JB    P3.3, DELY1         ; 判断 P3.3=1?
          MOVX  A, @DPTR            ; 读取转换结果
          MOV   @R1, A              ; 转储
          INC   DPTR                ; 指向下一个通道
          INC   R1                  ; 修改数据区指针
          DJNZ  R7, LOOP            ; 8 个通道采样未完则循环
```

(2) 中断方式编程举例

下面以采集一路为例，编写转换程序如下：

```
INTIC:    SETB  IT1                 ; 置外部中断 1 为边沿触发方式
          SETB  EA
          SETB  EX1                 ; 允许外部中断 1
          MOV   DPTR, #7FF8H
          MOVX  @DPTR, A            ; 启动 0809 对 IN0 通道进行转换
          ⋮
```

外部中断 1 的中断服务程序如下：

```
UNIT1:    MOV   DPTR, #7FF8H
          MOV   A, @DPTR
          MOV   50H, A
          RETI
```

按图 9.7 中的连接方法，实际使用时可将 IN7 和 IN6 两个输入端分别接地和参考电源 $V_{REF(+)}$，以实现自动数字调零和抑制电源波动对转换的影响，并可供微机仪表实用时自拾自校用。其原理为：在每一个测量周期中，先将接地端 IN7 选通，测得数据 N_0；再选通基准电压端 IN6，测得数据 N_R；最后接通待测信号，测得数据 N_X，则按式：$V_X=V_R(N_X-N_0)/(N_R-N_0)$ 计算出的测量结果与测量系统的零偏和漂移无关，且与基准电压 V_R 的精度也无关。因此，通过对上述公式的编程可减小系统的测量误差。

9.2.3 MCS-51 单片机与 12 位 A/D 转换器接口

在一些应用系统中，必须选用分辨率大于 8 位的芯片，如 10 位、12 位、14 位或 16 位 A/D 转换器。这类转换器的产品种类很多，例如：

AD573：分辨率 10 位，转换时间 15μs；非线性误差<0.049%。

AD574A：分辨率 12 位，转换时间 25μs，非线性误差＜±0.012%。

AD578：分辨率 12 位，转换时间 3μs，非线性误差≤±0.012%。

ADC1131：分辨率 14 位，转换时间 12μs，非线性误差＜±0.003%。

ADC1140：分辨率为 16 位，转换时间小于 35μs，非线性误差＜±0.003%。

10 位、14 位及 16 位 A/D 转换器与单片机的接口与 12 位的类似，因此这里仅以 12 位的 AD574A 为例介绍其工作原理及与单片机的接口。

AD574A 是美国 Analog Device 公司在 AD574 的基础上改进过的一种完全 12 位单片模数转换器。AD574A 是采用逐次逼近型的 A/D 转换器，最大转换时间为 35μs，转换精度为 0.05%，故适合于较高精度的快速采样系统中。在 AD574A 的基础上，AD 公司又先后推出了速度更快的 AD674A（最大转换时间 15μs），AD774B（最大转换时间 8μs）及带有采样保持放大器的 AO1674（最大转换时间 10μs）等产品。这几种芯片的引脚、内部大致结构和外部连接方法完全相同，可以互换使用，由于它们在芯片内部都包含微处理器接口逻辑（有三态输出缓冲器），故可直接与各种类型的 8 位或 16 的微处理器连接，而无须附加逻辑接口电路，且能与 CMOS 及 TTL 电路兼容。

1. AD574A 引脚功能及真值表

AD574A 采用 28 脚双列直插式标准封装，其引脚图如图 9.9 所示。

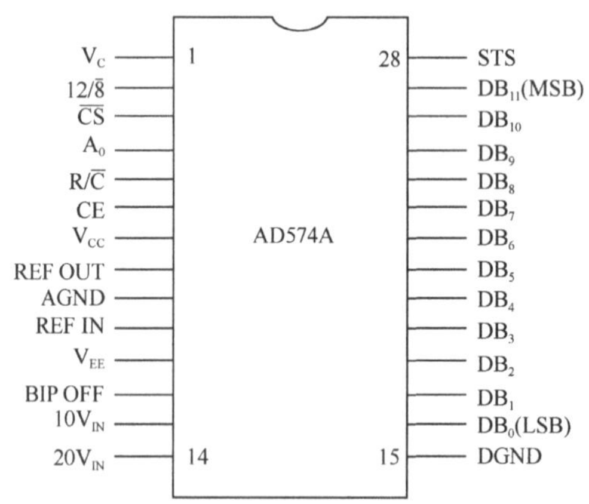

图 9.9 AD574 引脚图

该转换器有许多引脚的功能和 ADC0809 相似，如数据输出、供电电压、接地端等。下面对各引脚的功能做一简要介绍。

1）AD574A 有 6 根控制线，逻辑控制输入信号有：

CE：片启动信号。

$\overline{CS}$：片选信号。

$R/\overline{C}$：读数据/转换控制信号。

$12/\overline{8}$：数据输出格式选择控制信号。

A_0：字节选择控制信号。

2）输出信号有：

STS：工作状态信号线。当启动 A/D 进行转换时，STS 为高电平；当 A/D 转换结束时，STS 为低电平。

3）其他管脚功能如下：

$10V_{IN}$，$20V_{IN}$：模拟量输入端，分别为 10V 和 20V 量程的输入端。信号的另一端接至 AGND。

DB_{11}～DB_0：数字量输出端。

REF OUT：10V 内部参考电压输出端。

REF IN：内部解码网络所需参考电压输入端。

BIP OFF：补偿校正端，接至正负可调的分压网络，0 输入时调整数字输出为零。

AGND：模拟地。

DGND：数字地。

AD574A 逻辑控制关系如真值表 9.3 所示。

表 9.3　AD574A 真值表

CE	$\overline{CS}$	$R/\overline{C}$	$12/\overline{8}$	A_0	工 作 状 态
0	×	×	×	×	不起作用
×	1	×	×	×	不起作用（未选中）
1	0	0	×	0	启动 12 位转换
1	0	0	×	1	启动 8 位转换
1	0	1	接＋5V	×	12 位并行输出有效
1	0	1	接地	0	高 8 位并行输出有效
1	0	0	接地	1	低 4 位数据有效，中间 4 位为“0”，高 4 位为三态

由真值表可以看出 AD574A 的工作过程如下：

只有当 $\overline{CS}$＝0，CE＝1 同时满足时，AD574 才处于工作状态，否则工作被禁止。在工作状态时：

若 $R/\overline{C}$＝0，启动 A/D 转换：
- A_0=0，启动 12 位 A / D 转换方式。
- A_0=1，启动 8 位 A/D 转换方式。

若 $R/\overline{C}$＝1，数据输出：
- $12/\overline{8}$＝1，对应 12 位并行输出。
- $12/\overline{8}$＝0，对应 8 位输出：
  - A_0＝0 时，高 8 位数据有效。
  - A_1＝1 时，低 4 位数据有效，中间 4 位为 0，高 4 位为三态。

图 9.10 为 AD574A 启动转换和结果输出时序图。

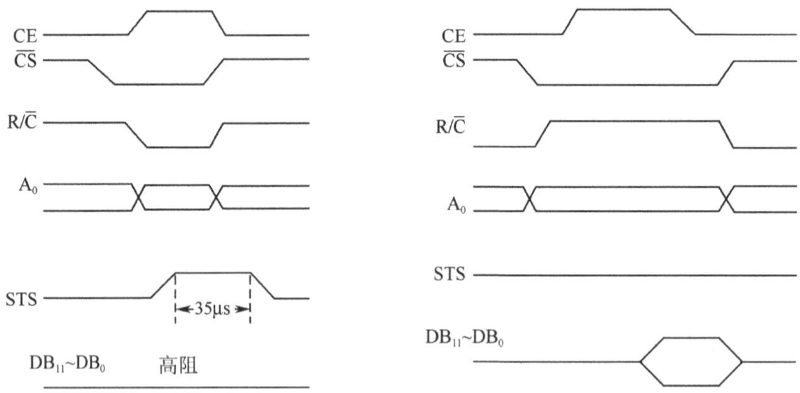

（a）启动与转换　　（b）转换结果输出

图 9.10　AD574 启动转换及结果输出

此外，通过对 AD574A 引脚 8、10、12 的外接电路的不同连接，AD574A 有单极性和双极性两种工作方式。图 9.11（a）所示为单极性转换电路接法，可实现输入信号 0～10V 或 0～20V 的转换。系统模拟信号的地应与引脚 9（AGND）端相连，使其地线的接触电阻尽可能小，以保证模拟信号的失真尽可能小。图 9.11（b）为双极性转换电路，可实现输入信号-5~＋5V 或-10~＋10V 的转换。

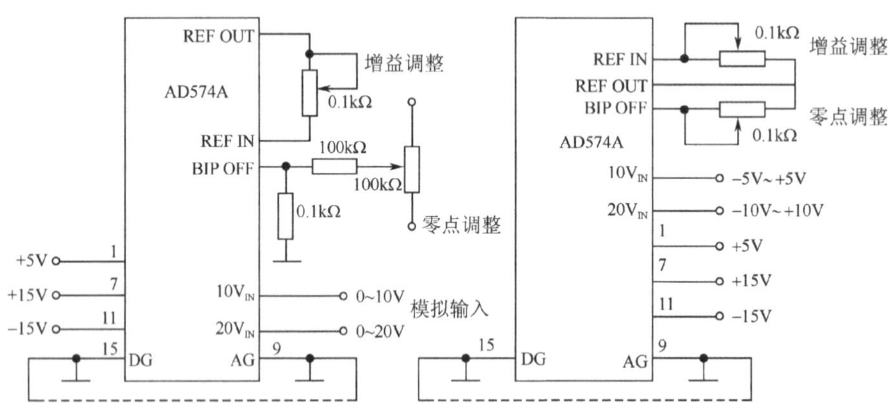

（a）单极性转换电路　　（b）双极性转换电路

图 9.11　AD574DA 的两种接法

2. AD574A 与 8051 单片机接口

图 9.12 给出了 AD754A 与 8051 单片机的接口方案之一。由于 AD574A 片内有时钟，故无须外加时钟信号。该电路采用双极性输入方式，可对－5V～＋5V 或-10V～＋10V 的模拟信号进行转换。无论是启动、转换还是结果输出，都要保证 CE 端为高电平，故 8051 的 $\overline{RD}$ 和 $\overline{WR}$ 端通过与非门 74LS00 与 AD574A 的 CE 端相连。转换结果分高 8 位、

低 4 位与 P0 口相连，分两次读入，所以 $12/\overline{8}$ 端接地。为了使 CS、A_0、$R/\overline{C}$ 在读取转换结果时保持相应的电平，将来自单片机的控制信号经 74LS373 锁存后再接入。

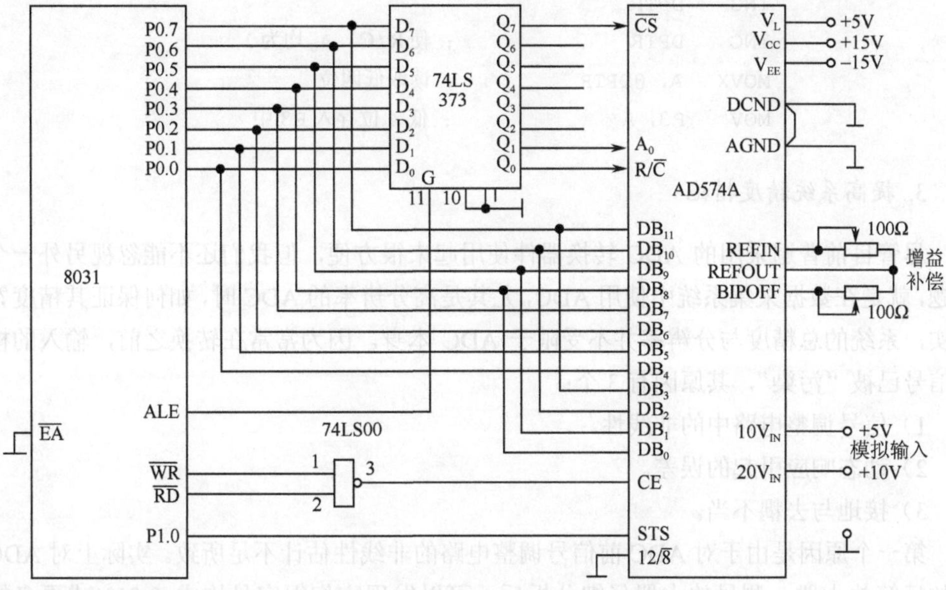

图 9.12　AD574 与 8031 的接口电路

CPU 可采用中断、查询、软件延时等方式读取 AD574A 的转换结果。若采用查询方式，则将转换结束状态线 STS 接到 8051 的某一 I/O 口线，图 9.12 中与 P1.0 线相连。工作过程如下：

1）当单片机执行对外部数据存储器的写指令，并使 CE＝1，CS＝0，$R/\overline{C}$＝0，A_0＝0 时，进行 12 位 A/D 转换启动。

2）主机通过 P1.0 不断查询 STS 状态，当 STS 由高电平变为低电平时，表示转换结束。

3）转换结束后，8031 通过两次读外部数据存储器操作，读取 12 位的转换结果数据。当 CE＝1，$\overline{CS}$＝0，$R/\overline{C}$＝1，A_0＝0 时，读取高 8 位；CE＝1，$\overline{CS}$＝0，$R/\overline{C}$＝1，A_0＝1 时，读取低 4 位。

注意： $12/\overline{8}$ 端与 TTL 电平不兼容，所以直接到＋5V 或 0V 上。另外 A_0 在数据输出期间不能变化。

图 9.12 所示的接口电路是把 AD574A 当成外接存储器 RAM 使用，只是没有使用高 8 位地址 P2.7～P2.0。利用该接口电路完成一次 A/D 转换的工作程序如下：

```
MAIN:    MOV    DPTR，#××00H     ；端口地址送入 DPTR
         MOVX   DPTR，A          ；启动 AD574A
         SETB   P1.0             ；置 P1.0 为输入方式
LOOP:    JB     P1.0，LOOP       ；检测 P1.0 口，等待 A/D 转换结束
         INC    DPTR
```

```
MOVX   A，@DPTR          ；读高 8 位数据
MOV    R2，A             ；高 8 位存入 R2 中
INC    DPTR
INC    DPTR              ；使 R/C̄，A0 均为 1
MOVX   A，@DPTR          ；读取低四位
MOV    R3，A             ；低 4 位存入 R3 中
```

3. 提高系统精度措施

尽管目前普遍采用的 ADC 转换器件使用起来很方便，但我们还不能忽视另外一个问题，就是在数据采集系统中使用 ADC，尤其是高分辨率的 ADC 时，如何保证其精度？其实，系统的总精度与分辨率并不受限于 ADC 本身。因为常常在转换之前，输入的模拟信号已被“污染”，其原因有 3 个：

1）信号调整电路中的非线性。

2）动态响应引起的误差。

3）接地与去耦不当。

第一个原因是由于对 ADC 前信号调整电路的非线性估计不足所致。实际上对 ADC 前的运算放大器、测量放大器仔细分析后，可以发现它们很容易构成 0.01%或更多的误差。

第二个原因是没有注意动态响应引起的问题。许多 ADC 输入阻抗在转变过程是变化的，这样会影响前面放大器提供的输入信号。为此可在 ADC 前加一级具有单位增益的缓冲器来改善 ADC 受动态响应的影响。

第三个原因是由于接地去耦不当而降低了输入信号的精度。就 AD574 来是来说，它有两个地（即公共端），一个是数字地，一个是模拟地。处理好接地问题才能保证 A/D 的转换精度。

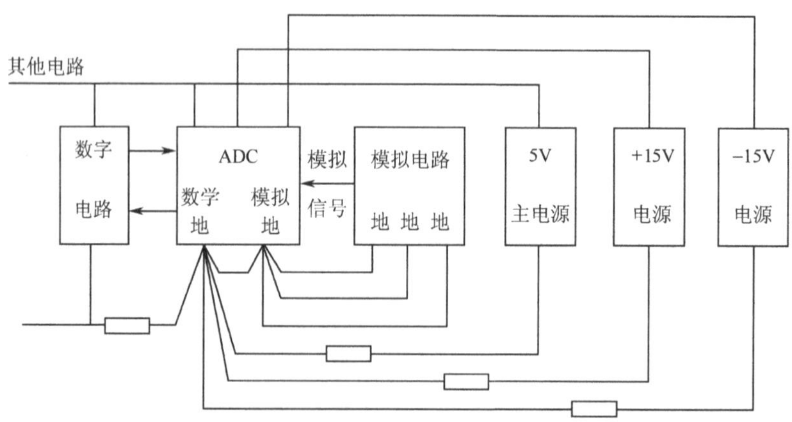

图 9.13　AD 转换器的地线连接

模拟地（AGND）是高质量的接地点。在布置印制电路板时要特别注意下列几点：

1）数字地与模拟地要在芯片上就近连在一起。

2）士 15V 电源经过电容去耦之后，其地线连接到数字地上。

3）外部模拟电路的地要分别地连接到模拟地上。

以上所述的地线连接方法如图 9.13 所示。

9.2.4 数据采集系统举例

数据采集系统的任务是把模拟信号转变成数字信号，送入计算机并进行加工处理至其他电路进行显示或控制。

在现代工业生产过程中，往往需要测量和控制几十个点甚至上百个点的参数。虽然这一任务也可以用常规的模拟仪表来完成，但由于检测点太多，所需测量仪表的数量也很大，使系统的可靠性下降。通过计算机构成的巡回检测系统，只用一台计算机就可实现对几十个点进行数据采集。

在数据采集系统中，当被测参数变化较快时，应在模拟量通道中加入采样/保持器，其连接方法可根据系统要求选择。

1. 硬件电路

设本应用系统对 8 路模拟信号进行巡回检测（当路数更多时，可扩展多路开关），每个通道连续采样 6 次，采样周期为 5 秒。模拟输入信号是经过传感器之后的输出值，即已把物理量如压力、温度或速度等转换成了电压量。A/D 转换器选用 AD574A，采样/保持器选用 LF398，多路转换开关选用 CD4051，与单片机组成的接口电路如图 9.14 所示。

图中被测参量经多路转换开关 CD4051 选通后，送到采样/保持器的输入端。IN0～IN7 中的哪一路被选中，是由多路开关的选择控制端 A、B、C 以及允许锁存端 INH 控制的。采样/保持器的工作状态由 AD574A 的 STS 状态控制。当 A/D 转换正在进行（或未进行）时，转换结束标志 STS 输出为高电平，经反相后，变为低电平，送到采样/保持器的逻辑控制端（Logic），使采样/保持器处于保持状态，此时即可开始 A/D 转换。转换后的数字量由单片机的数据总线分两次读入 CPU。

当 AD574A 转换结束后，STS 由高电平变为低电平，反相后呈高电平，因而使采样/保持器变为采样状态。这种硬件连线方法不必通过单片机单独送采样/保持控制信号，所以能加快系统响应速度。

图 9.14 中的 AD574A 接法为单极性输入方式，其读/写控制过程通过图 9.12 的例子不难分析出来，此处不再赘述。

2. 程序设计

该系统采用定时采样方式，每隔 5 秒钟中断一次，在中断过程中完成数据的采集。

程序设计分为两部分。一部分为主程序，主要任务是进行初始化，完成定时器的设置和送中断控制字等。另一部分为中断服务程序，对每个通道分别采样 6 次，并进行数字滤波。

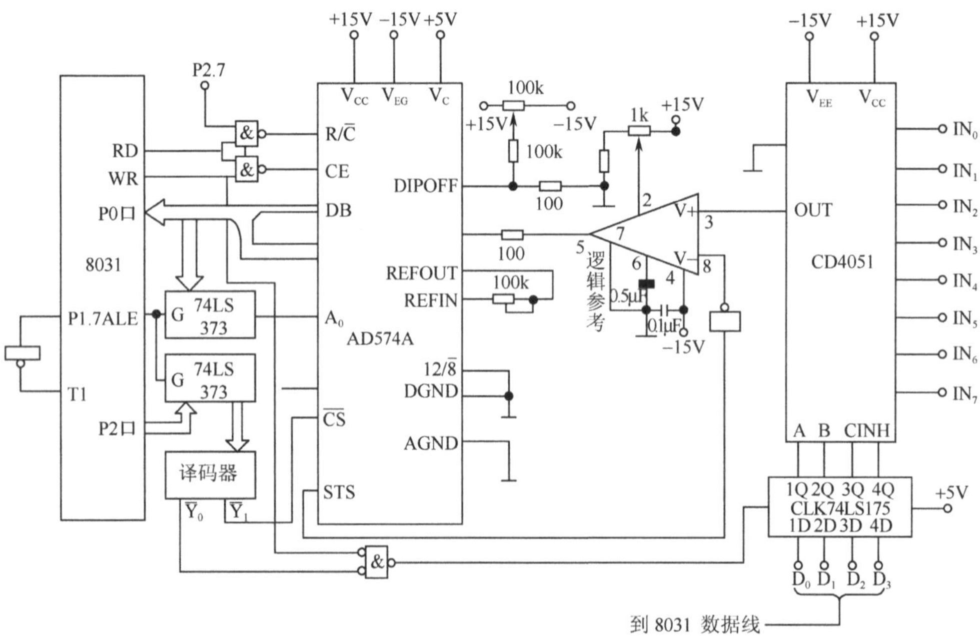

图 9.14 数据采集系统原理图

由于系统采样周期定为 5 秒，定时时间长，用一个定时器不够，因此可采用两个定时器串联的方法，即将 T0 设为定时方式，将 T1 设为计数方式。也可以采用软、硬件相结合的方式，即设 T0 为定时方式 1，然后用软件对其计数的方式。本系统采用前者方法。

设单片机的时钟频率选为 6MHz，T0 为定时方式 1，定时间间隔为 100ms，根据公式，$T=(2^{16}-X)\times 12/f_{osc}$ 可计算出 T0 应装入的时间常数为 X＝3CB0H，可分别装入 16 位计数器 TH0 和 TL0。设 T1 选定时方式 2，计数值为 50。由于 8031 的各定时器之间不能直接串联，为了能对 T0 定时中断次数进行计数，这里采用将 P1.7 引脚通过一个反相器接别 T1 引脚，当定时时间到，则将 P1.7 反相后，加到 T1 引脚作计数脉冲。这样需定时两次才能构成一个完整的计数脉冲。因此，T1 的计数值为 25，应将计数初值 230（E6H）同时装入 TH1 和 TL1。

这里，定时器 0 和定时器 1 均允许中断，这样，当计数器 T1 计满后，即可产生中断申请。定时器的中断服务程序为数据采集程序，其任务是对 8 个模拟参量进行巡回检测。方法是先将 8 个通道各采样一次，然后再巡回采第二次、第三次，直到每个通道均采样 6 次为止。为简化线路，采样程序中使用了软件延时方式等待转换的完成。

主程序及定时器 1 中断服务程序如下：

```
            ORG     0000H
            AJMP    MAIN
            ORG     000BH
            AJMP    INT0
            ORG     001BH
            AJMP    INT1
            ORG     0100H
MAIN:       MOV     TMOD, #61H              ；设定时器工作方式
            SETB    P1.7
            MOV     TH1, #0E6H              ；置定时器 1 的初值
            MOV     TL1, #0E6H
            SETB    TR1                     ；启动 T1
            MOV     TH0, #3CH               ；置定时器 0 的初值
            MOV     TL0, #0B0H
            SETB    TR0                     ；启动 T0
            SETB    ET0                     ；允许定时器 0 定时满时申请中断
            SETB    ET1                     ；允许定时器 1 定时满时申请中断
            SETB    EA                      ；开中断
LOOP:       AJMP    LOOP                    ；模拟主程序
            ORG     0140H                   ；定时器 0 中断服务程序
INT0:       CPL     P1.7
            MOV     TH0, #3CH               ；重装定时器 0 的初值
            MOV     TL0, #0B0H
            RETI
            ORG     0150H                   ；定时器 1 中断服务程序
INT1:       CLR     TR0                     ；关定时器 0
            MOV     R0, #DATA               ；存放数据 RAM 的首地址送 R0
            MOV     COUNT, #06H             ；设每个通道采样次数
ROUT0:      MOV     ADDR, #00H              ；送各通道初值
            MOV     BUFF, R0                ；数据地址送缓冲单元
ROUT1:      MOV     A, ADDR                 ；取通道号
            MOV     DPTR, #CHSEL            ；设通道号选择地址
            MOVX    @DPTR, A                ；送通道号
            INC     ADDR                    ；通道号加 1
            NOP                             ；延时，使采样/保持器稳定
            NOP
ROUT2:      MOV     DPTR, #ADSEL            ；送 A/D 转换器地址
            MOVX    @DPTR, A                ；启动 A/D，按 12 位转换
            ACALL   DELY30                  ；延时 40μs
```

```
            MOVX    A，  @DPTR          ；读入高 8 位
            MOVX    @R0，  A            ；存放高 8 位
            INC     DPTR                ；使 A0=1
            INC     R0                  ；求低 4 位存放地址
            MOVX    A，  @DPTR          ；读低 4 位
            MOVX    @R0，  A            ；存放低 4 位
            MOV     A，  R0             ；求存放下一个通道数据地址
            ADD     A，  #0BH
            MOV     R0，  A
            MOV     A，  ADDR
            CJNE    A，  #08，  ROUT1    ；判 8 个通道是否各采样一次
            DJNZ    COUNT，  BRANCH      ；判是否采样 6 次
            MOV     TH0，  #3CH          ；重装定时器 0 的初值
            MOV     TL0，  #0B0H
            SETB    TR0                 ；启动 T0
            RETI
BRANCH:     MOV     R0，  BUFF
            INC     R0
            INC     R0
            AJMP    ROUT0
DELY30:     ……                          ；延时 40μs 子程序（略）
             ⋮
    DATA    EQU     00H                 ；外部 RAM 地址
    COUNT   EQU     20H                 ；内部 RAM 地址
    ADDR    EQU     21H                 ；内部 RAM 地址
    BUFF    EQU     22H                 ；内部 RAM 地址
    CHSEL   EQU     8000H               ；通道选择地址
    ADSEL   EQU     8400H               ；A/D 转换器地址
```

9.3 D/A 转换接口技术

在微型计算机控制系统中，常常将检测到的物理量转换成数字量，经计算机进行数据处理后，再将结果的数字量转换成模拟量输出，以实现对被控对象——过程、仪器、仪表、机电设备等的控制。把数字量到模拟量的变换称为数/模转换（简称 D/A 转换）。

随着大规模集成电路的发展及工艺的改进，出现了许多高精度、高可靠性的 D/A 转换器芯片，因此在微机应用系统中，D/A 转换接口的设计任务主要是选择 D/A 芯片，配置好外围电路及器件，实现数字量到模拟量的线性转换。

9.3.1 D/A 转换选用要考虑的两个重要参数

为了设计好 D/A 转换器接口电路，应先对所选 D/A 芯片的技术指标了解清楚。有关的技术指标在使用时请查阅有关手册，这里仅对两个比较重要的参数作一说明。

1. D/A 转换器的分辨率

D/A 转换器的分辨率是指当输入数字量发生单位数码变化时，即 LSB 位产生一次变化时，所对应输出模拟量（电压或电流）的变化量。对线性 D/A 转换器来说，其分辨率Δ与输入数字量位数 n 之间有下列关系：

$$\Delta = \text{模拟输出的满量程值}/2^n$$

例如，8 位 D/A 转换器，其分辨率 $1/2^8 \times FS = 0.391\%FS$；10 位 D/A 转换器，其 $\Delta = 1/2^{10} \times FS = 0.1\%FS$；12 位 D/A 转换器，其 $\Delta = 1/2^{12} \times FS = 0.024\%FS$。其中 FS 表示输出的满量程值。显然，位数越多，分辨率越高。

2. 电流稳定时间

电流稳定时间是描述 D/A 转换速率快慢的一个重要参数，一般是指输入数字量从全 0 变为全 1（或从全 1 变为全 0）后，输出模拟量稳定到相应范围内（一般指与稳定值最大差值≤1/2LSB）所经历的时间。

D/A 转换接口设计中主要考虑的问题有下列几个方面。

1）选择合适的 D/A 转换芯片。

2）数字量输入端与微机的连接。

3）模拟量的输出极性。

4）参考电源的配置。

5）模拟电量输出的调整与分配。

D/A 转换芯片的种类很多，按其能否直接与 CPU 相连接可分为以下两类：

1）D/A 转换器内部不带输入数据锁存器，如 DAC0800（8 位分辨率），AD7520（10 位分辨率），AD752l（12 位）等。这类 D/A 转换器结构简单，价格便宜，但若通过 CPU 数据总线传送数字量时，必须外加锁存器和单片机连接。

2）转换器片内有输入数据寄存器，如 DAC0832 和 AD7524 等，可以和单片机直接接口。把这类 D/A 转换器作为单片机的外部 I/O 扩展器件，硬件设计简单、方便。

9.3.2 MCS-5l 单片机与 DAC0832 接口

DAC0832 是具有 8 位分辨率的 D/A 转换集成芯片，可以直接与单片机相连接。由于其接口简单，价格低廉，转换控制容易等优点，在微机控制系统中应用广泛。属于该系列的产品还有 DAC0820、0831，它们完全可以相互代换。其管脚图及组成结构图如图 9.15 所示，由 8 位输入锁存器、8 位 DAC 寄存器、8 位 D/A 转换器及转换控制电路构成。

图 9.15 中的 LE1、LE2 为寄存器锁存命令。当 LE＝1 时，寄存器的输出随输入变

化；当 LE＝0 时，数据锁存在寄存器中，输入数据的变化不影响输出。

DAC0832 共有 20 条引脚，各引脚功能如下。

1）D_7～D_0：数据输入线。

2）ILE：输入寄存器允许信号，高电平有效。

3）$\overline{CS}$：片选信号，低电平有效。

4）$\overline{WR1}$：写信号 1 端，低电平有效。当 ILE＝1，$\overline{CS}$＝0，$\overline{WR1}$＝0 同时满足时，8 位输入寄存器选通。

5）$\overline{XFER}$：数据传送控制信号，低电平有效。

6）$\overline{WR2}$：写信号 2 端，低电平有效。当$\overline{XFER}$＝0，$\overline{WR2}$＝0 同时满足时，构成第二级 8 位 DAC 锁存允许，将输入寄存器数据输出并锁存于 DAC 寄存器，进行 D/A 转换。

7）I_{OUT1}：D/A 输出电流 1 端。

8）I_{OUT2}：D/A 输出电流 2 端。

9）V_{REF}：基准电压输入端。要求外部接入标准精密电源。可工作在±10V 或±5V。

10）R_{FB}：反馈信号输入端。用于外部直流放大器接入分流反馈电阻，以保持输出电流的线性度。

11）V_{CC}：工作电源输入端，一般为＋5V～＋15V，当 V_{CC}＝＋15V 时，工作状态最佳，逻辑开关速度最快。

12）AGND：模拟地。

13）DGND：数字地。

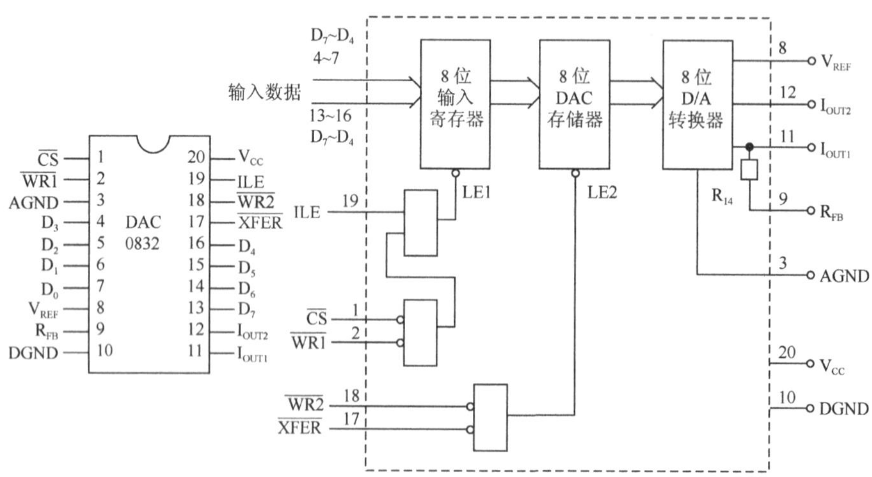

（a）DAC0832 引脚图　　　　（b）DAC0832 结构图

图 9.15　DAC0832 管脚及结构图

DAC0832 的输出是电流型的，输出如需电压信号，可在其输出端（I_{OUT1} 和 I_{OUT2}）加接一个运算放大器，将电流信号转换成电压信号。另外 0832 内部无参考电压，须外接参考电压。DAC0832 的主要技术指标如下：

1）分辨率：8 位。

2）电流建立时间：1μs。

3）线性度（在整个温度范围内）：8，9，10 位。

4）增益温度系数：0.0002%FS/℃。

5）低功耗：20mW。

6）单一电源：＋5V～＋15V。

DAC0832 内部有两级锁存功能，能实现多通道 D/A 的异步转换输出及同步转换输出。

1. 两路 0832 异步输出系统

图 9.16 是一个两路异步输出的 D/A 转换接口电路。$\overline{XFER}$和$\overline{WR2}$ 同时接到 DGND，$\overline{WR1}$与 8031 的$\overline{WR}$ 连在一起，这样 8 位 DAC 寄存器始终处于导通状态。DAC0831（1）和 DAC0831（2）的片选信号分别由 P2.5 和 P 2.6 控制，当$\overline{CS}$选通后，数据从数据线上输入 8 位输入寄存器，便直接通过寄存器，并由 DAC 进行 D/A 转换。图中 DAC0832（1）的口地址为 DFFFH；DAC0832（2）的口地址为 BFFFH。图中接法将电流输出转换成了电压输出，且 a 点输出为单极性，b 点输出为双极性。

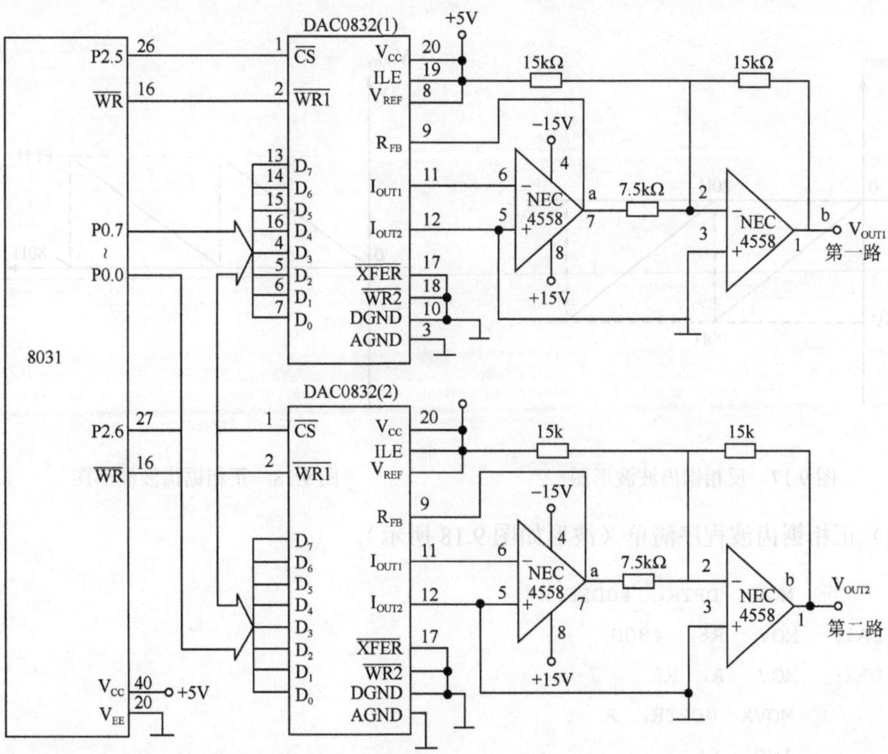

图 9.16　双路 0832 异步输出与 8031 接口电路

单极性输出时：当数字量输入在 00H～FFH 变化时，模拟电压输出为 0～-xV 或 0～＋xV。双极性输出对于 00H～FFH 的输入，电压输出为±xV。输出电压 x 的大小与参考电压有关。

对单极性模拟量输出为：$V_{OUT}=\pm V_{REF}\times$（数字量/256）。

对双极性模拟量输出为：$V_{OUT}=\pm V_{REF}\times$[（数字量-128）/128]。

本电路参考电压选为+5V，则输入的数字量在 00H～FFH 变化时，a 点输出电压为-5～0V；b 点输出电压为-5～+5V。

两路异步输出系统可以作为各种波形发生器。

（1）单路锯齿波及三角波电压输出[对应 0832（1）]

1）反相锯齿波程序清单（波形如图 9.17 所示）。

```
        MOV     DPTR，  #0DFFFH           ；选通路
DA1：   MOV     R6，  #80H               ；置初值
DA2：   MOV     A，  R6
        MOVX    @DPTR，  A               ；D/A 转换
        DJNZ    R6，  DA2                ；R6-1 不为零转 DA2
        AJMP    DA1
```

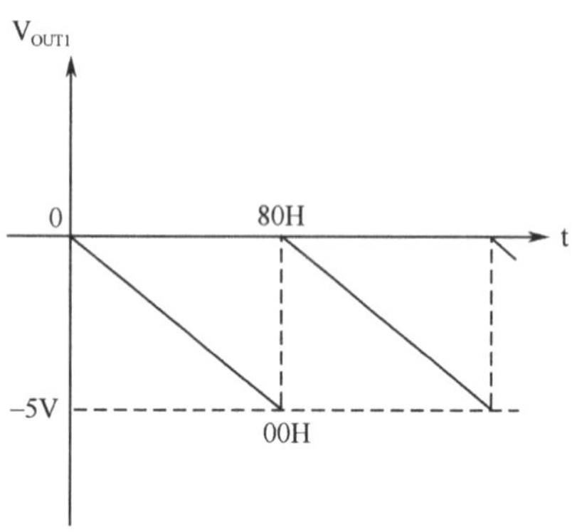

图 9.17　反相锯齿波波形图

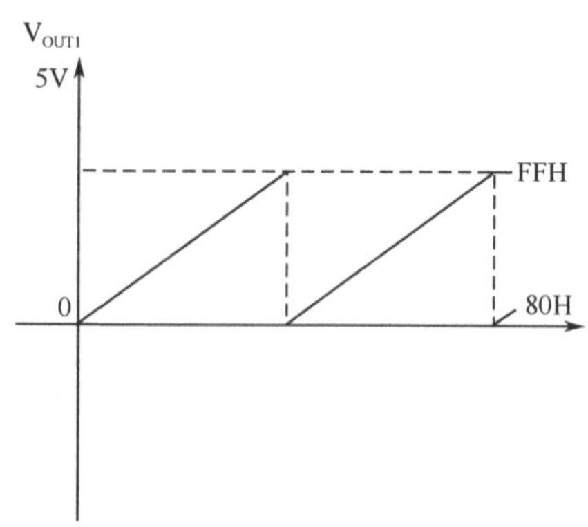

图 9.18　正相锯齿波波形图

2）正相锯齿波程序清单（波形如图 9.18 所示）。

```
        MOV   DPTR，  #0DFFFH
DA1：   MOV   R6，  #80H
DA2：   MOV   A，  R6
        MOVX  @DPTR，  A
        INC   R6
        CJNE  R6，#0FFH，  DA2
        AJMP  DA1
```

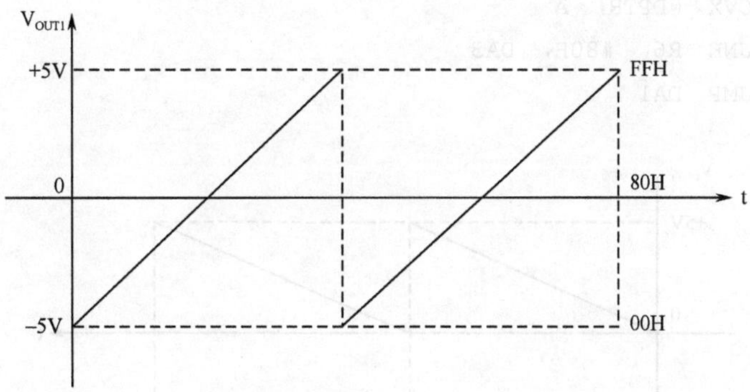

图 9.19 全锯齿波波形图

3）双相锯齿波程序清单（波形如图 9.19 所示）。

```
        MOV  DPTR，#0DFFFH
        MOV R6， #00H
DA1:    MOV  A， R6
        MOVX  @DPTR， A
        INC   R6
        AJMP  DA1
```

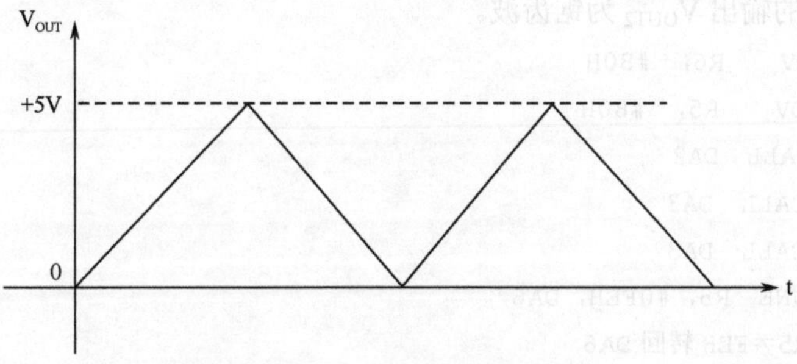

图 9.20 三角形波波形图

4）三角波程序清单（波形如图 9.20 所示）。

```
        MOV  DPTR， #0DFFFH
DA1:    MOV  R6， #80H
DA2:    MOV  A， R6
        MOVX @DPTR， A
        INC  R6
        CJNE  R6，#0FFH，DA2
DA3:    DEC   R6
        MOV    A， R6
```

```
        MOVX  @DPTR， A
        CJNE  R6， #80H， DA3
        AJMP  DA1
```

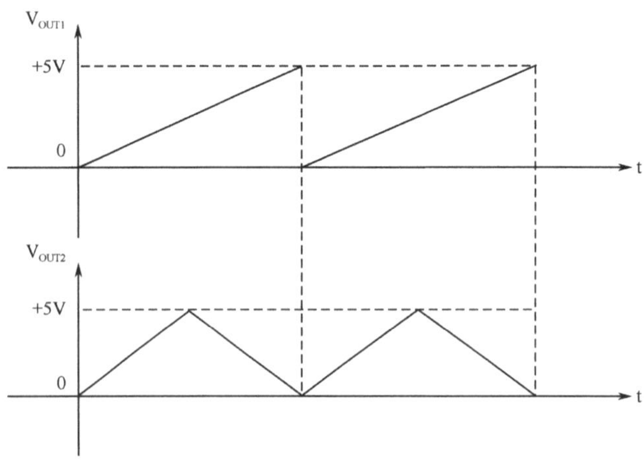

图 9.21　双路异步输出波形图

（2）双路异步输出（波形如图 9.21 所示）。

下列程序清单可以实现双路异步输出，且 DAC0832（1）的输出 V_{OUT1} 为三角波，DAC0832（2）的输出 V_{OUT2} 为锯齿波。

```
DA1:  MOV    R6， #80H
      MOV    R5， #80H
DA6:  ACALL  DA2
      ACALL  DA3
      ACALL  DA3
      CJNE  R5，#0FEH，DA6
     ；R5≠FEH 转回 DA6
DA5:  ACALL  DA2
      ACALL  DA4
      ACALL  DA4
      CJNE   R5， #80H， DA5        ；R5≠80H 转回 DA5
      AJMP  DA1                     ；R5＝80H 转回 DA1
子程序 1:
DA2:  MOV    DPTR， #0DFFFH         ；选 D/A 第一通路
     MOV    A， R6
     MOVX   @DPTR， A               ；启动 D/A 转换
     INC    R6                      ；数字加 1
     RET                            ；返回
```

子程序 2：

```
DA3:  MOV    DPTR,  #0BFFFH              ; 选 D/A 第二通路
      MOV    A,  R5
      MOVX   @DPTR,  A                   ; 启动 D/A 转换
      INC    R5                          ; 数字加 1
      RET                                ; 返回
```

子程序 3：

```
DA4:  MOV   DPTR,  #0BFFFH               ; 选 D/A 第二通路
      MOV   A,  R5
      MOVX  @DPTR,  A                    ; 启动转换
      DEC   R5                           ; 数字加 1
      RET                                ; 返回
```

2. 两路 DAC0832 同步输出系统

对两路 D/A 转换接口要求进行同步 D/A 转换输出时，必须采用双缓冲器同步方式接法。其接口电路如图 9.22 所示。

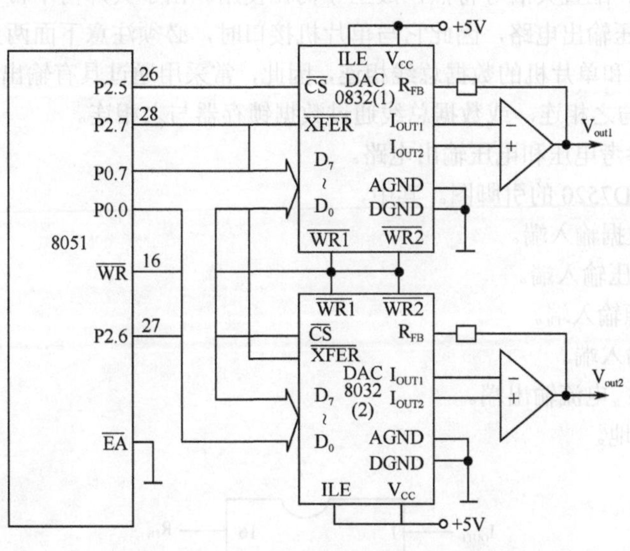

图 9.22　0832 两路同步输出接口电路

DAC0832 采用这种接法时，数字量的输入锁存和 D/A 转换输出是分两步完成的。P2.5、P2.6 分别用来控制两路 D/A 转换器的输入锁存，这样 CPU 的数据总线可以分时地向各路 D/A 转换器输入要转换的数字量并锁存在各自的输入寄存器中。

P2.7 同时连到两路 D/A 转换器的 $\overline{\text{XFER}}$ 端以控制同步转换输出。$\overline{\text{WR}}$ 与所有的 $\overline{\text{WR1}}$ 和 $\overline{\text{WR2}}$ 两端都相连，故在执行 MOVX 输出指令时，各片的 $\overline{\text{WR1}}$、$\overline{\text{WR2}}$ 同时有效。

双路 D/A 同步转换输出程序段如下：

```
    MOV  DPTR, #0DFFFH         ；指向0832（1）
    MOV  A, #data1
    MOVX @DPTR, A
；#data1送0832（1）中锁存
    MOV  DPTR, #0BFFFH         ；指向0832（2）
    MOV  A, #data2
    MOVX @DPTR, A              ；#data2送0832（2）锁存
    MOV  DPTR, #7FFFH          ；给0832（1）、0832（2）提供XFER、WR信号
    MOVX @DPTR, A              ；同时完成D/A转换输出
      ⋮        ⋮
```

9.3.3 MCS-51 单片机与 AD7520 接口

1. AD7520 的结构与应用特性

AD7520 是早期的 D/A 转换芯片，具有 10 位中等分辨率，且具有结构简单、价格便宜、通用性好、配置灵活等特点，故至今仍在使用。由于其片内不带有输入锁存器、无参考电压及电压输出电路，因此它与单片机接口时，必须注意下面两点：

1）不能直接和单片机的数据总线相连，因此，常采用通过具有输出锁存功能的 I/O 口或扩展 I/O 口与之相连，或数据总线通过数据锁存器与之相连。

2）须外加参考电压和电压输出电路。

图 9.23 为 AD7520 的引脚图。其中，

D_{10}～D_1：数据输入端。

V_R：参考电压输入端。

V_+：主电源输入端。

R_{FB}：反馈输入端。

I_{OUT1}、I_{OUT2}：电流输出端。

GND：数字地。

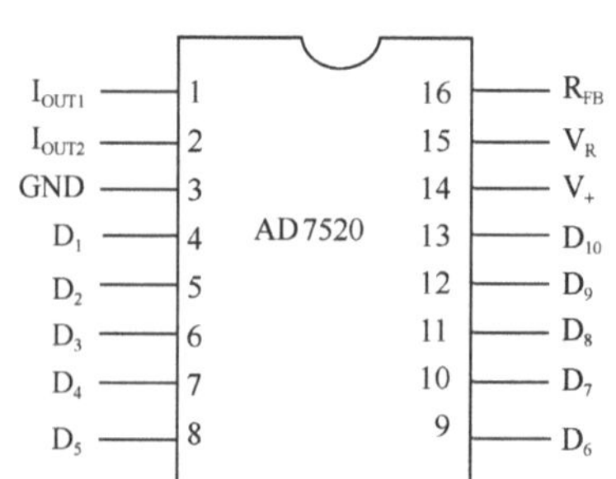

图 9.23 AD7520 引脚图

AD7520 的主要技术参数如下：

分辨率：10 位。

电流稳定时间：500ns。

线性度：8，9，10 位。

主电源：＋5～＋15V。

参考电压：－10～＋10V。

目前在 D/A 转换接口中常用到的 D/A 转换器大多数不带有参考电压源。有时为了方便地改变输出模拟电压之范围和极性，须配置相应的参考电压源。

D/A 转换器的输出模拟电压 V_0，都可以表达成为输入数字量 D 和参考电压 V_R 的乘积：

$$V_0 = D \cdot V_R$$

其中二进制代码 D 可表示成为

$$D = a_1 2^{-1} + a_2 2^{-2} + a_3 2^{-3} + \ldots + a_n 2^{-n} \qquad (a_i = 0,1)$$

式中 a_1 为最高有效位（MSB），a_n 为最低有效位（LSB）。

目前大多数 D/A 输出的模拟量均为电流量。要转换成模拟电压输出，需要通过一个反相输入的运算放大器。以 AD7520 为例，如图 9.24 所示。

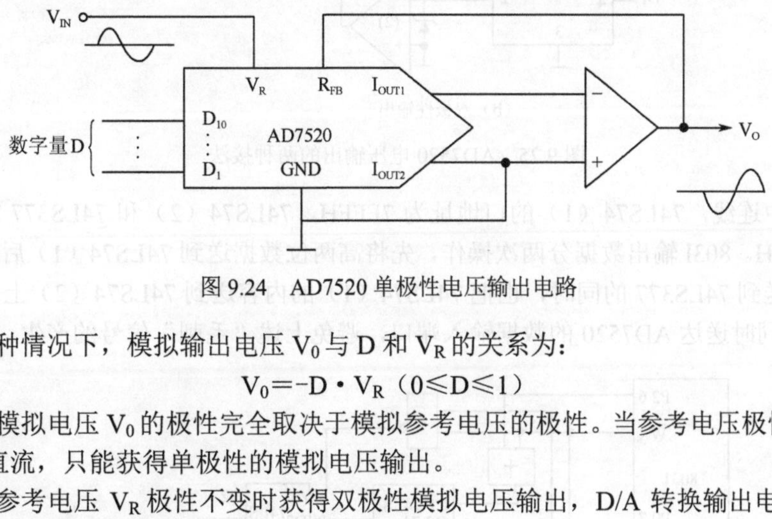

图 9.24 AD7520 单极性电压输出电路

在这种情况下，模拟输出电压 V_0 与 D 和 V_R 的关系为：

$$V_0 = -D \cdot V_R \quad (0 \leqslant D \leqslant 1)$$

输出模拟电压 V_0 的极性完全取决于模拟参考电压的极性。当参考电压极性不变时，如 V_R 为直流，只能获得单极性的模拟电压输出。

要使参考电压 V_R 极性不变时获得双极性模拟电压输出，D/A 转换输出电路要做相应的调整，在此不做详细介绍。

2. AD7520 与 MCS-51 单片机的接口电路

图 9.25 为 AD7520 的电压输出电路。由于 8051 单片机的字长为 8 位，因此，对于 10 位 D/A 转换器 7520，在进行系统接口电路设计时，需要通过两个锁存器，使数据分两次输入，即通过主机执行两次输出指令，才能把 10 位二进制数据分成低 8 位和高 2 位两部分，分别送入两个锁存器。由于不能同时送达 AD7520 的 10 位数据会使 D/A 转换的输出电压产生几微秒的“毛刺”信号，为此，采用两级数据缓冲器结构。如图 9.26 所示，为两级缓冲器接口方式。

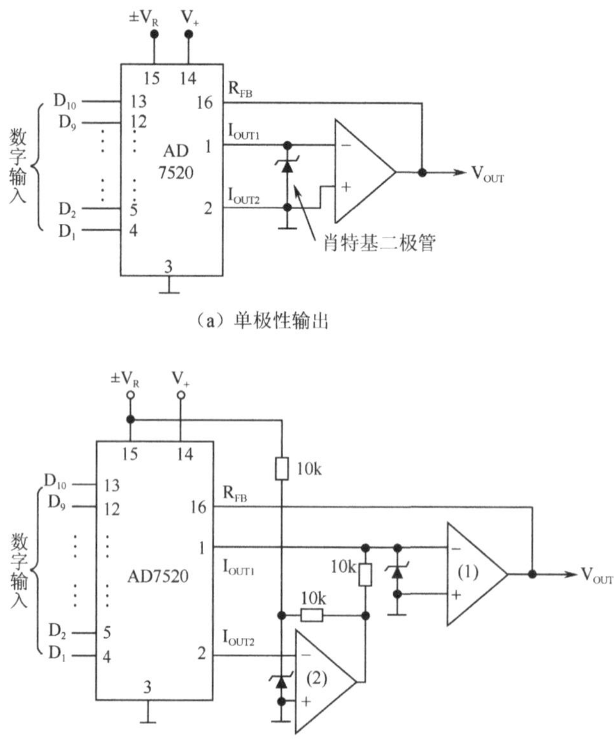

（a）单极性输出

（b）双极性输出

图 9.25　AD7520 电压输出的两种接法

按图中连线，74LS74（1）的口地址为 7FFFH，74LS74（2）和 74LS377 的口地址均为 BFFFH。8031 输出数据分两次操作，先将高两位数据送到 74LS74（1）后，接着再将低八位送到 74LS377 的同时，也把 74LS74（1）的内容送到 74LS74（2）上，以实现 10 位数据同时送达 AD7520 的数据输入端口，避免上述“毛刺”信号的产生。

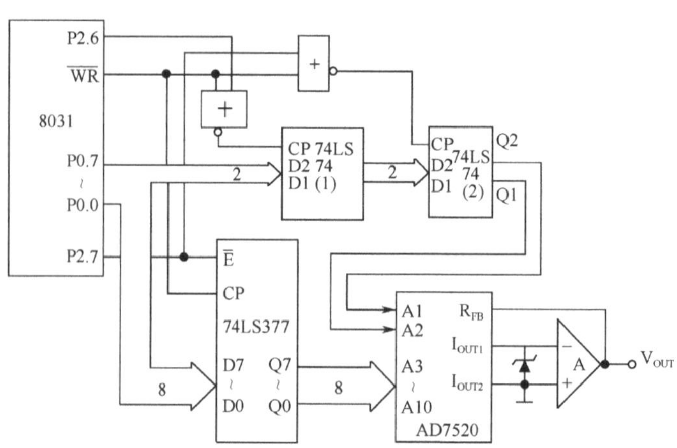

图 9.26　8031 与 AD7520 的接口电路

图中 AD7520 转换器的写入程序段如下：

```
MOV   DPTR， #7FFFH
MOV   A， #dataH2
MOVX  @DPTR， A             ；高 2 位数送入 74LS74（1）
MOV   DPTR，#0BFFFH
MOV    A， #dataL8
MOVX   @DPTR，  A           ；将 10 位数据同时送入 AD5720 转换输入端
```

9.3.4 10 位 D/A 转换的典型应用举例

1. 波形发生器

图 9.27 是一个输出频率可控的三角波、方波发生器。电路工作原理如下：电压比较器 A_2 的输出被钳位在 6.8V，并经 10kΩ 可变电阻分压后作为 7520 的参考电压。积分器 A_1 依据参考电压 V_R 的极性进行反相积分，当 V_{01} 输出在 a 点建立的电压大于 A_2 的判别电压 0V 时，比较器输出发生变化，从而使 V_R 的极性发生改变，于是积分器 A_1 转换积分方向。可见，A_1 的输出 V_{01} 为三角波，A_2 的输出 V_{02} 为方波。

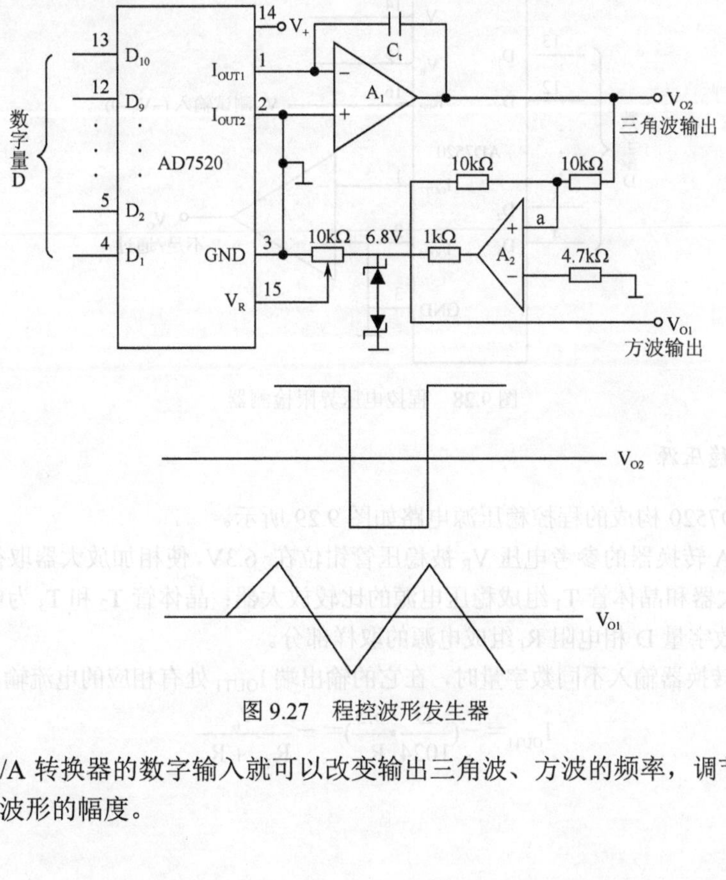

图 9.27 程控波形发生器

改变 D/A 转换器的数字输入就可以改变输出三角波、方波的频率，调节 V_R，就可以改变输出波形的幅度。

输出频率表达式为

$$f=D\left(\frac{1}{8R_tC_t}\right)$$

其中，$0<D\leqslant(1-2^{-10})$，$R_t=R_0=10k\Omega$。

2. 程控界限检测器

程控界限检测器电路如图 9.28 所示。

电路原理：被测信号 V_{Ti} 由反馈端 R_{FB} 引入，然后使 AD7520 转换器的数字输入从全 0 状态顺序增大，每个量化级的模拟电压为 $V_R/1024$，显然，当一个未知量 V_{Ti}（$-V_R\leqslant V_{Ti}\leqslant 0$）从反馈端 R_{FB} 引入时，运算放大器作为零位比较放大器。随着数字量 D 的增长，总有

$$\frac{D}{1024}\cdot V_R > V_{Ti}$$

这时输出 V_0 的状态从 1→0。因此，运算放大器的输出状态由 1 变为 0 时，其数字输入 D_i 所对应的模拟量（$D\cdot V_R$）/1024 就是被测电压。

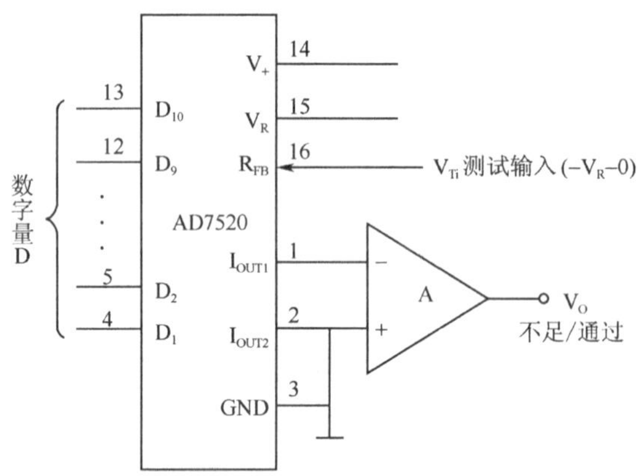

图 9.28　程控电压界限检测器

3. 程控稳压源

使用 AD7520 构成的程控稳压源电路如图 9.29 所示。

图中 D/A 转换器的参考电压 V_R 被稳压管钳位在-6.3V，使相加放大器取得正电压输出。相加放大器和晶体管 T_1 组成稳压电源的比较放大器；晶体管 T_2 和 T_3 为电源的调整部分，输入数字量 D 相电阻 R_f 组成电源的取样部分。

当 D/A 转换器输入不同数字量时，在它的输出端 I_{OUT1} 处有相应的电流输出，其大小

$$I_{OUT1}=-\left(\frac{D}{1024}\cdot\frac{6.3}{R_0}\right)=-\frac{V_0}{R_{FB}+R_f}$$

由此得：

$$V_0=\frac{D}{1024}\cdot\frac{6.3}{R_0}(R_{FB}+R_f)$$

$$=\frac{D}{1024}\cdot\frac{6.3}{10k\Omega}(20k\Omega+R_w)$$

式中：D 为输入二进制数，R_W 为 22kΩ 可调电阻。

R_{FB} 为 10kΩ，是片内反馈电阻；R_0 为 10kΩ，是片内 R-2R 网络的输出阻抗。

R_f 为片外反馈电阻，包括一个 22kΩ 可调电阻 R_W 和一个 10kΩ 的电阻。

R_W 用来调节放大器的增益。采用 10 位 D/A 转换器 AD7520，程控电压源的输出电压可取得 1024 个量化电压。当使数字量输入全为 1 时，可调节 R_W 使输出 V_0＝20V，此后输入每变化一个数字量，输出的模拟电压变化约 20mV。

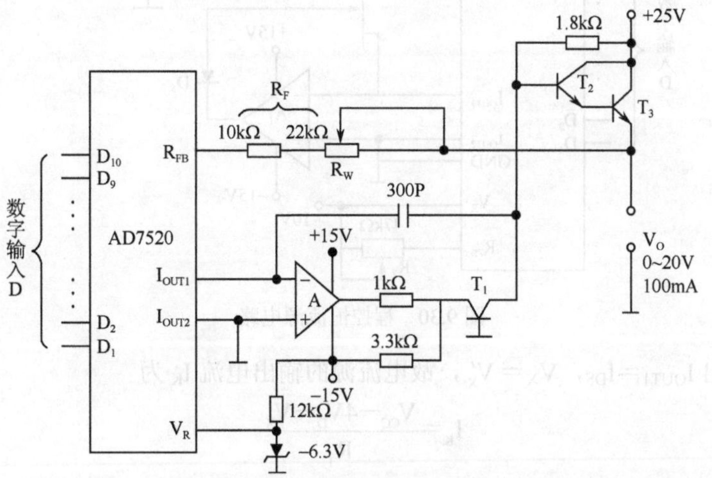

图 9.29　程控稳压源电路

4. 程控恒流源

图 9.30 是一个能向负载提供 4~20mA 恒流的程控电流源电路。运放 A_2 和达林顿管构成电压—电流转换器，I_K＝4mA＋（D/1024）· 16mA。

图中二极管 D_1～D_4 的作用是为了防止运放 A_2 的输入电压超过共模电压的范围；D_5 的作用是为防止结型场效应管由于运放 A_1 的失调而引起的正偏。D/A 转换器输出端 I_{OUT1} 的电流为

$$I_{OUT1}=\frac{D}{1024}\cdot\frac{V_R}{R_0}+I_{RFB}$$

I_{RFB} 为参考电压 V_R 经 47kΩ 的可变电阻 R_3 在反馈端 R_{FB} 的电流为

$$I_{RFB}=\frac{V_R}{R_3+R_{FB}}$$

流过结型场效应管的电流 I_{DS} 为

$$I_{DS}=\frac{V_{CC}-4V_D-V_X}{R_2}$$

式中 V_D 为 D_1～D_4 的正向压降之和。

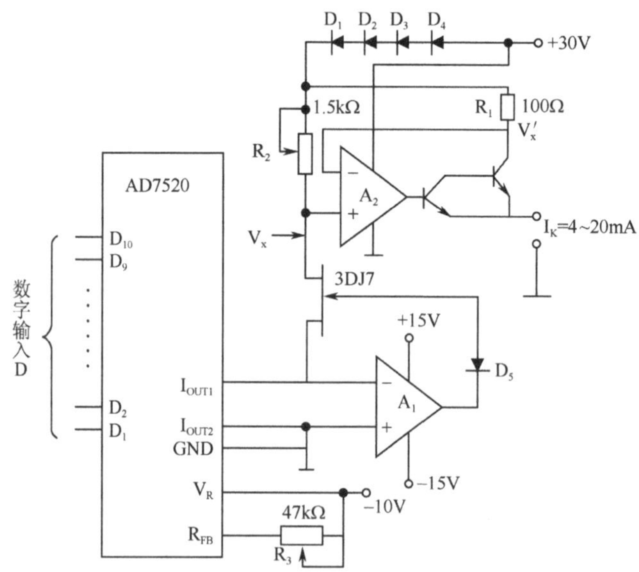

图 9.30 程控恒流源电路

不难看出 $I_{OUT1}=I_{DS}$，$V_X=V'_X$，故电流源的输出电流 I_K 为

$$I_K=\frac{V_{CC}-4V_D-V'_X}{R_1}$$

将上述 I_{DS} 表达式中的 V_X 解出，并以 $I_{OUT1}=I_{DS}$ 代入 I_K 表达式，便得到

$$\begin{aligned}I_K&=\frac{R_2}{R_1}\cdot I_{OUT1}\\&=\frac{R_2}{R_1}\left(\frac{D}{1024}\cdot\frac{V_R}{R_0}+I_{RFB}\right)\\&=\frac{R_2}{R_1}\left(\frac{D}{1024}+\frac{V_R}{R_3+R_{FB}}\right)\end{aligned}$$

这里 $V_R=10V$，$R_0=10k\Omega$。所以

$$I_K=\frac{R_2}{R_1}\cdot\frac{V_R}{R_3+R_{FB}}+\frac{R_2}{R_1}\cdot\frac{D}{1024}\qquad(mA)$$

式中，$\frac{R_2}{R_1}\cdot\frac{V_R}{R_3+R_{FB}}$ 是当 D/A 转换器输入全 0 时电流源的输出电流，调节 R_3，使电流源在数字输入全为 0 时为 4mA；调节 R_2，使电流源在数字输入全为 1 时为 20mA。

习 题 九

1．模拟量输入通道一般由哪几个组成部分？每一部分的作用如何？

2．在什么情况下，A/D 转换器前应引入采样保持器？

3．A/D 转换器的分辨率如何表示？它与精度有何不同？

4．判断 A/D 转换是否结束一般可采用哪几种方式？每种方式有何特点？

5. D/A 转换器的主要技术指标有哪些？分辨率是如何定义的？参考电压 V_R 的作用如何？

6．在一个 f_{osc}＝12MHz 的 8031 应用系统中，接有一片 A/D 器件 ADC0809，它的地址为 FEF8H～FEFFH。试画出有关逻辑框图，并编写定时采样 8 个通道的程序。设采样频率为 2ms 一次，每个通道采 10 个数，把所采的数按 0～7 通道的顺序存放在以 1000H 为首地址的外部 RAM 中。

7．在一个 f_{osc}＝12MHz 的 8031 应用系统中，接有一片 D/A 器件 DAC0832，它的地址为 7FFFH，输出电压为 0～5V。请画出有关逻辑框图，并编写一个程序，当其运行后 0832 能输出一个矩形波，波形占空比为 1∶5。高电平时电压为 2.5V，低电平时为 1.25V。

8．画出由 8031 扩展一片 2764、一片 6264、一片 8155、一片 0809 及一片 0832 的接口电路框图，并给出所扩展的各个芯片的地址范围。

第10章

工业控制单片机应用实例

10.1 步进电机控制接口技术

执行装置的接口技术不但要求单片机输出一定的电压，而且要求输出一定的电流，以便带动执行装置动作。执行装置要考虑的主要是功率配合和如何使单片机输入的电信号与之匹配。本节主要讨论步进电机执行装置的接口技术。

步进电机是一种将电脉冲信号转换成相应的角位移和线位移的电磁机械装置，是一种输出与输入数字脉冲对应的增量驱动元件。

步进电机具有快速启动和停止的能力，当负荷不超过步进电机所提供的动态转矩值时，它就可能在一瞬间实现启动和停转。它的步矩角和转速不受电压波动和负载变化的影响，也不受环境条件如温度、气压、冲击和振动等影响，仅与脉冲频率有关。它每转一周都有固定的步数，在不丢步的情况下运行，其步距误差不会长期积累。正因为步进电机具有快速启停、精确步进以及能直接接收数字量的特点，所以在定位场合中得到了广泛的应用。随着微机的发展，步进电机的使用领域将更加广阔。

10.1.1 步进电机的工作原理

三相反应式小步矩角步进电机，电机的定子上有 6 个等分的磁极，相邻两个磁极间的夹角为 60°。磁极上面装有控制绕组并联成 A、B、C 三相。转子上均匀分布 40 个齿，每个齿的齿距为 9°。定子每段极弧上也有 5 个齿，定、转子的齿宽和齿距都相同。而每个定子磁极的极距为 60°，所以每一个极距所占的齿距数不是整数。当 A 极下的定、转子齿对齐时，B 极和 C 极下的齿就分别和转子齿相错三分之一的转子齿距，即为 3°。这时若给 B 相通电，电机中产生沿 B 极轴线方向的磁场，因磁通要按磁组最小的路径闭合，就使转子受到反应转矩（磁组转矩）的作用而转动，直到转子齿和 B 极上的齿对齐为止。此时，A 极和 C 极上的齿又分别与转子齿相错三分之一的转子齿距。由此可见，错齿是促使步进电机旋转的根本原因。

若断开 B 相控制绕组，而接通 C 相控制绕组，这时电机中产生沿 C 极轴线方向的磁场，同理，在反应转矩（磁组转矩）的作用下，转子按顺时针方向转过 3°，使定于 C 极下的齿与转子齿对齐。依次类推，当控制绕组按 A-B-C-A 的顺序循环通电时，转子就沿顺时针方向以每个脉冲转动 3° 的规律转动起来。若改变通电顺序，即按 A-C-B-A 顺序循环通电时，转子便按逆时针方向同样以每个脉冲转动 3° 的规律转动，这就是单三拍通电方式。按 AB-BC-CA-AB 顺序循环通电时，转子同样以每个脉冲转动 3° 的规律转动，这则是为双三拍通电方式。

若采用三相单、双六拍通电方式运行，即按 A-AB-B-BC-C-CA 顺序循环通电，步矩角将减少一半，即每个脉冲转过 1.5°。

10.1.2 步进电机控制系统

典型的步进电机控制系统如图 10.1 所示。变频信号源是一个频率由几赫到几十千赫可连续变化的信号发生器，它为脉冲分配器提供脉冲序列。脉冲分配器则根据方向控制信号把脉冲信号按一定的逻辑关系加到脉冲放大器上进行放大，以驱动步进电机的转动。在这种控制方案中，控制步进电机运转的时序脉冲完全由硬件产生，对于不同相数的步进电机及同一型号电机的不同控制方式需要不同的逻辑部件。所以通用性差，成本高。

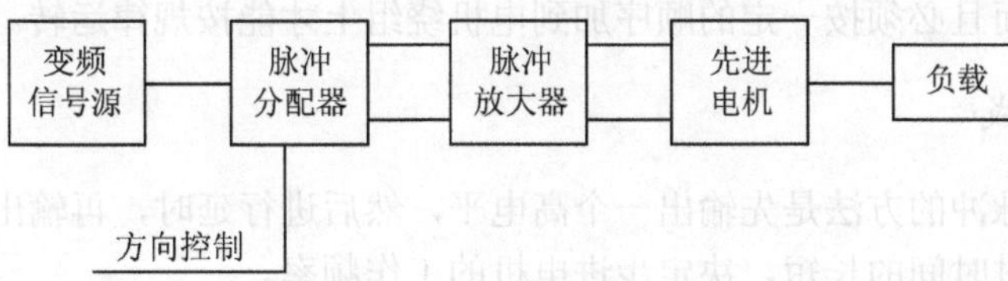

图 10.1　步进电机控制框图

如果用微型计算机来控制步进电机，则可以很方便地使不同相数的步进电机按任一种可行的通电方式进行控制。典型的微机控制步进电机系统原理框图如图 10.2 所示。

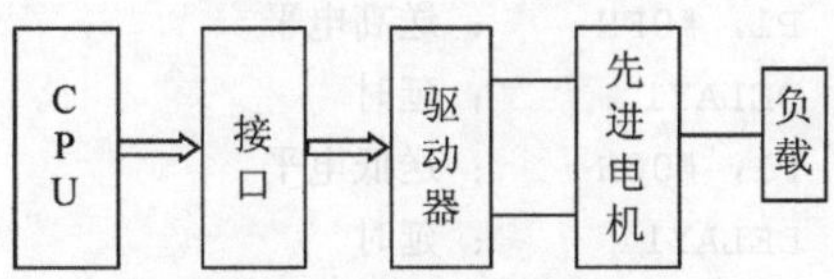

图 10.2　微机控制

在这个控制系统中，微机的主要作用是提供控制步进电机的时序脉冲。微机每输出一个脉冲，驱动步进电机便沿时序脉冲所确定的方向步进一步。

图 10.3 是单片机 8051 控制一个 45BF003 型三相步进电机的原理图。

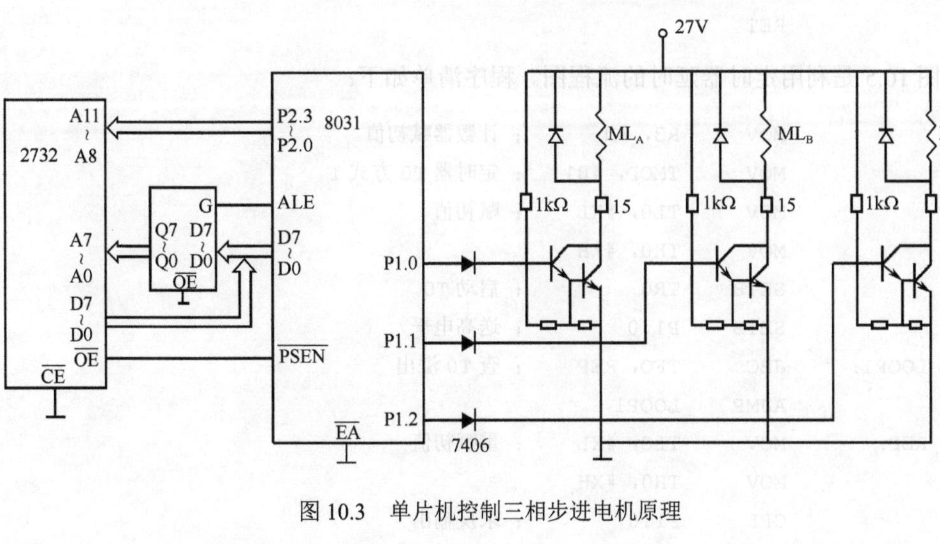

图 10.3　单片机控制三相步进电机原理

由图可知，EPROM2732 的片选信号接地，处于常选通状态，所占地址空间为 0000H～0FFFH。8051 单片机的 P1 口只能驱动三个标准的 LSTTL 输入端，而被控制的步进电机要求较高电压和大电流，所以在 P1 口之后要加一个 7406 驱动器，以便驱动脉冲功率放大器的达林顿复合管，使电机绕组的静态电流达到 2A。

单片机控制步进电机软件最主要的功能之一就是生成时序脉冲。步进电机要转动，必须有电脉冲，而且必须按一定的顺序加到电机绕组上才能按规律运转。

1. 脉冲的生成

用软件产生脉冲的方法是先输出一个高电平，然后进行延时，再输出一个低电平，再进行延时。延时时间的长短，决定步进电机的工作频率。

单片机可以采用程序延时和定时器延时。根据图 10.4 的流程图编写程序如下：

```
          MOV     R3，#N       ；计数器赋值
LOOP0:    PUSH    ACC          ；保存 A
          MOV     P1，#0FH     ；送高电平
          ACALL   DELAY1       ；延时
          MOV     P1，#00H     ；送低电平
          ACALL   DELAY1       ；延时
          DJNZ    R3，LOOP0    ；R3 为零转移
          POP     ACC          ；恢复 A
          RET
DELAY1:   MOV     A，#data
LOOP:     DEC     A
          JNZ     LOOP
          RET
```

图 10.5 是利用定时器延时的流程图。程序清单如下：

```
          MOV     R3，#N       ；计数器赋初值
          MOV     TMOD，#01    ；定时器 T0 方式 1
          MOV     TL0，#XL     ；赋初值
          MOV     TH0，#XH
          SETB    TR0          ；启动 T0
          SETB    P1.0         ；送高电平
LOOP1:    JBC     TFO，REP     ；查 T0 溢出
          AJMP    LOOP1
REP:      MOV     TLO，#XL     ；重赋初值
          MOV     TH0，#XH
          CPL     P1.0         ；求反输出
          DJNZ    R3，LOOP1    ；不为零转移
          RET
```

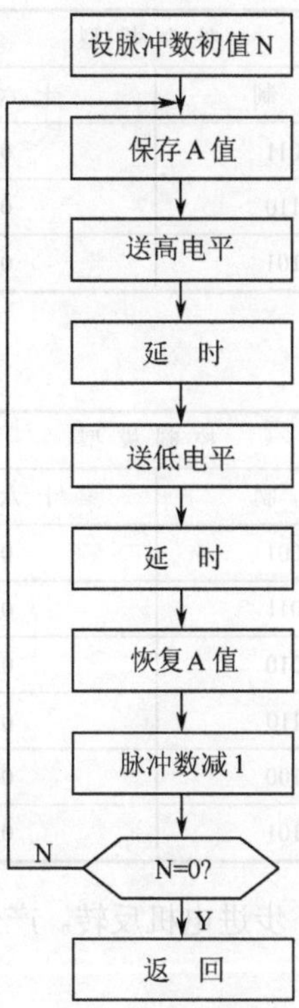

图 10.4　程序延时方式脉冲串生成程序流程图

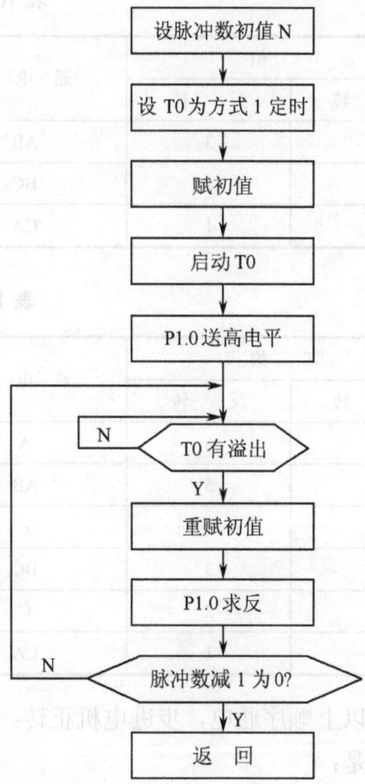

图 10.5　定时器延时方式脉冲串生成程序流程图

2. 时序脉冲的形成

步进电机的旋转方向决定于内部绕组的通电顺序和通电方式。以常用的三相步进电机为例，通常有3种通电方式：

1）三相单三拍（见表10.1）：A-B-C-A

2）三相双三拍（见表10.2）：AB-BC-CA-AB

3）三相六拍（见表10.3）：A-AB-B-BC-C-CA-A

表 10.1　三相单三拍

节拍		通电相	控制模型	
正转	反转		二进制	十六进制
1	3	A	00000001	01H
2	2	B	00000010	02H
3	1	C	00000100	04H

表 10.2　三相双三拍

节拍		通电相	控制模型	
正转	反转		二进制	十六进制
1	3	AB	00000011	03H
2	2	BC	00000110	06H
3	1	CA	00000101	05H

表 10.3　三相六拍

节拍		通电相	控制模型	
正转	反转		二进制	十六进制
1	6	A	00000001	01H
2	5	AB	00000011	03H
3	4	B	00000010	02H
4	3	BC	00000110	06H
5	2	C	00000100	04H
6	1	CA	00000101	05H

按以上顺序通电，步进电机正转；按相反方向通电，步进电机反转。产生时序脉冲的方法是：

1）用单片机的 P1.0、P1.1 和 P1.2 分别控制三相步进电机的 A、B、C 相绕组。

2）根据控制方式找出控制模型。

3）按控制模型的顺序向步进电机输入控制脉冲。

由三相三拍通电方式的二进制可以看出，步进电机每步进一步，高电平就左移或右移一位。因此可以考虑在 A 累加器中放一个时序字节，在每个采样时刻累加器左移或右移一位，经输出口输出。单片机为 8 位字长，8 不能被 3 整除。若把进位标志位 CY 考虑在内，可以看成是第“9”位，就能实现三相单三拍和三相双三拍通电方式。

三相单三拍通电方式时，在 A 累加器中放时序字节 49H，如图 10.6 所示。

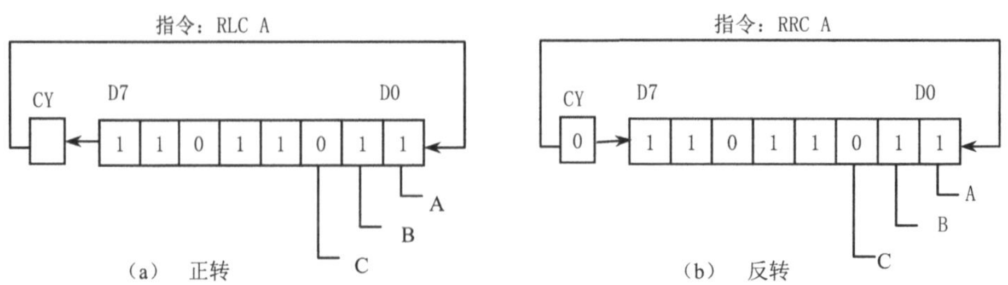

图 10.6　三相单三拍示意图

三相双三拍通电方式时，在A累加器中放时序字节BBH，如图10.7所示。

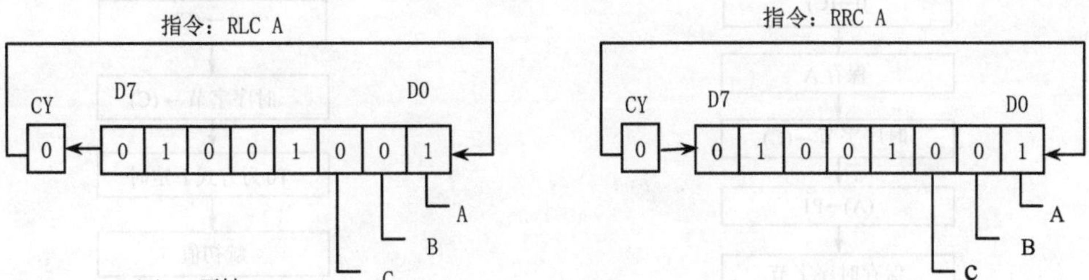

（a） 正转　　（b） 反转

图10.7　三相双三拍示意图

三相三拍时序脉冲输出程序流程图如10.8（a）所示。程序清单如下：

```
        MOV     R3，#N3  ；步数计数器
        CLR     C
        PUSH    ACC      ；保存A
        MOV     A，#49H  ；时序字节送A
        MOV     P1，A    ；输出时序字节
        PUSH    ACC      ；保存时序字节
        ACALL   DELAY    ；延时
        POP     ACC      ；恢复时序字节
LOOP:   RLC     A        ；循环移位
        MOV     P1，A    ；输出时序脉冲
        PUSH    ACC      ；保存时序字节
        ACALL   DELAY    ；延时
        POP     ACC      ；恢复时序字节
        DJNZ    R3，LOOP
        POP     ACC      ；恢复A
        RET              ；返回
DELAY:  MOV     R2，#M
DELAY1: MOV     A，#M1
LOOP1:  DEC     A
        JNZ     LOOP1
        DJNZ    R2，DELAY1
```

注意：当执行程序影响标志位CY时，在保护时序字节时也必须保护PSW的内容。

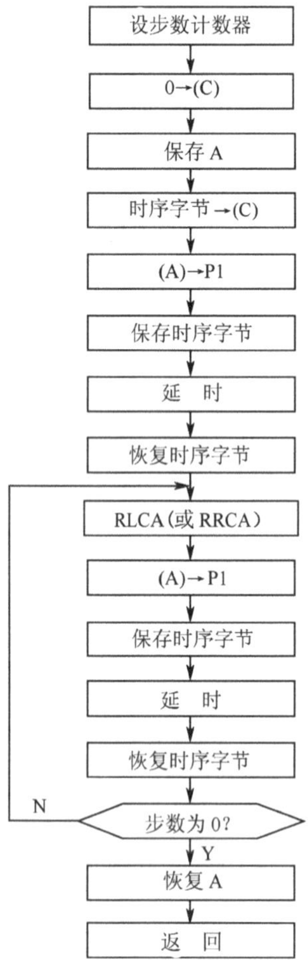

（a）程序延时方式

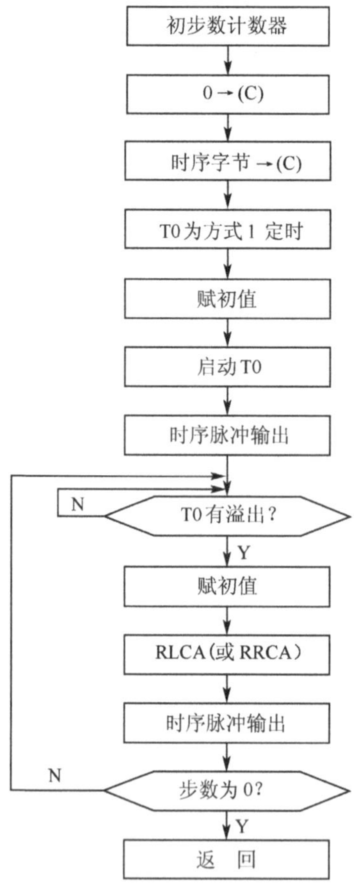

（b）定时器延时方式

图 10.8　三相三拍时序脉冲输出程序流程图

定时器延时方式下的流程图如图 10.8（b）所示，程序清单如下：

```
        MOV     R3，#N       ；设步数计数器
        CLR     C            ；清进位位
        MOV     A，#49H      ；时序字节送A
        MOV     TMOD，#01H   ；T0 方式 1 定时
        MOV     TL0，#XL     ；赋初值
        MOV     TH0，#XH
        SETB    TR0          ；启动 T0
        MOV     P1，A        ；输出时序脉冲
LOOP:   JBC     TFO，REP     ；查 T0 溢出
        AJMP        LOOP
```

```
REP:     MOV     TL0，#XL      ；重赋初值
         MOV     TH0，#XH
         RLC     A             ；循环移位
         MOV     P1，A         ；时序脉冲输出
         DJNZ    R3，LOOP      ；计数器不为零转移
         RET                   ；返回
```

10.1.3 步进电机控制程序的设计

由前面分析可知，步进电机各相绕组通电顺序不同，转动方向就不同。步进电机控制程序的主要任务就是：判断旋转方向，按顺序送出控制脉冲，判断所要送的脉冲是否送完。下面以三相六拍运转方式为例，说明这种程序的设计。

设步进电机所要走的步数放在 R4 中，转向标志存放在程序状态寄存器用户标志位 F1（D5H）中，当 F1 为零时，步进电机正转，当 F1 为“1”时，步进电机反转。正转模型 01H、03H、02H、06H、04H、05H 存放在 8051 片内数据存储器 20～25H 中，26H 中存放结束标志 00H。在 27H 开始的存储区内存放反转控制模型 01H、05H、04H、06H、02H、03H，在 2DH 单元内存放结束标志 00H。

图 10.9 为程序延时控制流程图。程序清单如下：

```
        PUSH    ACC          ；保护现场
        MOV     R4，#N       ；设步长计数器
        CLR     C
        ORL     C，05H       ；转向标志为 1 转移
        JC      ROTE
        MOV     R0，#20H     ；正转模型首址
        AJMP    LOOP
ROTE:   MOV     R0，#27H     ；反转模型首址
LOOP:   MOV     A，@R0
        MOV     P1，A        ；输出控制脉冲
        ACALL   DELAY        ；延时
        INC     R0           ；地址增 1
        MOV     A，#00H
        ORL     A，@R0
        JZ      TPL
LOOP1:  DJNZ    R4，LOOP     ；步数不为零转移
        POP     ACC          ；恢复现场
        RET                  ；返回
TPL:    MOV     A，R0
        CLR     C
        SUBB    A，#06H
        MOV     R0，A
```

```
        AJMP    LOOP1
DELAY: MOV      R2，#M
DELAY1:MOV      A，#M1
LOOP:  DEC      A
       JNZ      LOOP
       DJNZ     R2，DELAY1
       RET
```

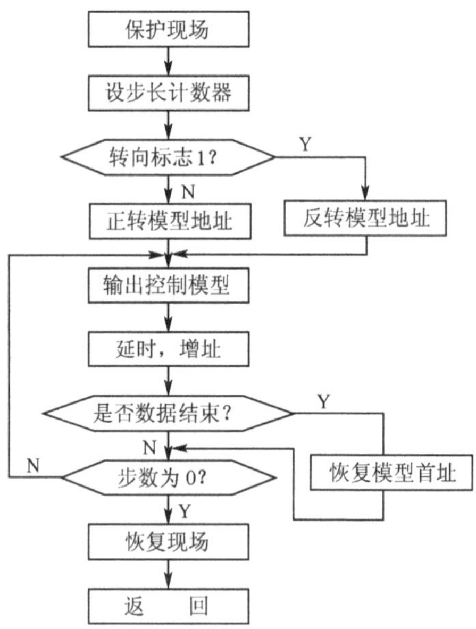

图 10.9　程序延时控制流程图

下面利用定时器延时，以中断方式输出控制脉冲。图 10.10 为程序流程图。程序清单如下：

```
;主程序
        MOV     R4，#N          ；设步长计数器
        CLR     C               ；转向标志为 1 转
        ORL     C，D5H
        JC      ROTE
        MOV     R0，#20H        ；正转模型地址
        AJMP    PH
ROTE:   MOV     R0，#27H        ；反转模型地址
PH:     MOV     TMOD，#01H      ；T0 定时方式 1
        MOV     TL0，#XL        ；T0 赋初值
        MOV     TH0，#XH
        SETB    TR0             ；启动 T0
        SETB    ET0             ；允许 T0 中断
        SETB    EA              ；CPU 开中断
```

```
LOOP:       MOV     A, R4        ；等待中断
            JNZ     LOOP
            CLR     EA           ；CPU关中断
            SJMP    HERE         ；结束
；中断服务程序（由000BH转来）
            PUSH    ACC          ；保护现场
            MOV     A, @R0
            MOV     P1, A        ；输出控制模型
            DEC     R4           ；步长减1
            INC     R0           ；地址增1
            MOV     A, #00H
            ORL     A, @R0
            JZ      TPL
TOR:        MOV     TL0, #XL；赋初值
            MOV     TH0, #XH
            POP     ACC          ；恢复现场
            RETI                 ；从中断返回
TPL:        MOV     A, R0
            CLR     C
            SUBB    A, #06H
            MOV     R0, A
            AJMP    TOR
```

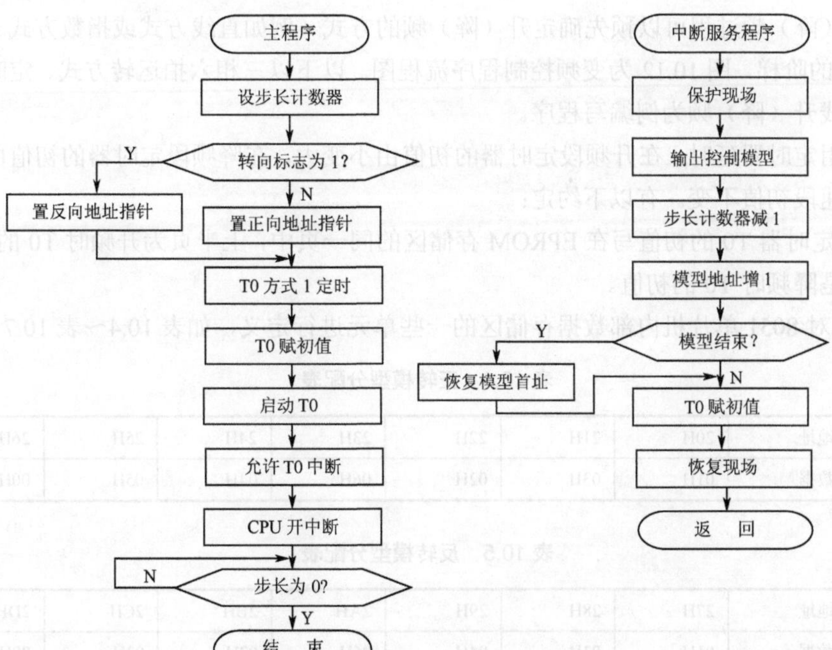

图 10.10 定时器延时控制程序流程图

10.1.4 步进电机的变速控制

前面介绍了步进电机的恒速运转方式，为了使步进电机在运行中不出现失步现象，一般要工作在小于（或等于）步进电机“响应频率”f_s，此时，步进电机可以任意启动、停止或反转而不发生失步现象。这个频率通常比较低。当步进电机走过的距离比较长时，需要低速启动，高速运转，停止前先降低速度。这样就解决了“快速而不失步”的矛盾。实现变速控制的基本思想就是改变控制频率。

设一个步进电机的控制过程如图 10.11 所示，L1~L3 分别代表各个不同运行阶段的步长，f 代表步进电机当前运行频率。从图上可以看出，L2 段为恒速运行，L1 段为升频，L3 段为降频。前面的恒速运转程序已经编写好了，只需增加变频段的控制程序。

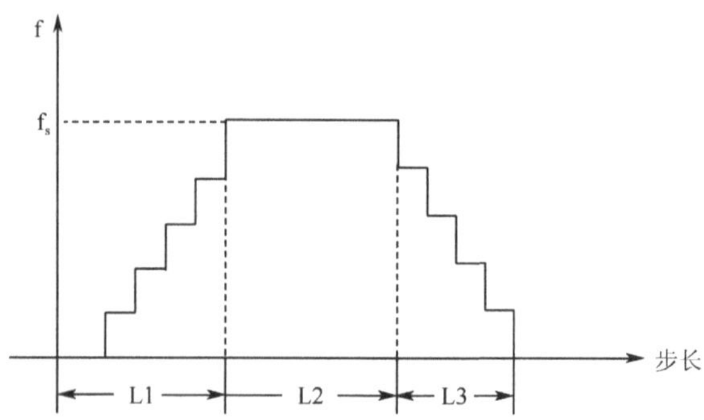

图 10.11 变速控制过程

升（降）频过程可以预先确定升（降）频的方式（例如直线方式或指数方式）和升（降）频的阶梯。图 10.12 为变频控制程序流程图。以下以三相六拍运转方式、定时器延时、直线升（降）频为例编写程序。

利用定时器延时，在升频段定时器的初值由小变大，在降频段定时器的初值由大变小，恒速段初值不变。有以下约定：

1）定时器 T0 的初值写在 EPROM 存储区的同一页中，上半页为升频时 T0 的初值，下半页是降频时 T0 的初值。

2）对 8051 单片机内部数据存储区的一些单元进行定义，如表 10.4～表 10.7 所示。

表 10.4 正转模型分配表

内存字节地址	20H	21H	22H	23H	24H	25H	26H
控制模型数据	01H	03H	02H	06H	04H	05H	00H

表 10.5 反转模型分配表

内存字节地址	27H	28H	29H	2AH	2BH	2CH	2DH
控制模型数据	01H	03H	04H	06H	02H	03H	00H

表 10.6　标志位定义表

位 地 址	标 志 内 存
70H	运行方式：0 代表恒速，1 代表变速
71H	变速方式：0 代表降速，1 代表升速
72H	恒速转向：0 代表正转，1 代表反转
73H	升速转向：0 代表正转，1 代表反转
74H	降速转向：0 代表正转，1 代表反转
75H	程序结束标志：02 代表程序结束

表 10.7　初值分配表

字 节 地 址	存 储 内 容
1AH	频率阶梯步长计数器 R2 的值
1BH	频率阶梯计数器 R3 的值
1CH	恒速段步长低 8 位
1DH	恒速段步长高 8 位
1EH	恒速段 T0 初值低 8 位
1FH	恒速段 T0 初值高 8 位

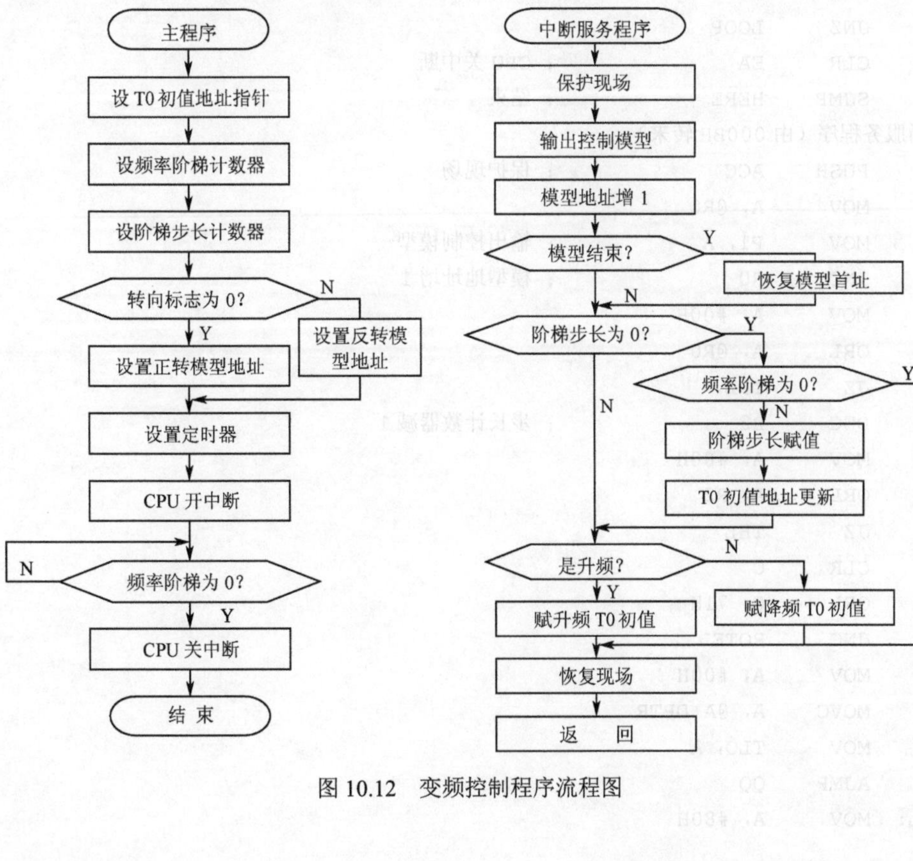

图 10.12　变频控制程序流程图

根据图 10.12 的流程图，编写程序如下：

```
；主程序
        MOV     DPTR，addr16        ；T0 初值地址指针
        MOV     R3，1BH             ；频率阶梯计数器赋值
        MOV     R2，1AH             ；阶梯步长计数器赋值
        CLR     C
        ORL     C，73H
        JC      ROTE
        MOV     R0，#20H            ；正转模型首址
        AJMP    PH
POTE:   MOV     R0，#27H            ；反转模型首址
PH:     MOV     TMOD，#01H          ；T0 方式 1 定时
        MOV     TL0，#00H           ；T0 附初值
        MOV     TH0，#00H
        SETB    TR0                 ；启动 T0
        SETB    ET0                 ；允许 T0 中断
        SETB    EA                  ；CPU 开中断
LOOP:   MOV     A，R3
        JNZ     LOOP
        CLR     EA                  ；CPU 关中断
        SJMP    HERE                ；结束
；中断服务程序（由 000BH 转来）
        PUSH    ACC                 ；保护现场
        MOV     A，@R0
        MOV     P1，A               ；输出控制模型
        INC     R0                  ；模型地址增 1
        MOV     A，#00H
        ORL     A，@R0
        JZ      TPL
RR:     DEC     R2                  ；步长计数器减 1
        MOV     A，#00H
        ORL     A，R2
        JZ      THL
PRL:    CLR     C
        ORL     C，71H
        JNC     ROTEL
        MOV     A，#00H
        MOVC    A，@A+DPTR
        MOV     TLO，A
        AJMP    QQ
ROTEL:  MOV     A，#80H
```

```
        MOVC    A, @A+DPTR
        MOV     TL0, A
        MOV     A, #81H
        MOVC    A, @A+DPTR
        MOV     TH0, A
QQ:     POP     ACC               ; 恢复现场
        RETI                      ; 返回
THL:    DJNZ    R3, AT            ; 频率阶梯减 1 不为 0 转
        AJMP    QQ
AT:     MOV     R2, 1AH           ; 阶梯步长赋值
        INC     DPTR
        INC     DPTR              ; 初值指针更新
        AJMP    PRL
TPL:    CLR     C
        MOV     A, R0
        SUBB    A, #06H
        MOV     R0, A
        AJMP    RR
```

图 10.13 为总控制程序的流程图，中断服务程序如图 10.14 所示。程序清单如下：

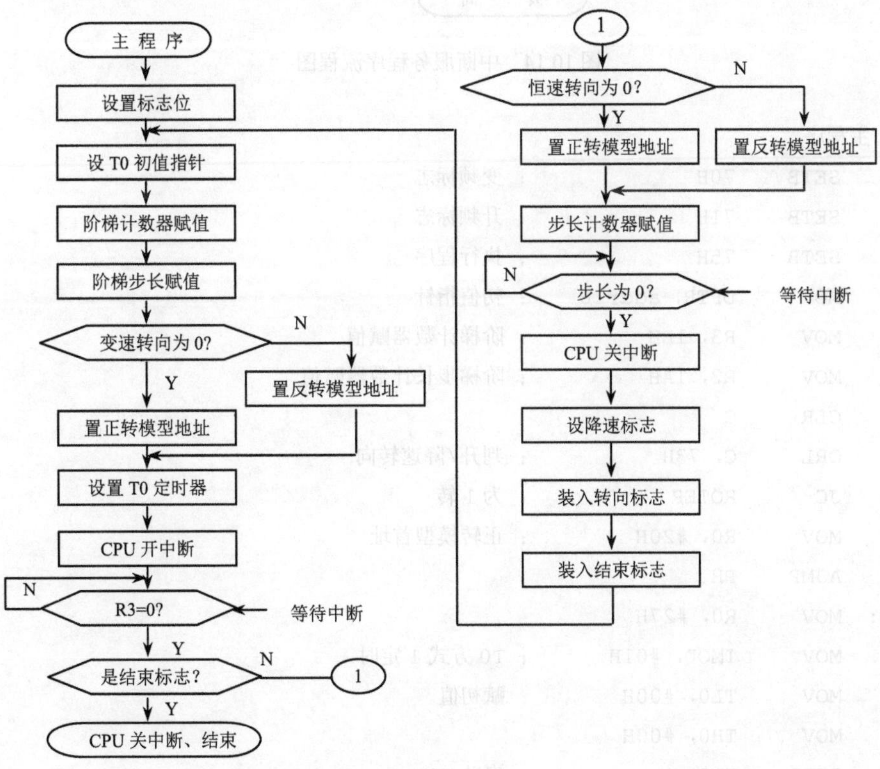

图 10.13　总控制程序流程图

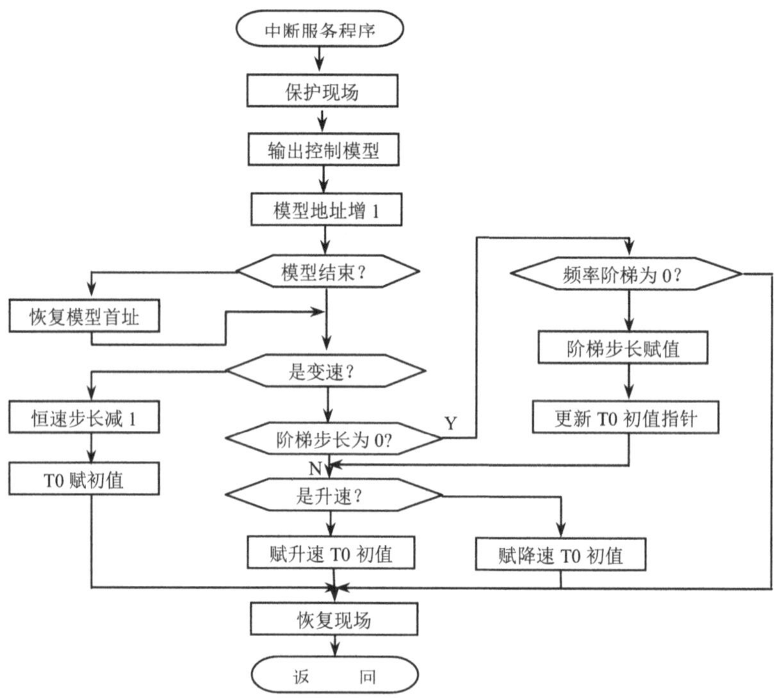

图 10.14　中断服务程序流程图

```
        ；主程序
        SETB    70H             ；变频标志
        SETB    71H             ；升频标志
        SETB    75H             ；执行程序
WR:     MOV     DPTR，addr16    ；初值指针
        MOV     R3，1BH         ；阶梯计数器赋值
        MOV     R2，1AH         ；阶梯步长计数器赋值
        CLR     C
        ORL     C，73H          ；判升/降速转向
        JC      ROTER           ；为 1 转
TQ:     MOV     R0，#20H        ；正转模型首址
        AJMP    PH
ROTER:  MOV     R0，#27H
PH:     MOV     TMOD，#01H      ；T0 方式 1 定时
        MOV     TL0，#00H       ；赋初值
        MOV     TH0，#00H
        SETB    TR0             ；启动 T0
```

```
        SETB    ET0              ; 允许 T0 中断
        SETB    EA               ; CPU 开中断
LOOP:   MOV     A, R3
        JNZ     LOOP             ; 等待中断
        CLR     C
        ORL     C, 75H           ; 判程序结束标志
        JNC     GH
        CLR     70H              ; 恒速运行
        CLR     C
        ORL     C, 72H           ; 恒速转向为 1 转
        JC      ROTE
        MOV     R0, #20H         ; 正转模型首址
        AJMP    TT
ROTE:   MOV     R0, #27H         ; 反转模型首址
TT:     MOV     R2, 1CH
        MOV     R3, 1DH
        MOV     TL0, 1EH         ; T0 赋初值
        MOV     TH0, 1FH
LOOP1:  MOV     A, R2
        ORL     A, R3
        JNZ     LOOP1            ; 等待中断
        CLR     EA               ; CPU 关中断
        SETB    70H              ; 变速
        CLR     71H              ; 降速
        MOV     C, 74H           ; 将降速转向标志装入 73H
        MOV     73H, C
        CLR     75H              ; 置程序结束标志
        AJMP    WR
GH:     CLR     EA               ; CPU 关中断
        SJMP    HERE             ; 结束
; 中断服务程序（由 000BH 单元转来）
        PUSH    ACC              ; 保护现场
        MOV     A, @R0
        MOV     P1, A            ; 输出控制模型
PP:     INC     R0               ; 模型地址增 1
        MOV     A, #00H
        ORL     A, @R0           ; 是模型结束标志转
        JZ      PPL
```

```
RR:      CLR    C
         ORL    C，70H              ；是恒速转
         INC    ROTEL1
         DEC    R2                  ；步长计数器减 1
         MOV    A，#00H
         ORL    A，R2               ；步长为零转
         JZ     THL

BB:      CLR    C
         ORL    C，71H              ；是降速转
         JNC    ROTEL2
TOR:     MOV    A，#00H             ；升频时 T0 赋初值
         MOVC   A，@A+DPTR
         MOV    TL0，A
         MOV    A，#01H
         MOVC   A，@A+DPTR
         MOV    TH0，A
         AJMP   QQ
ROTEL2:  MOV    A，#80H             ；降频时 T0 赋初值
         MOVC   A，@A+DPTR
         MOV    TL0，A
         MOV    A，#81H
         MOV    A，@A+DPTR
         MOV    TH0，A
QQ:      POP    ACC                 ；恢复现场
         RETI                       ；返回
THL:     DJNZR3，AT                 ；阶梯不为零转
         AJMP   QQ                  ；
AT:      MOV    R2，1AH             ；阶梯步长计数器赋值
         INC    DPTR                ；修改 T0 初值指针
         INC    DPTR
         AJMP   BB
ROTEL1:  CLR    C                   ；恒速步长计数器减 1
         MOV    A，R2
         SUBB   A，#01H
         MOV    R2，A
         MOV    A，R3
         SUBB   A，#00H
         MOV    R3，A
         MOV    TL0，1EH            ；恒速 T0 赋初值
```

```
        MOV     TH0, 1FH
        AJMP    QQ
PPL:    CLR     C
        MOV     A, R0
        SUBB    A, #06H
        MOV     R0, A               ；恢复控制模型首址
        AJMP    RR
```

上面所讲的步进电机的变速控制，实际上是自动加/减速控制。在位置控制场合，其速度则作为一个参变量考虑。在另外一些应用场合，要求对运动对象进行实时速度控制，而且要求速度的变化范围很大；同时还要求多个运动对象间同步协调运行。对此，一般的微机步进电机控制系统难于满足要求。

下面介绍一个两级微机控制的多路步进电机变速控制系统。

1. 工作原理

如图 10.15 所示，单片机及扩展接口在控制系统中的作用是输出转向控制信号和多路变频脉冲。驱动装置将多路变频信号，根据转向要求转换成时序脉冲并加以放大，用于驱动多个步进电机。这里只对单片机及其扩展接口加以讨论。

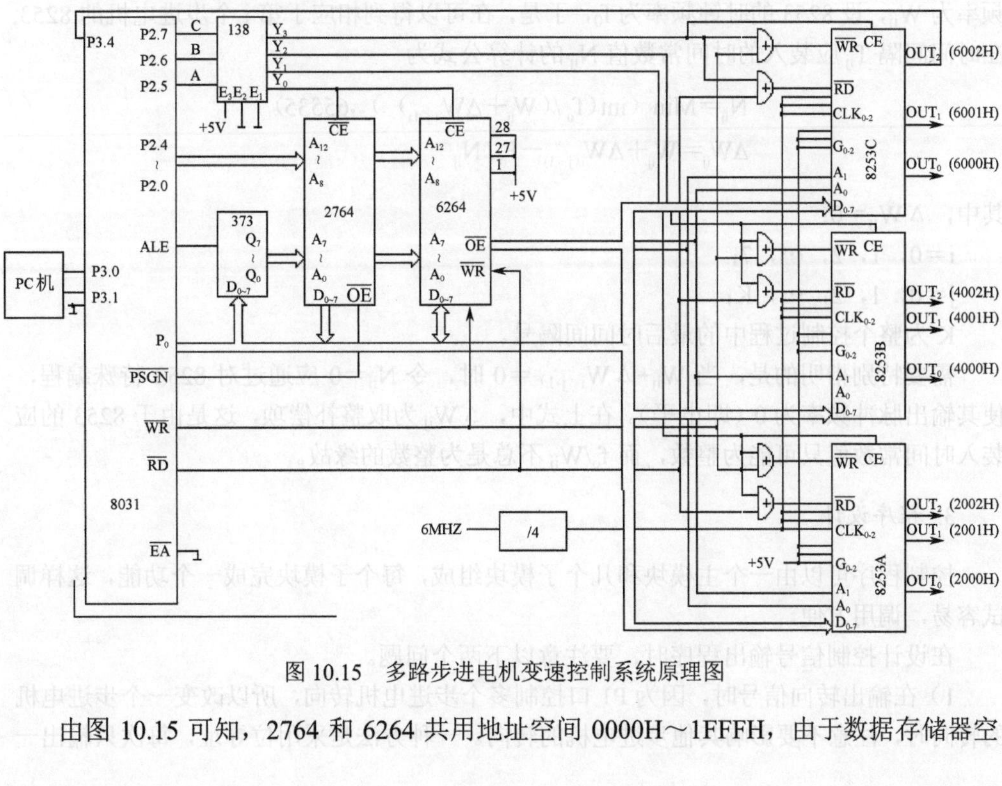

图 10.15　多路步进电机变速控制系统原理图

由图 10.15 可知，2764 和 6264 共用地址空间 0000H～1FFFH，由于数据存储器空

间和程序存储器空间在逻辑上是严格分开的，它们在执行不同的指令时由硬件产生不同的选通信号，从而选通不同的逻辑空间，因而总线不会发生冲突。EPROM2764 用于固化系统控制程序，随机存储器 6264 用于存放从前级微机串行口送来的控制数据。

8253 定时器的片选信号由 74LS138 译码产生，相关地址如表 10.8 所示。

表 10.8　8253 定时器地址分配表

片选	0#计数器	1#计数器	2#计数器	控制字寄存器
8253A	2000H	2001H	2002H	2003H
8253B	4000H	4001H	4002H	4003H
8253C	6000H	6001H	6002H	6003H

8253 的 $\overline{RD}$ 信号是由 $\overline{RD}$ 与 $\overline{CS}$ 相或产生，8253 的 $\overline{WR}$ 信号由 $\overline{WR}$ 与 $\overline{CS}$ 相或产生，这样连接是为了保证 8253 在操作中不出现误动作。8253 的时钟信号是由单片机的晶振频率分频获得，因为闸门控制信号接＋5V，当 8253 工作于方波产生器方式时，若要使 8253 停止输出，必须重新对 8253 写入控制字。

2. 控制模型

在进行多目标实时速度控制时，目标控制信号可采用“等时间间隔”或者“不等时间间隔”输出的方式。假定第 i 个步进电机在第 j 个时间间隔 T_{ij} 时间内，所要求的控制频率为 W_{ij}，设 8253 的时钟频率为 f_0，于是，在可以得到相应于第 i 个步进电机的 8253，在时间间隔 T_{ij} 应装入的时间常数值 N_{ij} 的计算公式为

$$N_{ij}=\text{Min}\left(\text{int}\left(f_0/(W_{ij}+\Delta W_{i(j-1)})\right),65535\right)$$
$$\Delta W_{ij}=W_{ij}+\Delta W_{i(j-1)}-F_0/N_{ij}$$

其中，$\Delta W_{ij}=0$；

i＝0，1，2，…，7；

j＝0，1，2，…，K；

K 为整个控制过程中的最后时间间隔号。

需要特别指明的是，当 $W_{ij}+\Delta W_{i(j-1)}=0$ 时，令 $N_{ij}=0$ 应通过对 8253 特殊编程，使其输出脉冲频率为 0（即电平）。在上式中，ΔW_{ij} 为取整补偿项，这是由于 8253 的应装入时间常数值只可能为整数，而 f_o/W_{ij} 不总是为整数的缘故。

3. 程序设计

控制程序可以由一个主模块和几个子模块组成，每个子模块完成一个功能，这样调试容易，调用方便。

在设计控制信号输出程序时，要注意以下两个问题。

1）在输出转向信号时，因为 P1 口控制多个步进电机转向，所以改变一个步进电机的转向时，注意不要影响其他步进电机的转向。一种方法是采用位寻址，每次只输出一

个步进电机的转向信号，即用 MOV C，bit 和 MOV Bit，C 两条指令；另一种方法是控制系统采用"等时间间隔"输出，由第一级微机将系统控制的步进电机转向信号处理好，由第二级微机 8051 采用字节输出，一次输出多个步进电机的转向信号，即用 MOVC A，@A+DPTR 和 MOV P1，A 指令。

2）在输出变频脉冲前，即在给 8253 装入时间常数前，首先要判断 N_{ij} 是否为零，若为零只对 8253 初始化，而不要装入时间常数"0"，因为装入 0，就相当于装入 65536，8253 仍将输出脉冲信号。

多路步进电机控制程序流程图如图 10.16 所示。

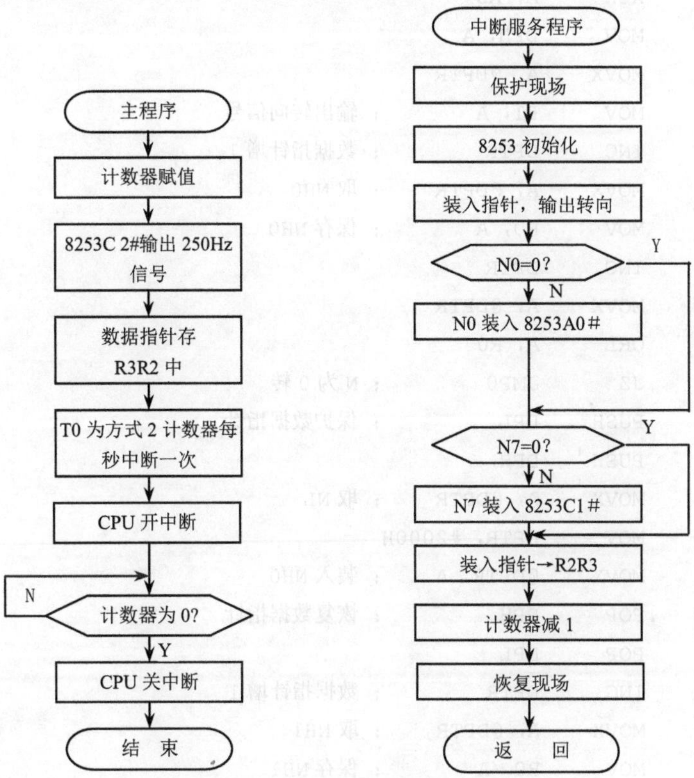

图 10.16 多路步进电机控制程序流程图

程序清单如下：

```
            MOV      R4，#data    ；计数器附初值
            ACALL    SORCE        ；8253C 2＃输出 250Hz
            MOV      R2，#DPL     ；保护数据指针
            MOV      R3，#DPH
            ACALL    TIMER        ；T0 每秒一次中断
            SETB     EA           ；CPU 关中断
LOOP:       MOV      A，R4
```

```
                JNZ     LOOP            ；等待中断
                CLR     EA              ；CPU 关中断
                SJMP    HERE            ；停止
                ；中断服务程序（000BH 转来）
                PUSH    ACC             ；保护现场
                ACALL   RS8             ；8253 初始化
                XCH     A，R3
                MOV     DPL，A
                XCH     A，R3
                MOV     DPH，A
                MOVX    A，@DPTR
                MOV     P1，A           ；输出转向信号
                INC     DPTR            ；数据指针增 1
                MOVX    A，@DPTR        ；取 NH0
                MOV     R0，A           ；保存 NH0
                INC     DPTR
                MOVX    A，@DPTR
                ORL     A，R0
                JZ      JMP0            ；N 为 0 转
                PUSH    DPL             ；保护数据指针
                PUSH    DPH
                MOVX    A，@DPTR        ；取 NL
                MOV     DPTR，#2000H
                MOVX    @DPTR，A        ；装入 NH0
                POP     DPH             ；恢复数据指针
                POP     DPL
JMP0:           INC     DPTR            ；数据指针增 1
                MOVX    A，@DPTR        ；取 NH1
                MOV     R0，A           ；保存 NH1
                INC     DPTR
                MOVX    A，@DPTR        ；取 NL1
                ⋮
JMP6:           INC     DPTR
                MOVX    A，@DPTR        ；取 NH7
                MOV     R0，A           ；保存 NH7
                INC     DPTR
                MOVX    A，@DPTR        ；取 NL7
                ORL     A，R0
                JZ      JMP7            ；N7 为 0 转
```

```
            PUSH    DPL             ; 保护数据指针
            PUSH    DPH
            MOVX    A, @DPTR        ; 取 NL7
            MOV     DPTR, #6001H
            MOVX    @DPTR, A        ; 装入 NL7
            MOV     A, R0
            MOVX    @DPTR, A        ; 装入 NH7
            POP     DPH             ; 恢复数据指针
            POP     DPL
JMP7:       INC     DPTR
            MOV     A, DPL          ; 保护数据指针低字节
            MOV     R2, A
            MOV     A, DPH          ; 保护数据指针高字节
            MOV     R3, A
            DEC     R4              ; 计数器减 1
            POP     ACC             ; 恢复现场
            RETI                    ; 返回
            ; SORCE（250Hz 信号源模块）
SORCE:      MOV     DPTR, #6003H
            MOV     A, #B6H
            MOV     DPTR, A         ; 写入控制字
            MOVX    @DPTR, #6002H
            MOV     A, #70H
            MOVX    @DPTR, A        ; 写入时间常数低 8 位
            MOV     A, #17H
            MOVX    @DPTR, A        ; 写入时间常数高 8 位
            RET
            ; TIMER（时钟模块）
TIMER:      MOV     TMOD, #06H      ; T0 方式 2 计数
            MOV     TL0, #06H       ; 附初值
            MOV     TH0, #06H
            SETB    TR0             ; 启动 T0
            SETB    ET0             ; 允许 T0 中断
            RET
            ; RS8（8253 初始化模块）
RS8:        MOV     DPTR, #2003H    ; 8253A 初始化
            MOV     A, #36H
            MOVX    @DPTR, A
            MOV     A, #76H
```

```
MOVX    @DPTR，A
MOV     A，#B6H
MOVX    @DPTR，A
MOV     DPTR，#4003H    ； 8253B 初始化
MOV     A，#36H
MOVX    @DPTR，A
MOV     A，#76H
MOVX    @DPTR，A
MOV     A，#B6H
MOVX    @DPTR，A
MOV     DPTR，#6003H    ； 8253C 初始化
MOV     A，#36H
MOVX    @DPTR，A
MOV     A，#76H
MOVX    @DPTR，A
RET
```

10.2 PC 机和 8051 实现渗碳过程集散控制系统

10.2.1 渗碳工艺

渗碳工艺就是把工件（待加工的零件）放在电加热高温炉内，高温炉内的气体中的碳有一定的浓度（所谓碳势），工件在具有这样气氛的高温炉内经过一定时间，会使碳原子通过工件表面渗到表面内部一定的深度（渗层深度），从而提高工件的性能和使用寿命。下面介绍对渗碳过程进行控制的集散式计算机控制系统。上位机与下位机以串行通信方式相联系。

1. 渗碳工艺与过程

渗碳是一个复杂的化学热处理过程。经长期的生产实践和科学实验，人们发现渗碳件的各项性能指标与渗层的浓度分布及组织结构有密切的关系，合理地确定零件的最佳碳浓度分布与渗层深度，就可大幅度地提高渗碳件的性能与寿命。工艺过程的优劣直接影响到产品的质量，采用微机实时、精确地控制加热设备和温度、碳势、渗碳时间等主要参数，便可达到对工艺过程的良好控制。

渗碳工艺过程分为若干阶段，以井式渗碳炉为例，如图 10.17 所示，其工艺过程主要分为预热期、强渗期和扩散期。气体渗碳一般采用有机液体如甲醇作载气体，采用煤油或丙酮作富化剂，组成滴注式气氛系统。预热期为升温和建立碳势阶段，工件入炉后，炉温升到 800℃时开始滴甲醇，900℃时开始滴煤油；强渗期即渗碳期，系统进入控制调

节阶段，炉温控制在930℃左右，气氛碳势 C_g 控制在1.15%c～1.25%c；扩散阶段开始少滴或停滴煤油，气氛碳势 C_g 下降到0.9%c，渗层达到一定深度时自动转入降温阶段。

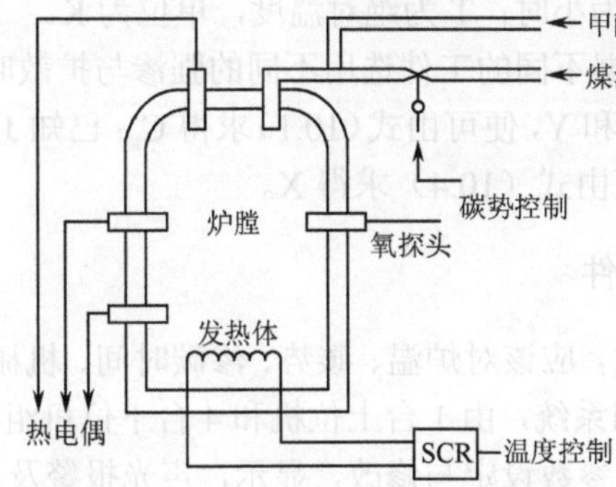

图10.17　井式渗碳炉工作过程示意图

实际渗碳气氛中所包括的组分有：CO，CO_2，CH_4，H_2，H_2O，O_2，N_2 等。在吸热式气氛中，当温度高于800℃时，系统各组分含量随温度的变化不明显，H_2 和CO的组分基本上保持恒定。炉温较高时（＞573℃），各组分之间的可逆反应很复杂，难以一一研究和控制。对碳势影响最重要的是 $2CO \Leftrightarrow CO_2+[C]$ 反应平衡条件，并与氧的分压有关。只要CO的组分恒定，即可利用 O_2 分压来控制气氛碳势；而 O_2 分压可用氧化锆探头来测定。

气氛碳势的表示，根据大量的实验与数据分析，得到出滴数n的下述经验公式：

$$n=[(E/0.144T)^{-5}]\,C_g\%=1.3403\times10^{n} \tag{10.1}$$

式中：C_g%为气氛中的碳势；E为氧化锆探头输出毫伏数；T为绝对温度。

2. 过程模型与控制参数

渗碳过程即碳势控制的过程，其最终目的是控制渗碳件的质量，碳势控制是间接的，因为气氛碳势并不等于工件表面的碳势。工件表面的碳势随时间的变化又影响着渗层深度。可见，整个碳势控制过程是多个间接控制的组合。首先是传感器输出与气氛碳势 C_g 的关系，其次是气氛碳势 C_g 与工件表面碳势 C_S 的传递关系，最后是表面碳势 C_S 随时间的变化与层深之间的扩散关系。所谓过程模型就是这三种关系的组合。

传感器的输出E与气氛碳势的关系如式（10.1）所示。气氛碳势与工件表面碳势 C_S 之间的关系可用下式表示：

$$J=\beta(C_g-C_S) \tag{10.2}$$

式中：J为碳流量，kg / m^2s；β为传递函数，kg /（m^2s 碳势）；C_g 为气氛碳势；C_S 为工件表面碳势（渗碳浓度）。

渗碳过程中的控制参数有以下4个。

1）炉温：采用增量式PID模型来控制炉温，计算公式为

$$\Delta u_k=K_p(e_k-e_{k-1})+K_I e_k+K_D(e_k-2e_{k-1}+e_{k-2}) \tag{10.3}$$

2）气氛碳势：根据式（10.1）通过控制富化剂的滴量来控制 C_g。

3）渗层深度：Harmjs 方程给出了计算渗层深度的数学模型为

$$X=802.6\sqrt{t}/10^{(3720/T)}\ (\text{mm}) \tag{10.4}$$

式中：t 为渗碳时间，单位为小时；T 为绝对温度，单位为 K。

4）渗碳时间控制：根据不同的工件选用不同的强渗与扩散时间之比。

综上所述可知，测得 E 和 Y，便可由式（10.1）求得 C_g；已知 J 和 C_g，便可由式（10.2）求得 C_S，已知 t 和 T，便可由式（10.4）求得 X。

10.2.2 计算机控制系统硬件

根据气体渗碳工艺要求，应该对炉温、碳势、渗碳时间、机械动作等进行实时控制。本系统是集散式计算机控制系统，由 1 台上位机和 4 台下位机组成。下位机完成数据采集、处理，输出控制信号，参数设定与修改，显示，声光报警及与上位机通信联络等功能；上位机则需将下位机所有信息进行综合处理，完成屏幕显示，设定与修改下位机工艺参数，计算层深，存储数据，打印报表及报警功能。系统如图 10.18 所示。

上位机选用 PC 系统，除主机外，包括彩色显示器、打印机和标准键盘等外部设备。上、下位机间的多机通信串行接口电路如图 10.19 所示，是采用专用芯片 ICL232 来实现 RS232 电平与 TTL 电平转换的。因为 PC 和 MCS-51 都有一个全双工同步/异步串行端口 UART，其中 PC 机是由 8250 异步通信组件来实现的，而单片机则是通过将其串行口控制寄存器设置为方式 2 或方式 3 来实现多机通信的。两者之间需要有配对功能。运行中，上位机先发出一个地址及其特征位，随后再发一系列数据，各下位机收到此地址信号后，判断该地址是否与自身的地址编号相同，不同者不予理睬，相同者被激活，接受主机发来的一系列数据。

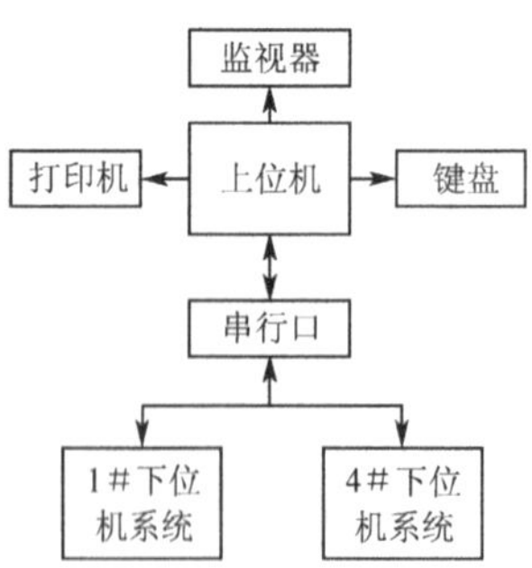

图 10.18 集散计算机控制系统

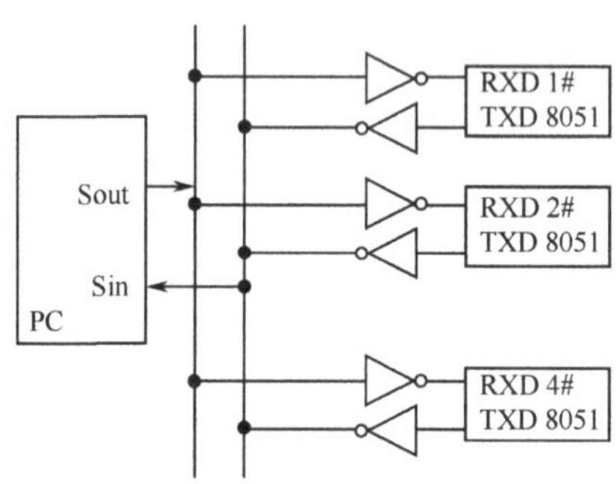

图 10.19 串行通信接口电路

下位机硬件结构如图 10.20 所示。每台下位机都有四个模拟输入量，经放大与调理电路后变换成 0～5V 的 A/D 标准输入信号，A/D 转换后的信号经下位机运算、判断、处理后送出开关量信号来实现闭环控制。其中，氧化锆传感器送出的电势信号的调整电路选用直流毫伏变送器 DZH-3000A；温度变送器为 DBW-1130。系统选用 8255 作为一个扩展口来进行 6 位 LED 七段显示器和小键盘的控制。6 位 LED 中的 4 位用来显示数据，两位用来显示数据类别。共有 7 个按键，其中 6 个接至 8255，1 个为下位机的复位按键。利用按键提供参数设定与修改，更换显示内容及启动运行等。

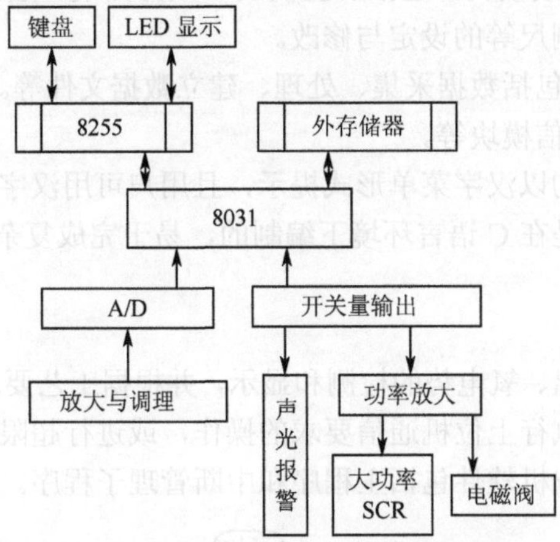

图 10.20　下位机硬件结构框图

10.2.3　系统软件设计

整个系统软件由上位机程序模块、下位机程序模块和通信程序模块组成。

1. 上位机程序模块

上位机主程序流程如图 10.21 所示。主程序进入系统功能选择菜单时，用户可根据屏幕的汉字提示选择相应的子程序模块。上位机子程序模块有：

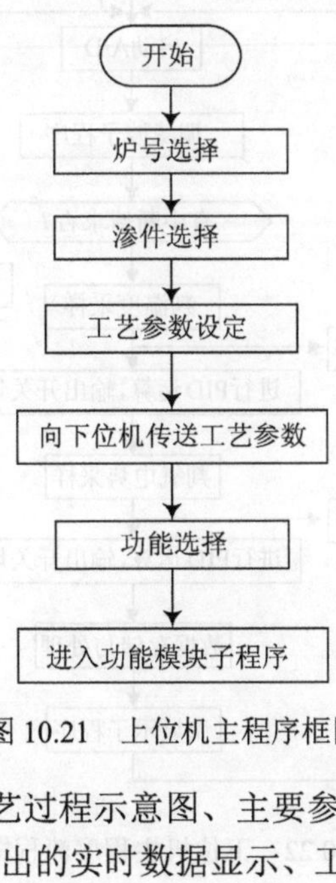

图 10.21　上位机主程序框图

1）显示模块：包括渗碳工艺过程示意图、主要参数实时显示棒条图等。显示模块是上位机的主要功能模块，它给出的实时数据显示、工艺过程曲线、实时碳势和层深的棒条图显示以及报警画面等以实时数据显示为主的界面。

2）工艺参数设定修改模块：包括炉温曲线、碳势曲线、层深、渗碳时间等，也包括日期、时间、标度比例尺等的设定与修改。

3）数据存取模块：包括数据采集、处理、建立数据文件等。

4）打印模块以及通信模块等。

上位机的各种功能均以汉字菜单形式提示，且用户可用汉字方式输入。

上位机的全部程序是在 C 语言环境下编制的，易于完成复杂的运算。

2. 下位机程序

下位机应实现对炉温、氧电势的检测和显示，并根据工艺要求对炉温和碳势进行控制，根据各类中断请求执行上位机通信要求的操作，或进行超限报警以及传感器故障、通信失败等报警。故下位机软件包括主程序和中断管理子程序。

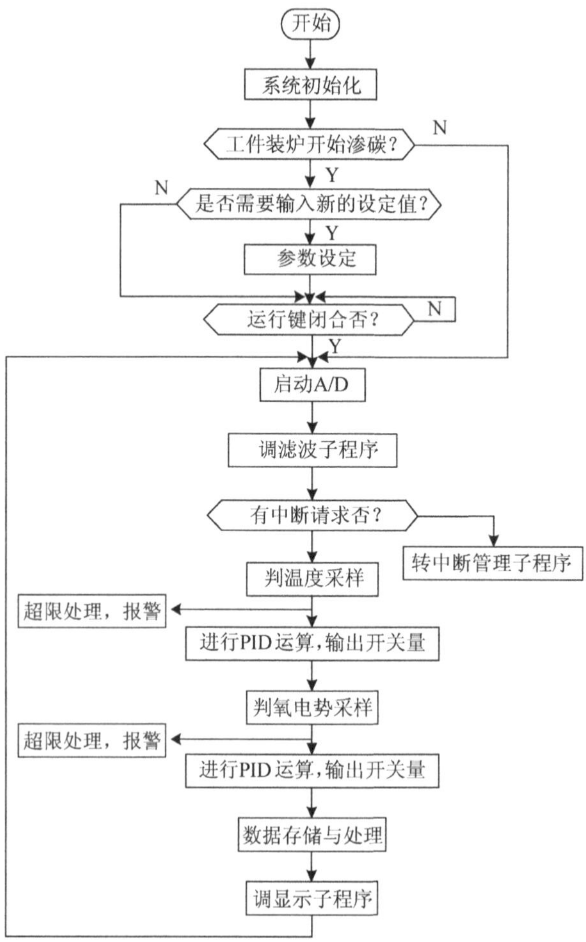

图 10.22　下位机主程序流程图

下位机主程序流程图如图 10.22 所示。其中，系统的初始化包括初始化各种表、栈、工作单元，相关各特殊功能排队，排除最大最小值然后求平均值，并对于采样值中超过上下限的参数值进行多次采样后确认。由于变送器输出中含有 50Hz 交流分量，采用等时多次反复采样再求平均值的方法，利用交流信号的周期性和对称性，在一个周期内等间隔地采样偶数次再求其平均值，滤波效果更好。PID 计算采用不完全微分增量型，将采样值先换算为物理量，并把连续的 PID 增量转换成时间增量，得出下一个系统周期的通电时间，实现对电磁阀通电时间和通电电流的控制。运算全部采用双精度浮点运算，计算精度完全满足系统的要求。

显示子程序可完成渗碳炉上、中、下区温度的显示，氧电势的显示，设定值的显示，以及实时的日期、时间显示等。中断管理子程序里的中断信号有以下几种上位机要求通信中断请求，超限报警，传感器故障，通信失败等。

3. 通信程序模块

通信程序在系统中起着至关重要的作用，是联系上、下位机的纽带。通信协议框图如图 10.23 所示。下面根据通信协议的约定，分别讨论上、下位机通信软件的设计。

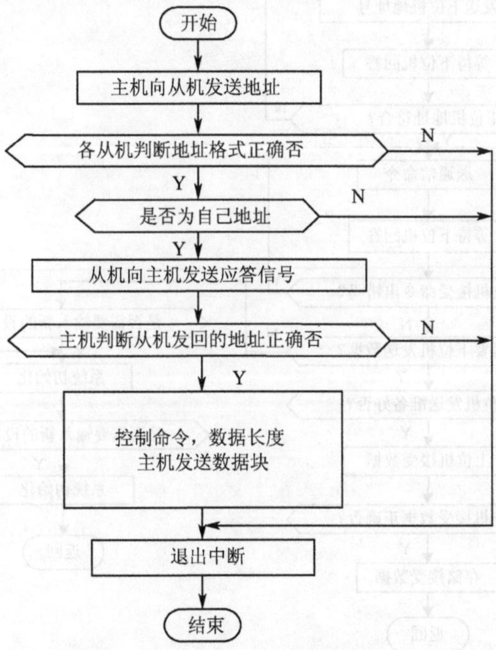

图 10.23　通信协议框图

（1）上位机通信程序

上位机 PC 为系统提供一个标准的 RS-232-C 串行接口，可自行排优中断控制，有一定的诊断能力。

在本系统中，就是利用对 8250 通信控制寄存器的初始化来与单片机相配对。根据 8051 从机的多机通信特点，只要正确控制主机所发送的第 9 位数据，便能实现多机通信。

在主机的通信线控制寄存器中，第 3 位为奇偶控制位。该位为“1”时，允许奇偶校验，否则不允许。第 4 位为奇偶校验选择位，该位为“0”时是奇校验，否则为偶校验。第 5 位是奇偶保留控制位，该位为“0”时，奇偶校验由前两位决定，为“1”时，如果位 3 为“1”，位 4 也为“1”，那么奇偶位将作为逻辑“0”发送；而位 3 为“1”，位 4 为“0”，则奇偶位将作为“1”处理。由于奇偶校验位紧跟在数据位之后，故当数据位选择为 8 位时，则奇偶校验位刚好是第 9 位，由此，有效地组合该寄存器中的第 3，4，5 位就能控制主机所发送的第 9 位数据，达到与 8051 串行口中 TB8 同样的效果，从而实现与多台 8051 的多机通信。

每次通信时，上位机首先给出下位机地址信号，然后再送出是要下位机发送还是接收数据的命令信息，之后传送数据。数据传送完毕，上、下位机都对所传数据进行检查，出错时联络重发。在具体编写上位机通信程序时，手段比较灵活。采用 8088 汇编语言编写的上位机通信程序的流程图如图 10.24 所示。

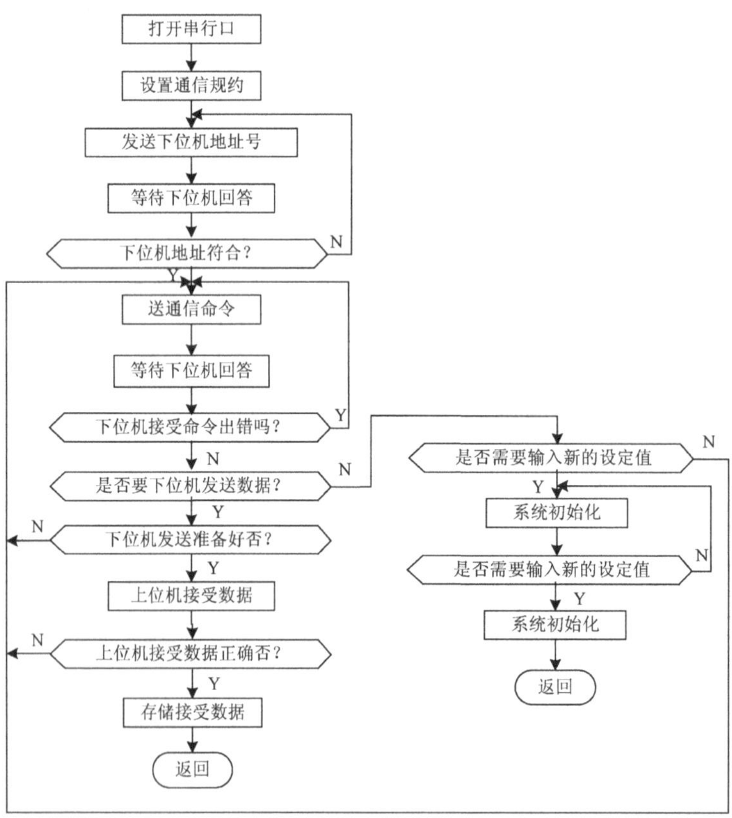

图 10.24　上位机通信程序流程图

程序清单如下：

```
STACK  SEGMENT PARA STACK 'STACK'
       DB      32 DUP (0)
```

```
STACK  ENDS
CODE   SEGMENT PARA PUBLIC 'CODE'
START  PROC   FAR
       ASSUME  CS:CODE, DS:CODE, ES:CODE
       PUSH   AX                            ; 保护现场
       SUB    AX, AX
       PUSH   AX
       MOV    AX, CS
       MOV    DS, AX
       CALL   SUB0                          ; 串行口初始化
       MOV    AX, 3
       INT    10H
       MOV    CX, 0006H
V1:    MOV    AH, 01H                       ; 读入字符
       INT    21H
       MOV    AH, AL
       CMP    AL, 72H                       ; 判标志，转接收下位机数据
       JZ     VR
       MOV    AL, AH
       CMP    AL, 74H                       ; 判标志，转向下位机发数据
       JZ     VT
       RETF
VR:    MOV    AL, 51H                       ; 发通信命令（接收数据）
       CALL   PSCT                          ; 发送命令
       CALL   SUB1                          ; 检查状态
       CALL   SUB2                          ; 接受字符
       AND    AL, 05H                       ; 判应答信号
       JZ     VR                            ; 是，则收
V3:    CALL   SUBI
       CALL   SUB2
       AND    AL, 7FH
       CALL   SUB5                          ; 转存
       LOOP   V3
       MOV    CX, 0006H
       JMP    V1
VT:    MOV    AL, 11H                       ; 发通信命令（发数据）
       CALL   PSCT                          ; 发送命令
       CALL   SUB1
       CALL   SUB2
```

```
        AND   AL, 01H
        JZ    VT
LT2:    LEA   SI, BUF1
V6:     MOV   AL, [SI]
        CALL  SUB3
        CALL  PSDT                  ; 发送数据
        AND   AL, 7FH
        CALL  SUB5                  ; 转存
        INC   SI
        LOOP  V6
        MOV   CX, 0006H
        JMP   V1
BUF1:   DB    16 DUP (8)
        DB    '$'
BUF2:   DB    32 DUP (0)
SUB0:   PROC  NEAR                  ; 8250 初始化
        PUSH  DX
        PUSH  CX
        PUSH  AX
        MOV   DX, 0
        MOV   AL, 7BH
        MOV   AH, 0
        INT   14H
        MOV   CX, 0BB8H
L1:     LOOP  L1
        POP   AX
        POP   CX
        POP   DX
SUB0:   ENDP
SUB1:   PROC  NEAR                  ; 检查状态
        PUSH  DX
V2:     MOV   DX, 0
        MOV   AH, 03H
        INT   14H
        AND   AH, 01H
        JZ    V2
        POP   DX
SUB1:   ENDP
SUB2:   PROC  NEAR                  ; 接受字符
```

```
        PUSH   DX
        PUSH   EX
        MOV    DX, 0
        MOV    AH, 2
        INT    14H
        MOV    CX, 0AH
L2:     LOOP   L2
        POP    CX
        POP    DX
        RET
SUB2:   ENDP
SUB3:   PROC   NEAR                  ; 检查状态
        PUSH   DX
L7:     MOV    DX, 0
        MOV    AH, 03H
        INT    14H
        AND    AH, 20H
        JZ     V7
        POP    DX
        RET
SUB3:   ENDP
SUB4:   PROC   NEAR                  ; 电传输出
        PUSH   BX
        MOV    BX, 0
        MOV    AH, OEH
        INT    1OH
        POP    BX
        RET
SUB4:   ENDP
SUB5:   ROC    NEAR                  ; 记录数据
        PUSH   DX
        PUSH   CX
        PUSH   BX
        PUSH   AX
        LEA    BX, BUF
        MOV    AH, AL                ; 取高 4 位
        AND    Al,  0F0H
        MOV    EL, 4
        SHR    AL, CL
```

```
        XLAT   [BX]
        PUSH   AX
        CALL   SUB4               ；输出
        POP    AX
        MOV    AL，AH             ；取低 4 位
        AND    AL，0FH
        XLAT   [BX]
        CALL   SUB4               ；输出
        POP    AX
        POP    BX
        POP    CX
        POP    DX
        RET
SUB5:   ENDP
BUF:    DB     '0 1 2 3 4 5 6 7 8 9 A B C D E F'
PSCT    PROC   NEAR               ；发送命令子程序
        PUSH    DX
        PUSH    EX
        AND     AL，7FH
        JPO     EV1               ；奇状态转移
        ADD     AL，80H
        SUB     CX，CX
EV1:    MOV     DX，0             ；发送
        MOV     AH，1
        INT     14H
        SAL     AH，1
        JNC     Y1
        INC     CX
        CMP     CX，3
        JNZ     EV1
Y1:     POP     DX
        RET
PSCT    ENDP
PSDT    PROC    NEAR              ；发送数据子程序
        PUSH    DX
        PUSH    CX
        AND     AL，7FH
        JPE     EVE               ；偶状态转移
        ADD     AL，80H
        SUB     CX，CX
```

```
EVE:    MOV     DX, 0           ; 发送
        MOV     AH, 1
        INT     14H
        SAL     AH, 1
        JNC     Y2
        INC     CX
        CMP     CX, 3
        JNZ     EVE
Y2:     POP     CX
        POP     DX
        RET
PSDT    ENDP
START   ENDP
        CODE    ENDS
        END     START
```

（2）下位机通信程序

8051单片机的多机通信是通过对串行口控制寄存器SCON中的SM、TB、RB的编程来实现的，特征位SM=1。PC先发一字节地址，伴随的特征位第9位数据TB=1，随后发数据时的特征位TB=0。各单片机在RB=1（即发送来的TB）且SM=1时，引起串行中断。在中断服务程序中判断地址配对否，不配对者仍置SM=1，仅配对者才置SM=0。随后而来的数据特征TB=0，仅SM=0才引起配对者的进一步串行中断，以便接收随后到来的数据。

下位机串行通信程序流程图如图10.25所示，程序清单如下：

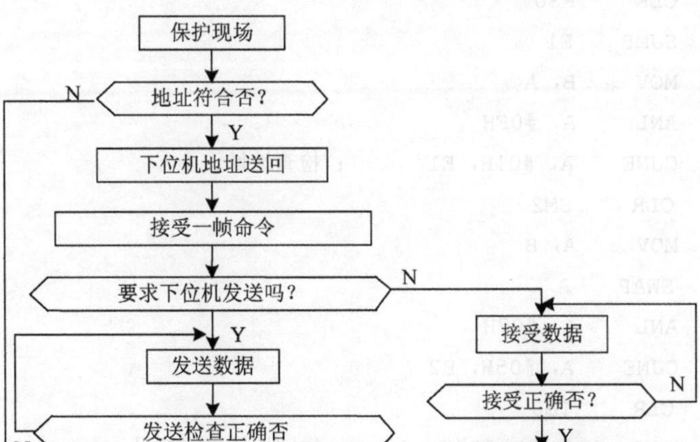

图10.25　下位机通信程序流程图

```
SRT:    PUSH    PSW             ; 保护现场
        PUSH    ACC
        CLR     ES
        JBC     TI, MT
        CLR     RI
        MOV     A, SBUF         ; 接受数据
        JBC     RB8, MC         ; 判断是地址还是数据，若是地址转 MC
E1:     SETB    ES
        POP     ACC
        POP     PSW
        RETI
MT:     JNB     01H, E2         ; 检查地址
        CLR     TB8
        SETB    RS1
        CLR     RS0
        MOV     A, @R1
        JNB     PSW.0, W1       ; 奇偶校验
        ADD     A, #80H
W1:     MOV     SBUF, A         ; 接收数据
        INC     R1
        CJNE    R1, #38H, MT1
        CLR     01H
MT1:    CLR     RS1
        CLR     RS0
        SJMP    E1
MC:     MOV     B, A
        ANL     A, #0FH
        CJNE    A, #01H, E1     ; 检查地址
        CLR     SM2
        MOV     A, B
        SWAP    A
        ANL     A, #07H
        CJNE    A, #05H, E2
        CLR     TB8
        MOV     SBUF, #05H      ; 送回地址应答信号
        SETB    RSI
        CLR     RS0
        MOV     R1, #32H
```

```
            CLR     RS0
            CLR     RS1
            SETB    01H
            JMP     E1
E2:         SETB    SM2
            SJMP    E1
```

10.2.4 系统抗干扰措施

由于系统工作环境恶劣，干扰源多且分散性大，为使系统可靠地工作，采取下述抗干扰措施：采用全浮空输入方式将数字地和模拟地分开；采用严格的接地措施，采用光耦合和高性能滤波电路对输入信号进行处理；传感器输出信号用软件滤波与补偿；RAM区建立标志数来设计自动抗干扰恢复程序等。

由于下位机在多机通信时，发送和接收的是8位数据，第9位作为地址的数据标志位，失去了奇偶校验功能，因而必须采取一定措施来提高串行通信的可靠性。具体做法是在主机每次数据通信开始之前，即在发出第9位数据为1期间，发出所要通信的字节数，这样使每台从机均收到需要传输的字节数。而后，不响应的从机均保持SM＝1，且在大致设定的通信时间内关闭各自的串行口中断。由于只有被启动的配对从机与主机进行通信，那么该从机则可仿照双机通信的软件奇偶校验方式进行奇偶校验，而主机此时可恢复8250的奇偶校验功能进行奇偶校验，直至本次通信结束。然后，被选配对从机又置SM＝1，主机又重新改变8250的奇偶控制参数使之处于通信准备状态。

习 题 十

1．写出三相六拍步进电机正、反转的控制模型，并画出实现该模型的程序流程图。

2．说明实现步进电机的变速控制的原理。

3．渗碳过程集散式计算机控制系统是由1台上位机和4台下位机组成。请画出实现下位机的通信程序流程图。

4．下位机在多机通信时，第9位作为地址的数据标志位，失去了奇偶校验功能，在此情况下如何解决串行通信的可靠性问题？

第 11 章

C8051 单片机

单片机问世至今 30 多年，MCS-51 单片机及其衍生产品的应用已经非常广泛，尤其是国内大部分大专院校都采用 MCS-51 单片机作为教学机型，许多单片机系统工程师都熟悉 MCS-51 单片机。

随着一些高集成度、高性能的 8 位和 16 位 RISC 单片机的推出，基于标准 8051 内核的单片机正面临着退出市场的境地。因此一些半导体公司开始对传统 8051 内核进行大的改造，主要是提高速度和增加片内模拟和数字外设，以期大幅提高单片机的整体性能。Silicon Labs 集成产品公司推出的 C8051F 单片机的出现令人耳目一新，使广大单片机系统设计人员看到了 51 单片机新的曙光。

11.1 C8051 单片机结构

C8051Fxxx 系列单片机是完全集成的混合信号系统级芯片，具有与 8051 兼容的微控制器内核，与 MCS-51 指令集完全兼容。除了具有标准 8052 的数字外设部件之外，片内还集成了数据采集和控制系统中常用的模拟部件和其他数字外设及功能部件。

11.1.1 C8051 功能模块

MCU 中的外设或功能部件包括模拟多路选择器、可编程增益放大器、ADC、DAC、电压比较器、电压基准、温度传感器、SMBus/ IC、UART、SPI、可编程计数器/定时器阵列（PCA）、定时器、数字 I/O 端口、电源监视器、看门狗定时器（WDT）和时钟振荡器等。所有器件都有内置的 FLASH 程序存储器和 256B 的内部 RAM，有些器件内部还有位于外部数据存储器空间的 RAM，即 XRAM。其功能模块如图 11.1 所示。

C8051 比传统的 MCS-51 系列具有更强大的功能外，其封装引脚也不同，相对于 MCS-51 系列来说，C8051 系列单片机具有更多的 I/O 口，也有更多的引脚，有 64 引脚，100 引脚等。例 C8051F021/3 就有 64 引脚的封装模式，如图 11.2 所示。

C8051Fxxx 单片机采用流水线结构，机器周期由标准的 12 个系统时钟周期降为 1 个系统时钟周期，处理能力大大提高，峰值性能可达 25MIPS。

C8051Fxxx 单片机是能独立工作的片上系统（SOC），能有效地管理模拟和数字外设，可以关闭单个或全部外设以节省功耗。FLASH 存储器还具有在系统重新编程能力，可用于非易失性数据存储，并允许现场更新 8051 固件。应用程序可以使用 MOVC 和 MOVX 指令对 FLASH 进行读或改写，每次读或写一个字节。这一特性允许将程序存储器用于非易失性数据存储以及在软件控制下更新程序代码。

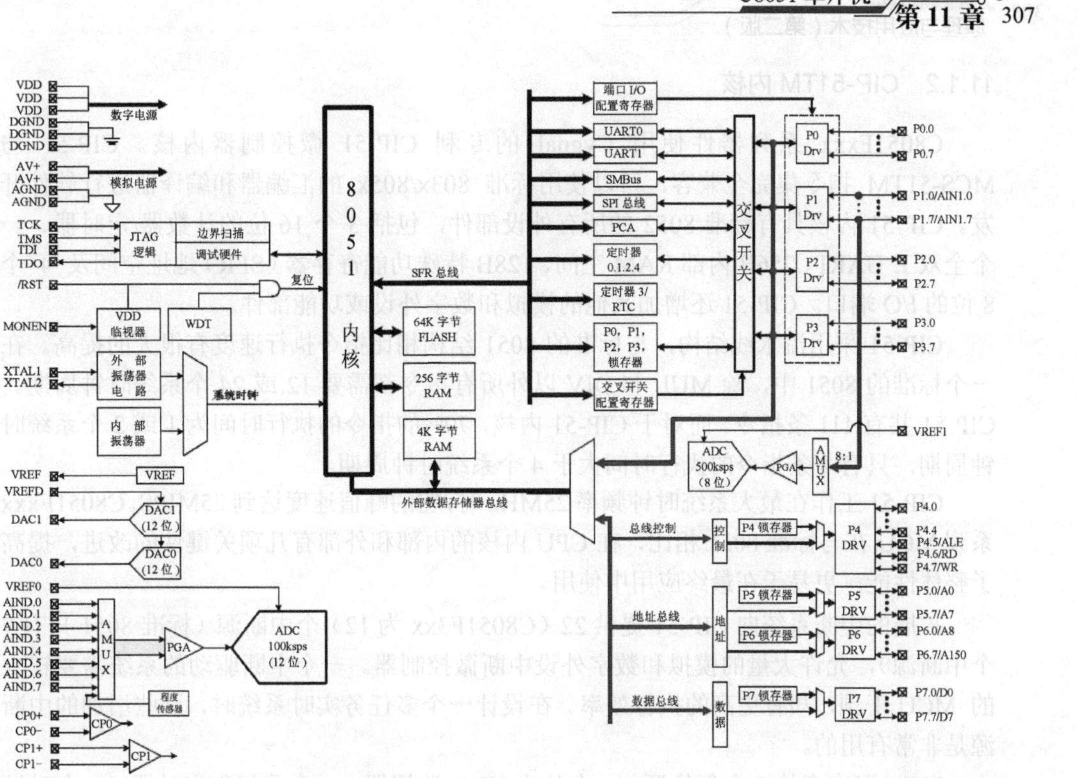

图 11.1　C8051 功能模块

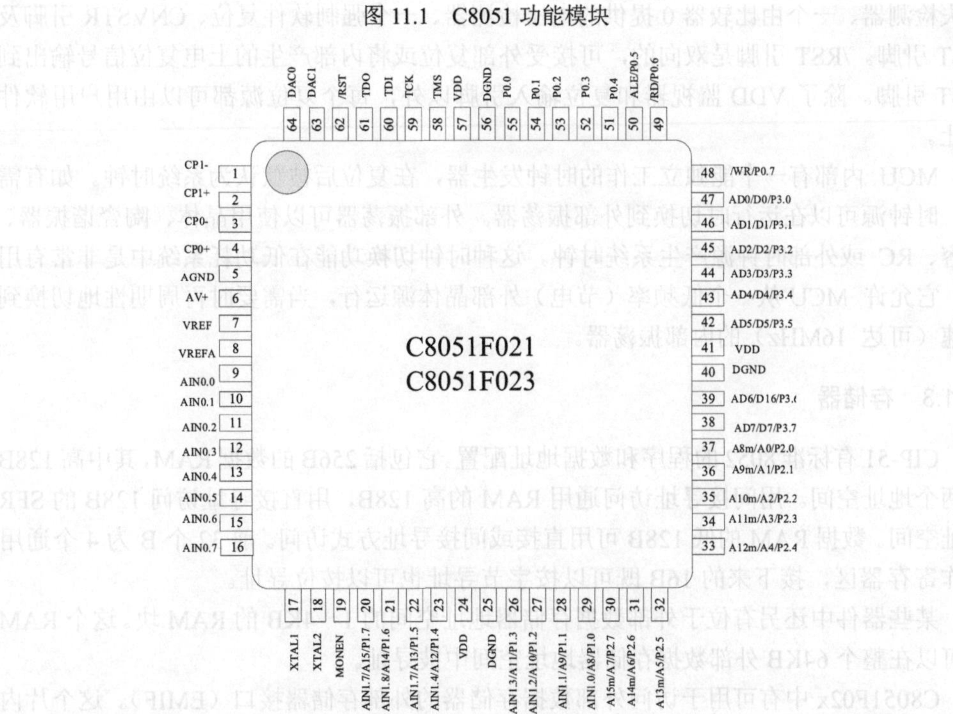

图 11.2　C8051F021/3 引脚图

11.1.2 CIP-51TM 内核

C8051Fxxx 系列器件使用 Cygnal 的专利 CIP-51 微控制器内核。CIP-51 与 MCS-51TM 指令集完全兼容，可以使用标准 803x/805x 的汇编器和编译器进行软件开发。CIP-51 内核具有标准 8052 的所有外设部件，包括 3 个 16 位的计数器/定时器、一个全双工 UART、256B 内部 RAM 空间、128B 特殊功能寄存器（SFR）地址空间及 4 个 8 位的 I/O 端口。CIP-51 还增加其他的模拟和数字外设或功能部件。

CIP-51 采用流水线结构，与标准的 8051 结构相比指令执行速度有很大的提高。在一个标准的 8051 中，除 MUL 和 DIV 以外所有指令都需要 12 或 24 个系统时钟周期。CIP-51 共有 111 条指令。而对于 CIP-51 内核，70%的指令的执行时间为 1 或 2 个系统时钟周期，只有 4 条指令的执行时间大于 4 个系统时钟周期。

CIP-51 工作在最大系统时钟频率 25MHz 时，它的峰值速度达到 25MIPS。C8051Fxxx 系列 MCU 在与标准 8051 相比，在 CPU 内核的内部和外部有几项关键性的改进，提高了整体性能，更易于在最终应用中使用。

扩展的中断系统向 CIP-51 提供 22（C8051F3xx 为 12）个中断源（标准 8051 只有 7 个中断源），允许大量的模拟和数字外设中断微控制器。一个中断驱动的系统需要较少的 MCU 干预，却有更高的执行效率。在设计一个多任务实时系统时，这些增加的中断源是非常有用的。

MCU 可有多达 7 个复位源：一个片内 VDD 监视器、一个看门狗定时器、一个时钟丢失检测器、一个由比较器 0 提供的电压检测器、一个强制软件复位、CNVSTR 引脚及 /RST 引脚。/RST 引脚是双向的，可接受外部复位或将内部产生的上电复位信号输出到 /RST 引脚。除了 VDD 监视器和复位输入引脚以外，每个复位源都可以由用户用软件禁止。

MCU 内部有一个能独立工作的时钟发生器，在复位后被默认为系统时钟。如有需要，时钟源可以在运行时切换到外部振荡器。外部振荡器可以使用晶体、陶瓷谐振器、电容、RC 或外部时钟源产生系统时钟。这种时钟切换功能在低功耗系统中是非常有用的，它允许 MCU 从一个低频率（节电）外部晶体源运行，当需要时再周期性地切换到高速（可达 16MHz）的内部振荡器。

11.1.3 存储器

CIP-51 有标准 8052 的程序和数据地址配置。它包括 256B 的数据 RAM，其中高 128B 为两个地址空间。用间接寻址访问通用 RAM 的高 128B，用直接寻址访问 128B 的 SFR 地址空间。数据 RAM 的低 128B 可用直接或间接寻址方式访问。前 32 个 B 为 4 个通用工作寄存器区，接下来的 16B 既可以按字节寻址也可以按位寻址。

某些器件中还另有位于外部数据存储器地址空间的 1～4KB 的 RAM 块。这个 RAM 块可以在整个 64KB 外部数据存储器地址空间中被寻址。

C8051F02x 中有可用于访问外部数据存储器的外部存储器接口（EMIF）。这个片内外部数据存储器地址空间可以只映射到片内存储器、只映射到片外存储器、或两者的组合（4KB 以下的地址指向片内，4KB 以上的地址指向 EMIF）。EMIF 可以被配置为地址/数据线复用方式或非复用方式。

MCU 的程序存储器为 8～64KB 的 FLASH。该存储器以 512B 为一个扇区，可以在系统编程，且不需在片外提供编程电压。

11.1.4 JTAG 调试和边界扫描

C8051Fxxx 具有片内 JTAG 和调试电路，通过 4 脚 JTAG 接口并使用安装在最终应用系统中的器件就可以进行非侵入式、全速的在系统调试（C8051F3xx 具有片内 C2 调试电路，通过 2 脚 C2 接口并使用安装在最终应用系统中的器件就可以进行非侵入式、全速的在系统调试）。该 JTAG 接口完全符合 IEEE 1149.1 标准（C8051F2xx 的 JTAG 接口没有边界扫描功能），为生产和测试提供完全的边界扫描功能。

Cygnal 的调试系统支持观察和修改存储器和寄存器，支持断点、观察点、堆栈指示器和单步执行。调试时不需要额外的目标 RAM、程序存储器、定时器或通信通道，并且所有的模拟和数字外设都正常工作。当 MCU 单步执行或遇到断点而停止运行时，所有的外设（ADC 除外）都停止运行，以保持同步。

开发套件 C8051F020DK 具有开发应用代码所需要的全部硬件和软件，并可对 C8051F020/1/2/3MCU 进行系统调试。开发套件中包括开发者工作室软件和调试器、一个集成的 8051 汇编器和一个 RS-232 转换到 JTAG 电缆及一个墙装电源。开发套件需要一个运行的 Windows95/98/Me/NT 并有一个可用 RS-232 串口的计算机。如图 11.3 所示，PC 机通过 RS-232 与串行适配器连接。一条 6in 的扁平电缆将串行适配器和用于的应用板连接起来，使用 4 个 JTAG 引脚和 VDD 及 GND。串行适配器从应用板获取其电源，在 2.7～3.6V 时其电源直接连到串行适配器上。

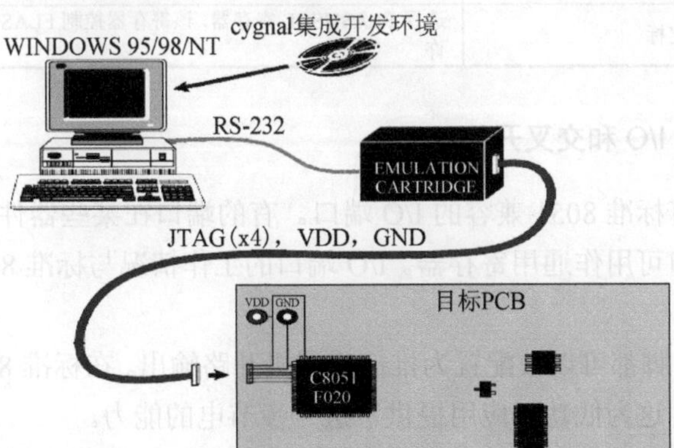

图 11.3 调试环境示意图

对于开发和调试嵌入式应用来说，该系统的调试功能比采用标准 MCU 仿真器要优越得多。标准的 MCU 仿真器要使用在板仿真芯片和目标电缆，还需要在应用板上有 MCU 的插座。Cygnal 的调试环境既便于使用又能保证精确模拟外设的性能。

C8051 系列单片机的片内 JTAG 和调试电路与以下引脚有关：

1）TMS 引脚属于数字输入类型，带内部上拉的 JTAG 测试模式选择。

2）TCK 引脚属于数字输入类型，带内部上拉的 JTAG 内部时钟。

3）TDI 引脚属于数字输入类型，带内部上拉的 JTAG 测试数据输入。TDI 在 TCK 的上升沿被锁存。

4）TDO 引脚属于数字输出类型，带内部上拉的 JTAG 测试数据输出。数据在 TCK 的下降沿从 TDO 引脚输出。TDO 输出是一个三态驱动器。

通过 16 位 JTAG 指令寄存器（IR）可以发出如表 11.1 所示的 8 种指令，MCU 中有三个与 JTAG 边界扫描相关的数据寄存器和四个与 FLASH 读/写操作相关的寄存器。

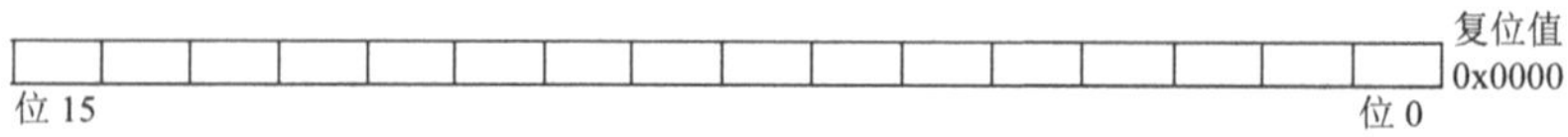

表 11.1　JTAG 指令寄存器所发出的 8 种指令

IR 值	指　令	说　明
0x0000	EXTEST	选择用于控制和观察所有器件引脚的边界数据寄存器
0x0002	SAMPLE/PRELOAD	选择用于观察和预设扫描路径锁存器的边界数据寄存器
0x0004	IDCODE	选择器件的 ID 寄存器
0xFFFF	BYPASS	选择旁路数据寄存器
0x0082	闪存控制	选择 FLASHCON 寄存器，以控制接口逻辑对读和写 FLASHDAT 寄存器如何响应
0x0083	闪存数据	选择用于读和写闪速存储器的 FLASHDAT 寄存器
0x0084	闪存地址	选择 FLASHADR 寄存器，该寄存器保持 FLASH 读、写和擦除操作的地址
0x0085	闪存定标	选择 FLASHSCL 寄存器，该寄存器控制 FLASH 单稳态定时和常读允许

11.1.5　可编程数字 I/O 和交叉开关

C8051Fxxx 具有标准 8051 兼容的 I/O 端口。有的端口在某些器件中没有引出引脚，没有引出引脚的端口可用作通用寄存器。I/O 端口的工作情况与标准 8051 相似，但有一些改进。

每个端口 I/O 引脚都可以被配置为推挽或漏极开路输出。在标准 8051 中固定的“弱上拉”可以被禁止，这为低功耗应用提供了进一步节电的能力。

可能最突出的改进是引入了数字交叉开关（C8051F2xx 除外）。这是一个大的数字开关网络，允许将内部数字系统资源分配给端口 I/O 引脚。与具有标准复用数字 I/O 的微控制器不同，这种结构可支持所有的功能组合。可通过设置交叉开关控制寄存器将片内的计数器/定时器、串行总线、硬件中断、ADC 转换启动输入、比较器输出以及微控制器内部的其他数字信号配置为出现在端口 I/O 引脚。这就允许用户根据自己的特定应用选择通用端口 I/O 和所需数字资源的组合。

11.1.6 可编程计数器阵列

除了通用计数器/定时器之外，C8051F00x/01x/02x MCU 还有一个片内可编程计数器/定时器阵列（PCA）。PCA 包括一个专用的 16 位计数器/定时器时间基准和 5（C8051F3xx 为 3）个可编程的捕捉/比较模块。时间基准的时钟可以是下面的 6 个时钟源之一：系统时钟/12、系统时钟/4、定时器 0 溢出、外部时钟输入（ECI）、系统时钟和外部振荡源频率/8（C8051F00x/01x 没有后两个时钟源）。

每个捕捉/比较模块都有 4 或 6 种工作方式：边沿触发捕捉、软件定时器、高速输出、8 位脉冲宽度调制器、频率输出、16 位脉冲宽度调制器（C8051F00x/01x 没有后两种工作方式）。PCA 捕捉/比较模块的 I/O 和外部时钟输入可以通过数字交叉开关连到 MCU 的端口 I/O 引脚。

11.1.7 串行端口

C8051Fxxx 系列 MCU 内部有一个全双工 UART、SPI 总线和 SMBus/I C 总线。每种串行总线都完全用硬件实现，都能向 CIP-51 产生中断，因此很少需要 CPU 的干预。这些串行总线不“共享”定时器、中断或端口 I/O，所以可以使用任何一个或全部同时使用。C8051F02x 系列 MCU 内部还有第二个 UART，这是一个增强型全双工 UART，具有硬件地址识别和错误检测功能。

11.1.8 模数转换器

除了 C8051F230/1/6 之外，其他 C8051Fxx 器件内部都有一个 ADC 子系统，由逐次逼近型 ADC、多通道模拟输入选择器和可编程增益放大器（F018/19 没有可编程增益放大器）组成。ADC 工作在 100ksps 的最大采样速率时可提供真正的 8 位、10 位或 12 位精度。ADC 完全由 CIP-51 通过特殊功能寄存器控制，系统控制器可以关断 ADC 以节省功耗。

C8051F00x/01x/02x 还有一个 15ppm 的电压基准和内部温度传感器，并且 8 个外部输入通道的每一对都可被配置为两个单端输入或一个差分输入。

可编程增益放大器接在模拟多路选择器之后，增益可以用软件设置，从 0.5 到 16 以 2 的整数次幂递增。当不同 ADC 输入通道之间输入的电压信号范围差距较大或需要放大一个具有较大直流偏移的信号时（在差分方式，DAC 可用于提供直流偏移），这个放大环节是非常有用的。

A/D 转换可以有 4 种启动方式：软件命令、定时器 2 溢出、定时器 3 溢出或外部信号输入。这种灵活性允许用软件实现、硬件信号触发转换或进行连续转换。一次转换完成后可以产生一个中断，或者用软件查询一个状态位来判断转换结束。在转换完成后，转换结果数据字被锁存到特殊功能寄存器中。对于 10 位或 12 位 ADC，可以用软件控制结果数据字为左对齐或右对齐格式。

ADC 数据比较寄存器可被配置为当 ADC 数据位于一个规定的窗口之内时向控制器申请中断。ADC 可以用后台方式监视一个关键电压，当转换数据位于规定的窗口之内时才向控制器申请中断。

除了 12 位的 ADC 子系统 ADC0 之外，C8051F02x 还有一个 8 位 ADC 子系统，即 ADC1，它有一个 8 通道输入多路选择器和可编程增益放大器。该 ADC 工作在 500ksps 的最大采样速率时可提供真正的 8 位精度。ADC1 的电压基准可以在模拟电源电压（AV+）和外部 VREF 引脚之间选择。用户软件可以将 ADC1 置于关断状态以节省功耗。ADC1 的可编程增益放大器的增益可以被编程为 0.5、1、2 或 4。ADC1 也有灵活的转换控制机制，允许用软件命令、定时器溢出或外部信号输入启动 ADC1 转换；用软件命令可以使 ADC1 与 ADC0 同步转换。

11.1.9　数模转换器

C8051F00x/01x/02x（F018/19 除外）内部有两个 12 位电压输出 DAC，MCU 可以将任何一个 DAC 置于低功耗关断方式。C8051F02x 的 DAC 有灵活的输出更新机制，允许用软件命令和定时器 2、定时器 3 及定时器 4 的溢出信号更新 DAC 输出。DAC 在作为比较器的参考电压或为 ADC 差分输入提供偏移电压时非常有用。

11.1.10　比较器

大多数 C8051Fxxx MCU 内部都有两个比较器 CP0 和 CP1（在 F002/007/012/017/300/301/302/303 中没有第二个比较器 CP1），MCU 可以将任何一个比较器置于低功耗关断方式。

可以用软件设置比较器的回差电压。每个比较器都能在上升沿或下降沿产生中断，或在两个边沿都产生中断，比较器的输出状态可以用软件查询。比较器中断能将 MCU 从等待方式唤醒。可通过设置交叉开关或端口 MUX 将比较器的输出接到端口 I/O 引脚。

11.1.11　C8051F 引脚和封装定义

在此我们以 C8051F02 系列为例，由图 11.2 我们可以看到 C805102 系列单片机拥有 64 个引脚，而且有些端口具有多重复用功能，如 C8051F021/3 的 50 脚具有 ALE 和 I/O 口的 P0.5 两重复用功能，42～47 和 38～39 引脚具有三重复用功能，既可以做内部 A/D 转换器的模拟数据输入端口，又可以当普通的 I/O 口 P3.0～P3.7，又可以做数据传输口 D0～D7。故了解 C8051F 的引脚和封装对我们学会应用它，具有相当重要的意义。

C8051F02 系列单片机的工作电源可由数字电源和模拟电源两种提供，在这点上也是对 MCS-51 的改进。其另一个特别之处是提供了电源 VDD 监视器允许标志位 MONEN。将该引脚接高电平，允许 VDD 监视器工作，当电源电压 VDD<2.7V 时，强制系统复位。将该引脚接地点平时，VDD 监视器工作被禁止。C8051F020/1/2/3 的各引脚的功能和封装如表 11.2 所示。

表 11.2　C8051F020/1/2/3 各引脚定义和封装

引脚名称	引脚号		类型	说明
	F020 F022	F021 F023		
VDD	37,64,90	24,41,57		数字电源。必须接+2.7～+3.6V
DGND	38,63,89	25,40,56		数字地
AV+	11,14	6		模拟电源。必须接+2.7～+3.6V
AGND	10,13	5		模拟地
TMS	1	58	数字输入	带内部上拉的 JTAG 测试模式选择
TCK	2	59	数字输入	带内部上拉的 JTAG 测试时钟
TDI	3	60	数字输入	带内部上拉的 JTAG 测试数据输入。TDI 在 TCK 上升沿被锁存
TDO	4	61	数字输出	带内部上拉的 JTAG 测试数据输出。数据在 TCK 的下降沿从 TDO 引脚输出。TDO 输出是一个三态驱动器
/RST	5	62	数字 I/O	器件复位。内部 VDD 监视器的漏极开路输出，当 VDD<2.7V 并且 MONEN 为高时被驱动为低电平。一个外部源可以通过将该引脚置为低电平启动一次系统复位
XTAL1	26	17	模拟输入	晶体输入。该引脚为晶体或陶瓷谐振器的内部振荡器电路的反馈输入。为了得到一个精确的内部时钟，可以在 XTAL1 和 XTAL2 之间接上一个晶体或陶瓷谐振器。如果被一个外部 CMOS 时钟驱动，则该引脚提供系统时钟
XTAL2	27	18	模拟输出	晶体输出。该引脚是晶体或陶瓷谐振器的激励驱动器
MONEN	28	19	数字输入	VDD 监视器允许。该引脚接高电平时允许内部 VDD 监视器工作，当 VDD<2.7V 时强制系统复位。该引脚接低电平时内部 VDD 监视器被禁止
VREF	12	7	模拟 I/O	带隙电压基准输出（所有器件） DAC 电压基准输入（只限于 F021/3）
VREFA		8	模拟输入	ADC0 和 ADC1 的电压基准输入
VREF0	16		模拟输入	ADC0 的电压基准输入
VREF1	17		模拟输入	ADC1 的电压基准输入
VRED	15		模拟输入	DAC 的电压基准输入
AIN0.0	18	9	模拟输入	ADC0 输入通道 0（详见 ADC0 说明）
AIN0.1	19	10	模拟输入	ADC0 输入通道 1（详见 ADC0 说明）
AIN0.2	20	11	模拟输入	ADC0 输入通道 2（详见 ADC0 说明）
AIN0.3	21	12	模拟输入	ADC0 输入通道 3（详见 ADC0 说明）
AIN0.4	22	13	模拟输入	ADC0 输入通道 4（详见 ADC0 说明）
AIN0.5	23	14	模拟输入	ADC0 输入通道 5（详见 ADC0 说明）

续表

引脚名称	引脚号		类型	说明
	F020 F022	F021 F023		
AIN0.6	24	15	模拟输入	ADC0 输入通道 6（详见 ADC0 说明）
AIN0.7	25	16	模拟输入	ADC0 输入通道 7（详见 ADC0 说明）
CP0+	9	4	模拟输入	比较器 0 的同相输入端
CP0−	8	3	模拟输入	比较器 0 的反相输入端
CP1+	7	2	模拟输入	比较器 1 的同相输入端
CP1−	6	1	模拟输入	比较器 1 的反相输入端
DAC0	100	64	模拟输出	数模转换器 0 的电压输出。（见 DAC 说明）
DAC1	99	63	模拟输出	数模转换器 1 的电压输出。（见 DAC 说明）
P0.0	62	55	数字 I/O	P0.0。详见端口输入/输出部分
P0.1	61	54	数字 I/O	P0.1。详见端口输入/输出部分
P0.2	60	53	数字 I/O	P0.2。详见端口输入/输出部分
P0.3	59	52	数字 I/O	P0.3。详见端口输入/输出部分
P0.4	58	51	数字 I/O	P0.4。详见端口输入/输出部分
ALE/P0.5	57	50	数字 I/O	外部存储器地址总线 ALE 选通（复用方式） P0.5。详见端口输入/输出部分
/RD/P0.6	56	49	数字 I/O	外部存储器接口的/RD 选通 P0.6。详见端口输入/输出部分
/WR/P0.7	55	48	数字 I/O	外部存储器接口的/WR 选通 P0.7。详见端口输入/输出部分
AIN1.0/A8/P1.0	36	29	模拟输入	ADC1 输入通道 0（详见 ADC1 说明）外部存储器地址总线位 8（非复用方式）P1.0。详见端口输入/输出部分
AIN1.1/A9/P1.1	35	28	模拟输入 数字 I/O	P1.1。详见端口输入/输出部分，下同
AIN1.2/A10/P1.2	34	27	模拟输入 数字 I/O	P1.2
AIN1.3/A11/P1.3	33	26	模拟输入 数字 I/O	P1.3
AIN1.4/A12/P1.4	32	23	模拟输入 数字 I/O	P1.4
AIN1.5/A13/P1.5	31	22	模拟输入 数字 I/O	P1.5
AIN1.6/A14/P1.6	30	21	模拟输入 数字 I/O	P1.6

续表

引脚名称	引脚号 F020 F022	引脚号 F021 F023	类型	说明
AIN1.7/A15/P1.7	29	20	模拟输入 数字 I/O	P1.7
A8m/A0/P2.0	46	37	数字 I/O	外部存储器地址总线位 8（复用方式） 外部存储器地址总线位 0（非复用方式） P2.0
A9m/A1/P2.1	45	36	数字 I/O	P2.1
A10m/A2/P2.2	44	35	数字 I/O	P2.2
A11m/A3/P2.3	43	34	数字 I/O	P2.3
A12m/A4/P2.4	42	33	数字 I/O	P2.4
A13m/A5/P2.5	41	32	数字 I/O	P2.5
A14m/A6/P2.6	40	31	数字 I/O	P2.6
A15m/A7/P2.7	39	30	数字 I/O	P2.7
AD0/D0/P3.0	54	47	数字 I/O	外部存储器地址/数据总线位 0（复用方式） 外部存储器数据总线位 0（非复用方式） P3.0
AD1/D1/P3.1	53	46	数字 I/O	P3.1
AD2/D2/P3.2	52	45	数字 I/O	P3.2
AD3/D3/P3.3	51	44	数字 I/O	P3.3
AD4/D4/P3.4	50	43	数字 I/O	P3.4
AD5/D5/P3.5	49	42	数字 I/O	P3.5
AD6/D6/P3.6/IE6	48	39	数字 I/O	P3.6
AD7/D7/P3.7/IE7	47	38	数字 I/O	P3.7
P4.0	98		数字 I/O	P4.0。详见端口输入/输出部分，下同
P4.1	97		数字 I/O	P4.1
P4.2	96		数字 I/O	P4.2
P4.3	95		数字 I/O	P4.3
P4.4	94		数字 I/O	P4.4
ALE/P4.5	93		数字 I/O	外部存储器地址总线 ALE 选通（复用方式） P4.5
/RD/P4.6	92		数字 I/O	外部存储器接口的/RD 选通 P4.6
/WR/P4.7	91		数字 I/O	外部存储器接口的/WR 选通 P4.7

续表

引脚名称	引脚号		类　型	说　明
	F020 F022	F021 F023		
A8/P5.0	88		数字 I/O	外部存储器地址总线位 8（非复用方式） P5.0
A9/P5.1	87		数字 I/O	P5.1
A10/P5.2	86		数字 I/O	P5.2
A11/P5.3	85		数字 I/O	P5.3
A12/P5.4	84		数字 I/O	P5.4
A13/P5.5	83		数字 I/O	P5.5
A14/P5.6	82		数字 I/O	P5.6
A15/P5.7	81		数字 I/O	P5.7
A8/P5.0	88		数字 I/O	外部存储器地址总线位。（非复用方式） P5.0
A9/P5.1	87		数字 I/O	P5.1
A10/P5.2	86		数字 I/O	P5.2
A11/P5.3	85		数字 I/O	P5.3
A12/P5.4	84		数字 I/O	P5.4
A13/P5.5	83		数字 I/O	P5.5
A14/P5.6	82		数字 I/O	P5.6
A15/P5.7	81		数字 I/O	P5.7
A8m/A0/P6.0	80		数字 I/O	外部存储器地址总线位 8（复用方式） 外部存储器地址总线位 0（非复用方式） P6.0。详见端口输入/输出部分，下同
A9m/A1/P6.1	79		数字 I/O	P6.1
A10m/A2/P6.2	78		数字 I/O	P6.2
A11m/A3/P6.3	77		数字 I/O	P6.3
A12m/A4/P6.4	76		数字 I/O	P6.4
A13m/A5/P6.5	75		数字 I/O	P6.5
A14m/A6/P6.6	74		数字 I/O	P6.6
A15m/A7/P6.7	73		数字 I/O	P6.7
AD0/D0/P7.0	72		数字 I/O	外部存储器地址/数据总线位。（复用方式） 外部存储器数据总线位 0（非复用方式） P7.0
AD1/D1/P7.1	71		数字 I/O	P7.1

续表

引脚名称	引脚号		类型	说明
	F020 F022	F021 F023		
AD2/D2/P7.2	70		数字 I/O	P7.2
AD3/D3/P7.3	69		数字 I/O	P7.3
AD4/D4/P7.4	68		数字 I/O	P7.4
AD5/D5/P7.5	67		数字 I/O	P7.5
AD6/D6/P7.6	66		数字 I/O	P7.6
AD7/D7/P7.7	65		数字 I/O	P7.7

11.2 C8051 单片机设计特点

11.2.1 设计工具简介

Silicon Labs 的开发工具实质上就是计算机 IDE 调试环境软件及计算机 USB 到 C8051F 单片机 JTAG 口的协议转换器（UEC5）的组合（此部分电路已经集成到系统训练板上）。SiliconLabs C8051F 系列所有的单片机片内均设计有调试电路，该调试电路通过边界扫描方式获取单片机片内信息，通过 4 线的 JTAG 接口与开发工具连接以便于对单片机在片上进行编程调试。训练板中的 C8051F020 CPU 板上的单片机为 C8051F 系列中的 F020。适配器（UEC5）一端与计算机相连，另一端与 C8051F 单片机 JTAG 口相连，应用 SiliconLabs 提供的 IDE 调试环境或 Keil 的 uVision2 调试环境就可以进行非侵入式、全速的在系统编程（ISP）和调试。Silicon Labs 开发工具支持观察和修改存储器和寄存器支持断点、观察点、堆栈指示器、单步、运行和停止命令。调试时不需要额外的目标 RAM、程序存储器、定时器或通信通道，并且所有的模拟和数字外设都正常工作。

11.2.2 功能介绍

将开发工具与 PC 机硬件连接。

1）将 USB 串行电缆的一端与实验箱的 USB 连接。

2）连接 USB 串行电缆的另一端到 PC。

3）给目标系统上电。

4）插入 CD 并运行“SETUP.EXE”，将 IDE 软件安装到您的 PC 机。

5）在 PC 机的开始菜单的“程序”项中选择 Silicon Labs IDE。

6）点击 Silicon Labs 图标，运行 IDE 软件。

11.3　C8051 单片机的应用方法

从前两节的叙述中，我们知道 C8051 具有许多 MCS-51 系列单片机中没有的功能，例如可编程增益放大器、ADC、DAC、温度传感器、SMBus/ IC、UART、SPI、可编程计数器/定时器阵列（PCA）、定时器、数字 I/O 端口、电源监视器、看门狗定时器（WDT）和时钟振荡器等。下面我们将对以上的某些功能进行实例解析。

11.3.1　引导装入程序设计

C8051 系列单片机 MCU 提供了在系统的能力，为现场和远程代码更新提供了可能。本节介绍在实现引导装入程序时的一些考虑，并给出一个引导装入程序的例子。引导装入程序提供了在系统复位或接收到命令后，对程序存储器（FLASH）在系统进行重新编程的能力。

1. 引导装入程序的操作

在器件复位后，一个引导装入程序将从一个指定的源（主机）下载程序代码。在复位时，引导装入程序会收到一个“引导装入允许”信号，将器件配置为能接收代码，并将代码数据下载到 FLASH 存储器中的状态。在下载成功后，引导装入程序方面大都遵循同样的基本程序：

1）配置用于下载数据的外设和输入/输出端口引脚（如 SPI，SMBus，UART 等）。

2）擦除用于接收下载数据的存储区。

3）向主机发送一个准备好信号表明它已准备好接收数据。

4）接收下载数据并存入存储器（这一步可能包含错误控制或传输协议）。

5）跳转到已下载的程序的入口点，并开始执行程序。

2. 硬件考虑

引导装入程序需要在一个主机与 C8051Fxxx 通信外设之间建立通信连接，还需要有一个通知器件启动引导装入程序的手段。

（1）引脚分配

C8051F00x/01x/02x 使用数字交叉开关为数字外设分配用于外设接口的端口引脚。交叉开关允许使用数字外设的任意组合，但用户必须考虑到软件能够改变器件的引脚分配。在大多数情况下，引导装入程序会使用与最终应用相同的引脚分配。

（2）引导装入允许

在复位或其他条件要求在系统编程时，器件必须有一个输入用于通知开始下载过程。这可以通过读取一个作为引导装入信号的同用 I/O 引脚来完成。一旦确定了某一应用的引脚分配，应用一个引脚作为引导装入允许信号。这样可使主机或其他硬件能通知C8051Fxxx开始装入过程。

3. 软件考虑

当允许引导装入时，引导装入程序必须使器件准备好接收数据。首先，引导转入程序对所需要的通信外设进行配置。然后，引导装入程序必须对用于下载的存储器进行擦除，并允许对存储器写入。为了建立通信链路，引导装入程序可以通过自动波特率检测确定位速率。此外，主机和MCU器件还可以使用预定的波特率。一旦器件已准备好接收数据，应通知主机。主机接到通知后发送数据，并在有用数据前可能还会加上有关下载的信息，例如主机将要发送的字节数。

后面所提供的实例源码是一个没有错误控制的简单引导装入程序，数据被下载到连续的存储器空间。更复杂的引导转入程序可能会使用通信协议，数据也可能被下载到跨越多个扇区、且不连续的存储器地址空间。

4. 实例源码

```
/*******************************************************/
Copyright 2001, CYGNAL INTEGRATED PRODACTS, INC.
文件名  : bootloader.c
目标MCU: C8051F00x/01x
说明     : 引导装入程序和测试驱动程序
注：该程序适用于Keil C51 v6.01编译器和链接器
/*******************************************************/
//编译器配置
#include <c8051F000.h>                       //包含C8051F00寄存器定义

#define LOGIC_LOW      0x00
#define LOGIC_HIGH     0x01
#define DWNLD_SECTOR  0x1000
#define timer_delay_const (-18432000/1000)      //要装入到定时器1的数值

//函数原型
void boot_load(void);
//变量
sbit BLE_PIN=P1^4;

/////////////////////////////////////////////////////////////////
//主程序代码
/////////////////////////////////////////////////////////////////
```

```
void main （void）
{
      int i;
      // 禁止看门狗定时器
      WDTCN=0xDE;
      WDTCN=0xAD;
      //配置系统时钟源
      OSCXCN=0x66;                        //选择外部振荡器（18.432MHz）作为系统时钟
                                          //并设置频率控制位
      //由于在 XTLVLD 位中可能存在偶然的正脉冲干扰，使用定时器 1 延时 1ms
      CKCON=0x10;                         //使用不分频的 SYSCLK
      TMOD=（(TMOD&0x0F）|0x10）;           //配置 T1 为 16 位方式
      TH1=（timer_delay_const>>8）;        //装入延时常数
      TL1=timer_delay_const;
      TR1=1;                              //启动定时器
      while（!TF1）;                       //等待溢出
      TR1=0;                              //停止定时器
      TF1=0;                              //清除溢出标志
      while（!（OSCXCN&0x80)）;            //等待晶体有效标志（振荡器稳定运行）
      //配置端口 I/O

      OSCICN=0x08;                        //切换到外部时钟
      PRT0CF=0x7F;                        //RX（P0.7）为输入，其他为推挽输出
      XBR0=0x07;                          //允许 UART，SPI，SMBUS
      XBR2=0x40;                          //允许交叉开关

      if （BLE_PIN==LOGIC_LOW）
      {
         boot_load（ ）;
      }
          while（1）;
}
////////////////////////////////////////////////////////////////////
//boot_load（ ）
void boot_load （void）
{
      void （*boot）(void）;                  //用于转向下载代码的函数指针
```

```
int I， NumBytes;
char xdata *address ;
address= DWNLD_SECTOR;
// 将定时器 1 配置为波特率发生
TCON=0x00;
CKCON|=0x10;
TH1= (-10) ;
TMOD= ((TMOD&0x0F) |0x20) ;                 //设置定时器 1 为 8 位自动重装载方式
TR1=1;                                      //启动定时器 1

//配置 UART (8-N-1)
PCON|=0x80;                                 //置位 SMOD 得到 115.2kHz 的加倍波特率
SCON=0x50;                                  //设置 UART 为方式 1，并允许 UART 接收
//设置 FLASH 预分频器，18.432MHz 时钟
FLSCL= ((FLSCL&0Xf0) |0x09) ;
//擦除包含地址 DWNLD_SECTOR 的 FLASH 扇区
PSCTL=0x03;                                 //允许写 (PSWE) 和扇区擦除 (PSEE)
*address=0x00;                              //向扇区空写，启动擦除操作
PSCTL=0x00;                                 //静止写和扇区擦除
//指示已处于引导装入方式，并准备接收下载数据
TI=0;
SBUF=0x5A;                                  //表示准备好的字节
While (!TI) ;                               // 等待字节发送完
TI=0;                                       //用软件清除标志
//接下来独到的两个字节为要下载的字节数 (0x00～0x00)
//第一个独到的字符为 MSB，下一个为 LSB

while (!RI) ;                               //等待接收
RI=0;                                       //清除标志
i= SBUF;                                    //保存第一个 (高) 字节
while  (!RI) ;                              //等待第二个自己
RI=0;                                       //清除标志
NumBytes= (i<<8) |SBUF;                     //移动低字节
NumBytes= (NumBytes<=0x200) ?NumBytes:0x200) ;     //检查字节数是否小于 512

//下载代码到 FLASH
PSCTL=0x01;                                 //允许写操作
for (i=0;i<NumBytes; i++)
{
  while (!RI) ;                             //等待接收下一个字节
```

```
        RI=0;                              //清除标志
    *address++=SBUF;                       //写到 FLASH
    }
    PSCTL=0x00;                            //禁止写
    //执行刚下载的代码
    boot=DWNLD_SECTOR;
    (*boot)( );
    //永远不应执行到这个位置，只是以防万一
    return;
}
```

11.3.2 使用 DAC 作为函数发生器

1. 功能

此实例主要使用 C8051 器件的片内数/模转换器（DAC）来实现一个中断驱动的多函数发生器。其功能可以通过编程实现四种不同的波形，正弦波，方波，三角波，锯齿波，并可在此基础上产生用函数表定义的任何周期函数。并可在运行时选择波形的频率和幅度，具有与 PC 交互的接口，PC 机使用串行通信端口和超级终端程序或具有相同功能的程序来控制。

2. 关键点

此实例使用相位累加算法，使输出波形具有 16 位的频率分辨率。且片内 DAC 可以支持达 50kHz 的波形频率。通过使用 16 位的查找表和 12 位的 DAC，幅度误差实际上可以忽略。

3. 实现

该程序的主函数是一个命令解释器，设置用于更新 DAC 输出的定时器 4 终端服务程序（ISR）的参数。定时器 4 以编译时预定的速率产生终端。在本文包含的软件示例中，该值被保存在常数<SAMPLE_RATE_DAC>中。定时器 4 ISR 更新 DAC 输出并根据对波形的设置计算或查找下一个输出值。

（1）设置 DAC

任何一个未用的 DAC（以下称 DACn）都可用于产生波形。在本例中，使用 DACn 的左对齐方式，并使用定时器 4 溢出更新输出。有关如何设置 DACnCN 寄存器以指定 DACn 工作方式的详细信息见数据手册。

当 DAC 被配置为左对齐方式时，将 16 位的数据写入 12 位的数据寄存器时不需要进行移位。在这种情况下，低 4 位被忽略。

在本例中，DACn 输出更新发生在定时器 4 溢出之时。这意味着写 DACnH 和 CADnL 并不立即影响 DAC 输出，写入值被保持，直到发生下一次定时器 4 溢出时才更新 DAC。

另一个需要注意的事项是，在使用 DAC 之前，必须通过设置 REFnCN 寄存器的相应位来使能内部电压基准。

（2）采样速率

采样速率是通过初始化定时器 4 的重载值来设置的，重载值是两次中断之间的 SYSCLK 周期数。该值是负数，这是因为 C8051 定时器是向上计数的。可以用下面的公式计算该值，即

定时器 4 重载值=（-SYCCLK）/SAMPLE_RATE_DAC

在选择 DAC 采样频率时，还必须考虑到两次定时器 4 中断之间中断服务程序要执行的所有指令的最长时间，否则输出频率将受到影响。例如，使用 22.1MHz 的 SYSCLK 并要求 80kHz 的 DAC 更新速率，这就允许 ISR 的执行时间之间进行权衡。

（3）波形的产生

波形产生过程完全在定时器 4 的 ISR 中完成，分三级实现。

所有产生的波形都使用一个 16 位的相位累加器，用它来记录输出波形在横轴上的位置。在给定的 DAC 的更新频率为 80kHz 时，该相位累加器提供 1.2Hz 的频率分辨率。定时器 4 ISR 的第一级根据波形的设置计算或查找与相位累加器对应的下一个 DAC 输出值。每次调用定时器 4 ISR 时，相位累加器的值增加<phase_add>。<phase_add>的大小由所期望的输出频率根据下面的公式计算，即

phase_add＝频率*PHASE_PRECISION/SAMPLE_RATE_DAC

其中，PHASE_PRECISION＝65536。

查找表中的数值和初始计算值都是满度值。定时器 4 ISR 的第二级根据命令行指定的<amplitude>参数按比例计算出实际输出值。

在将该值输出到 DAC 之前，最后一级将第二级按比例计算出的 2 的补码值转换成无符号的单极性值。这种转换是通过将 2 的补码值加上 32768 实现的。实现该操作的一种有效的方法是将 2 的补码值与 0x800 进行异或及运算。

（4）通过计算产生波形

定时器 4 ISR 的第一级计算对应于相位累加器的满度波形输出值。由于在计算中使用了相位累加器的 16 位精度，因此幅度和相位误差都小于用函数表定义的波形。

1）方波。计算方波输出值的算法非常简单。如图 11.4 所示，如果相位累加器位于波形周期的前半部分，则输出被设置为最大值（+32767）；否则输出被设置为最小值（-32768）。相位累加器的最高位包含足够的信息用以确定方波的输出值。

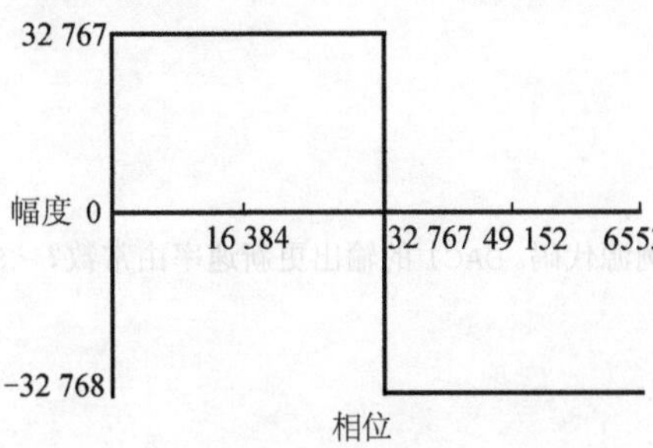

图 11.4　方波

2）三角波。三角波的计算涉及斜率完全相反的两个直线方程。根据图 11.5 可以看出，前半周期的直线斜率为+2，后半周期的直线斜率为-2。

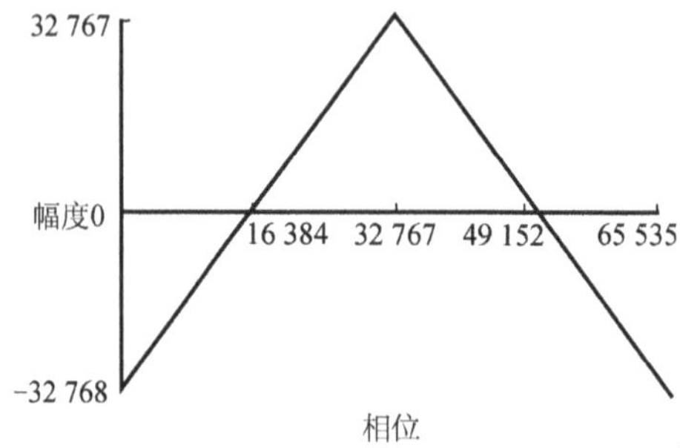

图 11.5　三角波

3）锯齿波。锯齿波的图像是斜率为 1 的直线。如图 11.6 所示的是满度锯齿波的一个周期。

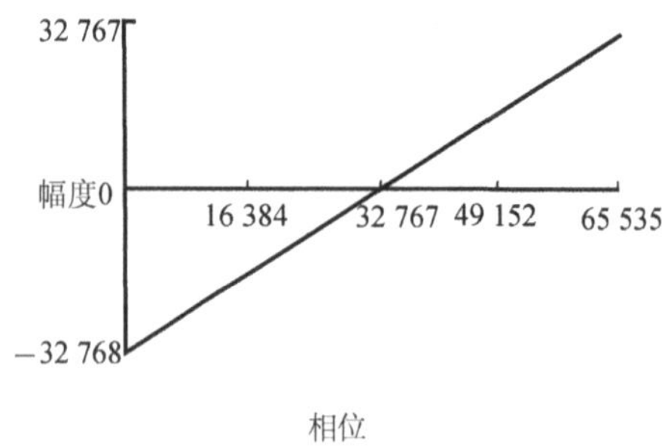

图 11.6　锯齿波

4. 实例源码

```
////////////////////////////////////////////////////////////////////////////
//DAC1_fgen1.c
////////////////////////////////////////////////////////////////////////////

//目标器件： C8051F02x
//工具链：    KEIL C51

//说明：
//这是用 DAC1 输出波形的示例源代码。DAC1 的输出更新速率由常数？<SAMPLE_RATE_DAC>决定，
  由定时器 4 管理和定时。
//
```

```
//实现一个具有 256 条表目、16 位精度的全周期正弦函数表。支持的其他波形有：方波、//三角波
  和锯齿波
//输出频率由一个 16 位的相位加法器决定。在每个 DAC 更新周期，相位加法器的值被加到一个运行
  相位累加器<phase_accumulator>中，该累加器的高字节用于访问正弦查找表
//命令格式：

//命令列表：
//      SQ——方波
//      SI——正弦波
//      TR——三角波
//      SA——锯齿波
//      OF——输出断开
//      ??——帮助
//-------------------------------------------------------------------------
//包含文件
//-------------------------------------------------------------------------
#include <c8051f020.h>                                 //SFR 声明
#include<stdio.h>
#include<string.h>
#include<ctype.h>
#include<stdlib.h>

//-------------------------------------------------------------------------
//F02x 器件 16 位 SFR 定义
//-------------------------------------------------------------------------
sfr16  DP          =0x82;                              //data pointer
sfr16  TMR3RL      =0x92;                              //定时器 3 重载
sfr16  TMR3        =0x94;                              //定时器 3 计数器
sfr16  ADC0        =0xbe;                              //ADC0 数据
sfr16  ADC0GT      =0xc4;                              //ADC0 大于窗口
sfr16  ADC0LT      =0xc6;                              //ADC0 小于窗口
sfr16  RCAP2       =0xca;                              //定时器 2 捕捉/重载
sfr16  T2          =0xcc;                              //定时器 2
sfr16  RCAP4       =0xe4;                              //定时器 4 捕捉/重载
sfr16  T4          =0xf4;                              //定时器 4
```

```
sfr16  DAC0        =0xd2;                              //DAC0 数据
sfr16  DAC1        =0xd5;                              //DAC1 数据

//---------------------------------------------------------------------------
//函数原型
//---------------------------------------------------------------------------
void main (void) ;
void SYSCLK_Init (void) ;
void PORT_Init (void) ;
UART0_Init (void) ;
Timer4_Init (int counts) ;
void Timer4_ISR (void) ;
void pow (int x, int y) ;
void Print_Command_List (void) ;
void Sine (void) ;
void Square (void) ;
void Triangle (void) ;
void Saw (void) ;
void Off (void) ;
void Help (void) ;
void Error (void) ;
//---------------------------------------------------------------------------
//全局常量
//---------------------------------------------------------------------------
#define  SYSCLK  22118400                      //SYSCLK 频率（Hz）
#define  BAUDRATE  9600                        //UART 波特率（bps）
#define  SAMPLE_RATE_DAC   80000L              //DAC 采样率（Hz）
#define  PHASE_PRECISION  65536                //相位累加器范围
#define  command_length     2                  //命令长度为 2 字符
#define  command_size      3                   //命令规模为 3 字符

//当软件输入时，软件将其与表中的命令域比较。如果发生匹配，则程序将执行位于
//function_ptr 的函数
typedef struct Command_Table_Type{
Char command[command_size];
Void (*function_ptr)(void) ;
}Command_Table_Type;
```

```
//各种可能的输出波形列举
typedef enum Waveform{
SQUARE,
SINE,
TRIANGLE,
SAW,
OFF
}Waveform;
//将一个长变量作为两个16位整数值访问
typedef union lng{
long Long;
int Int[2];
}Ing;

//--------------------------------------------------------------------
//全局变量
//--------------------------------------------------------------------

unsigned long frequency=1000;                //输出频率(Hz)默认值为1000Hz

unsigned int phase_add=1000*PHASE_PRECISION/SAMPLE_RATE_DAC;
unsigned int amplitude =100*655;             //655是比例系数，见定时器4的ISR
Waveform output_waveform=OFF;
char input_str[16]="";

#define num_commands 6
Command_Table_Type code function_table[num_commands+1]={
{"SQ", Square},
{"SI",  Sine},
{"TR", Triangle},

{"SA", Saw},
{"OF", Off},
{"??", Help},
{"", error}
};
```

```
//全周期、16位、以2的补码表示的正弦波查找表
int code SINE_TABLE[256]={
0x000, 0x0324, 0x0647,  0x096a, 0x0c8b, 0x0fab, 0x12c8, 0x15e2,
0x18f8,  0x1c0b, 0x1f19,  0x2223, 0x2528, 0x2826, 0x2b1f, 0x2e11,
0x30fb, 0x33de, 0x36ba, 0x398c,  0x3c56, 0x3f17, 0x41ce, 0x447a,
0x471c, 0x49b4, 0x4c3f, 0x4ebf, 0x5133, 0x539b, 0x55f5, 0x5842,
0x5a82, 0x5cb4, 0x5ed7, 0x60ec, 0x62f2, 0x64e8, 0x66cf, 0x68a6,
0x6a6d, 0x6c24, 0x6dca, 0x6f5f, 0x70e2, 0x7255, 0x73b5, 0x7504,
0x7641, 0x776c, 0x7884, 0x798a, 0x7a7d, 0x7b5d, 0x7c29, 0x7ce3,
0x7d8a, 0x7e1d, 0x7e9d, 0x7f09, 0x7f62,  0x7fa7, 0x7fd8,  0x7ff6,
0x7fff, 0x7ff6, 0x7fd8, 0x7fa7,  0x7f62,  0x7f09,  0x7e9d,  0x7e1d
0x7d8a, 0x7ce3, 0x7c29, 0x7b5d, 0x7a7d, 0x798a, 0x7884, 0x776c,
0x7641, 0x7504, 0x73b5, 0x7255, 0x70e2, 0x6f5f, 0x6dca, 0x6c24,
0x6a6d, 0x68a6, 0x66cf, 0x64e8, 0x62f2, 0x60ec, 0x5ed7, 0x5cb4,
0x5a82, 0x5842, 0x55f5, 0x539b, 0x5133, 0x4ebf, 0x4c3f, 0x49b4,
0x471c, 0x447a, 0x41ce, 0x3f17, 0x3c56, 0x398c, 0x36ba, 0x33de,
0x30fb, 0x2e11, 0x2b1f, 0x2826, 0x2528, 0x2223, 0x1f19, 0x1c0b,
0x18f8, 0x15e2, 0x12c8, 0x0fab, 0x0c8b, 0x096a, 0x0647, 0x0324,
0x0000, 0xfcdc, 0xf9b9, 0xf696, 0xf375, 0xf055, 0xed38, 0xea1e,
0xe708, 0xe3f5, 0xe0e7, 0xdddd, 0xdad8, 0xd7da, 0xd4e1, 0xd1ef,
0xcf05, 0xcc22, 0xc946, 0xc674, 0xc3aa, 0xc0e9, 0xbe32, 0xbb86,
0xb8e4, 0xb64c, 0xb3c1, 0xb141, 0xaecd, 0xac65, 0xaa0b, 0xa7be,
0xa57e, 0xa34c, 0xa129, 0x9f14, 0x9d0e, 0x9b18, 0x9931, 0x975a,
0x9593, 0x93dc, 0x9236, 0x90a1, 0x8f1e, 0x8dab, 0x8c4b, 0x8afc,
0x89bf, 0x8894, 0x877c, 0x8676, 0x8583, 0x84a3, 0x83d7, 0x831d,
0x8276, 0x81e3, 0x8163, 0x80f7, 0x809e, 0x8059, 0x8028, 0x800a,
0x8000, 0x800a, 0x8028, 0x8059, 0x809e, 0x80f7, 0x8163, 0x81e3,
0x8276, 0x831d, 0x83d7, 0x84a3, 0x8583, 0x8676, 0x877c, 0x8894,
0x89bf, 0x8afc, 0x8c4b, 0x8dab, 0x8f1e, 0x90a1, 0x9236, 0x93dc,
0x9593, 0x975a, 0x9931, 0x9b18, 0x9d0e, 0x9f14, 0xa129, 0xa34c,
0xa57e, 0xa7be, 0xaa0b, 0xac65, 0xaecd, 0xb141, 0xb3c1, 0xb64c,
0xb8e4, 0xbb86, 0xbe32, 0xc0e9, 0xc3aa, 0xc674, 0xc946, 0xcc22,
0xcf05, 0xd1ef, 0xd4e1, 0xd7da, 0xdad8, 0xdddd, 0xe0e7, 0xe3f5,
0xe708, 0xea1e, 0xed38, 0xf055, 0xf375, 0xf696, 0xf9b9, 0xfcdc,
};
//-------------------------------------------------------------------
```

```
//主程序
//---------------------------------------------------------------------------
void main (void)
{
char i;                         //计数变量
char *arg_ptr1;                 //命令行参数指针
char *arg_ptr2;
long temp_frequency;            //用于保持从键盘输入的数值，这些值输入时经过错误检查
int temp_amplitude;             //幅度值的另一个副本，因为temp_amplitude被覆盖
int printed_amplitude=100;

void (*f)(void);                //函数指针，用于从命令表正确地调用函数

WDTCN=0xde;                     //禁止看门狗定时器
WDTCN=0xad;
SYSCLK_Init();
PORT_Init();

//用于产生波形的初始化程序
REF0CN=0x03;                            //允许内部VREF发生器
DAC1CN=0x97;                            //允许DAC1为左对齐工作方式
//使用定时器4作为DAC更新控制器，初始化定时器4，以使DAC1在经过SYSCLK
//采样率后更新
Timer4_Init(SYSCLK/SAMPLE_RATE_DAC);

//命令输入初始化
UART0_Init();
EA=1;                                   //允许全局中断
Print_Command_List();

while(1){
//读取用户输入
printf("ENTER A COMMAND:>");
gets(input_str, sizeof(input_str);                          //等待输入
input_str[0]=toupper(input_str[0]);                         //将命令中的字符转换为大写
input_str[1]=toupper(input_str[1]);

//分析输入命令
```

```
for (i=0;i<num_commands;i++)
{
//如果头两个参数是相同的字符串，则 strncmp () 返回 0 值
//设置对应于匹配命令的<i>值
if (0==strncmp (input_str, function_table[i].command, command_length))
{
arg_ptr1=strchr (input_str, '') ;
arg_ptr1++;                                    //指向频率
arg_ptr2=strchr (arg_ptr1, '') ;
arg_ptr2++;                                    //指向幅度
temp_frequency=atol (arg_ptr1) ;
temp_amplitude=atol (arg_ptr2) ;

//检查输入频率是否有效
if (temp_frequency)
{
frequency=temp_frequency;
}
else
{printf ("\n** Frequency will not change\n") ;
}

//检查输入幅度是否有效
if ((temp_amplitude>0) && (temp_amplitude<=100))
{
//乘以 655，以便在 ISR 中除以 65536 (16 位移位)；这是为了减少 ISR 执行指令数所
//进行的一种优化处理
amplitude=temp_amplitude*655;
printed_amplitude=temp_amplitude;
}
else
{
printf ("\n** Amplitude will not change\n") ;
}
printf ("\nfrequency: %ld Hz", frequency) ;
printf ("\nAMPLITUDE: %d %% of VREF/2", printed_amplitude) ;
EA=0;                              //禁止中断，以避免 ISR 与下面的代码产生冲突

//设置频率
```

```
Phase_add=frequency *PHASE_PRECISION/SAMPLE_RATE_DAC;
break;
}//end if
}//end for

//调用相关函数
f= (void*) function_table[i].function_ptr;
f () ;
EA=1;                                   //重新允许中断
}//end while (1)
}//end main

//------------------------------------------------------------------------
//初始化程序
//------------------------------------------------------------------------
//------------------------------------------------------------------------
//SYSCLK_Init
//------------------------------------------------------------------------
//
//该程序初始化系统时钟，使用22.1184MHz的晶体作为时钟源

void SYSCLK_Init (void)
{
int i;                                  //延时计时器
OSCXCN=0x67;                            //启动外部振荡器使用22.1184MHz的晶体
for (i=0;i<256;i++) ;                   //等待振荡器起振
while (! (OSCXCN&0x80)) ;               //等待晶体振荡器稳定
OSCICN=0x88;                            //选择外部振荡器作为系统时钟并允许时钟丢失检测器
}

//------------------------------------------------------------------------
//PORT_Init
//------------------------------------------------------------------------
//
//配置交叉开关和GPIO端口
//
void PORT_Init (void)
```

```
{
XBR0 =0x04;                          //允许 UART0
XBR1 =0x00;
XBR2 =0x40;                          //允许交叉开关和弱上拉
P0MDOUT|=0x01;                       //设置 TX0 引脚为推挽方式
}

//------------------------------------------------------------------------
//Timer4_Init
//------------------------------------------------------------------------
//该程序将定时器 4 初始化为自动重装载方式，以<counts>指定的时间间隔产生中断
//
void Timer4_Init (int counts)
{
T4CON=0;                        //停止定时器；设置为自动重装载方式
CKCON|=0x40;                    //T4M="1"; 定时器 4 对 SYSCLK 计数
RCAP4=-counts;                  //设置重载值
T4=RCAP4;
EIE2|=0x04;                     //允许定时器 4 中断
T4CON|=0x04;                    //启动定时器 4

//------------------------------------------------------------------------
//UART0_Init
//------------------------------------------------------------------------
//
//配置 UART0 使用定时器 1，波特率为<baudrate>，帧格式为 8-N-1
//
void UART0_Init (void)
{
SCON0 =0x50;                    //SCON0:方式 1，8 位 UART，允许接收
TMOD =0x20;                     //TMOD:定时器 1，方式 2，8 位重装载
TH1=-(SYSCLK/BAUDRATE/16);      //根据波特率设置定时器 1 重装载值
TR1=1;                          //启动定时器 1
CKCON|=0x10;                    //定时器 1 使用 SYSCLK 作为时基
PCON|=0x80;                     //SMOD0=1
TI0=1;                          //标识 TX0 准备好
}
//------------------------------------------------------------------------
//Print_Command_List
```

```
//
//在标准输出设备上打印（显示）命令列表

void Print_Command_List (void)
{
printf ("\n\
SQ - Square Wave\n\
SI - Sine Wave\n\
TR - Triangle Wave\n\
SA - Saw Tooth WAVE\n\
OF - Output OFF\n\
?? - Help\n\n") ;
}

//----------------------------------------------------------------------------
//Sine
//----------------------------------------------------------------------------
//设置输出为正弦波
//
void Sine (void)
{
output_waveform=SINE;
//打印（显示）该信息: ***OUTPUT IS NOW A SINE WAVE
printf ("%SINE WAVE%s", string0, string1) ;
Print_Command_List () ;
}

//----------------------------------------------------------------------------
//Square (void)
//----------------------------------------------------------------------------
//设置输出为方波
//
void Square (void)
{
output_waveform =SQUARE;
//打印（显示）信息: *** OUTPUT IS NOW A SQUARE WAVE
printf ("%SQUARE WAVE %s", string0, string1) ;
Print_Command_List () ;
}
```

```
//-------------------------------------------------------------------
//Triangle
//-------------------------------------------------------------------
//
//设置输出为三角波
//
void Triangle (void)
{
output_waveform =TRIANGLE;
//打印（显示）信息：*** OUTPUT IS NOW A TRIANGLE WAVE
printf（"%TRIANGLE  WAVE %s", string0, string1）;
Print_Command_List（）;
}
//-------------------------------------------------------------------
//Saw
//-------------------------------------------------------------------
//
//设置输出为锯齿波
//
void Saw (void)
{
output_waveform=SAW;
//打印（显示）信息：*** OUTPUT IS NOW A SAW TOOTH WAVE
printf（"%SAW TOOTH WAVE %s", string0, string1）;
Print_Command_List（）;
}
//-------------------------------------------------------------------
//Help
//-------------------------------------------------------------------
//
//打印（显示）命令列表
//
void Help (void)
{
print_Command_List（）;
}
//-------------------------------------------------------------------
//Error
```

```
//-----------------------------------------------------------------
//指示输入了非法命令

void Error (void)
{
printf ("  ***INVALID INPUT =%s\n", input_str) ;
}

//**************************************************************
//中断处理程序
//**************************************************************
//-----------------------------------------------------------------
//Timer4_ISR-----波形发生器
//-----------------------------------------------------------------
//
//定时器 4 溢出时将调用该 ISR。定时器 4 被配置为自动重装载方式，并用于控制 DAC
//采样速率
//注意：在本次 ISR 调用器件写入 DAC1 的数值实际上是在下次定时器 4 溢出时被输出
//DAC1

void Timer4_ISR (void)  interrupt 16 using 3
{
static unsigned phase_acc=0;    //保持相位累加器
int temp1;                      //在被写入 DAC1 之前需要经过三级计算的临时值
int code *table_ptr;            //指向查找表的指针
lng  temporary_long;            //保持 16 位乘法的结果
T4CON&=~0x80;                       //清除 T4 溢出标志
table_ptr=SINE_TABLE;
phase_acc+=phase_add;           //对相位累加器进行累加运算

//将<temp1>的值设置为 DAC1 的下一个输出的满标度幅度
//最大值和最小值分别为+32767 和-32768

switch (output_waveform)
{
case SINE;
//读函数表的值
temp1=* (table_ptr+ (phase_acc>>8)) ;
break;
```

```
case SQUARE:
//如果在前半周期，则为高电平
if ((phase_acc&0x8000) ==0)
{
temp1=32767;
}
else
{
temp1=-32768;
}
break;
case TRIANGLE:
//如果在前半周期，则 y=mx+b
if ((phase_acc&0x8000) ==0)
{
temp1= (phase_acc<<1) -32768;            //如果在后半周期
}
else
{
temp1=- (phase_acc<<1) +32767;
}
break;
case SAW:
temp1=phase_acc-32768;
break;
case OFF:
temp1=-32768;
break;

default:
while (1) ;
}
//调整增益
temporary_long.Long= (long) ((long) temp1* (long) amplitude) ;
temp1=temporary_long.Int[0];         //与 temporary_long>>16xiangtong

//加直流偏置，使信号值范围为 0～65535
//注意：与 0x8000 进行异或操作即可将双极性数值转换为单极性值
DAC1=0x8000^temp1;
}
```

习 题 十一

1．学习使用 Silicon Labs 集成开发环境 IDE，包括 IDE 安装，菜单功能及单步调试程序的方法，学会配置与片内 XRAM 相关的寄存器，编程读写片内 4K XRAM，学习使用数字交叉开关配置编程 IO 口的方法。

2．加强对 C8051 系列的了解，了解其相对于传统的 MCS-51 系列的优势和增加的特殊功能。对 C8051 进行相关的实验操作学会对 C8051 进行单片机片上调试。

参考文献

蔡美琴，张为民，等．2007．MCS-51 系列单片机系统及其应用．北京：高等教育出版社．

丁化成，耿德根，李君凯．2002．AVR 单片机应用设计．北京：北京航空航天大学出版社．

耿德根，宋建国，马潮，等．2002．AVR 高速嵌入式单片机原理与应用（修订版）．北京：北京航空航天大学出版社．

何立民．1990．MCS-51 系列单片机应用系统设计．北京：北京航空航天大学出版社．

胡万斌，吴黎明，等．2008．基于 ARM 的太阳能电池组件多参量测量系统．仪器仪表学报．4．

赖麒文．2002．8051 单片机嵌入式系统应用．北京：科学出版社．

李晶皎．2003．嵌入式语音技术及凌阳 16 位单片机应用．北京：北京航空航天大学出版社．

李学海．2002．PIC 单片机实用教程·提高篇．北京：北京航空航天大学出版社．

马忠梅，马广云．2002．ARM 嵌入式处理器结构与应用基础．北京：北京航空航天大学出版社．

马忠梅等．2007．单片机的 C 语言应用程序设计（第四版）．北京：北京航空航天大学出版社．

潘永雄．2003．新编单片机原理及应用．西安：西安电子科技大学出版社．

潘琢金，施国君．2002．C8051Fxxx 高速 SOC 单片机原理及应用．北京：北京航空航天大学出版社．

孙涵芳，等．2001．Intel 16 位单片机．北京：北京航空航天大学出版社．

孙同景．2008．Freescale 9S12 十六位单片机原理及嵌入式开发技术．北京：机械工业出版社．

万光毅，严义．2003．单片机实验与实践教程（一）．北京：北京航空航天大学出版社

王立萍，吴黎明．2006．单片机系统的抗干扰问题研究．石油矿场机械．35（5）．

王立萍，吴黎明．2007．基于嵌入式的 USB 数据采集系统的设计开发．电子测量技术．30（9）．

王幸之，王雷，翟成，等．2000．单片机应用系统抗干扰技术．北京：北京航空航天大学出版社．

王有绪，许杰等．2000．IC 系列单片机接口技术及应用系统设计．北京：北京航空航天大学出版社．

吴黎明，邓耀华，等．2004，Ao1．网络测控系统在热处理车间中的应用．上海大学学报．

武锋，陈新建，盛春花．2003．PIC 系列单片机开发应用实践．北京：北京航空航天大学出版社．

夏继强，沈德金．2001．单片机实验与实践教程（二）．北京：北京航空航天大学出版社．

谢楷，赵建．2009．MSP430 系列单片机系统工程设计与实践．北京：机械工业出版社．

谢维成，杨加国．2009．单片机原理与应用及 C51 程序设计（第二版）．北京：清华大学出版社．

张洪润，马平安，张亚凡．2002．单片机原理及应用．北京：科学出版社．

张俊谟．2002．单片机中级教程．北京：北京航空航天大学出版社．

张培仁，孙力．2007．基于 C 语言 C8051F 系列微控制器原理与应用．北京：清华大学出版社．

张迎新，雷文，姚静波．2005．C8051F 系列 SOC 单片机原理及应用．北京：国防工业出版社．

周立功，等．2003．增强型 80C51 单片机速成与实践．北京：北京航空航天大学出版社．

Cygnal Integrated Products.Inc．2002．C8051F 单片机应用解析．潘琢金等译．北京：北京航空航天大学出版社．

Steve Furber．2002．ARM SoC 体系结构．田泽，于敦山，盛世敏译．北京：北京航空航天大学出版社．